prometeo
l i b r o s

GESTIÓN DE LA POLÍTICA SOCIAL
CONCEPTOS Y HERRAMIENTAS

Magdalena Chiara
Mercedes Di Virgilio

(organizadoras)

Gestión de la política social

Conceptos y herramientas

Prólogo de José Adelantado

Irma Arriagada, Andrea Catenazzi, Magdalena Chiara, María Cristina Cravino, Claudia Danani, Natalia Da Representaçao, Mercedes Di Virgilio, Daniel Galizzi, Jorge Hintze, Javier Moro, Olga Nirenberg, Javier Pereira, Fernanda Potenza Dal Masetto, Fabián Repetto

Repetto, Fabián
    Gestión de la política social : conceptos y herramientas / Fabián
Repetto ; Magdalena Chiara ; María Mercedes Di Virgilio ; coordinado
por Magdalena Chiara y María Mercedes Di Virgilio ; con prólogo de
José Adelantado. - 1a ed. - Buenos Aires : Prometeo Libros, 2009.
    406 p. ; 24x17 cm.

    1. Políticas Sociales. I. Chiara, Magdalena II. Di Virgilio, María
Mercedes   III. Chiara, Magdalena, coord. IV. Di Virgilio, María
Mercedes, coord. V. Adelantado, José , prolog.
    CDD 322

@ De esta edición, Prometeo Libros, 2009.
Pringles 521 (C1183AEI), Buenos Aires, Argentina
Tel.: (54-11) 4862-6794 / Fax: (54-11) 4864-3297
info@prometeolibros.com
www.prometeolibros.com
www.prometeoeditorial.com

Índice

Por una gestión "inclusiva" de la política social

José Adelantado

Departamento de Sociología
Universidad Autónoma de Barcelona

Cuando las organizadoras me propusieron escribir el prólogo de este libro, acepté por la confianza que depositaban en mí, pero sobre todo por el interés que me despertó el "mapa conceptual" que se desprendía de cierta disposición de palabras clave contenidas en el índice del libro: *¿Qué es la política social? La gestión en contexto y el régimen de implementación. La noción de entramado como mediación. El territorio como articulador de demandas sociales. Sobre la gestión desde la proximidad. Los actores políticos y la institucionalidad política. Descentralización. Intersectorialidad. El desafío de la coordinación. La participación como estrategia de la gestión. Construcción de capital social a través de la gestión. Nuevas relaciones entre Estado y ciudadanía "activa". Participación de los actores en los procesos de evaluación.* Además proponían tres estudios de caso.

Después de leer detenidamente el libro, si tuviera que sintetizar su valor añadido, diría que se trata de un excelente manual de "gestión inclusiva" de política social. Por "gestión inclusiva" me refiero a la concepción que subyace a lo largo del texto según la cual, la *gestión* se construye y transforma por la participación ciudadana desde el territorio y la proximidad. La *participación* es el concepto alrededor del cual se piensa la gestión en este trabajo y su mérito consiste en las posibilidades que ofrece para el desarrollo democrático en la medida que sea capaz de transitar de una institucionalidad social de baja calidad, a otra de alta calidad; y en la medida que la participación construya actores políticos con adecuados recursos de poder (políticos, económicos, técnico-administrativos, ideológicos).

En la línea de Repetto, un elemento muy influyente en la reconstrucción del marco institucional que restringe las posibilidades de una gestión inclusiva es la copia de modelos externos; tanto los organismos internacionales de crédito –FMI y BM– como los países desarrollados con políticas de cooperación, condicionan las ayudas económicas a la implantación de modelos administrativos, generalmente descontextualizados de las tradiciones autóctonas. En este sentido, cabe señalar la amenaza que supone la aplicación de un conjunto de instrumentos agrupados bajo el nombre de "nueva gestión pública", cuyo mayor éxito es haber puesto en marcha un proceso de desinstitucionalización aplicando conceptos como flexibilidad, desregulación, agencialización, gerencialización, privatización o externalización (servicios públicos gestionados por organizaciones privadas con o sin ánimo de lucro).

Otro de los elementos a los que se enfrenta una "gestión inclusiva", además de la debilidad de las instituciones públicas y administrativas, es el arraigo y simbiosis de la desigualdad en el sistema político. La institucionalización política de la desigualdad es un elemento clave para comprender el déficit de ciudadanía democrática. Las instituciones expresan las condiciones de desigualdad existentes (en la medida en que plasman los intereses de determinada coalición de las élites) y, al mismo tiempo, contribuyen a legitimar y perpetuar tales condiciones de desigualdad. La institucionalización de la desigualdad hoy convertida en estructural en América Latina data de épocas coloniales y su persistencia durante todo este tiempo ha sido posible gracias a un conjunto diverso de normas, maneras de hacer y arreglos sociales que han expresado y a la vez reforzado, las condiciones de desigualdad existentes en las sociedades latinoamericanas. Así, la debilidad de las democracias latinoamericanas se debería a los elevados niveles de desigualdad que padece la población.

Sobre la espinosa respuesta a ¿qué es la política social? me permito hacer unas consideraciones en clave de divulgación académica; del todo accesorias al muy interesante planteamiento de C. Danani. La política social tiene que ver con el bienestar de las personas a través de la acción social, y se considera tanto un objeto de estudio de las ciencias sociales como un conjunto de prácticas. Pero más que una disciplina independiente se trata de un campo de análisis particular, el bienestar social, sobre el que hay diversidad de aproximaciones y métodos, y por ello resulta difícil entender qué es la política social. La política social descansa en los métodos y teorías usados en sociología, historia, economía, derecho, ciencia política, geografía, estadística, filosofía, y psicología social, para ayudar a comprender el bienestar. Pero no tiene un conjunto específico de métodos, conceptos, teorías o perspectivas; es más un campo de estudio multidisciplinario que una disciplina. La política social explora el contexto social, político, ideológico e institucional en el cual el bienestar es producido, organizado y distribuido; asi mismo, concierne a todos aquellos aspectos de las políticas públicas, de las relaciones de mercado, y también a las no monetarias que contribuyen a aumentar o disminuir el bienestar de individuos o grupos. Opera en un marco normativo que incluye un debate moral y de objetivos políticos sobre la naturaleza de las aspiraciones y los resultados obtenidos.

Esta aproximación a la política social considera que se trata de un campo de estudio multidisciplinario en el que destacan tres centros de interés. Primero, el interés por el bienestar, si bien el "bienestar" es un concepto muy controvertido e históricamente cambiante. Segundo, el interés no sólo por la filosofía o teoría del bienestar, sino por un análisis de los impactos de las políticas que, a su vez, parten de diferentes posiciones ideológicas y utilizan diferentes criterios respecto del bienestar social, necesidades, problemas sociales, igualdad, derechos, justicia social, etc. Tercero, el interés por todo lo relativo a la institucionalización, organización e implementación de las políticas, ya que además del Estado y el mercado están involucradas las familias y el llamado "tercer sector"; atravesados por multitud de actores con intereses y recursos de poder diversos.

Otra aproximación a la política social se puede obtener a partir de considerar "qué hacen" los estudiosos e investigadores de la misma. Un enfoque muy actual analiza cuestiones sociales, como el envejecimiento de la población, los cambios familiares o la globalización. Otro enfoque, más convencional, busca soluciones a los problemas sociales como el desempleo, la pobreza o el trabajo infantil. Es frecuente, también, centrarse en el estudio de las necesidades de grupos sociales específicos como discapacitados, ancianos, niños, desempleados o indígenas. Sin embargo, aunque el enfoque más tradicional es el que se limita a los grandes servicios públicos (sanidad, educación, pensiones, vivienda y servicios sociales personales; con sus respectivas cuestiones, problemas, grupos sociales y actores), recientemente está emergiendo un nuevo enfoque de la política social basado en cómo ésta afecta la vida de las personas. Conocer la experiencia directa y el relato personal (la voz) de un vagabundo, desempleado, discapacitado, sin papeles o la relación de una mujer con estas políticas, parece muy adecuado para entender cómo funcionan o qué impactos tienen sobre su identidad y vida cotidiana. Pero además, otra cosa "que hacen" quienes analizan la política social es tener en cuenta la dimensión territorial. El cambio de enfoque se ilustra mediante la transición desde una visión Estado-céntrica (esto es, cerrada por las fronteras nacionales y centralista), a una geografía global (articulada en bloques regionales y actores multinacionales), con múltiples niveles (local, autonómico, estatal, europeo, global) que tanto condicionan las políticas sociales como suponen una oportunidad para su desarrollo.

Por otro lado, la comparación en política social se centra en la difícil tarea de examinar el tipo de bienestar en distintos países, regiones o ciudades para identificar rasgos comunes y diferencias, tratar de explicarlas y considerar posibles desarrollos. Aunque, más pragmáticamente se trate de aprender de la experiencia de los demás, tanto de los aciertos como de los errores. Básicamente se puede distinguir una aproximación "micro" y otra "macro". La primera se centra en aspectos como la provisión para usuarios específicos, respuestas a problemas particulares o la gestión de los mismos. Más concretamente aborda elementos como la extensión y el tipo de la necesidad/ problema, el rango de la provisión, el contexto del bienestar global, el proceso de toma de decisiones, el objetivo de un programa/servicio/beneficio, su origen y desarrollo en el tiempo, el modo de acceso y el derecho a que da lugar, la estructura de provisión (reglamentario/no regulado), la estructura de regulación jurídica/administrativa/de recursos, la tasa de cobertura e intensidad de la provisión, la estructura de actores y sus recursos de poder, las presiones de cambio, etc. La aproximación "macro" intenta caracterizar y comparar "sistemas enteros" de bienestar entre sociedades. Se trata de captar la esencia de la organización del sistema de bienestar de un país, y el tipo de respuesta que ésta da a las necesidades sociales. Se consideran aspectos como las cuestiones sociales y los problemas generales acerca del bienestar, los estilos de hacer política, las principales formas de financiación y su nivel de esfuerzo, los principales patrones en el suministro de bienestar, las formas de acceso y cantidad/calidad del reparto, los principales rendimientos y resultados en la redistribución de recursos, etc.

Como puede sospecharse por la complejidad de los aspectos a considerar, el trabajo comparativo es muy problemático. El mismo concepto de "necesidad" es muy controvertido; una política particular (como las pensiones) sólo tiene sentido en el conjunto de las políticas de un país, por lo que resulta difícil de extrapolar; los proveedores pueden ser públicos, privados (con y sin ánimo de lucro) o mixtos, y de importancia variable en distintos sistemas estatales (y subestatales); el análisis de la estructura de recursos financieros hace referencia a los impuestos locales, regionales y estatales, a las contribuciones obligatorias, al aseguramiento privado, y también a otros proveedores gratuitos como las familias, que resultan difíciles de sistematizar; las estructuras administrativas y el sustrato de derechos difícilmente recogen las dinámicas informales de acceso a recursos; la evaluación de la eficacia en términos de costo-beneficio, satisfacción de necesidades, evolución de las desigualdades y criterios semejantes, están cargados de valores. A su vez, la información disponible en las estadísticas oficiales en ocasiones también presenta algunas limitaciones para el análisis comparado. Los datos de los países pueden ser heterogéneos o en algunos de ellos no existir; pueden variar según las fuentes, las categorías utilizadas, los períodos de cobertura, los cambios en las definiciones, los métodos de recogida y clasificación, o debido a su propia elaboración (que puede responder a distintas concepciones de las necesidades o del bienestar). Y también cabe señalar las propias limitaciones de quienes investigan, ya que vivir en un país y conocerlo puede distorsionar la visión de los otros países, por lo que es preciso adoptar una actitud lo menos condicionada culturalmente posible.

Resulta muy difícil dar cuenta pormenorizada de todos los argumentos que sobre la gestión aparecen en los distintos capítulos del libro, pero una manera de aproximarse es agruparlos en tres dimensiones clave de la política social: producción, organización y distribución.

Sobre la *producción*, aunque durante muchas décadas el protagonismo estuvo en el Estado, hecho que oscureció la importancia de otros sectores, a partir de los ochenta se cuestiona su "monopolio" y "burocratismo" en el suministro del bienestar. Se postula que además delEestado, existen otras instancias como el mercado, el sector informal (familias, amigos, vecinos) y el sector voluntario (ONG, fundaciones religiosas, OSC) de manera que todos ellos constituyen un agregado de bienestar o *welfare mix*. Pero mientras el *welfare mix* se refiere a la división social del bienestar, la política social hace referencia más propiamente a las decisiones estatales que "dan forma" a tal división. La política social se nos muestra como un instrumento capaz de incidir en la composición de la estructura social, ya que opera como principio organizativo de los sectores otorgando a cada uno de ellos determinada responsabilidad en la satisfacción de necesidades. En el sector mercantil la política social interviene a través de la definición de qué es o no una mercancía, en el estatal mediante disposiciones jurídicas que ponen bajo la responsabilidad del Estado determinados bienes o recursos, y en el sector informal o voluntario estableciendo por defecto un espacio social de intercambio altruista de bienes, que no son concebidos como mercancías o derechos. Así, mediante la política social los gobernantes pueden transformar lo que eran derechos (sanidad, educación, pensiones) en mercancías (reduciendo la intensidad protectora y desregulando el servicio público), o dejar en manos del mercado, la familia (es decir, las mujeres), o el tercer sector la respuesta a los nuevos y viejos problemas sociales (pobreza, diversificación de los tipos de familia, envejecimiento de la población).

Sobre la *Organización* institucional del bienestar, en varios capítulos se discute un tema de fondo, político-administrativo, y otro más reciente de tipo político-territorial. En relación al primero se problematiza su administración burocrática, la intervención de los profesionales y el monopolio en la prestación. Sobre el segundo se plantea la necesidad de delimitar a qué nivel de gobierno territorial corresponde la satisfacción de las responsabilidades públicas y cómo se financian. La administración burocrática (de raíz weberiana) se ha cuestionado por su centralismo y uniformidad a medida que las necesidades de los territorios y de las personas que en ellos viven se han hecho más heterogéneas. Sin duda, ese tipo de organización era más eficaz en un marco de regulación fordista (producción y consumo de bienes y servicios estandarizados), que en el actual, en el que las demandas de los ciudadanos están mucho más fragmentadas y requieren soluciones más a su medida y no tan homogéneas. En ese tipo de organización también se ha cuestionado el poder de los profesionales que trabajan en los servicios de bienestar: médicos, profesores, trabajadores sociales, etc.; su poder se basa en el conocimiento "experto" y en la no interferencia en sus juicios (sobre decisiones clínicas, control del currículum, comprobación de medios de vida); tal conocimiento, más que estar al servicio de los ciudadanos, puede utilizarse como recurso de poder gremial a la hora de definir y planificar las políticas sociales. En uno y otro caso, lo que se cuestiona es una concepción pasiva del ejercicio de los derechos sociales. Es cierto que mediante elecciones periódicas los votantes muestran sus preferencias acerca del bienestar optando genéricamente por unas u otras opciones, pero serán instancias indirectas –la administración burocrática y los expertos– los que finalmente definirán las necesidades sociales y la forma de proveerlas. El centro de la discusión gira en torno a cómo compartir el poder de los políticos y, sus funcionarios y expertos con los ciudadanos, mediante una participación más directa y activa (el "empoderamiento") de estos últimos. Un debate de corte parecido es cómo se ha de reorganizar la gestión de los servicios de bienestar aceptada la diversidad de oferta que supone el *welfare mix*. ¿Con qué reglas ha de operar la oferta privada con ánimo de lucro en la sanidad o en la educación? Los servicios bajo responsabilidad pública que presta una empresa mercantil o sin ánimo de lucro, ¿qué calidad han de tener? ¿cómo se concreta en los conciertos?, ¿cómo se objetivan las subvenciones?, ¿qué inspecciones o auditorías se realizan? ¿Hasta qué punto los voluntarios sustituyen a los profesionales y funcionarios? Se trata de preguntas derivadas de la transición de un modelo de producción y organización fordista-burocrático de bienestar a otro de tipo postindustrial y postweberiano; en el que el rol de ciudadano se combina con el de cliente.

Otro tema importante que atañe a la organización del bienestar tiene que ver con la redefinición del marco administrativo que regula la presencia de gobiernos multinivel (federal, estadual y local) en la satisfacción de las responsabilidades públicas y cómo se distribuye la financiación entre ellas. Esta discusión, tal como muestra el presente libro, tiene muchas aristas, como la concurrencia de instituciones y la división de funciones en programas multiterritoriales, pero una problemática que sobresale es la que está relacionada con la descentralización. Una idea en auge es que la administración ha de estar más cerca de los ciudadanos con lo que la administración más próxima ha de contar con más competencias, sin embargo la tensión aparece cuando ese proceso no se acompaña de los recursos necesarios para gestionarlos, y se puede convertir en una vía para eludir la responsabilidad pública por falta de fondos.

Sobre la *distribución*, el tema de fondo es qué recursos se distribuyen, en qué proporción, a quién, en qué momento y de qué forma. Opera a través de la seguridad social y de los programas asistenciales pero las discrepancias surgen entre los que se consideran ganadores y perdedores sistemáticos. Al hacerse más heterogénea la estructura social, los riesgos y las necesidades de los individuos y los grupos también se modifican alterando las bases del contrato social que sustentaba la vieja política social. Las presiones para hacer más competitivas las economías y darle más espacio al mercado reducen la capacidad fiscal de los gobiernos, y si bien para determinados grupos sociales aumentan las posibilidades de comprar seguridad en el mercado (pensiones) y bienestar (sanidad, educación), también debilita la capacidad redistributiva de la política social, afectando a los más vulnerables. Se instalan por tanto, tensiones polarizadoras en el acceso al bienestar: uno público, de baja calidad y otro mercantil, supuestamente mejor, para quienes lo puedan pagar; y mientras tanto, se sigue confiando a las familias (mujeres) y al tercer sector una provisión gratuita.

Quiero acabar con unas líneas de felicitación a quienes han escrito los numerosos capítulos de este libro y recomendar que se lea y discuta, ya que se trata de un notable esfuerzo que ha cuajado en un excelente libro, comprometido con una visión inclusiva de la gestión de la política social; esto es, una visión de los ciudadanos no como meros beneficiarios, sino como partícipes en la definición, implementación y evaluación de su bienestar.

Ciudad de México, junio de 2008.

Presentación

La idea principal que nos ha guiado en la organización de este libro ha sido "problematizar" la gestión de la política social y socializar un conjunto de herramientas que permiten analizar y comprender los procesos de gestión, y actuar progresivamente en contextos complejos. Ahora bien, ¿cuáles son los problemas que definen los procesos de gestión? Estas complejidades, ¿derivan sólo del contexto?, ¿en qué dimensiones de la gestión se expresan?, ¿cómo comprender la complejidad (de los procesos y del contexto) sin perder la vocación por la transformación?, ¿cuáles son las herramientas que los gestores necesitan? Con estos interrogantes abiertos convocamos a los autores que nos acompañan en este libro.

En este marco, la propuesta fue convertir la gestión en problema; es decir, interrogarla, identificar sus dimensiones, formular hipótesis acerca de sus determinantes y condicionantes, contrastar distintas perspectivas y proponer herramientas analíticas que colaboren en este recorrido.

Este esfuerzo por interrogar la gestión, propio de la vida académica, tuvo la pretensión de establecer un diálogo con experiencias concretas de gestión. Quizá porque muchos de los que aquí colaboramos hemos transitado por distintos espacios de gestión (universitaria, en organismos públicos, etc.), la propuesta fue recuperar los problemas, las alternativas posibles de solución y las responsabilidades que signan la vida política de funcionarios, gestores y profesionales. Aquí radica la particularidad del esfuerzo colectivo que se materializa en este libro.

En la política social, la invitación a "problematizar" los procesos de gestión se torna aún más necesaria dado que, a diferencia de otros campos, el quehacer está inscripto en la cotidianidad y, en consecuencia, la (nuestra) práctica está modelada por el *sentido común* acerca de la gestión y de sus problemas. Esta tarea nos conduce (adicionalmente) a la necesidad de de-construir ese sentido común y re-construirlo desde la teoría de manera interdisciplinaria.

Esta posición teórico-metodológica acerca de la gestión y sus problemas se inscribe en la apuesta institucional que lleva adelante la Universidad Nacional de General Sarmiento en general y la licenciatura en Política Social, en particular, desde hace más de diez años. La impronta institucional que animó y anima esta propuesta marcó las coordenadas desde las cuales pensar la gestión de la política social, asumiendo como punto de partida que las políticas son parte de la dinámica general de la sociedad. Desde este planteo, la gestión es concebida como un espacio privilegiado de reproducción/transformación de la política social.

En el marco de estas coordenadas, uno de los mayores desafíos para el análisis de los procesos de gestión consiste en no perder de vista el sentido de la política social. Esto significa interrogarse sobre su capacidad de transformación (no siempre progresiva) en términos *económicos, culturales* y *políticos.*

Asimismo, supone asumir el papel activo de sus gestores. La complejidad y el carácter "inacabado" de la política en el momento de la gestión requiere de profesionales capaces de *actuar* (y con herramientas adecuadas para hacerlo), pero también que estén en condiciones de *sintetizar el conocimiento* existente en una *acción con sentido.* En oportunidad de esa acción *transformadora que es la gestión, se comprometen conocimientos de distinto orden y metodologías de distintas disciplinas* para hacer frente a problemáticas complejas y particularmente configuradas.

Así, la práctica de la gestión de la política social enfrenta a los profesionales a situaciones que son poco definidas, indeterminadas y en aparente desorden, que escapan a los cánones de la racionalidad técnica. Como ya hemos dicho en otras oportunidades,[1] en el caso de las políticas sociales esta afirmación se torna especialmente relevante en tanto se trata de un "campo" en formación, cuyo proceso de construcción se da a través de disputas en relación a la *progresividad/regresividad* de las políticas sociales. Esto supone asumir que el carácter "indeterminado" de ciertas zonas de la práctica[2] exige ser conceptualizado (deconstruido y reconstruido) a fin de reflexionar en torno a qué relaciones se pretende (a la vez que es viable) fortalecer (o debilitar) la gestión. Según Schön (1997), esta situación desafía a formar "prácticos competentes", capaces de razonar acerca del camino a seguir en situaciones problemáticas; lo cual implica contar con *profesionales capaces de reflexionar para la acción,* yendo más allá de las reglas existentes, utilizando conceptos aprendidos y construyendo conceptos nuevos ,contrastándolos con los ya conocidos, formulando problemas, aplicando y diseñando estrategias.

Desde esta aproximación, este libro reúne contribuciones de colegas que, formados en distintas disciplinas (sociología, urbanismo, antropología, trabajo social, ciencia política y derecho), buscan "pasar en limpio" conceptos y metodologías para pensar y actuar en ese desafiante contexto.

Esperamos que gestores, profesionales, docentes y estudiantes de carreras orientadas a intervenir e investigar la gestión de la política social, sean los interlocutores privilegiados de este libro. Ellos encontrarán coordenadas comunes desde las cuales se abre a la problematización, a la vez que aproximaciones y matices diferenciales que

---

[1] Danani, C. y Chiara, M. (2000), "La 'reconceptualización de la gestión' como cuestión clave en la formación de recursos humanos en políticas sociales. En: Hintze, S. *Estado y sociedad: las políticas sociales en los umbrales del siglo XXI.* Buenos Aires, colección CEA-UBA.

[2] Schön, D. (1997), *La formación de profesionales reflexivo*s. Barcelona, Paidós.

–esperamos– den lugar a una reflexión crítica en diálogo con las propias preocupaciones y las condiciones de situaciones particulares.

Este libro está organizado en cinco partes. Una primera parte, "Conceptos y problemas", busca aportar a la problematización de las grandes cuestiones que configuran y definen el campo de la gestión de la política social. Claudia Danani nos aproxima a "la política social haciendo alusión a aquellas específicas intervenciones sociales del Estado que producen y moldean *directamente* las condiciones de vida y de reproducción de la vida de distintos sectores y grupos sociales". Danani avanza también en los problemas y cuestiones que constituyen el campo, aportando un esfuerzo significativo para los modelos de política social en clave de la gestión. Magdalena Chiara y Mercedes Di Virgilio se adentran en un análisis situado de los procesos de gestión presentando un conjunto de conceptos orientados a comprender las características de su estructura y dinámica (régimen de implementación, entramado de actores, capacidad estatal). Jorge Hintze aborda la gestión desde los modos a través de los cuales se organiza la asignación de los recursos en la política social. Para ello analiza las instituciones en funcionamiento y la dinámica y configuración que asumen los distintos "ámbitos organizativos" según los principios de división del trabajo (especialización y redundancia); el análisis de la organización en redes y su relación con la naturaleza de los resultados perseguidos es una de las contribuciones más destacadas al análisis de la gestión de la política social. Andrea Catenazzi y Natalia Da Representaçao se interrogan acerca de la naturaleza y tipo de relaciones que se establecen entre territorio y política con el propósito de dar cuenta de una doble mirada: desde cómo el territorio impacta en la acción publica hasta el territorio en tanto expresión de un conjunto de relaciones en las que se manifiesta el poder. El análisis acerca de la relación entre territorio y política social está mediatizado por dos instrumentos ampliamente utilizados para el diseño de políticas sociales: la focalización y la escala de las intervenciones.

La segunda parte, "El entramado institucional y la gestión social", se orienta a contribuir con el análisis de la importancia las instituciones en los procesos de gestión y brindar herramientas a los gestores para poder operar en esas condiciones. Fabián Repetto analiza el marco institucional a los efectos de "entender el modo en que dicho [...] entramado afecta al conjunto del proceso de la política social, inscribiendo allí los procesos propios de la gestión". El análisis pone en diálogo el concepto de institución y de actores en los modos en que las primeras generan incentivos, oportunidades o amplían las opciones disponibles para los segundos. La complejidad de los distintos niveles en que se configura este entramado es analizado en clave de los diferentes escenarios de la institucionalidad social. En el capítulo siguiente y continuando el análisis en clave de las reglas de luego, tanto formales como informales, Repetto aborda dos de las grandes mutaciones que ha sufrido la institucionalidad de la política social: la descentralización y la intersectorialidad. Asimismo, profundiza uno de los desafíos con que se enfrentan los gestores inmersos en esos procesos: la problemática de la coordinación.

La tercera parte, "La articulación de actores como modelo de gestión de la política social", busca aportar elementos conceptuales y metodológicos para pensar la articulación de actores como modelo de gestión de la política social. Andrea Catenazzi y Magdalena Chiara abren esta tercera parte planteando desde la práctica un conjunto de cuestiones a considerar al momento de proponer y gestionar la participación. En ese recorrido sitúan la participación en el centro del proceso de toma de decisiones alrededor de la política pública, atravesada por los ciclos que modelan su dinámica. En otro capítulo, y recuperando el enfoque y las investigaciones sobre capital social, Irma Arriagada aporta un conjunto de herramientas destinadas a mejorar la gestión de la política social. Su preocupación está centrada en la sustentabilidad y en la consolidación de una cultura de la evaluación que permita "prevenir errores, junto con avanzar hacia el diseño de mecanismos para transformar a la población en actor social que tenga mayor acceso y control sobre las decisiones que les atañen". En la misma línea de preocupaciones, pero centrando el análisis en las políticas y programas de salud, Javier Pereira examina las modalidades de la participación ciudadana y sus transformaciones. Pereira parte de un análisis histórico de la participación y su relación con las reformas, en particular en el campo de la salud. El trabajo presenta de manera sistemática distintos instrumentos de participación, caracterizando el alcance de cada uno, para abordar de lleno el argumento central que es la propuesta de la emergencia de un nuevo paradigma en la participación ciudadana. Olga Nirenberg retoma los ejes planteados en los capítulos precedentes poniendo el foco en la importancia que reviste la evaluación para la mejora y la transparencia en la gestión de las políticas. Discurriendo en sus comienzos acerca del significado de la evaluación y la necesidad de incluir a los actores en los procesos evaluativos, continúa con un análisis de los diferentes tipos de evaluación según los actores involucrados y los momentos del ciclo de vida de la política o programa en el que se pone el foco. Luego de recorrer algunos principios que hacen a la naturaleza del proceso evaluativo, profundiza en el vínculo existente entre la evaluación y la mejora de la calidad de la gestión y la apertura de las instituciones que son responsables de operar la política.

La cuarta parte, "La investigación para la gestión: problemas y herramientas", se orienta a contribuir con el conocimiento de las cuestiones que deben ser atendidas para aportar a una mejora en la gestión de políticas sociales. Una primera aproximación más conceptual es la que propone Javier Moro, quien indaga en los modos a través de los cuales se produce la articulación entre conocimiento/información y política pública. El autor pone especial atención al análisis de los propios ámbitos de políticas en tanto "generadores de marcos conceptuales para la acción", escenarios críticos para interrogar esta articulación. En un plano más metodológico, María Mercedes Di Virgilio y Daniel Galizzi hacen una aproximación operacional al concepto de entramado de actores en tanto herramienta que permite dar cuenta de quienes participan en los procesos de gestión de programas y políticas, y reconstruir sus relaciones recíprocas, a partir de una investigación relativa a un programa de mejoramiento barrial.

Una quinta parte, "Casos para el estudio de la gestión" pone a disposición de los formadores en el campo de la política social, un conjunto de casos de estudio que articulan los ejes conceptuales presentados en las páginas precedentes. Con esta finalidad, tres casos de estudio abren al análisis los conceptos presentados por los autores en los capítulos en que se organiza el libro. El caso se constituye en un dispositivo que interpela contenidos en pos de resolver problemas, tomar decisiones y construir significados; asimismo, busca ofrecer un escenario para un aprendizaje autónomo, crítico y creativo. Esta última parte se abre con una presentación metodológica de la herramienta que realiza María Mercedes Di Virgilio para continuar con las experiencias (re)construidas por Magdalena Chiara y María Mercedes Di Virgilio acerca del PRODEII (Programa para el Desarrollo Infantil Integral), Fernanda Potenza Dal Masetto sobre el Plan Incluir (Comités Coordinadores en Áreas Sociales) y María Cristina Cravino acerca del Programa Mi Barrio.

El planteo de este libro es resultado de debates y reflexiones que han tenido lugar en distintos espacios. Aulas, oficinas públicas, barrios y salas de reuniones han sido los ámbitos en los que fuimos modelando colectivamente los modos de pensar la gestión de la política social. Allí hemos discutido y reflexionado con estudiantes, funcionarios técnicos y políticos, investigadores, legisladores, militantes, profesionales y dirigentes barriales. A todos ellos, nuestro especial agradecimiento.

Queremos agradecer a los colegas que generosamente trabajaron en función de hacer explícitos los marcos conceptuales y metodológicos con que vienen trabajando para contribuir con la formación de profesionales en el campo de la política social, propósito que anima a este libro.

Por último, queremos manifestar nuestro agradecimiento al Instituto del Conurbano y a la Universidad Nacional de General Sarmiento, institución desde la cual pensamos y realizamos este libro.

Magdalena Chiara
María Mercedes Di Virgilio

PARTE 1

Conceptos y problemas

No se puede desatar un nudo, sin saber cómo está hecho.

Aristóteles (384-322 a.C.)

Capítulo I

La gestión de la política social:
un intento de aportar a su problematización[3]

*Claudia Danani**

La vida política y la vida académica están hechas de debates. Sobre distintos temas posibles, en la vida política se debate acerca de problemas y soluciones, de cursos de acción y de responsabilidades; y en la vida académica, acerca de definiciones, causas, perspectivas y circunstancias. Claro que ni a una ni a otra le son indiferentes las "otras" discusiones. Así, las conclusiones se cruzan y se enmiendan (y también se acomodan, por qué no) recíprocamente.

Con sus particularidades, la política social no es la excepción en ninguno de los aspectos mencionados: en este campo, problemas y soluciones (o la pretensión de imponerlas), responsabilidades, definiciones y circunstancias son sometidas permanentemente a una discusión en la que se entretejen orientaciones y perspectivas políticas, casi siempre mediadas por la pretensión de validez de enfoques teóricos y metodológicos. Quizás su *particularidad* (si alguna tiene) esté más asociada al mundo académico, por el hecho de ser un campo de constitución relativamente reciente, en comparación con el más amplio de las ciencias sociales. Eso hace que, a diferencia de otros, los debates demasiado a menudo lleven al punto de partida; y que entonces surja la pregunta "¿Qué es la política social?", cosa que no ocurre ni en la vida, en el mundo social y político, en los que no puede decirse que la política social sea "joven": nació con la mismísima modernidad capitalista (punto que ha traído no pocas confusiones y aspecto a comentar más adelante).

En el proyecto general de este volumen, este trabajo tiene por objetivo aportar a la problematización de las grandes cuestiones que configuran el campo de la gestión de la política social. Ese objetivo lleva, necesariamente, a empezar por proponer una

---

* Instituto del Conurbano-UNGS/Facultad de Ciencias Sociales/Universidad de Buenos Aires.

[3] "Por problematización entiendo la existencia de un haz unificado de interrogantes (cuyas características comunes es preciso definir) que han emergido en un momento dado (que hay que datar), que han sido reformulados varias veces a través de crisis e integrando datos nuevos (hay que periodizar esas transformaciones) y que siguen vivos en la actualidad" (Castel, 1997: 19).

respuesta a esa misma pregunta (tan primaria, ella) ¿qué es la política social?, tanto porque parece evidente que es oportuno poner en orden ciertos conceptos e ideas, como porque es justo explicitar de qué clase de orden y de qué ideas se hablará en adelante. Aunque no las únicas, es pertinente insistir en aquellas que permitan responder al interrogante acerca de qué y por qué ciertos aspectos de la vida social (y no otros) a lo largo de la historia se han convertido en "cuestiones" que formaron parte de este campo. Sin lugar a dudas, habitar el mundo de la gestión agrega la complejidad del "cómo" o, dicho de otro modo, preguntarse por el "qué" no es suficiente; sin embargo, se asume aquí que este recorrido es necesario. También, deliberadamente, se apela aquí a términos como "proponer" y "responder", para subrayar el carácter inacabado de lo que se expone; es que en momentos de transformaciones, incertidumbres y controversias, ambas expresiones parecen más adecuadas que "definir".

A continuación, se avanzará en la identificación de las cuestiones que configuran el campo de la política social, enfatizando su condición de *campo de intervención*, pues la misión del texto es contribuir a problematizar la dimensión de la gestión. En esa dirección, se aventura en este texto un "pacto de lectura": los enunciados no serán estrictamente originales, ya que estarán alimentados por muchos años de tránsito por estos temas y problemas, y será necesario volver sobre algunos puntos que han seguido siendo objeto de preocupación; y también será aprovechada una fecunda literatura que, desde puntos de partida muy diferentes, ha crecido exponencialmente en ese mismo tiempo. Dada esa doble fuente, en ciertos casos de planteos o conceptos clásicos o más ampliamente conocidos, se optó por consignarlos sin más, con la debida cita bibliográfica, concentrando en cambio la atención en el desarrollo de análisis novedosos o en la revisión de los existentes[4]. En todo momento se intentó encontrar un balance entre la necesidad de un desarrollo analítico claro y autocontenido y la tolerancia de la atención del lector. A favor del texto final, puede decirse que se han corregido algunas ideas y completado otras y que, en conjunto, se ha podido responder mejor a algunas inquietudes. Al menos, las inherentes a la línea argumentativa que se desarrolla.

Tal vez la idea que más interese poner en orden aconseja, paradójicamente, decir en este momento de qué *no se habla aquí*: el lector no encontrará un trabajo que hable de *la* vida social, ni –mucho menos– de vidas individuales; apenas encontrará conceptos, observaciones y análisis referidos a la política social. Está de más decir que se establece entre ellos una relación entrañable, pero de ninguna manera una relación de identidad. Justamente en virtud de las incertidumbres mencionadas anteriormente, es bueno ejercer la auto vigilancia desde el inicio: cuando aquí se habla de "centralidad", se estará haciendo referencia al objeto de este libro (la política social); cuando se diga "constituir", se estará aludiendo a *procesos de constitución social* extremadamente complejos (vale decir, con infinitas mediaciones), que por lo tanto están intregradas por "otras" políticas, "otras" relaciones, "otras" prácticas distintas de las que discurren en

---

[4] Así se encontrará indicado.

el campo de la política social. Y cuando los sujetos o personas emerjan de este texto, no serán subproductos de estructuras o instituciones, sino agentes (desigualmente dotados) de aquellas mismas relaciones, prácticas, estructuras e instituciones.[5]

Serán los otros autores y el lector quienes digan si el texto final aporta en esa dirección.

1. Alambrando (el campo): qué es la política social

1.1 Una (brevísima) nota metodológica

Hace ya algunos años, Sonia Fleury enumeró cinco formas posibles de definir el concepto "política social". Así, llamó "finalísticas o teleológicas" a las conceptualizaciones que enfatizan la finalidad o el (presunto) "deber ser" de las políticas sociales; "funcionales", a las que las definen por la función que cumplen; denominó "operacionales" a las aproximaciones que se preocupan por los instrumentos que movilizan, en tanto política pública; "sectoriales" a las conceptualizaciones que subrayan las acciones en subcampos como educación, salud, etc.; y "relacionales", a las que inscriben estas políticas en la dinámica de relaciones de poder de cada sociedad. Avanzando en el texto, finalmente, agregó la dimensión distributiva que está presente en toda política social (Fleury, 1999:1-6).

Este trabajo propone agregar otra forma de definir la política social, que es la que se utilizará en adelante; y la que, si algún título identificatorio se le aplicara, debería ser "por su objeto".[6] Esperando que al avanzar en la presentación se la vea razonabilidad de ese rótulo, se iniciará este primer punto con un asunto lógicamente previo a todo acercamiento a la política social, pero que estará presente en los análisis posteriores.

La afirmación que sirve como punto de partida es muy general: *el de la política social es un campo de políticas complejo, en el sentido (epistemológico) de que en él están contenidas múltiples dimensiones, que por otra parte se relacionan entre sí*: procesos político-culturales, económicos e institucionales, pero también el género, la edad, la orientación ideológica, etc.,[7] están presentes en el campo de la política social, y se vinculan y moldean recíprocamente. Esta circunstancia, que en buena medida alimenta el entusiasmo y desafía intelectual y políticamente, porque hace de éste un campo

---

[5] En el capítulo II Magdalena Chiara y Mercedes Di Virgilio pasan en limpio los conceptos de actor y agente.

[6] De ninguna manera "objetivista" ni "objetiva"; ambos términos están muy lejos del significado que se pretende dar.

[7] Por ejemplo, en el caso de la política social, los especialistas hablan de los diferenciales en los "riesgos de clase, de trayectoria vital e intergeneracionales" (Esping-Andersen, 2000: 59-62). Esto es bien distinto que decir, por ejemplo, que la pobreza es un problema que sufren por igual grupos sociales que comparten "ciertas características sociodemográficas como la edad, el género o el origen étnico", como afirma Barba la perspectiva ("despolitizadora") impulsada en las últimas décadas por organismos internacionales como el Banco Mundial (Barba, 2005: 81).

de políticas inagotable, plantea también la posibilidad de confusión, ya que cuanto más complejo es el objeto, más necesario es extremar el esfuerzo para identificar *lo específico* del mismo; es decir, es más necesario establecer qué es lo que lo diferencia de otros objetos o, como en este caso, de otros campos.

"Todos los objetos de las ciencias sociales son complejos", podría decir alguien, y tendría completa razón. Y precisamente por eso es fundamental establecer qué es lo específico, qué es aquello que da entidad a un objeto de estudio, qué es lo que da sentido a las relaciones que se tensionan en el campo en el que se inscribe. De lo contrario, es probable que reine la imprecisión y un nivel de generalidad que contribuya poco a la profundización del conocimiento. Bourdieu, por caso, diferencia los campos entre sí por el tipo específico de capital que constituyen y que contribuyen a constituir, y ese capital particular, que es lo que está en disputa, es lo que en su análisis surge como específico y relacional: como específico, porque es lo que permite separar, distinguir (analíticamente); y relacional, porque en la disputa se establecen relaciones y posiciones, se imponen reglas, etc., todas ellas distintas de las que se establecen por la disputa de "otros" capitales.

En este caso se trata del campo de las políticas públicas, y en él es claro que la mayor precisión no puede provenir de definiciones teleológicas o finalísticas, ya que abundan las controversias acerca de "las verdaderas" finalidades de las políticas; ni de las aproximaciones funcionales, pues distintas políticas pueden cumplir la misma función (¿qué política no está implicada en la *función de la reproducción social*, o en la construcción de legitimidad, por ejemplo?). Resulta necesario, entonces, identificar más propiamente la dimensión que diferencia un campo de políticas de otro; así se estará en mejores condiciones de comprender las múltiples relaciones entre ellos y las distintas formas que asumen los objetivos, las funciones, los medios e instrumentos movilizados, etc.

Cabe hacer aquí un comentario –casi entre paréntesis– con el solo propósito de reafirmar el sentido del recorrido que este libro propone: las definiciones y análisis finalísticos, funcionales, operacionales, etc., son enteramente válidos. Lo dicho en el párrafo anterior, entonces, no conlleva un cuestionamiento sino que sólo pretende remarcar que esos abordajes no revelan lo específico de la política social. Y, siendo justamente la identificación de lo específico uno de los objetivos de este capítulo inicial, debe comenzarse por esta cuestión. Ahora bien, también ocurre que, por caso, sólo los análisis operacionales pueden dar cuenta de algunos aspectos de la gestión como los que se desarrollan en esta primera parte; o que sólo si se incursiona en una perspectiva sectorial puedan explicarse las particularidades de la producción y consumo de ciertos bienes públicos, del forjamiento de ciertas relaciones y de la conformación y participación de grupos sociales, profesionales o sindicales específicos, por ejemplo. Más aún, especialmente esas dos aproximaciones (la operacional, que inscribe la política social en el campo de las políticas públicas, y la sectorial) son las que permiten identificar *los problemas que han constituido este campo como campo de estudio y como campo de intervención,* porque en esas dimensiones es que se realiza la política social. Será necesario regresar a esta idea en otras oportunidades.

El argumento planteado es el siguiente: *el primer vector de diferenciación entre tipos de políticas es el del objeto sobre el cual ellas actúan directamente,* dicho esto en el sentido metodológico de "lo que es [directa y prioritariamente] destinatario de la acción u operación del sujeto", cualquiera sea su naturaleza. Dicho de otra manera: lo que conceptualmente diferencia en primer lugar a los tipos de políticas entre sí es aquello que constituye su objeto de intervención directa. Y, a la inversa, al identificar distintos entramados de relaciones y/o procesos sobre los que actúan directamente diferentes políticas es posible ensayar una primera gran discriminación de *tipos* de estas últimas.

1.2 La política social

Siendo la anterior una manera de mirar, lo que se abre por delante es un ancho campo de intervenciones estatales que, según lo que se enunció en el apartado anterior, tienen en común el actuar sobre las condiciones de vida y de reproducción de la vida de la población, pensando esas condiciones y ese proceso en su doble referencia de "vida social" y de "vida de los sujetos". Aquí se las denomina *intervenciones sociales del Estado y* en línea con lo ya dicho, es justamente el que su objeto sean las condiciones de vida y de reproducción de la vida lo que diferencia a las intervenciones sociales, en general, de otras.[8]

Ahora bien: el espectro de circunstancias que puede ser abarcado por la expresión "condiciones de vida y de reproducción de la vida" es muy amplio, e igualmente amplio lo será el de las políticas que estén incluidas en este campo. Dado que se incluye a la política social en el conjunto de las intervenciones sociales del Estado, esa amplitud obliga a seguir buscando lo específico de la política social, para lo cual hay que retomar las reflexiones precedentes acerca del objeto de intervención.

La matriz de las condiciones de vida se encuentra en el trabajo; afirmación que no es en absoluto original y que podría respaldarse con cientos de citas de distintos autores. Pero Navarro Ruvalcaba (2005) agrega sustancia a ese enunciado al ligarlo con la cuestión del *riesgo* ("La dependencia de los individuos de los ingresos laborales constituye el principal factor de riesgo en las sociedades capitalistas", p. 120). Por eso en las sociedades modernas (v. g., capitalistas) hay que observar las formas y dinámicas concretas que asume la forma mercancía de la fuerza de trabajo, a la que

---

[8] Esa acción de las políticas "sobre" cierto entramado de relaciones y procesos no es la acción sobre un objeto preconstituido, sino una acción que constituye a esas mismas relaciones y procesos: las moldea, las *produce.* En este caso, entonces, las intervenciones sociales *producen las condiciones de vida y de reproducción de la vida de distintos grupos y clases sociales, de la misma manera que las políticas económicas co-constituyen los procesos de producción y acumulación y no "actúan desde afuera" sobre ellos.*

se considera aquí la relación fundamental, y que es la forma propiamente capitalista de la relación capital-trabajo. Y algo más: la forma mercancía de la fuerza de trabajo tiene ese carácter fundamental, cualquiera sea la forma socio-jurídica e institucional que adopte, abarcando desde la más "tradicional" relación asalariada formal que en algún momento de la historia se naturalizó, hasta las más flexibilizadas y desprovistas de "estatutos", que irrumpieron en el ciclo neoliberal aún en tránsito.

Aunque el tema de este trabajo no son "las sociedades capitalistas" ni "el capitalismo", es oportuno hacer una breve aclaración: se atribuye el carácter de "relación fundamental" (o de constituir los "principios estructurales", en la terminología de Giddens, 1991, 1995) a la forma mercancía de la fuerza de trabajo, porque se entiende que ella organiza la vida colectiva e individual, en su sentido más amplio; y porque se trata de una relación que opera como frontera que distingue las sociedades capitalistas de otras sociedades que no lo son (sencillamente: en ausencia de esa relación, tal vez se ignore en presencia de qué tipo de sociedad se está, pero podrá decirse sin dudar que *no se trata de una sociedad capitalista*). En cambio, y esto interesa especialmente, el carácter de "relación fundamental" no significa que "el objetivo", el propósito, de estas sociedades sea la explotación: el objetivo es, *sencillamente, ganar dinero;*[9] *y* la mercantilización de la fuerza de trabajo es la relación en la que descansa esa posibilidad.

"La matriz de las condiciones de vida se encuentra en el trabajo", se leyó dos párrafos atrás; ello implica que en el ámbito laboral se fundan las condiciones de vida, pues en él se establecen cuáles y cómo serán los medios que se obtengan, y cuál será el alcance de la satisfacción de necesidades que ellos provean (de los sujetos y de la sociedad, como ya fue dicho). En el mismo ámbito laboral se configuran las condiciones de participación en la distribución de los beneficios producidos y acumulados; se conforman las condiciones de acceso al consumo y, en buena medida aún, también se escribe un capítulo fundamental de la producción de identidad, reconocimiento y subjetividad.[10] Como se desprende de lo dicho en la presentación, las condiciones de vida y la reproducción de la vida no se agotan (¡ni mucho menos!) en la compra-venta de la fuerza de trabajo; así como "la vida" de las personas es irreductible a sus condiciones, éstas lo son a la relación capital-trabajo: pero acéptese que su comprensión es condición necesaria para entender aquéllas. Esto alcanza a grupos que no fueron incorporados plenamente a esa relación y que por eso (¿o a pesar de eso?) son inscriptos en sistemas de "gobierno de los hombres" (Alvarez Leguizamón, 2006: 88) de tipos tan variados como lo son los garantistas y los tutelares. Esta referencia incluye en particular a los pueblos originarios de América Latina, cuya historia es tan imposible de captar por estas solas categorías, como de entender sin ellas.

---

[9] Más precisamente, Boltanski y Chiapello señalan ese objetivo en tanto "acumulación ilimitada de capital mediante medios formalmente pacíficos" (2004: 35).

[10] Las referencias posibles al respecto son tantas que cualquier enumeración es riesgosa.

Volviendo a las políticas: la política laboral cumple el requisito de actuar de manera directa e inmediata ("moldeando y produciendo", como ya fue dicho) en la relación capital-trabajo. Así surge, entonces, una línea que, dentro del campo de las intervenciones sociales del Estado, traza una primera gran distinción (conceptual): la política laboral opera directamente sobre la relación capital-trabajo.

La mercancía fuerza de trabajo "presta" su centralidad a la política laboral, que puede ser considerada el eje organizador del conjunto de intervenciones sociales del Estado –en el sentido de que tiene prioridad lógica e histórica sobre las demás–, ya que al representar la principal acción sobre la relación fundamental, se erige en el "portón de entrada" a las formas de participación de la mayoría de los sujetos en el mercado laboral; mercado en el que se ve que se establecerán las condiciones y los alcances de la organización de la vida. Y es que la política laboral regula los tiempos, ritmos e intensidad de la actividad a través de la cual serán obtenidos los medios de vida. Lo mismo pasa con la retribución (el salario), cuyos mecanismos de determinación son públicos (con lo que ello significa en cada sociedad) y, por lo tanto, *políticos* en sentido amplio.[11] Finalmente, la política laboral también delimita, como constricción y como habilitación, la capacidad de los sujetos de incidir en cada uno de esos aspectos (la existencia de convenios colectivos, por ejemplo, habilita la acción representativa y desalienta la negociación individual), etc. En términos menos literarios y más conceptuales, resumo reiterando que la política laboral *regula directamente las condiciones de venta y de uso de la fuerza de trabajo,* como afirman Marshall y Cortés (1993) en un texto ya clásico.

Éste es un buen punto para introducir otro paréntesis; pues la noción de "intervención directa" es tributaria de un trabajo de esas autoras, aunque en el presente texto en verdad se usa en una dirección relativamente diferente. En efecto, citando a Rodgers, Cortés y Marshall hacen la distinción entre mecanismos "indirectos", de carácter económico y social, y los jurídicos, que serían "directos", por la obligatoriedad que implican; así, a la vez, se diferencian de una noción más amplia de regulación, sostenida en general por los "regulacionistas" franceses. Aquí se emplea la expresión "intervención directa" o "indirecta", pero se lo hace fijando la atención en el objeto, a fin de observar si éste recibe las acciones que se desarrollan de manera inmediata o si existen mediaciones.

Prosiguiendo con la exposición, corresponde decir que, como parte intrínseca de ese moldeamiento de la relación capital-trabajo, la política laboral participa del circuito de la distribución primaria del ingreso, a la que también regula de manera

---

[11] Buceando en alternativas para la organización del trabajo y de la vida, Laville (1999) propone que las luchas sindicales y políticas de los movimientos de trabajadores del siglo XIX sean vistas como una larga pelea por imponer la condición *política* (y por lo tanto, pública) del trabajo (al igual que de la economía). En ese punto, un texto fundacional es Donzelot ([1999] 2007), y su análisis del derecho *al* trabajo.

directa. Ello ocurre principalmente (y no de modo excluyente) a través de uno de los tipos de política laboral, la política salarial, que es expresión y parte co-constitutiva de las formas en que se reparte la riqueza entre capital y trabajo.

Establecidas hasta aquí tales características de la política laboral, corresponde ensayar a continuación una aproximación a la política social, enunciándola como aquellas intervenciones sociales del Estado que producen y moldean *directamente* las condiciones de vida y de reproducción de la vida de distintos sectores y grupos sociales. Y, en los términos en los que se viene conceptualizando este campo, desde la perspectiva de la distribución, objetivan esta acción en mecanismos que operan *especialmente* en el momento de la *distribución secundaria del ingreso* (Isuani, 1991: 10).

Como se ve, la distinción entre distribución primaria y secundaria adquiere una importancia decisoria en este acercamiento. Y, si bien se trata de una distinción que no debe ser reificada (la distribución es un proceso global), tampoco es una cuestión menor el hecho de que esto que se llama aquí "distribución secundaria" sea un momento (lógico) de la distribución, *cuyo rasgo fundamental es que sólo existe por la mediación estatal*. Así mirada y definida, se está frente a un momento *inmediatamente político* del proceso de distribución (y por lo tanto, de acumulación).

Finalmente, se retoma una útil puntualización hecha por Estela Grassi, quien alude a *la política social* (en singular) como la denominación genérica de "la forma política de la cuestión social" (2003: 26), en la que se condensa el sentido de la acción estatal en la producción de la vida. Y habla de *políticas sociales* (en plural) para aludir a aquellas políticas específicas (sectoriales, en el lenguaje habitual) en las cuales esa orientación se materializa, de manera que fácilmente pueden registrarse la política habitacional, de salud, previsional, etc., como *políticas sociales*. Esa distinción puede ser recreada para la *política laboral*, incluyendo en su interior distintas políticas (en plural), tales como la política salarial, que tendrá por objeto "el precio" de la venta de la fuerza de trabajo; a la política contractual o de empleo, que se ocupará del establecimiento de la duración de la jornada, del espaciamiento de los descansos, etc. Como se ve, esta enumeración muestra cuestiones sobre las que la política social *incide*, pero que no define de manera directa.

Sin embargo, definiciones y clasificaciones tienen siempre una utilidad limitada, y llega un punto en que es más fructífero detenerse en las *interfases y articulaciones*, pues eso potencia la mirada relacional que aquí se expone. Por esa razón, cabe el siguiente resumen:

a. Se reserva el término *intervenciones sociales* para dar cuenta del conjunto de acciones relativamente institucionalizadas que *producen* las condiciones de vida y de reproducción de la vida, en sentido amplio, pensada en su doble referencia de "vida social" y de "vida de los sujetos". Es justamente ese objeto (las condiciones de vida y de reproducción de la vida) lo que define las intervenciones sociales en general, dentro de las cuales en este capítulo se recortan las *intervenciones sociales del Estado, a las cuales corresponden las distinciones que se harán en los puntos siguientes.*

b. La *política laboral* es el eje organizador del conjunto de intervenciones sociales del Estado, pues regula directamente la relación fundamental de las sociedades capitalistas (*la forma mercancía de la fuerza de trabajo*), y al hacerlo, interviene en la distribución primaria del ingreso.

c. Se propone aquí pensar la *política social* como el conjunto de intervenciones sociales del Estado, cuya unidad radica en que regulan *indirectamente* la forma mercancía de la fuerza de trabajo y que lo hacen desenvolviéndose en el terreno de la distribución secundaria del ingreso.

d. A la vez, y como se dijo anteriormente, se habla de *políticas sociales*, en plural, para hacer referencia a las intervenciones específicas y sectoriales que integran *la* política social del Estado (de salud, educación, sostenimiento del ingreso, etc.).

e. Similar ejercicio, finalmente, es posible hacer con la *política laboral* y las *políticas laborales* (salarial, de entrenamiento, de contrato, etc.).

Las formulaciones del primer punto, por un lado, y del segundo y tercero, por otro, llevan el análisis al extremo, reconociendo "intervenciones sociales" (a secas) en otros modos de organización social, sin denominarlas como "políticas sociales". Este término, construido históricamente y que se instala en el lenguaje (tanto el común como el especializado) apenas en el siglo XIX, debe ser reservado para las sociedades capitalistas. Recuérdese que en la presentación se advirtió acerca de que se comentarían algunas confusiones relacionadas con las formas en que históricamente irrumpe el concepto de política social. Tales confusiones parecen ser de dos tipos: a) las corrrespondientes a autores como Castel, Geremek, Skocpol y Esping-Andersen (por mencionar solamente a clásicos en sus temas), que incurren en el deslizamiento de "ver política social" en toda circunstancia histórica en la que intervenciones institucionales se ocuparon de las condiciones de vida (y particularmente de la enfermedad, el trabajo y la pobreza); b) un tipo más reciente, que reduce la definición de política social a la de política contra la pobreza (o, peor aún, de "alivio de la pobreza"), concepción extraordinariamente exitosa, que como ninguna otra expresa la hegemonía que alcanzara el ideario neoliberal en la política social.[12]

A la vez, puede advertirse que hay instituciones y actores no estatales que desarrollan intervenciones sociales, aunque ellas no son, estrictamente, política social, a excepción que el análisis indique que son resultado de un proceso de transferencia institucional (terciarización) de acciones estatales: tal el caso de organizaciones sociales, políticas o religiosas de distinto tipo; pero ello será indicado por el análisis respectivo.[13] Final-

---

[12] Como señala Boltvinik, "la lucha contra la pobreza extrema es parte integral del neoliberalismo, no es un adorno ni un acto externo al modelo, está en su esencia misma" (2005: 318).

[13] Merece revisarse (al menos, parcialmente) la afirmación de Repetto y Andrenacci (2006: 297-300) de que tal proceso constituiría una "desestatización", salvo que se tomara el concepto de Estado

mente, la discriminación entre el segundo y tercer punto da cuenta de que la política social no es la única intervención social del Estado, y propone un doble eje teórico, político y empíricamente relevante para la distinción entre política laboral y política social, incluyendo sus respectivas sectorializaciones: el carácter directo o indirecto de acción en/sobre la forma mercancía de la fuerza de trabajo, y el momento de la distribución en el que participan (primaria o secundaria).

¿Es útil hacer tantas precisiones o finalmente sería suficiente enumerar más o menos cuidadosamente acciones de distintos agentes (estatales, en todo caso, si hay acuerdo en el punto de vista aquí propuesto)? Estas precisiones son útiles porque ofrecen al menos las tres siguientes ventajas:

a. Permiten ver que *las políticas sociales no necesariamente mejoran las condiciones de vida: pueden hacerlo, pero ello no es un atributo propio de la política social en sí misma sino de casos específicos, observables mediante estudios específicos.* El más claro ejemplo son las políticas sociales impulsadas durante el ciclo neoliberal, que empeoraron masivamente las condiciones de vida de las mayorías, contribuyeron a una más regresiva distribución del ingreso y restringieron el acceso a bienes y servicios que hasta entonces habían estado más cercanos a la aceptación de la responsabilidad social, etc.[14] El *a priori* contrario también debe ser rechazado como tal: tampoco es un atributo propio de la categoría política social el que empeoren las condiciones de vida.

b. Llaman la atención sobre una cuestión principal: *siempre hay política social, de la misma manera que siempre hay Estado;* y, en consecuencia, apuntan a la necesidad de vigilar todo el tiempo una manera de mirar que, respecto de la política social, en general está más entrenada en captar acciones y protecciones, que omisiones e intervenciones que producen desamparo. Esto se vincula con el punto anterior: en el mismo período de la transformación neoliberal, se desarrollaron *tantas y tan intensas políticas sociales* como en otros ciclos... "sólo" que de signo diferente al que el sentido común se dispone a aceptar, y por eso a menudo tendieron a resultar invisibles a las categorías de percepción y de análisis más aceptadas (por esa razón, fue y aún sigue siendo común recoger declaraciones del tipo: "No hay, o hay menos, política social").

c. Finalmente, habilita a concebir la política social como una *construcción* en doble sentido: por lo que el término dice de *"lo no-natural"* y como *positiva,* como *invención,* como *creación.* Esto último importa especialmente, para discrepar con

---

como limitado a "institución o aparato" y se renunciara al de "Estado como relación", que supone configuraciones institucionales diversas. Este comentario no afecta el análisis del proceso histórico que al respecto presentan los autores.

[14] Tómese lo anterior como lo que se ha señalado –un ejemplo– y no como un modo de convertir el "neoliberalismo" en sujeto monolítico y externo a las relaciones de la sociedad que en cada caso se examina.

posiciones que ponen el acento en lo que la política social tiene de "reacción" o "respuesta" a problemas, acciones, conflictos, etc.[15] Por el contrario, vista como un proceso, son parte de la política social la propia definición de qué es (y/o será) un *problema*, tanto como "lo normal" según indica Grassi (2000: 72); y las iniciativas que orientan y producen acciones y la delimitación de espacios de acuerdos, y no sólo de conflictos, ya que esto último empuja a arrinconar la política social en términos residuales.

En esta otra perspectiva, en cambio, control y disciplinamiento también recuperan su carácter afirmativo y hasta es posible exceptuar la represión del velo puramente reactivo con el que suele recubrírsela. Ésta no es una cuestión menor: también la preservación del orden y la construcción de legitimidad, que suelen ser "denunciadas" como objetivo de toda política social, son procesos abiertos. Esto puede significar cosas muy distintas, pero con seguridad acarrea una certeza: *preservación del orden, legitimidad, control, disciplinamiento, no son ninguna respuesta; al contrario, deben ser desmenuzados y explicados* a lo largo de la historia. Si se acepta esta propuesta, cabría invertir al menos parcialmente algunas miradas habituales y convertir en preguntas afirmaciones que, a esta altura, tal vez no son tales. Ello significa que los estudios y análisis deberían comenzar exactamente allí donde a menudo hoy se dan por terminados.

Así, sin dificultad puede reconocerse el carácter multifacético de la política social, captándola en muy variados momentos y circunstancias de la vida de una sociedad. Ya se hizo referencia a la doble imbricación de "la vida social" y "la vida de los sujetos", lo que permite decir que circula y puede ser reconstruida en diferentes niveles y desde distintas perspectivas, desde micro a macrosociales (según si las relaciones, procesos y contextos de interacción son inmediatamente observables, o no lo son, respectivamente).[16] Distintas expresiones capturan ese carácter multifacético, y sintetizan y sugieren nuevas ideas al mismo tiempo. Eso sucede con la frase de Castel según la cual el campo de lo social-asistencial (uno de los troncos que convergieron en lo que hoy se identifica como *política social*) "resulta de una intervención de la sociedad sobre ella misma" (Castel, 1997: 41), en el curso de la cual fueron perfilándose sistemas de protección y de control, áreas de profesionalización y especialización de agentes, etc.; frase que retoman Soldano y Andrenacci para remarcar la centralidad de la política social y el carácter endógeno (no "desde afuera") de tal acción estatal (2006: 45-46).

---

[15] Topalov ([1990] 2004) y Grassi (2000 y 2003) son recomendaciones ineludibles para profundizar en el tema.

[16] La polisemia de las expresiones "macro" y "microsocial" ha sido siempre fuente de imprecisiones. Aunque no es el propósito de este trabajo subsanarlas, se intentará no contribuir con ellas, y por lo tanto se subraya que se ha hecho referencia a perspectivas, y de allí polarizado en macro y microsocial; pero puede hallarse un uso extendido, de carácter más empírico, que suele interponer lo "mesosocial" para aludir a los objetos institucionales o las instituciones como objeto de análisis. Este nivel es primordial para el desarrollo (y el estudio) de políticas sociales.

Y también acontece con Grassi, cuando señala que las políticas sociales "expresan la medida en que una sociedad se acerca o se aleja del reconocimiento de las necesidades de todos sus miembros y su capacidad de protección de los mismos" (2003: 27). De este modo las conecta directamente con un conjunto de cuestiones (de la sociedad, "por arriba"; de los sujetos, "por abajo") que serán analizadas a continuación.

Al inicio, Castel ayudó a marcar el propósito de trabajar sobre un "haz de interrogantes", entre los cuales se encuentra la cuestión de qué aspectos de la vida social han dado (y siguen dando) existencia a este campo de políticas. Eso es lo que se intentará examinar seguidamente.

2. Los problemas, las cuestiones

2.1 La satisfacción de necesidades: dos procesos

Por lo dicho hasta aquí, a través de la política social de una época se expresan y se construyen, simultáneamente, los modos de vida y las condiciones de reproducción de la vida de una sociedad; condiciones que, en sociedades de clases, son siempre diferenciales para los distintos grupos sociales. Es el saldo de la lucha social y política la que define los contenidos y alcances de la desigualdad resultante.

El desarrollo de políticas sociales es un proceso sociopolítico, institucional, económico y cultural, en el que se construyen el trabajo y la política y en el que una sociedad define los sujetos, objetos y medios legítimos de satisfacción de las necesidades (Lindenboim y Danani, 2003). En efecto, puede apreciarse el carácter fundamental que dos definiciones, la de *trabajo* y la de *necesidad,* tienen para el desarrollo de la política social, sea como intervención, sea como objeto de análisis. Dicho de otro modo: toda política social es portadora (y resultado, a la vez) de cierta definición de trabajo y de necesidad social.

Probablemente esto indicaría la conveniencia de empezar por dilucidar ambas definiciones. Sin embargo, se focaliza aquí en otro aspecto de aquel enunciado: el que se refiere a los sujetos, medios y procesos de satisfacción de necesidades. Por el hecho de que sus distintas formas configuran *problemas (y perfiles) de gestión* muy diferentes, se hace referencia, primero y particularmente, a la desmercantilización, haciendo luego una breve alusión a lo que se conoce como "familiarización" y "comunitarización".

Como es sabido, Esping-Andersen es autor de lo que desde principios de los años '90 se convirtió en un clásico de la política social comparada (Esping-Andersen, [1990]1993). Su libro por un lado se inscribe en la tradición de la economía política, y por otro toma como antecedentes tanto la primera formalización realizada por Richard Titmuss más de treinta años antes, como el singular estudio de Karl Polanyi sobre la transformación epocal que dio lugar a las sociedades de mercado. El eje organizador de su análisis es el par *mercantilización/desmercantilización,* concepto que se toma aquí porque puede "hablar" del hecho de que la producción de la fuerza de trabajo como mercancía se integra de una doble circunstancia: a) los medios de vida son producidos, y al mismo tiempo se accede a ellos, bajo relaciones de mercado (es decir, bajo relaciones de compra y venta); y b) ello requiere que los productores conformen una disposición regular y permanente a ofrecerse en el mercado.[17] De esta cuestión deriva una distinción que ha recibido una atención comparativamente menor a la de su importancia real, y que aquí se pretende rescatar.

Esping-Andersen define la *desmercantilización* como el proceso por el cual "se presta un servicio como un asunto de derecho y [por el que] una persona puede ganarse la vida sin depender del mercado" ([1990] 1993: 41). Así definida, la desmercantilización es resultado contradictorio de un complejo proceso en el que se cruzan "prácticas y movimientos populares e iniciativas de las clases dirigentes (empresarios, expertos y gobierno)", como señala Topalov ([1990] 2004: 46). En resumidas cuentas, la desmercantilización se inscribe (y se entiende) al mismo tiempo en dos registros: por un lado un "requerimiento sistémico" de limitación de la mercantilización, tal como advirtió Polanyi que sucede con las "mercancías ficticias" en general y con "la mano de obra", en particular (recuérdese su poderosa imagen del "molino satánico"); y en las reivindicaciones de los trabajadores, por otro lado. De allí que la desmercantilización sea un resultado contradictorio, siempre parcial y fragmentario: las condiciones de largo plazo de las sociedades de mercado son las de la expansión de los circuitos monetarios, pero esa expansión sólo puede alcanzarse si se sustraen de los intercambios de mercado algunos de sus elementos, o si se establecen ciertos límites a la completa mercantilización, en los términos de Polanyi[18] (en este caso, interesa la fuerza de trabajo). Y es contradictorio también porque en la realización del interés del capital, se realizan (también parcial y fragmentariamente) intereses y necesidades de los trabajadores, y no hay modo de que no sea así.

Esa limitación a la mercantilización (o esa sustracción del mercado), entraña un proceso objetiva o de socialización *y politización* de la vida, cuyos alcances son específicos y no pueden generalizarse, pero que en cualquier caso es un proceso que contradice un principio básico de estas sociedades, para las cuales la reproducción –las condiciones de vida, si se trata de personas– es un asunto privado. Esto es lo que con contundencia señala Topalov: una de "las contradicciones que nacen del hecho de que la fuerza de trabajo es una mercancía [...] es la necesidad del suministro público de equipamientos colectivos de consumo y, en forma más amplia, de la implantación de un sistema socializado de mantenimiento de la fuerza de trabajo" (1979: 41). En el vocabulario de este libro, la emergencia de un campo de políticas como el de la política social implica una acción permanente (estructural) por preservar aquellas condiciones y relaciones que en

---

[17] Esa disposición es el corazón del proceso de proletarización. Aunque no es objeto de este trabajo, Offe (1990) es la lectura del tema más recomendada para el campo de la política social.

[18] El estudio de Polanyi es uno de los casos que se consignan sin desarrollar: su lectura directa es imprescindible.

realidad están estructuralmente amenazadas. En resumidas cuentas, la socialización y politización de la vida significan la reinstalación y superación –siempre inestables ambas– de la contradicción y las mismas amenazas que se busca conjurar.

Es en procesos de este tipo en los que claramente pueden reconocerse las *políticas sociales,* aunque *ello no siempre ocurre porque la política social desmercantilice: no toda política social socializa la reproducción,* como es claro que ha sido y es el caso de las "reformas neoliberales". Esto ocurre si (y sólo si) la satisfacción de necesidades se torna un proceso de reconocimiento de derechos del sujeto, pues sólo entonces la persona puede independizarse (parcialmente) del mercado, según la expresión de Esping-Andersen. Con ello está claro que la desmercantilización, en el sentido dado por el autor, es un proceso político-institucional, y no *puramente económico* (condición, por otra parte, inexistente).

En esta ocasión se dará un paso más, con el propósito de afinar una mirada más estricta de la política. En el camino emprendido, es válido hacer una distinción entre *vías o estrategias de desmercantilización,* no contradictorias entre sí, pero tampoco idénticas. Para ello se recogerá una mención superficial de Esping-Andersen, que el autor no retoma, en la que alude a la mercantilización/desmercantilización, agregando: "de las necesidades y de las personas" (1993: 57 y 59; 2000), expresión que sugiere que está observando la participación en dos mercados, el de bienes y servicios, y el de trabajo, respectivamente (Danani, 2005ª: 35-37).

Si se sigue en esta línea, simétricamente puede pensarse en procesos de desmercantilización diferenciados: a) las políticas desmercantilizan necesidades cuando desmercantilizan ciertos bienes y servicios, que no son otra cosa que los satisfactores de aquéllas; b) la desmercantilización de las personas implica "una disminución del estatus de las personas como mercancías", en la expresión del autor, lo que ocurre si existe una garantía de ingresos sin contraprestación en trabajo, o si las condiciones para la venta de la fuerza de trabajo no son "puramente" las de la directa oferta y demanda. Son casos típicos las acciones propias de la política laboral como seguro de desempleo, o la fijación de un salario mínimo (que representa un "precio" regulado). Se propone aquí utilizar la imagen de una "suspensión del mercado": de bienes y servicios, en el primer caso, y del de trabajo, en el segundo. Pero se trata de una *suspensión de carácter político-institucional* y por esa razón no puede ser asimilada con la satisfacción de necesidades por la producción para el autoconsumo, en la que se está en presencia más bien de un proceso de "familiarización", o "comunitarización" de la satisfacción de necesidades.

Avanzando con la distinción, puede verse de qué modo queda inmediatamente comprometida *la gestión de las políticas*: corresponde al desarrollo de los sistemas públicos de provisión de servicios, directamente estatales o no, la estrategia de desmercantilización de las necesidades, mientras que la desmercantilización de las personas corresponde a políticas como el ingreso ciudadano o los sistemas de garantía de renta, u otras prestaciones monetarias.[19] Como se dijo anteriormente, éstas no se excluyen lógicamente entre sí, pero tampoco se implican necesariamente. Antes bien, en última instancia, la desmercantilización de necesidades "tracciona" la desmercantilización de la fuerza de trabajo (pues socializa la reproducción y, en el extremo, podría pensarse que la plena desmercantilización de las necesidades desmercantilizaría la fuerza de trabajo). En cambio, a la inversa, políticas de garantía de ingreso (en sus diversas formas: básico, ciudadano, sistemas de transferencias al estilo de los actuales programas de los organismos internacionales, etc.) no desmercantilizan las necesidades. Por el contrario, las reenvían al mercado y, como se sabe, parte de las discusiones que desde sus orígenes atraviesan este campo de propuestas disputan alrededor de ese reforzamiento o debilitamiento.[20]

La familiarización y la comunitarización son vías muy distintas de satisfacción de necesidades que la de la desmercantilización. Aquí serán tratadas conjuntamente porque, en lo que atañe a la política social, representan una concepción de bienestar que define y asigna la responsabilidad del mismo al par familia/comunidad, inspiradas en el mismo principio: el de la naturalización y la "primarización" de la vida, concebida como prepolítica. En tal sentido, el análisis histórico provee evidencia de que el pensamiento conservador (y no sólo el neoconservadurismo circulante con el neoliberalismo) siempre presentó a "la comunidad" como fuente y recurso de bienestar, por oposición "al Estado".

Allí radica, precisamente, el carácter distintivo de la familiarización/comunitarización respecto de la desmercantilización. En una primera aproximación, podría pensarse que el autoabastecimiento, la autoprovisión, la producción para el autoconsumo, constituyen prácticas de desmercantilización, pues "no hay mercado". Sin embargo, no es así: si el lector vuelve a párrafos anteriores, verá que se ha destacado el carácter integral de un proceso genuino de este último tipo: se trata de un movimiento de sustracción del mercado que en sí mismo constituye derechos y que socializa la reproducción de la vida. *La familiarización y la comunitarización ni constituyen derechos, ni socializan la reproducción; por el contrario, la privatizan, reenviando a la esfera familiar e individual la responsabilidad por el bienestar.* Lo que se acaba de decir no constituye un juicio moral ni un test político sino un análisis del entramado de relaciones que

---

[19] Aunque con otros objetivos analíticos, Barba hace una enumeración más exhaustiva, que cubre un razonable espectro de modalidades de intervenciones: transferencias monetarias directas e indirectas (prestaciones monetarias y subsidios, respectivamente), provisión de bienes y prestación de servicios públicos (Barba, 2005: 27).

[20] Se presentan de manera polarizada la provisión estatal y los sistemas de garantía de ingresos, que por cierto no son las únicas dos modalidades de política social. Más bien, puede decirse que son las que tienden a constituirse en formas "clásicas", al menos hasta el momento. Por ejemplo, Susana Hintze dedica un capítulo a problematizar, en el más genuino de los sentidos, el horizonte de un proyecto de economía social, las formas de gestión y los atributos que requerirían sus políticas (también las políticas sociales) (Hintze, 2007).

configuran unas y otras prácticas. Más aún: como se sostuvo en otro lugar (Danani, 2004), la producción asociativa de bienes de consumo o la autoprovisión colectiva pueden alimentar estrategias de resistencia en el marco de conflictos, en cuyo caso serían portadoras de otros sentidos y otras lógicas. Pero ello no es un atributo que pueda asignárseles *a priori*.

En consecuencia, inmediatamente se ve que desmercantilización y familiarización/comunitarización, como procesos en los que emergen sujetos y medios de satisfacción de necesidades, conforman modelos que se distinguen conceptualmente y en la institucionalidad política, y que en sus formas "puras" (es decir, abstractas e inexistentes) definen diferentes calidades y modos de vida de las personas (sin embargo, por cierto conviven vigorosamente en el interior de un mismo proyecto político). Pero no sólo eso: "hacia adentro" imponen formas de "hacer" política social también diferentes, pues diferentes son las formas institucionales de organización, así como las fórmulas de distribución (y de disputa) del poder en su interior; diferente es la relación con actores y agentes sociales y políticos, y muy diferentes son en cada caso las competencias requeridas a los agentes públicos, etc. En el próximo apartado se advertirá acerca de las implicancias de estos asuntos en lo que hace a los "modelos" de política social, pero mientras tanto se sostiene aquí que los problemas presentados se expresan, cobran vida, en *cuestiones de gestión*. Basta recordar la abundante producción y las muy variadas posiciones en torno de ellas: desde distintas teorías y propuestas, hasta la problematización de aspectos como la participación, la comunicación, la eficiencia o las más recientes transparencia y coordinación entre entidades organizativas, pasando por las (a esta altura, inagotables) disputas sobre universalismo-focalización, o seguros públicos vs. corporativos (Wagstaff, 2007).

Todas ellas desbordan el nivel deliberativo y hacen, ordenan y recrean prácticas. En resumen: son capítulos de la "hechura" de estas políticas.

2.2 Los "modelos" de política social

Con *modelo de política social* se alude aquí a una cierta configuración global de la intervención social del Estado, que por observación y análisis es reconstruida como modalidad histórica. Se trata de una configuración en el interior de la cual se establecen ciertos parámetros o constantes que permiten pensar en un *modo de reproducción de la vida;* en la que adquieren contenido específico las condiciones de ésta, fijándose los límites (y por lo tanto, la extensión) de su mercantilización, y en la que se definen los sujetos de la intervención (tanto los sujetos destinatarios como sus agentes).

El ya citado libro de Esping-Andersen y la revisión de varios años después ([1990] 1993; 2000) es interlocutor indiscutido con todo análisis en clave de "modelos". Al respecto, cabe una aclaración: el autor habla de "regímenes de bienestar", mientras que aquí (con cierta liberalidad, aunque otros autores también lo hacen) se toma esos regímenes como modelos de políticas.

Dado lo conocido de sus fundamentos no se desarrollará su elaboración *in extenso*; en cambio, es necesario sumar una observación de orden más general, con indudable relación con la gestión de políticas ("Esping-Andersen constituye grupos o *clusters* en los que las instituciones se conjugan *para producir modelos de gestión*", dice Navarro Ruvalcaba, 2005: 120)[21], haciendo referencia particular a lo que se considera un extendido error en los análisis de política social.

Esping-Andersen enuncia una triple tipología de modelos liberal-residual, conservador corporatista y socialdemócrata-universalista, expresiones compuestas en las que el primer término refiere a la tradición del pensamiento sociopolítico y filosófico en la que cada uno se inscribe y el segundo caracteriza sucintamente las características del "arreglo" político-institucional a que da forma. Finalmente, cada uno de ellos se encuentra organizado alrededor de un principio, representado por la institución en la que está *principalmente* depositada la expectativa y la responsabilidad por el bienestar: el mercado, la familia y/o la Iglesia y el Estado, respectivamente[22].

Aunque se retomará el punto en el próximo apartado, la temática de la institución en la que se deposita la responsabilidad (y la expectativa) del bienestar permite asomarse a una cuestión importante de la historia y la dinámica de la política social: la del *merecimiento*, forma que, en definitiva, asumió la definición de la población destinataria de las políticas. Podría decirse que hasta aquí se trazó una línea que muestra que las instituciones que son propias de cada una de las tradiciones de pensamiento político y social se tornan principios que estructuran diferentes modelos de política social (si se mira desde las políticas); diferentes *modos de reproducción de la vida* (si se lo hace desde la sociedad y diversos agregados sociales); y diferentes reglas de merecimiento, si la mirada está situada desde los sujetos. La cuestión del merecimiento ha sido fundamental en la política social, pues en el supuesto de que en ella siempre se forja la satisfacción/insatisfacción de necesidades, o que está en juego una vida más o menos satisfactoria, el ser alcanzado por la política es, en buena medida, el vector por el que las personas y grupos quedan a un lado u otro de esas fronteras. ¿Es el ser pobre?; ¿o acaso, ser padre o madre de familia, o ser trabajador asalariado?; ¿o, quizás, el ser miembro reconocido de la comunidad política? La manera simplificada en que se acaban de presentar las alternativas es riesgosa: hace tambalear la idea, en la que este

---

[21] Destacado de la autora

[22] En el caso de este autor, el eje de los principios que organizan la política social (o el bienestar) deriva específicamente de su definición de que existen ordenamientos cualitativamente diferentes entre Estado, mercado y familia (Esping-Andersen, 1993: 47). En realidad, la apelación a esos principios se encuentra con frecuencia en la literatura, tanto sobre éste como sobre otros campos. Gough (2003), por caso, presenta un análisis sobre la relación entre Estado y satisfacción de necesidades, en el que toma los mismos principios para modelizar la articulación economía-Estado; en Santos (1998), véase su propuesta para el análisis de lo social y lo político de la postmodernidad. En otro orden de cosas, Barba (2005: 38-42, cuadro 2) y Soldano y Andrenacci (2006: 34, cuadro 1) sistematizaron en cuadros los principales elementos de las tipologías.

texto viene insistiendo, del carácter complejo y abierto de estos procesos. Para aliviar algo ese peligro, puede agregarse que ni la pobreza, ni la condición familiar o laboral, y ni siquiera la condición de ciudadano han sido estatus que, en los respectivos "modelos", funcionaran como salvoconductos automáticos: siempre se han visto redefinidos por otras condiciones. El caso tal vez más claro es el de la pobreza: nunca bastó con ser pobre para "ser merecedor" de ayuda (sea lo que fuere que eso signifique): "pobre merecedor" (*deserving poor*) no es el pobre a secas sino aquel que demuestra que ha hecho todo lo posible por salir de la pobreza, principalmente, trabajar. Y, desde ya, la rigidez o amplitud de las condiciones es objeto de la lucha social y política.

Se impone intercalar un apunte que retorne al espíritu del libro y al sentido de este capítulo en él. La referencia al *merecimiento* puede resonar ajena al registro de la gestión de políticas; sin embargo, no lo es, ya que implica una cosmovisión sobre la que, como figura en el párrafo anterior, la definición de la población destinataria de la política se hace, simultáneamente, inteligible y exteriorizable en acciones. La oleada de políticas focalizadas multiplicadas desde los '80 son un elocuente caso práctico: la concepción de que sólo los grupos extremadamente pobres debían recibir "ayuda estatal" (*merecían recibirla)* fue el santo y seña para que funcionarios, agentes institucionales, profesionales y técnicos se lanzaran a elaborar los más sofisticados procedimientos de identificación de poblaciones-objetivo. A esos esfuerzos sobrevinieron la identificación de errores, las correcciones, las evaluaciones (Boltvinik, 2005).[23] En definitiva, y como se dijo al principio del capítulo, principios genéricos como el del mérito o el merecimiento, (con contenidos político-culturales, ideológicos y filosóficos) *se realizan* en el proceso de gestión de la política y se tornan un *problema de ésta.*[24]

Antes se hizo referencia a un error en el que con frecuencia incurre la literatura especializada al hablar de los modelos de política social. ¿En qué consiste? La distinción sistemática entre desmercantilización de las necesidades y de las personas que se expuso en el apartado anterior obliga a reconsiderar el tratamiento que se da a uno de esos "modelos": concretamente, al *modelo corporativista*, que suele ser tratado como un "caso intermedio", aún por el propio Esping-Andersen ("ni tan desmercantilizador como el modelo universalista, ni tan poco desmercantilizador como el residual"). En cambio, se postula aquí que se trata de un subtipo de naturaleza diferente, que no se distingue sencillamente por mayores o menores "grados" o "niveles" superiores o

---

[23] De esto no ha de entenderse que el principio del merecimiento nació con el neoliberalismo: de ningún modo, ya que aquel "pobre merecedor" recorre la historia de las instituciones y de la asistencia desde el siglo XVI, cuanto menos. Una tarea aún inconclusa es la de elucidar de manera sistemática cuáles fueron los contenidos con que en cada período se completó ese principio (el merecimiento) y se delineó, por lo tanto, a ese personaje (el pobre merecedor).

[24] Aunque con énfasis y partiendo de núcleos analíticos muy distintos, Chiara y Di Virgilio (2005) y Alvarez Leguizamón (2006) exhiben crudamente los manojos de aspectos institucionales y de gestión que fueron problematizados al ritmo que se desplegaban programas focalizados en distintos sectores de políticas.

inferiores de desmercantilización sino porque desde la segunda mitad del siglo XX presentó baja desmercantilización, de la fuerza de trabajo –ya que los beneficios suelen depender de las condiciones de participación en el mercado laboral–, y formas y grados variables –que pueden llegar a ser muy importantes– de desmercantilización de las necesidades. En resumen, un modelo en el que se refuerza la mercantilización de las personas, pero con prestaciones que pueden llegar a ser notablemente altas, según el grupo al que se pertenezca o la experiencia nacional de que se trate (es decir, con alta desmercantilización de necesidades, bajo la forma de acceso a satisfactores). En términos de valores y principios: baja autonomía, pero bienestar potencialmente alto, y generalmente segmentado por grupos.

Esto proporciona a las formas corporativas una entidad que, hasta el momento, les había resultado esquiva: tienen identidad propia y ella no deviene del hecho de ocupar un presunto lugar "medio/intermedio" en una presunta escala comparativa.

2.3 La cuestión de la autonomía y la constitución de sujetos

Habiéndola nombrado en varias ocasiones, ¿qué significa "autonomía" en la política social? Dicho bastante simplemente, puede ser definida como la capacidad de llevar adelante una vida satisfactoria en términos inmediatamente materiales (carácter siempre relativo a la época y a la geografía, es decir, a la sociedad de la que se hable), e independiente de condiciones particulares de sujeción. En algún sentido, un sujeto es más autónomo cuanto más libremente puede llevar adelante sus decisiones en las distintas esferas de su vida. Si se trae el tema al terreno de la política social, "libremente" significa que las formas en que organice su vida, en tanto no violenten reglas de convivencia, no lo exponen a someterse a la *necesidad social*, de manera que material y simbólicamente el sujeto *domina sus acciones, en lugar de que las mismas sean resultado de condiciones que no controla*. En política social no se trata de cualquier sometimiento sino, fundamentalmente, del sometimiento a las necesidades sociales de la reproducción de la vida (y eso es lo específico de la disputa por la autonomía en este campo).

Visto así, es comprensible que en los estudios sobre política social haya predominado la pregunta en torno de la mercantilización y la desmercantilización, desde que las sociedades de mercado funcionan sobre el supuesto (y el valor) de que este último es la institución destinada a la satisfacción de necesidades; por lo tanto, es razonable que la preocupación por la conquista o la pérdida de autonomía de las personas se haya dirigido a las relaciones que las mismas tienen con el mercado, y a las formas en que las políticas refuerzan o alivian esa dependencia. Sin embargo, a esta altura puede aceptarse que la autonomía no se agota en la más o menos relativa independencia de las personas respecto del, o de los, mercado/s, sino que hay por lo menos otros dos procesos que son al mismo tiempo hondamente constitutivos de las formas de organización de la vida, y decisivos en la satisfacción de necesidades: se trata de la *familiarización* y la *clientelización*.

Ya se hizo mención a la familiarización/comunitarización para hacer referencia a un proceso mediante el cual se deposita en la familia y en la comunidad la responsabilidad y la expectativa del bienestar. Pero en la perspectiva que aquí se plantea, la de la autonomía, la mirada debe concentrarse en los grados de libertad de los que gozan las personas, y en las formas en que esa libertad (o su contrario, la dependencia) se vinculan con las formas de satisfacción de necesidades –en sentido muy amplio, tanto material como simbólicamente– que tienen a su disposición.

Fueron las corrientes feministas las que trajeron al campo de la política social la discusión sobre la familiarización y lo hicieron en especial en una filosa crítica a Esping-Andersen y su empleo del concepto de mercantilización; crítica que plantearon en términos de *insuficiencia, no de falsedad*. Concretamente, lo que las feministas señalan es que las personas pueden ver limitada su independencia, y por lo tanto su capacidad para seguir su propia vida, por su atadura a la vida familiar, *y a las formas en las que participan de ella, y no solamente por la relación/inserción en el mercado*. En ese sentido, no toda situación de "no mercado" es idéntica, porque las configuraciones político-sociales resultantes de procesos de socialización y de *familiarización* son diferentes: cuando el propio Estado estimula estos últimos, incentivando el recurso a una "informalización del bienestar y de la asistencia", los "problemas sociales" terminan siendo identificados con "fallas familiares" (Cochrane, 1997) o comunitarias.

Los distintos resaltados indican una circunstancia sociopolítica relevante de la familiarización, y es que constituye una palanca de diferenciación fundamental entre hombres y mujeres, y entre generaciones. Dicho de otro modo: frente a la institución familiar, las posiciones femeninas y masculinas, o de menores, adultos y ancianos, no son, ni por mucho, las mismas, y ése es el germen de la constitución de condiciones radicalmente distintas de lo que O' Connor (1998) llama *autonomía personal*. Así, una historización de la política social y del Estado que incorpore la visión de género permite ver con claridad que distintas formas de procesar la relación entre tareas de reproducción y empleo femenino producen mayor o menor autonomía del vínculo conyugal para las mujeres (Pautassi, 2000:73), y hasta *diferentes maternidades, o maneras de "ser madre"*.[25] Tal vez resulte algo obvio, pero aún es preferible remarcar que, si de autonomía se habla, la existencia de un servicio o la satisfacción de una necesidad inmediata no la supone; más bien, hay que indagar cuáles son los estereotipos de conducta (en la expresión de Pautassi en el mismo texto), que están en juego, como

---

[25] Si de examinar distintas intervenciones sociales se trata, basta pensar qué condiciones y sujetos tan diferentes van construyéndose a lo largo de un espectro como el que va desde las asignaciones familiares hasta los planes asistenciales a madres ("de familia popular", en el siglo XIX; "jefas de hogar", más recientemente en toda América Latina), pasando por la socialización de servicios domésticos y de cuidado.

incentivo o como imposición. Por último, hay una peculiaridad adicional de la forma en que se cruzan el proceso de familiarización y la cuestión de género: *en la relación de dependencia que se da en la vida familiar, las mujeres se encuentran en ambos polos de la relación,* pues tanto dependen de la relativa institucionalización de esos vínculos para satisfacer sus necesidades, como son agentes de las relaciones; es decir, las mujeres *realizan* los servicios de cuidado de los que dependen otros miembros.

Si bien los casos no son idénticos, también ancianos y menores se encuentran en situación de dependencia respecto de la familia. Y el caso de los ancianos, mucho más que el de los menores, pone en primer plano la cuestión de la autonomía, pues introduce el problema del comportamiento y su condicionamiento (de la imposición de "estereotipos de conducta"). Dicho de otro modo: en los adultos mayores se hacen más evidentes circunstancias en las que la satisfacción de necesidades (vía el cuidado familiar) puede estar sujeta al acatamiento de condiciones que, de otro modo, la persona no seguiría. Como en cualquier otro caso, cuanto menor es el rango de opciones disponibles, menor es la autonomía para llevar una *vida propia.*[26]

Sintetizando: la familiarización del bienestar (y comunitarización, en la línea del apartado 2.1) crea condiciones de potencial pérdida de autonomía de las mujeres frente a los hombres y de los ancianos (y menores, aunque esto requiere otro tratamiento) frente a los adultos jóvenes; potencial pérdida de autonomía que se concreta si se condiciona la satisfacción de necesidades a diversos modos de control, de distintos grados y estilos de formalización.

Sea en clave de necesidad o de virtud, lo cierto es que el papel de la familia en la provisión de bienestar viene recibiendo creciente atención en la discusión y evaluación de políticas y en los estudios sobre ellas.[27] Por caso, puede verse el desarrollo acelerado que experimentó el campo de lo que se llama "economía del cuidado", campo de estudios interdisciplinarios y de intervención (pues compromete políticas públicas) referido al "espacio de actividades, bienes y servicios necesarios para la reproducción cotidiana de las personas" (Rodríguez Enríquez, 2007: 2); en definitiva, al trabajo de reproducción. Si el curso de los hechos conduce el esfuerzo hacia balances más capaces de mejorar la vida de las personas (es decir, *virtuosamente* orientados) o inspirados por el cálculo fiscal, la moralización desigual y la re-tradicionalización opresiva (es decir, por *la necesidad* de órdenes sociales cada vez más injustos*),* es algo que aún está por verse.

---

[26] El caso de los menores es diferente, pues atraviesan un momento del ciclo vital en el que se generan (o se obturan) las condiciones para el futuro desarrollo de una vida autónoma. Parte de esas condiciones es, justamente, el gozar de un contexto familiar favorable.

[27] El propio Esping-Andersen, en el libro en el que responde las críticas a su tipología, reconoce la insuficiente atención que en ella prestó a la familia, crítica que extiende al conjunto de la economía política (Esping-Andersen, 2000).

Finalmente, como se dijo, la *clientelización* es otro proceso relevante, cuya comprensión desafía a evitar lugares comunes. Por el propósito de este libro, algo que aquí importa es lo problemático que es pensar la clientelización como *el gran proyecto*: siempre asociada a la pobreza, suele leerse y oírse la sospecha de que quienes ejercen el poder se benefician de la privación de amplios sectores, convertidos así en ejércitos a su servicio. En esa mirada, habría algo intrínsecamente perverso en la pobreza y el ejercicio del poder, tanto como en los pobres y en quienes ejercen el poder, en distintas posiciones. La clientelización del bienestar sería algo así como un *programa*.

Ese esquema tiene dos ventajas: tiene sustento empírico y, hablando de política social, permite situarla socio-políticamente; ¿quién no tiene a mano, acaso, un ejemplo de intercambios de lealtades y favores? (*Favores por votos*, tituló Auyero hace ya una década, 1997). Sin embargo, se apuesta aquí a pensar la clientelización como *relación, como relación fundada, a su vez, en relaciones de desigualdad social en sentido amplio* (desigualdad de medios, de poder). El recurso al concepto de desigualdad es portador de ventajas explicativas muy superiores: en primer término, obliga a volver permanentemente sobre *las formas sociales de organización; no basta con erradicar la pobreza, no es suficiente con "repartir cosas", de lo que se trata es de mirar el orden social.* En segundo lugar, el concepto de desigualdad obliga a recorrer la sociedad en su conjunto, y entonces reconocer que *la clientelización es posible allí, en todas las circunstancias en las que haya personas con capacidad para barrer con la voluntad y el esfuerzo de los demás* (y eso alcanza a contextos de interacción institucional y de clase muy variados). Pero el concepto de desigualdad tiene, además, superioridad moral: sólo el éxito neoliberal ha hecho que resignáramos el valor positivo de la *igualdad*, que ha distinguido a [lo mejor de] la Modernidad.

Ambos puntos se reúnen en el momento de la gestión de la política social, con independencia de la voluntad y la conciencia de sus agentes. Acertadamente, Boltvinik (2005) señala que sería ingenuo pretender que los funcionarios que certifican o deciden en el contexto de políticas e instituciones concretas no emplearan en su provecho el extraordinario poder que eso les otorga; y esto no tiene que ver con atributos de orden personal, sino con las condiciones (social e institucionalmente construidas) a las que unos y otros se enfrentan. En la gestión, en situaciones concretas de interacción, la desigualdad en las condiciones de vida es un vector que recrea y amplía microsocial y microinstitucionalmente esas relaciones.

Este recorrido quizás ayude a explicar una peculiaridad de la relación autonomía-clientelización, por comparación con los otros procesos que fueron analizados hasta aquí: mientras los enunciados conceptuales y los juicios de valor sobre la mercantilización/desmercantilización y familiarización/desfamiliarización están lejos de ser similares y, por el contrario, son objeto de disputa político-cultural, los referidos a la clientelización del bienestar sólo concitan juicios negativos. En efecto, la noción de clientelización entraña en sí misma la refutación de toda autonomía: no se sabe por qué capricho de la semántica histórica, pero en contextos políticos e institucionales *el cliente* no es quien manda, sino el que *es comprado (siempre a muy bajo precio), y que por esa vía ha enajenado su voluntad y su capacidad de agencia.*

Por último, si se piensa en un *continuum*, desde una institucionalización formal y estable hasta procesos de institucionalización informales e inestables, la clientelización se ubica en el extremo posible de esta última: sus condiciones pueden recrearse permanentemente y eso alimenta la informalidad que, a su vez, disminuye al mínimo la exigibilidad; *lo que fue puede no volver a ser,* podría ser su lema, aunque su eficacia radique en la creencia de perdurabilidad. En ese sentido, y tal como señalan Goldberg y Lo Vuolo, un problema que no puede responderse ligeramente es en qué medida los sectores subordinados "pueden afrontar el riesgo de un proceso de desclientelización, cuando las alternativas a las relaciones conocidas son inciertas y poco efectivas" (2006: 26).

Dicho de otro modo: ¿por dónde empieza la autonomía?

3. Terminar para empezar

Siguiendo la propuesta de Castel con la que se inició el capítulo, hasta aquí se pretendió problematizar la gestión de la política social reuniendo y relacionando un conjunto de cuestiones que todo el tiempo "reformulan e integran datos nuevos" en el "hacer" política social: las condiciones de vida "realmente existentes", las relaciones y formas de trabajo, el bienestar "socialmente deseable". Y las instituciones: el Estado, los distintos tipos de políticas, la diferenciación de mercados, las diferentes organizaciones familiares. Y las personas: agentes, decisores, "receptores" y mediadores de las políticas, dotados de distintas clases de estatalidad; hombres y mujeres; menores y ancianos: todos ellos fueron aludidos, porque todos ellos hacen parte de los interrogantes *cuyas distintas respuestas configuran distintos campos de la gestión.*

Sobre el cierre, este último aspecto interesa especialmente: en la presentación se afirmó que no podía pensarse que la política social agotara la explicación sobre la vida social, ni sobre las vidas particulares. Esta afirmación se reitera, pero agregando que estas grandes cuestiones ni siquiera agotan la definición del campo de la gestión de la política social: distintas épocas conciben de maneras diferentes el trabajo y la seguridad, la protección social y el bienestar, y es precisamente eso lo que hace que siempre sea necesario volver a ellas. Las distintas respuestas, entonces, hacen que las políticas sociales estén sometidas a demandas de capacidades personales e institucionales, de alcances, de calidad y de tiempos que a menudo hacen creer que todo ha empezado de nuevo.

El desafío de este trabajo ha sido problematizar genuinamente la gestión, lo que significó *pensar problemas que –aunque nunca mecánicamente– permitan evocar situaciones "reales", de personas e instituciones "reales".* En ese desafío queda algo por enunciar y es el hecho de que los contextos de gestión son contextos situados, en los que sujetos también situados "producen sociedad". En ese proceso, la diferencia está en las dos últimas cuestiones: la de la autonomía y la desigualdad social. Sociedades más igualitarias, cuyos miembros puedan construir vidas más autónomas, o sus contrarias: no hay diferencia más radical entre *políticas y gestiones.*

Bibliografía

Adelantado, José; Noguera, José; Rambla, Xavier y Sáez, Lluis (1998): "Las relaciones entre estructura y política sociales: una propuesta teórica". En: *Revista Mexicana de Sociología,* n°3, Vol. 60. México

Alvarez Leguizamón, Sonia (2006); "La invención del desarrollo social en la Argentina: historia de 'opciones preferenciales por los pobres'". En: Andrenacci, Luciano (comp.); *Problemas de política social en la Argentina contemporánea.* UNGS/Prometeo Libros. Buenos Aires.

Andrenacci, Luciano (2002); "Algunas reflexiones en torno a la cuestión social y la asistencialización de la intervención social del Estado en la Argentina contemporánea". En: Andrenacci, Luciano (org.); *Cuestión social y política social en el Gran Buenos Aires.* UNGS/Al Margen. Buenos Aires.

Auyero, Javier (1997); *¿Favores por votos? Estudios sobre clientelismo político contemporáneo.* Losada. Buenos Aires.

Barba, Carlos (2005); "Paradigmas y regímenes de bienestar". En: *Cuaderno de Ciencias Sociales,* n° 137. FLACSO. Costa Rica.

Boltanski, Luc y Chiapello, Eve (2002); *El nuevo espíritu del capitalismo.* Akal. Madrid.

Boltvinik, Julio (2005); "Políticas focalizadas de combate a la pobreza en México. El Progreso/Oportunidades". En: Boltvinik, Julio y Damián, Araceli (coords.); *La pobreza en México y el mundo. Realidades y desafíos.* Siglo XXI. Gobierno de Tamaulipas. México.

Castel, Robert (2004); *Las trampas de la exclusión. Trabajo y utilidad social.* Topía Editorial. Buenos Aires.

Castel, Robert (1997); *Las metamorfosis de la cuestión social. Una crónica del asalariado.* Editorial Paidós. Buenos Aires.

Castoriadis, Cornelius (1993); "Poder, política, autonomía". En *Revista Zona Erógena* N° 14. Buenos Aires.

Chiara, Magdalena y Di Virgilio, María Mercedes (2005); *"Gestión social y municipios". De los escritorios del Banco Mundial a los barrios del Gran Buenos Aires.* UNGS/Prometeo. Buenos Aires.

Cochrane, Allan (1997); "Why Comparison?". En: Cochrane, Allan y Clarke, John (eds.); *Comparing Welfare States. Britain in International Context.* Londres. Open University/Sage Publications.

Cortés, Rosalía y Marshall, Adriana (1993); "Política social y regulación de la fuerza de trabajo". En: *Revista Cuadernos Médico-Sociales* N° 65-66. Centro de Estudios Sanitarios y Sociales. Rosario.

Danani, Claudia (2005); "La construcción sociopolítica de la relación asalariada. Obras Sociales y sindicatos en la Argentina, 1960-2000". Tesis de doctorado en Ciencias Sociales. Universidad de Buenos Aires. Mimeo.

Danani, Claudia (2004); "El alfiler en la silla: sentidos, proyectos y alternativas en el debate de las políticas sociales y la economía social". En Danani, Claudia (Comp); *Política social y economía social: debates fundamentales.* UNGS/OSDE/Editorial Altamira. Buenos Aires.

Danani, Claudia (1999): "Políticas públicas y políticas sociales". Materiales docentes. Licenciatura en Política Social/Instituto del Conurbano. Universidad Nacional de General Sarmiento. Mimeo.

Donzelot, Jacques [1984](2007): *La invención de lo social. Ensayo sobre la declinación de las pasiones políticas.* Nueva Visión. Buenos Aires.

Esping-Andersen, Gosta [1990] (2000); *Fundamentos sociales de las sociedades postindustriales.* Editorial Ariel. Barcelona.

Esping-Andersen, Gosta (1993); *Los tres mundos del Estado del Bienestar.* Edicions Alfons El Magnánim/Generalitat Valenciana/Diputació Provincial de Valéncia. Valencia.

Fleury, Sonia (1999); *Políticas sociales y ciudadanía* (curso "Diseño y gerencia de políticas y programas sociales", junio de 2000). Banco Interamericano de Desarrollo/Instituto Interamericano para el Desarrollo Social (INDES).

Geremek, Bronislaw (1997); *Poverty. A History.* Blackwell Publishers. Cambridge.

Giddens, Anthony (1995); *La constitución de la sociedad. Bases para una teoría de la estructuración.* Editorial Amorrortu. Buenos Aires.

Giddens, Anthony (1991); *Las nuevas reglas del método sociológico.* Editorial Amorrortu. Buenos Aires.

Gough, Ian (1979); *Economía política del Estado del Bienestar.* Blume Ediciones. Madrid.

Grassi, Estela (2003); *Políticas y problemas sociales en la sociedad neoliberal. La otra década infame (I).* Espacio Editorial. Buenos Aires.

Grassi, Estela (2000); "Procesos político-culturales en torno al trabajo. Acerca de la problematización de la cuestión social en la década del '90 y el sentido de las 'soluciones' propuestasc. En *Revista Sociedad* N° 16. Facultad de Ciencias Sociales/Universidad de Buenos Aires. Buenos Aires.

Hintze, Susana (2007); *Políticas sociales argentinas en el cambio de siglo. Conjeturas sobre lo posible.* Espacio Editorial. Buenos Aires.

Isuani, Ernesto (1991); "Bismarck o Keynes: ¿quién es el culpable?". En: Isuani, Ernesto; Lo Vuolo, Rubén y Tenti, Emilio; *El Estado Benefactor. Un paradigma en crisis*. Miño y Dávila/CIEPP. Buenos Aires.

Laville, Jean Lois (1999); *Une troisième voie pour le travail*. Desclée de Brouwer. París.

Lindenboim, Javier y Danani, Claudia (2003); *Entre el trabajo y la política. Las reformas de las políticas sociales argentinas en perspectiva comparada*. Editorial Biblos. Buenos Aires.

Meiksins Wood, Ellen (1995); *Democracy against Capitalism. Renewing Historical Materialism*. Cambridge University Press. Nueva York.

Navarro Ruvalcaba, Mario (2006); "Modelos y regímenes de bienestar social en una perspectiva comparativa: Europa, Estados Unidos y América Latina". En: *Revista Desacatos* N° 21. México. Disponible en www.ciesas.edu.mx/Desacatos/21%20 Indexado/esquinas2.pdf

O'Connor, Julie (1998); "Gender, Class, and Citizenship in the Comparative Analysis of Welfare State Regimes: Theoretical and Methodological Issues". En Olsen, Gregg; O'Connor, Julia y Korpi, Walter (eds.); *Power Resources Theory and the Welfare State*. University of Toronto. Toronto.

Offe, Claus (1990); "La política social y la teoría del Estado". En: Offe, Claus; *Contradicciones en el Estado del Bienestar*. Alianza Editorial. México.

Pautassi, Laura (2000); "Igualdad de derechos y desigualdad de oportunidades. Ciudadanía, derechos sociales y género en América Latina". En: Herrera, Gioconda (comp.); *Las fisuras del patriarcado. Reflexiones sobre feminismo y derecho*. FLACSO-CONAMU. Quito.

Repetto, Fabián y Andrenacci, Luciano (2006); "Ciudadanía y capacidad estatal: dilemas presentes en la reconstrucción de la política social argentina". En: Andrenacci, Luciano (comp.); *Problemas de política social en la Argentina contemporánea*. UNGS/Prometeo Libros. Buenos Aires.

Repetto, Fabián (2005); "La dimensión política de la coordinación de programas y políticas sociales: una aproximación teórica y algunas referencias prácticas en América Latina". En: Repetto, Fabián (ed.); *La gerencia social ante los nuevos retos del desarrollo social en América Latina*. INDES/Norwegian Ministry of Foreign Affairs/BID/INAP. Guatemala.

Rodríguez Enriquez, Corina (2007); "Economía del cuidado y política económica: una aproximación a sus interrelaciones". CEPAL. Santiago de Chile. Mimeo.

Soldano, Daniela y Andrenacci, Luciano (2006); "Aproximación a las teorías de la política social a partir del caso argentino". En: Andrenacci, Luciano (comp.); *Problemas de política social en la Argentina contemporánea*. UNGS/Prometeo Libros. Buenos Aires.

Topalov, Christian [1990] (2004); "De la cuestión social a los problemas urbanos: los reformadores y la población de las metrópolis a principios del siglo XX". En Danani, Claudia (Comp); *Política social y economía social: debates fundamentales.* UNGS/OSDE/Editorial Altamira. Buenos Aires.

Topalov, Christian (1979); *La urbanización capitalista.* Edicol. México.

Wagstaff, Adam (2007); "Social Health Insurance Reexamined". Work Paper WPS4111. Banco Mundial. Washington DC., EE.UU.

Capítulo II

Conceptualizando la gestión social

Magdalena Chiara y María Mercedes Di Virgilio***

El deterioro que han sufrido importantes mayorías de la población en sus condiciones de vida y las transformaciones de las que fue objeto la política social han puesto la gestión en la agenda desde mediados de la década de los noventa. Las cuestiones relativas al cómo, con quiénes y con qué orientación hacer política social son discutidas por la sociedad, por los actores gubernamentales e internacionales y también por el ámbito académico.

De este modo, la gestión ingresa a la agenda a través de los problemas de (y en) la práctica, poniéndose en evidencia las dificultades para articular programas, los obstáculos para coordinar acciones entre las distintas jurisdicciones del gobierno y con organizaciones sociales y ONG, los reparos en relación a la efectividad en el uso de los recursos y, muy especialmente, las limitaciones para garantizar el ejercicio de los derechos sociales.

Frente a esta situación y sus urgencias, ¿por qué preguntarse por los "conceptos" si se está hablando de la "práctica"? La respuesta que se presenta aquí –aunque válida para todas las profesiones que operan sobre problemas complejos– adquiere mayor importancia en la gestión de la política social: la práctica profesional de quienes trabajan en este campo desde distintas posiciones está dominada por "conceptos". De manera más o menos explícita, los conceptos y los modos a través de los cuales se ponen en relación, organizan y orientan la acción, haciéndola más o menos efectiva y confiriéndole "sentido".

Este capítulo presenta un conjunto de conceptos que –se espera– ayuden a conocer y explicar la estructura y dinámica de los problemas, y a mostrar las consecuencias que tiene su aplicación, tanto para el analista de la gestión como para quien desarrolla su práctica profesional en este campo; tan atravesado por conflictos.

---

* Instituto del Conurbano-UNGS.

** CONICET, Instituto Gino Germani, UBA.

El punto de partida de esta aproximación es que la práctica no está dada. Aunque parcialmente, los profesionales que generan conocimiento y están, a su vez, inmersos en ella, pueden ser capaces de construirla de manera progresiva en relación a la distribución a que dan lugar, a los procesos sociales de valoración que movilizan, como con respecto a los sujetos que son fortalecidos en el proceso (Danani y Chiara, 2000). Ese proceso implica de-construir el "sentido común" acerca de la gestión de la política social y reconstruirlo desde la teoría, movimiento al que espera abonar con estas páginas.

1. Entre los programas sociales y la política social

Aunque diferentes, "política" y "programa" son conceptos recíprocamente relacionados. Si bien en la práctica de la gestión (y aún en el discurso técnico) pueden presentarse como sinónimos, cada uno refiere a distintos modos de construir el problema de la gestión de la política social.

¿Qué se entiende por "política pública"? Siguiendo un trabajo ya clásico de Oszlak y O'Donnell (1976), política pública es el conjunto de las tomas de posición del Estado frente a una "cuestión" que concita la atención, interés o movilización de otros actores de la sociedad civil. Como tal, involucra decisiones de varias organizaciones que expresan un determinado modo de intervención, las cuales no son necesariamente unívocas, homogéneas ni permanentes. Con "toma de posición" estos autores hacen referencia tanto a la acción (propuesta de un programa, una reforma en la organización del Estado, una manifestación pública de los gobernantes, una manifestación callejera promovida por actores sociales, una huelga, una denuncia presentada por ONG en el terreno judicial), como a la omisión de los actores sobre una determinada "cuestión".

Desde esta perspectiva, la política social[28] no es resultado de un proceso lineal, coherente y necesariamente deliberado de "diseño", sino que es objeto de un proceso social y político que configura –en consecuencia– un campo en disputa.

> Por ejemplo, la política de salud de un municipio (como recorte del análisis y también de una posible intervención) compromete no sólo al conjunto de intervenciones (en materia de normas, acciones directas y recursos) que realiza la Secretaría de Salud del Municipio, sino también las distintas tomas de posición de otros actores: las asociaciones profesionales que expresan los intereses del sector privado, las asociaciones gremiales que defienden los intereses de los trabajadores del sector alterado (o no) por la política pública, las organizaciones sociales con sus demandas y la población que asiste (o puede asistir) a los servicios de salud de ese municipio.

---

[28] Se sugiere aquí retomar las consideraciones que en el capítulo I Claudia Danani recupera de Grassi acerca de la diferencia entre política social y políticas sociales.

Si con "política pública", se hace referencia necesariamente a procesos políticos y sociales que se desarrollan en el tiempo, cuando se habla de "programa" podría estar haciéndose referencia a una construcción meramente técnica, con mayor o menor capacidad de expresar la complejidad del problema al que refiere.

"Programa" y "proyecto" son conceptos relacionados que aluden a distintos niveles de organización en la "cascada de la planificación". Recuperando la definición dada por la ONU (1984), "un proyecto es una empresa planificada consistente en un conjunto de actividades interrelacionadas y coordinadas con el fin de alcanzar objetivos específicos dentro de los límites de un presupuesto y un periodo de tiempo dados".[29] Un "programa", en cambio, "se constituye por un conjunto de proyectos que persiguen los mismos objetivos. Establece las prioridades de la intervención, identificando y ordenando los proyectos, definiendo el marco institucional y asignando los recursos que se van a utilizar".[30] En ambos casos, se trata de acciones (actividades en el primer caso y proyectos en el segundo) que se orientan a objetivos definidos conforme un determinado diagnóstico (más o menos participativo) de una situación o problema.

> Así, puede hablarse de un Programa de Mejoramiento Barrial nacional que se hace operativo a través de proyectos a nivel de cada barrio o asentamiento; o bien un Programa Materno Infantil, que se hace operativo a través de proyectos por cada municipio. Por lo general, en el ámbito gubernamental, los programas se hacen operativos en proyectos siguiendo la organización político-institucional (Estado/provincia/departamento, municipio o barriada/asentamiento/población).

Los conceptos de "política pública" y "programa" se diferencian en la naturaleza de los propósitos que persiguen, los supuestos acerca de la acción sobre los que se sostienen y, por último, el espectro de actores que involucran, tal como se presenta en la Tabla II.1.

---

[29] Citado por Cohen, E. y Franco, R. (1988)
[30] Ibid.

Tabla 1. Política y programa: algunas diferencias

	Política pública	Programa
Los propósitos	Se orientan hacia "cuestiones" socialmente problematizadas.	Buscan resolver un problema definido a partir de un diagnóstico (con mayor o menor participación) expresado en sus objetivos.
Supuestos acerca de la acción	La acción es producto de las tomas de posición.	La acción se subordina a la racionalidad de su diseño.
Los actores	Organismos gubernamentales y de la sociedad involucrados en la cuestión, cuyos intereses están comprometidos directa o indirectamente.	Los organismos comprometidos en la gestión del programa y la "población beneficiaria".

Siguiendo los ejemplos anteriores, una política de salud municipal puede orientarse a la "mejora en los niveles de acceso a la salud", cuestión que se va redefiniendo a lo largo del tiempo según sean las posiciones de los actores, sus visiones y su capacidad política. Por su parte, un Programa Materno Infantil puede orientar su proyecto local (y así formular sus objetivos) a mejorar los niveles de morbimortalidad infantil y materna; su definición es resultado de un proceso de análisis técnico que no se modifica mientras permanece vigente el programa.

Tabla 2. Política y programa: algunas diferencias en el sector salud

	Política de salud	Proyecto local de un Programa Materno Infantil
Los propósitos	Una "cuestión": necesidad de garantizar el derecho a la salud	Un "objetivo": mejorar los niveles de morbimortalidad infantil y materna.
Supuestos acerca de la acción	La cuestión puede ir redefiniéndose a lo largo del tiempo.	La definición de sus objetivos es resultado de un proceso de análisis técnico. No se modifica en el tiempo que permanece vigente el programa.
Los actores	Organismos gubernamentales. Sector privado y de obras sociales. Medios de comunicación locales. Partidos políticos.	Los organismos comprometidos en la gestión del programa. Población materno-infantil.

Ahora bien, a lo largo de su ciclo de vida, los "programas" y los "proyectos" no se mantienen en "estado puro"; ya que cuando se ponen en marcha, se relacionan con otros programas y proyectos, o con otras formas de organización (clientela o servicios, por ejemplo).

Siguiendo con los ejemplos anteriores. Un programa de mejoramiento barrial se pone en acto a través de la formulación de "proyectos operativos" definidos para cada asentamiento o barrio. Desde el momento mismo del diseño del proyecto operativo barrial, la implementación del programa, comienza a "tejer" relaciones en red (y a sostener conflictos y tensiones) con otros organismos y con las políticas que éstos desarrollan para el sector: de regularización dominial, de desarrollo urbano, de desarrollo social, de vivienda progresiva, entre otros.

Desde su "puesta en marcha", el programa social va progresivamente formando parte (y contribuyendo al modelado) de una determinada "política social" y puede llegar a constituirse en un "actor" más, en ese juego de tomas de posición.

Gráfico 1: Los programas "en acto" y las políticas

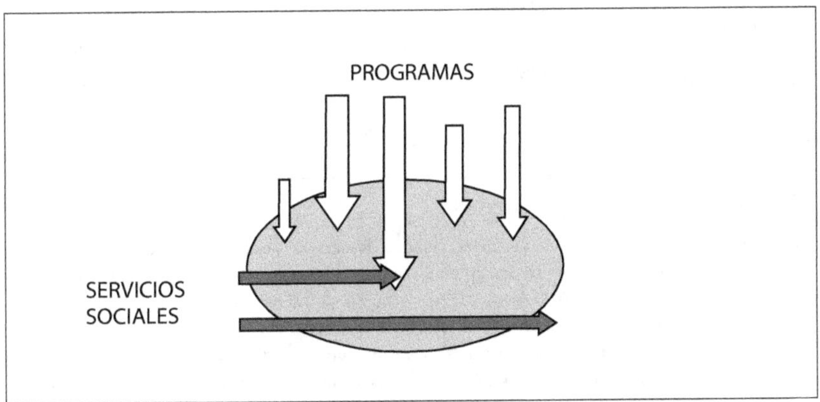

El Programa de Mejoramiento Barrial que se ha tomado como ejemplo, tiene por objetivo el de contribuir a mejorar la calidad de vida de la población con necesidades básicas insatisfechas que enfrentan deficiencias severas de infraestructura de servicios. En su "puesta en marcha" e "implementación", se verá sujeto a distintas tensiones derivadas de cómo se configura la pobreza urbana como "cuestión" y, en el devenir de la implementación, puede encontrarse interactuando (y modificándose) con distintas intervenciones (programas) y con otros actores (no previstos en el diseño original). La orientación final del programa y las relaciones con otros programas dependerán también de cómo se configure la "cuestión" en cada situación particular y cómo ésta ingrese a la "agenda gubernamental", tal como aparece ejemplificado en la Tabla 3.

Tabla 3. Los programas en implementación: relaciones con otras intervenciones y actores no previstos según cómo se configura la "cuestión". Un ejemplo del Programa de Mejoramiento Barrial

"Cuestión" a la que el programa da respuesta	Otros programas con los que puede interactuar	Actores no previstos
Alternativa A: "Asentamientos irregulares como foco de comercio ilegal de drogas y de delincuencia."	Seguridad urbana. Violencia urbana.	Justicia. Policía. Medios de comunicación.
Alternativa B: "Los asentamientos irregulares como cuestión en el proceso de integración urbana"	Desarrollo urbano. Recuperación de plusvalías urbanas. Regularización.	Universidades. Colegios profesionales. Inversores inmobiliarios. Medios de comunicación.

Cuestión

"Llamamos 'cuestiones' a estos asuntos (necesidades, demandas) 'socialmente problematizados'. [...] Toda cuestión atraviesa un 'ciclo vital' que se extiende desde su problematización social hasta su 'resolución'. A lo largo de este proceso, diferentes actores afectados positiva o negativamente por el surgimiento y desarrollo de la cuestión, toman posición frente a la misma. Los comportamientos (decisiones, acciones, etc.) involucrados en estas tomas de posición tienden a modificar el mapa de relaciones sociales y el universo de problemas que son objeto de consideración en la arena política en un momento determinado. La resolución de ciertas cuestiones queda librada a la sociedad civil, en el sentido de que ni el estado ni los actores afectados estiman necesaria u oportuna la intervención estatal."

Oszlak, y O'Donnell (1976)

> *Agenda de gobierno*
>
> "Por agenda de gobierno suele entenderse en la literatura el conjunto de problemas, demandas, cuestiones, asuntos, que los gobernantes han seleccionado y ordenado como objetos de acción y, más propiamente, como objetos sobre los que han decidido que deben actuar o han considerado que tienen que actuar. [...] Si bien la agenda es del gobierno, los problemas que la componen se originan y configuran en el sistema político."
>
> Aguilar Villanueva (1996).

La relación de los "programas sociales" con la "política social" en los distintos niveles (nacional, estadual o municipal) será virtuosa o no, según cuáles sean las características que asuman los procesos de gestión, las condiciones del contexto y las capacidades estatales. Este último aspecto resulta clave en tanto las capacidades disponibles colaborarán con el "modelado" del "programa" como "respuesta" a las cuestiones sociales problematizadas en cada nivel. Se volverá sobre este concepto más adelante.

El concepto de "gestión" permite establecer conexiones entre los conceptos de "política social" y "programa social", ya que cuando se habla de gestión de la política social, se está hablando (también) de "programas en acto".

2. Aproximando una definición

Sin desconocer los replanteos recientes, la gestión de la política social ha tendido en las décadas pasadas su reducida a una "cuestión técnica", centrada en la evaluación y gerenciamiento de "programas", en particular aquellos dominados por la estructura y dinámica del financiamiento externo.

Desde esta perspectiva, las "políticas" perdieron entidad como objeto, emergiendo en su lugar los "programas" jerarquizados no sólo por la dotación efectiva de recursos propios que los acompañan y sostienen, sino también por la capacidad de movilizar otros financiamientos a través de mecanismos alternativos a la gestión presupuestaria de la administración pública.[31] Con esta potencia operativa y los atributos sustantivos antes enunciados, los programas marcaron el modo de concebir la gestión.

Sin negar la importancia del análisis científico-técnico para el recorte de los problemas,[32] el concepto de gestión que se propone en este capítulo tiene dos puntos de partida:

i. No hay políticas por encima y por fuera de la dinámica general de la sociedad;

---

[31] Un análisis de este modelo de gestión, sus potencialidades y riesgos puede encontrarse en Martínez Nogueira, R. (2002).

[32] Se recuperan las reflexiones en torno al diagnóstico presentes en Coraggio (1996), así como la operacionalización que hace Planeamiento Estratégico Situacional.

ii. No hay políticas por fuera de las interacciones que se generan en el curso de su diseño e implementación.

Desde esta concepción, la gestión es vista como un espacio privilegiado de reproducción y/o transformación de la política social a través de los actores que juegan allí sus apuestas estratégicas. Así concebida, la gestión opera como "espacio de mediación" entre los procesos macro y la vida cotidiana de la población.

El desafío conceptual consiste en encontrar el modo de analizar y actuar en los procesos de gestión para ayudar a identificar las posibilidades (y los caminos) de transformación. Este ejercicio exige reconocer la presencia del "conflicto" en dos sentidos: en el primer sentido, la existencia del conflicto deriva de la realidad heterogénea y desigual con la que opera la política social; en el segundo sentido, el conflicto es inherente a la dinámica que asume el juego de intereses entre los actores en la política social (por dentro y por fuera del Estado).

¿Cómo concebir la gestión de modo de recuperar esta complejidad? A los fines de aproximar una definición, se apela aquí a la integración de dos perspectivas que en la literatura aparecen separadas.

Por una parte, aquella que pone el énfasis en los procesos a través de las cuales se articulan recursos y, por la otra, la que pone el foco en la porosa frontera entre el Estado y la sociedad en el proceso de constitución de la demanda. La complejidad con que se enfrentan los profesionales en la gestión de la política social hace necesario echar luz sobre los problemas de la gestión apelando a estas dos "entradas".

Desde la primera, los procesos de gestión son vistos como aquellos orientados a articular (utilizar, coordinar, organizar y asignar) recursos (humanos, financieros, técnicos, organizacionales y políticos) que permitan producir satisfactores orientados a hacer posible la reproducción de la vida de la población (a través de los bienes de consumo individual y colectivo).[33] La articulación supone un proceso global en el que intervienen diferentes agentes (públicos o privados) con procedimientos, relaciones, recursos y métodos igualmente diversos.

La segunda "entrada" al concepto permite rescatar –en simultáneo– tanto las "prácticas administrativas y técnicas" como las "prácticas de la población" en el aprovisionamiento de los servicios en la esfera en que se ponen en relación. Según Coulomb (1993), la demanda no se constituye de manera espontánea, sino en el contexto de los procesos que ponen en relación el aparato estatal y la sociedad. Desde esta perspectiva, articulando la esfera de las necesidades sociales con el ámbito público de su satisfacción, se define para la gestión un papel estratégico en términos sociales, políticos y también culturales (Danani y Chiara, 2000). Se trata entonces de un conjunto de prácticas que se dan al mismo tiempo; este punto de partida tiene fuertes consecuencias para el análisis y tam-

---

[33] Se recupera aquí el concepto de "gestión urbana" en la mirada de las políticas sociales. Herzer, Pirez y Rodríguez (1994).

bién para la acción, dado que la demanda no tiene lugar en forma espontánea, sino en el seno de procesos que ponen en relación el aparato estatal y la sociedad.

Esta forma de pensar la gestión permite captar los procesos causales que inciden en la formación de los "problemas sociales" y en la definición de la "agenda" gubernamental. Desde esta perspectiva, los "programas" a los que se hacía referencia en el apartado anterior cumplen un doble papel: son un recurso que los actores articulan en función de operar en torno a una agenda que los precede; a la vez que, en tanto actores, inciden en el modelado de las demandas y su incorporación (o no) en la agenda gubernamental. La historia reciente en los países de la región de los Programas de Atención Primaria y Materno Infantiles (en el sector salud) y de los Programas de Mejoramiento Barrial (en el sector hábitat), son ejemplos de este doble papel.

La doble dimensión que se propone recuperar en la definición de "gestión" tiene distintas consecuencias en tanto habilita distinto tipo de preguntas, construye de distinto modo la relación entre los organismos del Estado y la sociedad y refiere a distintos problemas de la gestión.

La primera aproximación al concepto de gestión (vista como el conjunto de los procesos a través de los cuales se articulan recursos) está suponiendo un cierto énfasis hacia los problemas vinculados a la "eficacia" y la "eficiencia". Por su parte, la segunda definición (lugar privilegiado en que se constituye la demanda) alude principalmente a los problemas políticos que tienen lugar en la dinámica de la gestión, justamente en el punto en que se pone en relación el aparato estatal con la sociedad. En uno y otro caso, dan lugar a distinto tipo de preguntas, echando luz sobre aspectos diversos de la complejidad de la gestión.

Tabla 4. Las preguntas según las definiciones de "gestión"

Aproximaciones a la definición de "Gestión"	Problemas	Preguntas
Articulación de recursos.	Eficacia Eficiencia	¿Con qué recursos se cuenta? ¿De qué tipo? ¿Quiénes aportan esos recursos? ¿Cuáles son los procedimientos de coordinación adoptados para su movilización? ¿Cuáles son las fuentes de financiamiento? ¿Cómo se asignan los recursos? ¿Con qué problemas se encuentran en el proceso de asignación? ¿Cuáles son las capacidades técnicas y profesionales para desarrollar las prestaciones previstas?
Espacio privilegiado en que se constituye la demanda.	Legitimidad	¿Cómo se relacionan los actores gubernamentales y los actores sociales? ¿Cuál es la incidencia de los procesos sociales en el modelado de las propuestas técnicas? ¿Cómo incide la oferta estatal de servicios en el modelado de la demanda? ¿En qué medida las distorsiones de la oferta configuran también distorsiones en la demanda? ¿Con qué capacidad cuentan los actores tanto gubernamentales como de la sociedad para modelar propuestas con base a distintos intereses? ¿Cuáles son las articulaciones de los actores sociales y en las disputas intraburocráticas?

La adopción de una u otra definición echa luz sobre distintos aspectos de la gestión y da lugar a la formulación de interrogantes e hipótesis muy diferentes.

En este sentido, la problemática del sector salud sigue sirviendo como ejemplo. Desde hace varias décadas, uno de los principales desafíos de la política sanitaria consiste en desarrollar estrategias preventivas centradas en la salud de la población, más que en la atención de la enfermedad; sin embargo, las dificultades para alcanzar ese objetivo han puesto en evidencia la necesidad de abrir la "caja negra" de la gestión de la política sanitaria. Una y otra definición ayudan en ese camino de distinto modo.

Desde la primera definición se ilumina un conjunto determinado de problemas: los modos de conceptualizar que tienen los actores gubernamentales comprometidos en la política sanitaria, la orientación de la formación básica y los déficits en la capacitación de los profesionales, la dinámica de funcionamiento de los equipos, las debilidades en la organización interna del sistema y sus modos de articulación (intra e intersectorial), la falta de recursos y/o las deficiencias en los procedimientos para su asignación, la ausencia de espacios de participación con la comunidad y los déficits en las iniciativas de difusión, la falta de agentes comunitarios de salud con la formación adecuada, entre otros factores.

Sin desconocer la relevancia de estos problemas para el desarrollo de una política sanitaria orientada a la prevención, la segunda definición de gestión (lugar de constitución de la demanda) pondría el énfasis en la historia de la relación entre el aparato estatal (del sistema de salud en este caso) con la sociedad (organizaciones sociales, organizaciones gremiales y población en general) y los modos en que estos problemas se jerarquizan, según se configure la agenda pública y gubernamental. Las variables en las que pone su foco la definición anterior, se convierten en hipótesis explicativas en la trama de tensiones, conflictos e intereses que sostienen los actores de la política sanitaria (gubernamentales, gremiales y profesionales y sociales) y a través de los cuales se configura la "agenda". Probablemente, esta aproximación ponga en evidencia que, por fuera de los círculos especializados, todavía es necesario validar entre los actores (gubernamentales, gremiales y de la sociedad) la jerarquía de la política preventiva (centrada en la atención primaria), por sobre aquella organizada desde la figura del hospital y la alta complejidad. Ese proceso de validación no es sólo simbólico, sino que implica la rearticulación de los intereses de cada una de las partes comprometidas en la gestión.

3. La gestión en contexto: el concepto de régimen de implementación

Si la gestión es un espacio de mediación entre los procesos "macro" y los procesos "micro" de reproducción de la vida de la población, la pregunta a la que dar respuesta es cómo hacer "entrar" las variables "macro" a su análisis.

En el sentido común con que los gestores conviven, se conciben a los contextos como variables externas a la dinámica interactoral que tiene lugar en la gestión. Sin embargo, la aproximación conceptual que aquí se propone los internaliza en tanto coordenadas en torno a las cuales los actores "tejen" su juego estratégico. Este esfuerzo requiere de una construcción teórico-metodológica para incorporar el contexto en el análisis.

La perspectiva de la implementación propone dos modelos diferentes para analizar el proceso de políticas: el modelo *top down* (de arriba hacia abajo), y el modelo *botton up* (de la base hacia arriba) (Aguilar Villanueva, 1991). Tributario de la denominada "cuarta generación" de investigaciones sobre la implementación, el concepto de "régimen de implementación" busca conjugar ambas aproximaciones.

Desde las propuestas que se aproximan más explícitamente al concepto, se concibe que

> un régimen de implementación es aquel que regula las actividades del proceso. Un régimen es un 'ordenamiento político' que institucionaliza valores importantes para la toma de decisiones públicas [...] pero un régimen es, también, un 'ordenamiento organizativo', que ayuda a definir y a consolidar los valores políticos que le son inherentes. Por lo tanto, un régimen de implementación puede ser considerado como un arreglo entre los participantes de la implementación, que identifica los valores que deben acatarse durante ese proceso y un marco organizativo para la promoción de esos valores (Stoker, 1989:375).

Estos arreglos entre los participantes de la implementación son modelados por principios potencialmente conflictivos que buscan orientar la toma de decisiones públicas. En el nivel organizativo, un régimen es un sistema de reglas, normas y procedimientos que gobierna la interacción de los participantes con el fin de dar cumplimiento a alguna decisión colectiva. En este sentido, el régimen puede alterar los costos de las transacciones, la disponibilidad de información o el nivel de incertidumbre en el proceso de toma de decisiones. El contexto político donde tiene lugar la implementación está determinado por los arreglos organizativos del régimen (Stocker, 1989: 376).

La aproximación que se propone aquí retoma este concepto ajustándolo a los niveles de la implementación (local, estadual y nacional). Desde esta necesidad, parece adecuado retomar el concepto propuesto por Stocker entendiendo que el "régimen de implementación" (RI) es el conjunto de condiciones que desde las distintas dimensiones (funcional, material y política) organizan los arreglos entre los participantes de la implementación de las políticas en cada nivel (Chiara y Di Virgilio, 2005).

De este modo, el concepto de RI permite identificar el conjunto de condiciones que regula las actividades comprendidas en una determinada intervención, además de lo establecido previamente desde los programas, normas o políticas en general. Estas condiciones no son resultado de un diseño racional sino que su modelado responde a procesos (a veces contradictorios entre sí) construidos históricamente. La dificultad radica en dar cuenta de una construcción que se modela en tiempos más largos (5 ó 10 años, según el contexto histórico particular que se analice), pero que opera relacionalmente en el momento de la implementación de las políticas.

Recuperando los aportes de Ozslak (1997), estas condiciones del RI pueden verse desplegadas en tres dimensiones: funcional, material y política.[34] La primera remite particularmente a las "funciones" asumidas por cada jurisdicción. Sin embargo, es evidente que la dinámica generada entre los distintos niveles gubernamentales y con la sociedad refiere a "aspectos materiales", es decir, a los mecanismos y sentidos de la redistribución por parte del Estado del excedente a través de las políticas tributarias y de asignación

---

[34] Una primera aproximación al concepto para el Gran Buenos Aires, puede encontrarse en Chiara (2000).

del gasto, y también a cuestiones de índole "política" tales como la construcción de la legitimidad y los niveles de autonomía del Estado (Oszlak, 1997: 20-21).

Régimen de implementación

El régimen de implementación es el conjunto de condiciones que –desde las distintas dimensiones (funcional, material y política)– organizan los arreglos entre los participantes de la gestión de las políticas.

Tabla 5. Las dimensiones del régimen de implementación

Dimensión	Contenido
Funcional ➡	Distribución del trabajo.
Material ➡	Mecanismos y sentidos de la redistribución por parte del Estado del excedente a través de las políticas tributarias y de asignación del gasto.
Política ➡	Modos a través de los cuales se distribuye el poder.

Los procesos de reforma que tuvieron lugar en la década pasada, han tenido una influencia decisiva en la configuración de las condiciones de régimen bajo las cuales se dan los procesos de gestión en la región:

i. Funcional:

Las condiciones del RI en su "dimensión funcional" están fuertemente influidas por dos factores: las competencias y funciones de cada uno de los niveles jurisdiccionales (que varían según se trate de países unitarios o federales) y las políticas públicas de descentralización. En relación con el primer aspecto, se hace referencia a las reglas de juego derivadas del régimen jurídico que instituye las competencias para el Estado nacional, para los estados, provincias o departamentos y para los municipios. Aunque esta variable tendrá también consecuencias en el plano político, interesa destacar aquí "qué" pueden hacer los actores, esto es, las competencias que tienen a su cargo y aquellas que están asignadas a otros niveles jurisdiccionales; resulta significativo analizar también su dinámica, es decir, los aspectos que se han modificado (o no) a lo largo del tiempo.

Debe destacarse que este primer aspecto –las competencias desde el estatus político institucional– se conjuga con el segundo: el proceso efectivo de desconcentración y descentralización. A partir de leyes y convenios específicos se desarrollan políticas e implementan programas cuya gestión se va "tejiendo" sobre una trama más o menos sólida, según sea el estatus político institucional en cada nivel jurisdiccional. Las políticas públicas configuran así una nueva institucionalidad (en sentido amplio, formal e informal) que define nuevas reglas de juego más o menos estables para los actores.[35]

ii. Material:

La "dimensión material" refiere a los mecanismos y sentidos a través de los cuales el Estado redistribuye el excedente no sólo a través de las políticas tributarias, sino también en relación a cómo se asigna el gasto. En el primer aspecto (distribución del excedente) están comprometidos dos factores en el análisis del RI: las reglas de juego que regulan las transferencias entre jurisdicciones y la política tributaria de cada nivel (cuando corresponde).

El segundo aspecto (la asignación del gasto) remite a los criterios generales de organización del presupuesto, los niveles de flexibilidad del gasto, el perfil de las asignaciones (universales y focalizadas), entre otras. Se trata en ambos casos de variables que restringen o facilitan el margen de acción autónoma de los actores y que tienen una estabilidad relativa en el tiempo.

iii. Política:

Por último, la caracterización de las condiciones "políticas" remite a los niveles de autonomía de los actores (tanto gubernamentales como de la sociedad), a las reglas de juego (formales e informales) que regulan las relaciones intergubernamentales, a la capacidad de representación, a las exigencias de capacidades puestas en juego desde los cambios funcionales, y también a los modos como se articulan éstas con el sistema político partidario.

El régimen jurídico vigente define no sólo "qué" pueden hacer los actores (aspectos funcionales), sino también "cuánto", esto es, el margen de exclusividad de su acción, y "cómo", o sea, la necesidad de definir arreglos de cooperación y, aunque no de manera exclusiva, "con qué", es decir, los recursos de poder para desplegar con ciertos niveles de autonomía su acción en el ámbito público.

Al igual que en la dimensión funcional, resulta significativo analizar los aspectos que se han modificado (o mantenido estables) a lo largo del tiempo: esta matriz se ve afectada por las dinámicas de los actores locales, supralocales, nacionales e internacionales y va definiendo los modos de gestionar las relaciones intergubernamentales (RIG)

---

[35] Fabián Repetto desarrolla en el capítulo V las distintas dimensiones del concepto de "institución".

que habilitan (o no) alternativas a las institucionalmente atribuidas, con mayores o menores conexiones con la institucionalidad político partidaria[36] y con consecuencias en términos del fortalecimiento (o debilitamiento) de los liderazgos en cada nivel.

Es importante destacar que esta diferenciación se realiza sólo a los fines del análisis en tanto no es posible interrogarse, por ejemplo, si las reglas de juego contribuyen (o no) con el incremento de la autonomía de un actor para la realización de sus intereses (el gobierno municipal, por ejemplo) sólo desde el análisis funcional, sin abordar los aspectos vinculados a las condiciones materiales y políticas.

Gráfico 2: La incidencia de los procesos "macro" en las condiciones del régimen

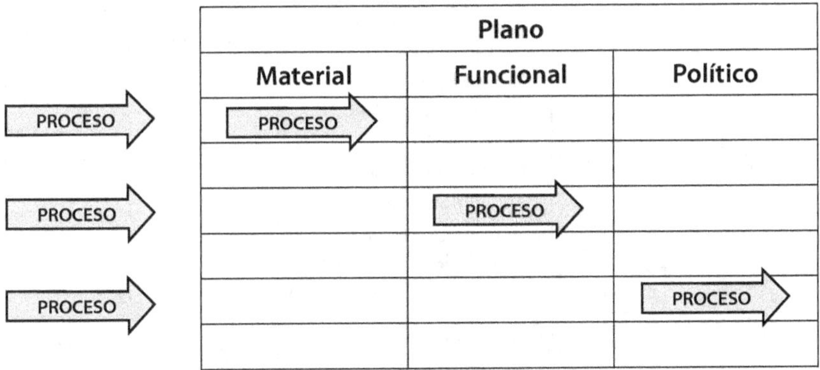

La reconstrucción de las condiciones del RI tiene lugar a través de una investigación relativamente exhaustiva que combina el análisis de fuentes primarias (entrevistas en profundidad) y secundarias (legislación, información presupuestaria, antecedentes en periódicos y documentos de los programas, entre otros). La identificación de las variables es un momento clave del análisis; en la tabla que sigue, se presenta una propuesta.

---

[36] Un análisis acerca de las relaciones entre la institucionalidad social y la institucionalidad política presenta Fabián Repetto en el capítulo V.

Tabla 6. Variables que caracterizan el régimen de implementación

Dimensiones	Variables	Fuentes
Funcional	Competencias y funciones. Régimen jurídico. Política de descentralización.	Legislación. Constitución nacional y provinciales/estaduales. Documentos de programas. Entrevistas en profundidad. Información de sitios *web*.
Material	Reglas de juego que regulan las transferencias de otras jurisdicciones. Política tributaria y su relación con la estructura económica. Criterios generales de organización del presupuesto. Flexibilidad del gasto. Autonomía financiera. Perfil de las asignaciones (universales o focalizadas). Capacidad tributaria.	Presupuestos programados y ejecutados. Contratos de préstamo. Legislación. Entrevistas en profundidad. Documentos de programas.
Política	Niveles de autonomía de los actores. Reglas de juego que regulan las relaciones intergubernamentales. Régimen electoral.	Entrevistas en profundidad. Reconstrucción periodística. Legislación.

Ahora bien, la gestión tiene lugar en distintas "arenas" que se corresponden (en parte) con los niveles en los que se desarrolla la política social: internacional, nacional, estadual o interestadual, local, o barrial. Las relaciones que se establecen en cada uno de estos niveles no son autónomas, sino que están mutuamente relacionados, conforme sea la dinámica que asuman las relaciones intergubernamentales (RIG).

ARENAS:

Las políticas no son un tranquilo y neutro espacio administrativo, sino una "arena" política en la que convergen, luchan y conciertan fuerzas políticas.

Cada arena tiende a desarrollar su propia estructura política, proceso político, élites y relaciones de grupos.

Aguilar Villanueva, L. F. (1996.)

Como resultado de los procesos de descentralización,[37] el orden que regula la práctica de los actores no es ya exclusivamente supralocal (lo que se denomina aquí "Régimen estadual de implementación"), sino que en el nivel local se han ido construyendo en los distintos planos (material, funcional y político) un ordenamiento que (relacionado con el anterior) regula la acción de los actores (lo que se llama aquí "Régimen local de implementación").

Gráfico 3: La constitución de la gestión local y el régimen de implementación

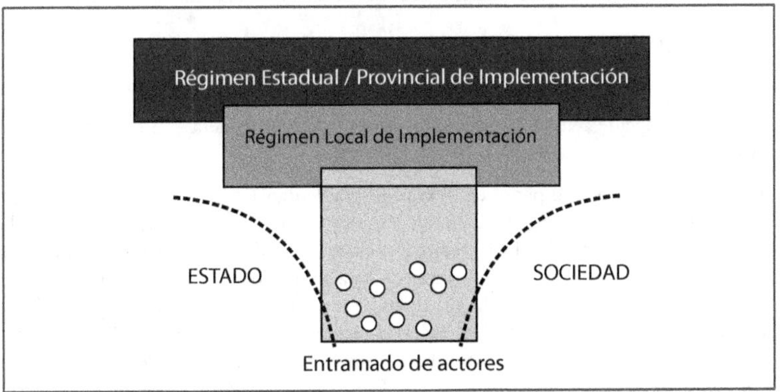

Si bien este concepto recupera las reglas de juego que se presentan al analista con cierta estabilidad en el tiempo, no es posible ignorar la capacidad de agencia de los actores y las modificaciones que pueden introducir en estos dominios; de manera aislada o bien en el marco de coaliciones que operen asociativamente sobre su modificación.

---

[37] En el capítulo VI de este libro, Fabián Repetto presenta un desarrollo conceptual de la descentralización.

4. Los actores en y de la gestión

Un aspecto clave de los procesos de gestión es la identificación de los actores involucrados. Conocer quiénes son aquellos involucrados en el proceso, cuáles son los objetivos que persiguen, cómo se articulan, cuándo, por qué, etc., constituyen aspectos claves para comprender la dinámica que asumen dichos procesos. Ahora bien ¿quiénes son los actores en y del proceso de gestión? ¿Cómo identificarlos? Para ello, si bien no se desarrollará aquí el debate teórico que gira entorno a estos conceptos, se intentará aportar algunos instrumentos y definiciones operativas que permitan al gestor hacer más inteligible su intervención en el campo.

Se define a los actores sociales como "formas concretas", ya sean organizaciones o individuos, que ejercen algún tipo de incidencia en el proceso de gestión. Se trata de "unidades reales de acción en la sociedad: tomadores y ejecutores de decisiones" (Pirez, 1995: 10) que se definen como tales en el marco de un sistema de relaciones. De este modo cada miembro de una organización puede constituirse en actor dentro de la misma, cuando la organización es considerada como un sistema de relaciones. Asimismo, si se conceptualiza el proceso de gestión en sí mismo como resultante de las relaciones entre actores, aquí es la organización la que se constituye en actor (Lanzetta, 1997[a]).

Actor, sujeto y agente

Las nociones de actor, sujeto y agente no aluden necesariamente a lo mismo…

El concepto de agente remite a individuos y a personas en general. Se trata del nivel de análisis de menor abstracción.

La noción de sujeto, por su parte, en el sentido que le dan Laclau y Mouffe (1987: 132), hace referencia a las "posiciones de sujeto en el interior de una estructura discursiva" (Laclau y Mouffe, 1987). Mires (1993: 143), retomando la tesis de Mouffe, indica que "cada agente social se encuentra inscripto en una serie de relaciones conectadas como género, raza, nacionalidad, producción, localidad, etc. Todas estas relaciones son la base de posiciones de sujeto y cada agente social es sede de muchas posiciones de sujeto y no puede ser reducido a una". La posición de un sujeto dentro de un campo de relaciones sociales se construye en base al conjunto de prácticas y discursos que legitiman su acción. Por ejemplo, un agente en una organización social se constituye como sujeto "dirigente" dentro de la trama de relaciones que estructuran el proceso de toma de decisión, a partir de ejercer ciertas prácticas de conducción y un discurso que legitima ese lugar en relación a otros, sobre los cuales ejerce el poder de nominación: los "colaboradores", los "vecinos", etc. De esta manera, la noción de sujeto denota una posición dentro de una estructura de relaciones sociales. Dicha estructura si bien fija ciertos niveles de constreñimiento a la acción, no puede independizarse de la acción de los agentes (Giddens, 1995).

Cabe destacar que un agente social puede inscribirse en múltiples campos de relaciones sociales; por ejemplo, aquellas vinculadas a la transformación de las condiciones de vida en el barrio por parte de los pobladores, que constituyen el campo "barrial"; y aquellas relaciones sociales tejidas en función de escalar posiciones e influencias dentro de las esferas del gobierno, y que conforman el campo "político". Dado que un agente puede constituirse en sujeto de relaciones de distintos campos, resulta ser un concepto clave para poder dar cuenta de uno de los puntos en los cuales se articulan los campos de relaciones sociales.

El concepto de actor supone y recupera dialécticamente al sujeto de su campo de relación. La posición de sujeto fija ciertos límites a la acción que puede desarrollar el actor. Siguiendo con el ejemplo del "dirigente", es posible pensar que la posición de sujeto fija ciertos límites estructurales –como, por ejemplo, el hecho de esgrimir cierto tipo de discurso que construyen esa posición y determinadas acciones y/o la de ser interlocutor con autoridades gubernamentales– pero los contenidos concretos de las prácticas y los discursos, en suma, de las estrategias que se ponen en juego en el sistema organizativo, responden a la acción del "dirigente" en tanto actor del sistema. Aquí también el concepto de agente nos permite visualizar una bisagra de articulación entre estos dos niveles de análisis, la posición de sujeto en una estructura de relaciones y la posición de actor en un sistema de relaciones.

Lanzetta (1997[b])

En este marco, la primera premisa a tener en cuenta es que la definición de los actores en el marco de los procesos de gestión no constituye una cuestión que pueda definirse *a priori* al desarrollo mismo del proceso. Antes bien, cada política define en su desarrollo al conjunto de actores involucrados en la misma. En este marco, si bien es posible identificar como actores potenciales de los procesos de gestión al gobierno local, a los organismos departamentales, de los estados provinciales y/o nacionales, a las ONG de desarrollo de alcance regional o nacional, a las organizaciones sociales de base, sindicatos, organismos internacionales, etc., son acción y situación las coordenadas que definen su inclusión como actor en un determinado proceso. Esta definición es siempre dinámica y cambiante, y varía a lo largo del proceso de implementación.

Gráfico 4: Actor, cuestión y situación

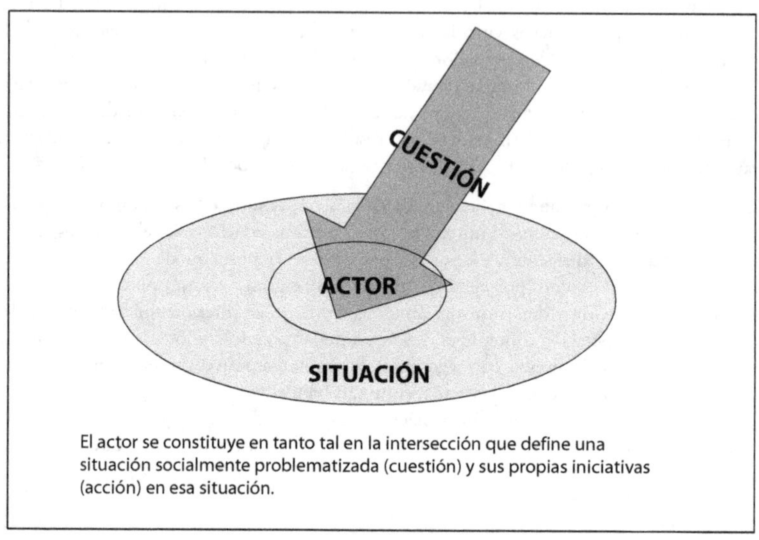

De este modo, un actor se constituye como tal en la medida en que actúa en relación a cuestiones socialmente problematizadas sobre las que pretende intervenir la política. Asimismo, son las diferentes situaciones en el proceso de gestión las que, en última instancia, completan la definición acerca de quiénes son actores de y en la gestión: en una situación un actor puede ser definido como tal y, en otras, no.

Según el escenario en la cual se inscribe y se despliega su acción, estos actores están ligados con distintos momentos (lógicos) de los procesos de gestión de políticas sociales: las decisiones (político-institucionales), las técnicas particulares (expertos-profesionales) y la acción sobre el terreno.[38] Cabe destacar, entonces, que los actores involucrados en el proceso de gestión no son solamente aquellos involucrados directamente en su desarrollo sino todos aquellos cuyas acciones, representaciones y prácticas tienen ingerencia sobre él mismo.

La acción pública de los actores así definidos tiene alcances diferenciales conforme sean las cuestiones a partir de las cuales ésta es interpelada y/o impulsada. Esto significa —en términos concretos— que su alcance e ingerencia variarán según los marcos de la experiencia, la problemática y las cuestiones sobre las cuales pongan éstos en juego su capacidad de acción pública. La complejidad se torna aún mayor en tanto estos procesos enfrentan al gestor con actores (individuos, grupos o instituciones)

---

[38] Se recupera aquí la tipología propuesta por Barreiro Cavestany (1988).

cuya actuación pública no sólo tiene un alcance diferente (barrio, municipio, estado o nación), sino que sus intereses se despliegan en más de uno de esos ámbitos.

Los actores en y de la gestión

Los actores en y de los procesos de gestión son "aquellos individuos o grupos que ocupan una posición estratégica en el sistema de decisiones y que responden en el proceso de formación de políticas, por las funciones de articulación del campo cognitivo y del campo de poder. En tanto mediadores son quienes definen los temas de debate y el marco intelectual en el cual se desarrollan las negociaciones, alianzas y conflictos que sustenta la toma de decisiones."

Belmartino (1998)

Belmartino (1998) ofrece una definición del concepto de actor que complejiza la aproximación que se propone al inicio de este apartado. Desde su perspectiva para definirse en tanto actor, organismos y/o personas deben ocupar un lugar estratégico en el proceso de toma de decisiones. Sin embargo, en el proceso de gestión no todos cumplen necesariamente con dicha condición. Algunos pueden ocupar posiciones periféricas y, aún cuando su incidencia sobre el proceso de toma de decisiones no es directa, pueden obstaculizar, bloquear o demorar las posibilidades de otros actores –estos sí estratégicos– de producir las transformaciones que se esperan en el curso de la intervención. En estos casos, su importancia radica en su carácter de mediadores y en su capacidad de definir los temas del debate y el marco cognitivo en el cual se desarrollan las negociaciones, alianzas y conflictos que sustentan la toma de decisiones. Asimismo, su posición –periférica o estratégica– puede ir modificándose en el desarrollo mismo del proceso de gestión. De este modo, la construcción y deconstrucción de los actores está marcada por el conjunto de las relaciones sociales y políticas en el marco de las cuales éstos definen su acción y también por las representaciones que se construyen en el contexto de dichas relaciones.

Hacia una definición operativa

Es posible considerar como actores de y en el proceso de gestión a organizaciones o personas que inscriben su accionar en una determinada situación y tienen representatividad según los siguientes requisitos:

- Tener un proyecto político definido.

- Controlar variables importantes para la situación.

- Tener una organización estable.

En este marco, ¿cómo reconocer a los actores en y de la gestión? La primera cuestión es identificar con claridad el problema sobre el cual interviene el programa y/o política. La identificación del ámbito de intervención supone reconocer la dimensión conceptual y territorial del mismo. Asimismo, es necesario dar cuenta de qué organismos de jurisdicción nacional están involucrados en el proceso de gestión y/o en el campo de problemas sobre el cual interviene la política ¿Cuál es su papel? ¿Sus atribuciones? ¿Sus competencias? Por ejemplo, el Ministerio de Salud de la Nación ha iniciado acciones tendientes a promover el desarrollo psicosocial de niños y niñas de 2 a 5 años. Sin embargo, no es el único organismo que interviene en ese campo de problemas. Muchos otros, entre ellos el Ministerio de Educación, el Ministerio de Desarrollo Social, etc., intervienen directa o indirectamente en el campo de problemas; es decir, sobre la familia, sobre la infancia, sobre el desarrollo infantil, etc. En este marco, la gestión de cualquier iniciativa orientada a promover el desarrollo psico social de niños y niñas deberá contemplar en su desarrollo las acciones de otros organismos y evaluar la posibilidad de generar instancias de colaboración.

Además, estas iniciativas habitualmente no sólo dependen de la acción de organismos nacionales sino que en su desarrollo están involucradas instancias de gobierno subnacionales. Se requiere, entonces, identificar cuáles organismos de jurisdicción estadual y/o municipal serán interlocutores en el proceso de gestión de la iniciativa. Es necesario, también, identificar qué organizaciones de la sociedad intervienen en el campo de problemas en el que se inscribe el programa y/o la política, qué relación tienen con los beneficiarios y/o destinatarios y de qué tipo de organizaciones se trata (sindicatos, organizaciones de base, cámaras empresarias, ONG, etc.).

Una vez identificados los actores, es necesario caracterizarlos. ¿A partir de qué atributos es posible hacerlo? Se propone aquí una batería de atributos/variables para caracterizar a los actores de y en el proceso de gestión: roles y funciones; ámbito de actuación; nivel de institucionalización; objetivos, estrategia y táctica; recursos y niveles de autonomía. [39]

Roles y funciones. Desde el punto de vista sistémico funcioanalista se privilegian roles formales como estructurantes de la relación actor/proceso de gestión. Éste constituye el criterio básico para su definición en tanto actor. Sin embargo, en numerosas ocasiones, dicho criterio tiende a ser desplazado por otro más abarcativo, que permite dar cuenta también de roles informales que ponen en escena competencias no reconocidas formalmente como tales. El modelo estratégico propuesto por Crozier (1993) plantea que los actores sólo pueden alcanzar sus objetivos ejerciendo relaciones de poder. Sin embargo, éstas no pueden ser establecidas entre los involucrados en una organización (en este caso definida por el programa y/o el servicio) más que cuando se persiguen objetivos colectivos. Los contenidos de dichos objetivos son los que fijan los límites

---

[39] La caracterización de los atributos se realizó con base en Lanzetta, 1997[b] y Chiara y Di Virgilio, 2006.

que condicionan los juegos de negociación entre los actores y sus estrategias de acción (Crozier y Friedberg, 1990). A partir del análisis de las distintas maneras en que los actores se vinculan al proceso de gestión, es posible avanzar en la comprensión acerca de los distintas modalidades en que cada agente define (o no) su condición de actor. Los distintos modos de articulación en el proceso de gestión dan cuenta de los múltiples niveles en los cuales éste se constituye.

Ámbito de actuación. El ámbito de actuación refiere al nivel jurisdiccional en el que cada uno de los actores despliega su acción (nacional, estadual o municipal). Asimismo, se vincula con el alcance territorial de sus intervenciones; su alcance territorial variará según los marcos de la experiencia, la problemática y las cuestiones sobre las cuales pongan éstos en juego su capacidad de acción pública. El proceso de gestión puede involucrar actores (individuos, grupos o instituciones) cuya actuación pública tiene un alcance territorial diferente (barrio, localidad, municipio, región, estado o nación) y cuyos intereses se despliegan en más de uno de esos territorios, con influencias más o menos explícitas en uno de dichos ámbitos.

> Por ejemplo, si el gestor está involucrado en procesos de gestión que reconocen a nivel municipal como ámbito de la intervención, es posible identificar actores: a) que inciden en los procesos locales, pero no (o marginalmente) en los procesos no locales; b) aquellos que se reproducen en ámbitos mayores, pero tienen presencia e inciden en los procesos locales; y c) por último, existen actores que no tienen presencia física local, pero su actividad incide en los procesos locales.

Nivel de institucionalización. Los actores en y del proceso de gestión tienen distintos niveles de institucionalidad. Algunos reconocen una institucionalidad formal y preexistente a la intervención. Otros, en cambio, se constituyen en tanto actores en el curso mismo de la intervención: su institucionalidad es informal e incluso puede ser transitoria. La génesis del proceso de constitución de actores constituye un buen punto de partida para analizar su nivel de institucionalidad. Asimismo, la existencia de una normativa que regula su actuación también abona en ese sentido (decretos y leyes de creación de organismos, tenencia de personería jurídica, etc.).

Objetivos, estrategia y táctica. Los objetivos constituyen uno de los aspectos centrales que definen a cada uno de los actores, pues indican el propósito con el cual la organización se inserta en el sistema de relaciones entre actores en y del proceso de gestión. Se consideran como objetivos las metas más relevantes que, dentro de un determinado período histórico y situación, el actor (institución, organismo público, persona, grupos, etc.) busca concretar mediante su acción pública. En la definición de los objetivos es posible reconocer al menos dos factores convergentes que los constituyen. Primero, el proceso de toma de decisiones en cuyo desarrollo los actores negocian y definen las prioridades a seguir (estrategia). Segundo, existe una adecuación y reformulación de los objetivos en el marco del juego de relaciones que se establecen entre los distintos actores sociales involucrados en el proceso de gestión (táctica). El complejo proceso por medio del cual los objetivos de la organización son formulados y reformulados, hace que los mismos "no sean necesariamente unos fines consistentes entre sí" (Cyert y March, 1965: 33).

Recursos. Los recursos constituyen el conjunto de elementos de que dispone cada actor para alcanzar sus objetivos. Giddens (1995: 286) diferencia dos tipos de recursos: los recursos de asignación y los recursos de autoridad. Los primeros refieren a los bienes materiales (aspectos materiales del ambiente, medios de producción y bienes producidos), mientras que los recursos de autoridad están conformados por la organización de espacios de encuentro entre los agentes, la producción y reproducción de relaciones sociales en asociación mutua y la organización de oportunidades para la expresión y el desarrollo. Desde esta perspectiva "el aumento de recursos materiales es fundamental para la expansión del poder, pero no es posible desarrollar recursos de asignación sin la transmutación de recursos de autoridad". De esta manera, es posible pensar que la disposición de bienes materiales no alcanza para dar cuenta de las estrategias que los actores son capaces de trazar y efectivizar en los procesos de gestión. La cantidad y calidad de los recursos de que disponen los actores marcan las potencialidades de su acción pública, pero su acción concreta depende del modo en que son movilizados en función de su estrategia de intervención.

Niveles de autonomía. Los actores en y del proceso de gestión disponen de un cierto margen de libertad para desplegar sus estrategias de acción en el marco de dicho proceso. Las relaciones de poder constituyen el mecanismo a partir del cual se definen los márgenes de libertad y se regulan las estrategias particulares que desarrolla cada uno (Crozier y Friedberg, 1990). Cuantas más variables decisivas estén bajo el control del actor que lleva adelante la intervención, mayor será su libertad de acción. Por el contrario, si el campo de éstas es estrecho, se restringe su autonomía respecto del problema y/o situación a intervenir (Sotelo Maciel, 1997). En el ámbito público, los procedimientos legales fijan los principales límites en los procesos de toma de decisión. Si bien dichos procedimientos no explican acabadamente los modos en que se estructuran las prácticas del proceso de decisión, fijan ciertas pautas dentro de las cuales se tejen los procesos concretos.

5. La noción de "entramado" como mediación

Los actores y sus relaciones definen el entramado de intereses vinculado al desarrollo de la política. Es decir, el marco de recursos, restricciones y resistencias en el que se inscribe el proceso de gestión. El sistema de relaciones que los actores generan se va modificando en el desarrollo del proceso de gestión y, al mismo tiempo, lo condiciona.[40] De este modo, los actores no definen aisladamente su acción pública, no tienen

---

[40] Se remite aquí a Arocena (2003).

una homogénea ni hegemónica capacidad de acción en el ámbito público, ni tampoco permanecen constantes a lo largo del tiempo. Tal como lo sugiere Touraine, deben comprenderse "las conductas de los actores [en el marco de] las relaciones sociales en las cuales se encuentran ubicados" (Touraine, 1987: 75).

Es en el marco del entramado, más que en las relaciones institucionales formales (aunque ellas condicionan su estructura y dinámica), que los actores "toman decisiones sobre el uso de recursos comunes con respecto a un determinado problema".[41] Este entramado de intereses preexiste a las políticas (condicionando su implementación) y resulta también modificado por ellas.[42]

El concepto de entramado de intereses opera en este marco conceptual como mediación entre el concepto de actor y el concepto de régimen local de implementación (RLI). Las políticas públicas como parte del régimen pueden modificar este entramado de distintas formas; se señalan a modo ilustrativo algunas posibles: poniendo en competencia a las organizaciones no gubernamentales (ONG) por los recursos, jerarquizando las organizaciones sociales frente a los municipios para la gestión de los programas, o jerarquizando la figura de los alcaldes por sobre la del municipio como institución plural.

Si bien las condiciones expresadas en el RI tienen una cierta permanencia en el tiempo, tal como se señalara anteriormente, no son inmodificables. Pueden darse múltiples procesos a través de los cuales los actores y las relaciones que se establecen entre ellos tienen también capacidad para modificar las condiciones que regularán la dinámica del proceso de gestión. Ello depende –en parte– de la forma en la que se configure el entramado de actores: del número de actores, de su ámbito de actuación (es decir, el área de políticas en que intervienen), de las funciones básicas a su cargo, la estructura de relaciones, de su estabilidad, del grado de institucionalización de la red, de las reglas de juego, del poder de que dispone cada uno y de las estrategias que ponen en juego.

Cabe destacar que el análisis de las características del entramado se nutre del análisis de los actores (ver sección anterior en este capítulo). Sin embargo, su dinámica, sus potencialidades y sus limitaciones deben comprenderse en tanto sistema de relaciones cuya resultante excede la suma de sus partes.

Las acciones y tomas de posición de los actores sociales están situadas espacial y temporalmente, y suelen estar condicionadas por intereses y estrategias particulares de los demás grupos y actores locales. Este ámbito contribuye con la delimitación de la arena en la cual los problemas sociales son expuestos y desarrollados. De este modo, los actores comprometidos en la definición de un problema, y posteriormente, de una "cuestión", operan sobre una trama de personas, grupos e instituciones tales como los ámbitos ejecutivos y legislativos del gobierno, los medios de comunicación,

---

[41] Para el concepto de entramado ver Jordana (1995).

[42] En el capítulo XII de este libro Mercedes Di Virgilio y Daniel Galizzi presentan un desarrollo operativo del concepto de entramado y su aplicación al análisis de un caso.

las organizaciones, grupos religiosos, asociaciones profesionales, etc., en las cuales los problemas sociales son discutidos, seleccionados, definidos, expuestos, dramatizados y presentados al público (Hilgartner y Bosk, 1988: 59). Dichas instituciones pueden ser vistas como elementos de la estructura social que se articula en estrechas vinculaciones económicas, institucionales y culturales (Edelman, 1991).

Desde esta perspectiva, el punto de partida es que en los procesos de gestión se pueden observar "tomas de posición" de distintas unidades estatales y de la sociedad que redefinen el diseño original de la intervención. En esa "toma de posición" se ponen en evidencia las distintas perspectivas acerca de cuál es y de qué trata el problema y también de cuáles son las soluciones posibles.

El reconocimiento y el análisis de la complejidad del entramado en el cual se inscribe la política pública ponen de manifiesto un problema clave de la gestión: la relación saber-acción. La densidad de actores del entramado hace que aparezcan necesariamente otras perspectivas distintas de las del conocimiento técnico, que es el que más claramente puede 'informar' las acciones públicas en el momento de la formulación.

Los sujetos de las políticas públicas, las organizaciones sociales implicadas directa o indirectamente en una determinada problemática, los concejales, los distintos equipos municipales, tienen -cada uno– 'su propia perspectiva' del problema y de la solución. Los distintos argumentos que se constituyen en torno a un problema desde los distintos actores son también parte fundamental de la política pública en su fase de implementación en tanto facilitarán u obstaculizarán su puesta en marcha. "Difícilmente encontremos casos en los que todos los actores, incluido el Estado, coincidan en la percepción y valoración del problema social que se ha convertido en cuestión. Además de la toma de posición de cada uno de los actores, en el plano simbólico, también se ve un proceso interactivo en que importa la percepción de cada uno acerca de la manera en que los restantes han definido la cuestión" (Oszlak y O'Donnell, 1976: 116).

Es posible observar también que la modalidad de relación entre los políticos y funcionarios, los técnicos y los grupos sociales impacta sobre el proceso de gestión de las políticas sociales, en la medida en que genera o no instancias de coordinación y/o cooperación entre los colectivos de agentes estatales (políticos, expertos y administrativos de carrera) y los distintos sectores que componen la sociedad y que contribuyen directa o indirectamente a la consolidación de ciertos acuerdos básicos respecto de cuestiones socialmente problematizadas (Repetto, 2000).

6. Las capacidades estatales o cómo ganarle a las condiciones de régimen

El problema que plantea tanto el análisis como la intervención en los procesos de gestión es que no siempre los individuos, grupos o instituciones –que forman parte de este entramado y están comprometidos en dicho proceso– tienen la misma capacidad de actuación. En numerosas oportunidades, las capacidades están latentes, pero su mera existencia no da lugar de manera automática a una actuación pública pertinente.

La noción de capacidades de gestión ha sufrido distintas aproximaciones. Sin embargo, a los fines de este trabajo recuperamos los aportes de Tobelem (1993) y los posteriores desarrollos de Repetto (2004). En términos generales, el concepto alude a las posibilidades que tienen las instancias de gobierno para priorizar, decidir y gestionar las cuestiones públicas (Repetto, 2004: 15). Asimismo, remite a la habilidad de los distintos actores para realizar sus intereses en el desarrollo del juego estratégico que se constituye en el proceso de gestión. Entre estas posibilidades y habilidades se cuenta la de aprovechar prácticas que tienen el potencial de generar valor público en forma relativamente poco costosa (Bardach, 2000: 2).[43] En este marco, la propuesta es analizar no sólo las actividades que desarrollan las organizaciones y los recursos que movilizan en su cometido, sino cómo las desarrollan y para qué.

El concepto de capacidad concebido por Tobelem (1993), remite fundamentalmente a las capacidades que ponen en juego las organizaciones para llevar adelante sus objetivos y a los recursos que movilizan en esa empresa. Desde esta perspectiva, las capacidades se despliegan en cinco campos: las reglas de juego, las relaciones interinstitucionales, la organización interna de los distintos agentes y la asignación de funciones, la disponibilidad de recursos físicos y humanos, la política de personal y las capacidades individuales (Tobelem, 1993). De este conjunto de dimensiones se rescatan particularmente las que reconocen la particularidad de los procesos de gestión. Éstas son: las relaciones interinstitucionales, la organización interna, los recursos físicos y humanos y las capacidades individuales. Se excluye aquí a la dimensión de las reglas de juego por considerarse comprendida en las condiciones más generales que afectan al conjunto y rescatada a partir del concepto de régimen de implementación.

---

[43] Según Moore (1998), los procesos de generación de valor público se vinculan, por un lado, a la satisfacción efectiva de deseos y expectativas de ciudadanos y/o beneficiarios de obras y/o servicios públicos, así como de sus representantes. Por el otro, a la organización y gestión de instituciones productivas, entendidas éstas como medios necesarios para lograr la satisfacción de ciudadanos y/o beneficiarios.

Tabla 7. Dimensiones del concepto capacidad institucional con base en los aportes de Tobelem

Dimensión del concepto capacidad institucional	¿A qué alude?	Algunos ejemplos de cuestiones que se dirimen en este campo
Relaciones interinstitucionales.	Refiere a la dinámica concreta que se genera en torno de las relaciones que mantienen los actores involucrados en el proceso de gestión de las políticas públicas.	✓ La dispersión institucional de efectores de políticas públicas destinados a una misma población objetivo. ✓ Las contradicciones internas entre áreas con competencias parecidas (Sec. Salud y Acción Social en políticas orientadas a población materno-infantil). ✓ La competencia y/o cooperación entre ONG por el acceso a los recursos de las agencias de financiamiento. ✓ La competencia y/o cooperación entre los distintos gobiernos municipales en pos de la obtención de recursos.
Organización interna de los distintos agentes y asignación de funciones.	A que los modos en que se organiza la institución.	✓ Formas de organización más o menos adecuadas para alcanzar políticas sociales integrales e integradas. ✓ Modalidades de gestión que favorecen más o menos la participación de los sujetos de las políticas. ✓ Capacidades para planificar en el mediano y largo plazo.

Dimensión del concepto capacidad institucional	¿A qué alude?	Algunos ejemplos de cuestiones que se dirimen en este campo
Recursos físicos y humanos.	Hace referencia a la cantidad de recursos, a su origen recursos y a los mecanismos establecidos para su obtención y asignación. [46]	✓ Los criterios de asignación de los recursos hacia los municipios. ✓ Para los municipios y las organizaciones, la asociación de recursos a proyectos. ✓ La disponibilidad de recursos asociados a la capacidad de negociación de las organanizaciones y a la generación de alianzas interinstitucionales. ✓ La capacidad de captación de recursos por la vía de la formulación de proyectos.
Política de personal y capacidades individuales.	Las capacidades individuales refieren a las posibilidades de motivar al personal, a los conocimientos y las habilidades necesarias para protagonizar y reorientar los programas sociales.	✓ Las capacidades de los agentes municipales para promover y efectivizar procesos de participación generando la estructura institucional adecuada. ✓ Capacidades de los miembros de las ONG y de los municipios para gestionar proyectos. ✓ Capacidades de los municipios para gestionar procesos complejos de gestión orientándolos hacia la integralidad. ✓ Capacidades de los legislativos municipales y de los partidos políticos para legislar y producir lineamientos de políticas en relación a las demandas locales.

Repetto (2001) avanza en dar respuesta al cómo y al para qué las organizaciones desarrollan o ponen en juego sus capacidades. Desde esta perspectiva, las capacidades de gestión remiten a una compleja combinación de capacidades administrativas y políticas que se ponen en juego en los tres planos en los que se ha focalizado el

---

[44] Los recursos con que cuentan los actores (de poder, económicos, administrativos e ideológicos) son acumulados en el devenir de la lucha política y puestos en juego a la hora de realización de sus intereses desde las capacidades recientemente enunciadas.

análisis del régimen de implementación. Esta aproximación implica recuperar la perspectiva ya planteada: el Estado es algo más que un aparato burocrático y representa también una arena en que se procesan las relaciones internas y externas al mismo (Oszlak, 1994).

En términos generales, las capacidades administrativas remiten a la capacidad para asignar, conforme a derecho, bienes y servicios de manera oportuna y en la cantidad necesaria. Por su parte, las capacidades políticas refieren a la capacidad para "problematizar las demandas de la población, tomando decisiones que los representen y expresen sus intereses y las ideologías de los mismos, más allá de la dotación de recursos que puedan movilizar en la esfera pública" (Repetto, 2004: 19).

Las capacidades administrativas y las políticas se ponen en juego en las dimensiones identificadas inicialmente por Tobelem (1993): relaciones interinstitucionales, organización interna, recursos físicos y humanos y, también, capacidades individuales. La capacidad de gestión depende entonces no sólo de organizaciones administrativas coherentes y de cuadros burocráticos expertos, sino también de cuestiones relativas a la interacción política.[45]

En pos de de contribuir a clarificar el cómo y el para qué del desarrollo de capacidades, Repetto (2004:11) identifica una

> "serie de atributos del ejercicio de dicha capacidad que podrían ser rotulados como la expresión del cómo, a saber: coordinación, flexibilidad, innovación, calidad, sostenibilidad y evaluabilidad. Otros atributos, por el contrario, pueden constituir según las diferentes definiciones tanto expresión del cómo como del para qué, tal como la eficiencia, eficacia y *accountability*. [Desde esta perspectiva], estas últimas también forman parte del cómo se deciden e implementan las políticas públicas, pero no dan respuesta al para qué y [...] se le interpreta a la luz de los atributos de equidad pertinente y legitimidad. Las preguntas sobre cómo y para qué se ejerce la "capacidad estatal" refuerzan la necesidad de referirse siempre a los protagonistas de ese (potencial) ejercicio de las capacidades, es decir, a los actores concretos con sus intereses, ideologías y recursos de poder".

---

[45] En el Capítulo VII Andrea Catenazzi y Magdalena Chiara problematizan la cuestión de las capacidades en clave de los procesos de participación.

Análisis de los atributos del ejercicio de la capacidad de gestión en el marco de un Programa de Mejoramiento del Hábitat (Argentina)

- Coordinación: actuación coherente de los organismos estatales para alcanzar las metas de formulación de los proyectos.

- Flexibilidad para adecuar o modificar la normativa del programa y la legislación de hábitat[48] vigente a los problemas o tensiones que se presentaron para la formulación de los proyectos.

- Eficacia para alcanzar las metas buscadas en el proceso de intervención, en tanto *outputs* de las interacciones. Básicamente si se produjo toda la documentación que requiere el programa para realizar el cierre de los proyectos y llamar a licitación de las obras.

- Legitimidad respecto de lograr los consensos básicos de los actores relevantes involucrados y los beneficiarios del programa a fin de dar respuestas a los problemas.

- Equidad en el tipo de respuesta en tanto han contribuido al logro de mayor igualdad de acceso respecto de los beneficios del programa y respecto de las decisiones públicas adoptadas.

- Pertinencia en las respuestas dadas en la formulación de los proyectos en relación a las causas que provocaron los problemas de la población y su adecuación a esas necesidades.

Fuente: Galizzi (2007)

En este contexto, el desarrollo desigual de capacidades de gestión configura en cada situación una matriz disímil en la cual se organiza y cobra cuerpo la gestión de la política social.

Si bien cada política recorta las funciones a desempeñar por los distintos actores en y de la gestión —las que se formalizan en los convenios suscriptos con las provincias o estados y la nación—, el alcance en el ejercicio de estas funciones depende también de las capacidades de gestión de cada uno de ellos. Por ejemplo, más allá de los intentos por descentralizar los programas sociales y según como sea el desarrollo de estas capacidades de gestión, la posibilidad de que los programas contribuyan o no con la conformación de una política social y sean apropiados por los actores, depende del desarrollo diferencial de estas capacidades en sus distintas dimensiones.[47]

---

[46] En este caso se la entenderá como el conjunto de normas que regulan los procesos de regularización urbana dominial y de producción de suelo urbano, como así también en tanto normas informales o criterios de intervención del programa.

[47] Sin embargo, interesa resaltar que el desempeño de las capacidades de gestión, así como la posibilidad efectiva de desarrollar una política social local, está fuertemente condicionado por el conjunto de atributos que caracteriza las relaciones entre el municipio y la provincia, el mu-

7. A modo de recapitulación

A lo largo del trabajo se han recorrido numerosos conceptos y se han propuesto distintas aproximaciones para su aplicación en el análisis y/o el desarrollo de procesos de gestión. Esta apuesta se justifica a partir de reconocer que las condiciones sociales, económicas y políticas en la que se desenvuelve la vida cotidiana de las sociedades latinoamericanas enfrentan a los gestores de las políticas sociales a escenarios cada vez más complejos. En ese marco, el gestor debe poner en juego una variedad de herramientas y recursos teóricos, metodológicos y técnicos que comprometen su acción.

La forma de pensar la gestión social que se propone en estas páginas, los problemas y los componentes que la constituyen son piezas de una estructura compleja que requiere ser deconstruida a fin de poder posteriormente operar sobre ella. En este sentido, las cuestiones instrumentales son repensadas a través de anteojos conceptuales que permiten abordarlas integralmente en tanto prácticas sociales que definen la acción de los gestores en las instancias de gestión.

Bibliografía

Aguilar Villanueva, Luis F. (1991); "Estudio introductorio". En Aguilar Villanueva, Luis F. (ed.); *La implementación de las políticas.* Editorial Miguel A. Porrúa. México. 2da ed. 1996

Aguilar Villanueva, Luis F. (1991); "Estudio introductorio". En Aguilar Villanueva, Luis F. (ed.); *La hechura de las políticas públicas.* Editorial Miguel A. Porrúa. México. 2da ed. 1996.

Arocena, José (octubre de2003); "La tensión actor-sistema en los procesos contemporáneos de desarrollo". Conferencia dictada en la Escuela Regional de Verano América Latina y el Caribe, Programa MOST-UNESCO/ Maestría en Desarrollo Regional y Local; Universidad Católica del Uruguay/ Centro Latinoamericana de Economía Humana.

Bardach, Eugene (2000); *A Practical Guide for Policy Analysis. The Eightfold Path to More Effective Problem Solving.* Chatham House: New York.

Barreiro Cavestany, Fernando (1988); "Los agentes del desarrollo". En *Cuadernos del CLAEH*, n° 45/46. Montevideo, Uruguay.

Belmartino, Susana (septiembre de 1998); "Nuevo rol del estado y del mercado en la seguridad social argentina". Ponencia presentada en el XXI Congreso Internacional de la Latin America Studies Association. Chicago.

---

nicipio y el nivel central nacional y, de manera indirecta, por las relaciones entre la provincia y el nivel central nacional (en la medida en que constituye una relación estructurante de las reglas de juego).

Chiara, Magdalena (2000); "Las políticas sociales en el Gran Buenos Aires en los noventa. Algunas reflexiones acerca del régimen local de implementación ". En *Quivera. Revista de Estudios Territoriales de la Universidad Autónoma del Estado de México*, n° 4.

Chiara, Magdalena y Di Virgilio, María Mercedes (2005); *Municipios y gestión social. De los escritorios del Banco Mundial a las calles del Gran Buenos Aires*. UNGS/Prometeo. Buenos Aires.

Cohen, Ernesto y Franco, Rolando (1988); "Evaluación de proyectos sociales". ILPES/ONU y Grupo Editor Latinoamericano, Colección de Estudios Políticos y Sociales. Buenos Aires.

Coraggio, José Luis (1996); "Diagnóstico y política en la planificación regional (aspectos metodológicos)". En Hintze, Susana (comp.); *Políticas sociales. Contribución al debate teórico-metodológico*. Colección CEA-CBC.

Coulomb, René (1993); "La participación de la población en la gestión de los servicios urbanos: ¿privatización o socialización?". En Azuela, Antonio. y Duhau, Emilio (coords.); *Gestión urbana y cambio institucional*. Universidad Autónoma Metropolitana. UAM. México.

Crozier, Michel (1993); *Le phénomène bureaucratique*. Éditions du Seuil. París.

Crozier, Michel y Friedberg, Erhard (1990); *El actor y el sistema. Las restricciones a la acción colectiva*. Alianza Editorial Mexicana. México.

Cyert, Richard y March, James (1965); *Teoría de las decisiones económicas en la empresa*. Editorial Herrera. México.

Danani, Claudia y Chiara, Magdalena (2000); "La reconceptualización de la gestión como cuestión clave en la formación de recursos humanos en políticas sociales". En Hintze, Susana; *Estado y sociedad: las políticas sociales en los umbrales del siglo XXI*. Colección CEA-UBA. Buenos Aires

Edelman, Murray [1998](1991); *La construcción del espectáculo político*. Editorial Manantial. Buenos Aires.

Giddens, Anthony (1995); *La construcción de la sociedad*. Editorial Amorrortu. Buenos Aires.

Herzer, Hilda; Pirez, Pedro.; y Rodríguez, Alfredo (1994); *Modelo teórico conceptual para la gestión urbana en ciudades intermedias de América Latina*. CEPAL. LC/R.1407. Santiago de Chile.

Hilgartner, Stephen y Bosk, Charles (1988); "The rise an fall of social problems: A public arenas model". En *The American Journal of Sociology*, vol. 94, n° 1.

Jordana, Jacint (mayo/agosto de 1995); "El análisis de los policy networks: ¿Una nueva perspectiva sobre la relación entre políticas pública y Estado?". En *Gestión y Análisis de Políticas Públicas*, n° 3.

Laclau, Ernesto y Mouffe, Chantal (1987a); *Hegemonía y estrategia socialista*. Siglo XXI. Madrid.

Lanzetta, Máximo (1997[a]); "Política social y hábitat popular. Un estudio de caso: Barrio Santa María, Bernal Oeste (GBA)". Informe final. Programa becas UBACyT, Categoría Iniciación. Instituto Gino Germani, UBA. Buenos Aires.

Lanzetta, Máximo (noviembre de1997[b]); "Transformaciones en las formas organizativas de los sectores populares para la resolución de problemas habitacionales. El caso del barrio Santa María del municipio de Quilmes, 1980-1996". Ponencia presentada en el Congreso Internacional de Pobres y Pobreza. CEIL-UNQ. Quilmes.

Martínez Nogueira, Roberto (2002); "Las administraciones públicas paralelas y la construcción de capacidades institucionales: la gestión por proyectos y las unidades ejecutoras". En *Revista del CLAD Reforma y Democracia*. No. 24. Caracas.

Moore, Mark (1998); *Gestión estratégica y creación de valor en el sector público.* Paidós. Buenos Aires.

Oszlak, Oscar y O'Donnell, Guillermo [1976] (septiembre de 1995); "Estado y Políticas Estatales en América Latina".. En *Redes.Revista de Estudios Sociales de la Ciencia*, n° 4. vol 2. Buenos Aires.

Oszlak, Oscar (octubre de 1997); "Estado y sociedad: ¿nuevas reglas del juego?". En *Reforma y Democracia*. CLAD.

Pírez, Pedro (1995); "Actores sociales y gestión de la ciudad". En *Ciudades*, n° 28. RNIU. México.

Repetto, Fabián (2001); *Gestión pública y desarrollo social en los noventa. Las trayectorias de Argentina y Chile.* Prometeo/Universidad de San Andrés. Buenos Aires.

Repetto, Fabián (2004); *Capacidad estatal: requisito para el mejoramiento de la política Social en América Latina.* Documentos de Trabajo del INDES. Departamento de Integración y Programas Regionales. BID.

Sotelo Maciel, Jorge (1997); "Análisis PROBES. Un método para el análisis situacional y la formulación de estrategias". Escuela de Trabajo Social, UNLP. La Plata. Mimeo.

Stocker, Robert (1989); "Un marco de análisis para el régimen de implementación". En Aguilar Villanueva, Luis F. (ed.); *La implementación de las políticas.* Editorial Miguel A. Porrúa. México. 2da ed. 1996.

Tobelem, André (1993); "Sistema de análisis y desarrollo de la capacidad institucional" (SADCI). *Manual de Operaciones. División de Administración del Sector Público, Departamento Técnico, Región América Latina y Caribe.* Banco Mundial.

Touraine, Alain (1987); *Actores sociales y sistemas políticos en América Latina.* Siglo XXI. Santiago de Chile.

CAPÍTULO III

Modelos organizativos para la gestión social y sus lógicas

*Jorge Hintze**

Este capítulo aborda la gestión social no desde el lado de sus resultados e impactos, sino desde el otro extremo de la cadena causal: los recursos. La naturaleza no provee por sí sola lo necesario para satisfacer las necesidades humanas, de modo que es preciso el trabajo organizado para la supervivencia de la especie: tal es la esencia del problema de la organización. La gestión social no es más que un caso particular de organización del uso de recursos a través del trabajo para producir determinados bienes. Sin embargo, se trata de un caso especialmente complejo.

Existen organizaciones que actúan en el mercado, como las empresas, cuyo fin es la obtención de ganancia, es decir, valor privado. Otras, que se desempeñan en el contexto político de las sociedades, han sido creadas para satisfacer necesidades pero sin perseguir la ganancia sino el logro de valor público en sí mismo. Estas organizaciones son estatales en buena parte y no gubernamentales en otra. Las organizaciones, cuando deben actuar con arreglo al orden jurídico vigente en las sociedades, adquieren formas institucionales tales como empresas, instituciones estatales, asociaciones civiles y otras. Por esa razón serán llamadas instituciones, es decir, organizaciones con algún estatus jurídico que condiciona su forma de ser y actuar. Las instituciones se organizan a sí mismas según diferentes y a veces complejos modelos y se articulan entre sí en redes institucionales muy variadas, las que, por cierto, suelen integrar instituciones públicas y privadas.

Por ejemplo, cuando se trata de producir valor público a partir de iniciativas políticas orientadas a satisfacer necesidades relativas a la equidad, es preciso constituir este tipo de arreglos institucionales complejos según modelos en red, en los que es frecuentemente necesario que intervengan agencias estatales de la burocracia pública nacional, provincial y municipal, en las que predominan culturas verticalistas orientadas a la gestión por procesos de rutina, instituciones de la sociedad civil, empresas

---

* TOP, Centro de Desarrollo y Asistencia Técnica en Tecnología para la Organización Pública (asociación civil).

privadas y frecuentemente actores de la cooperación internacional, con modelos de funcionamiento conjuntos que no son verticalistas sino "horizontales". Este tipo de emprendimientos, que suelen ser genéricamente llamados programas sociales ,presentan, desde el punto de vista organizativo, enormes complejidades. Baste para enfatizarlas señalar la cantidad de actores institucionales intervinientes, el carácter político de buena parte de los vínculos con los que han de articularse, la dificultad para medir los logros de manera transparente, la facilidad con que el acceso de los usuarios y beneficiarios a los productos puede ser manipulada, la dificultad para relacionar los recursos empleados con los logros producidos, la necesidad usual de que estos logros se consigan con arreglo a tiempos políticos además de acuerdos contractuales y condiciones técnicas y, finalmente, el hecho de que los programas sociales son, usualmente, arreglos institucionales nuevos que deben, por lo tanto, pagar el costo del propio aprendizaje para funcionar.

Los programas sociales, vistos como mecanismos institucionales en red, horizontales, específicos, no son, sin embargo, la única forma organizativa que interviene en la respuesta a los problemas de la equidad. Parte más que significativa de las asignaciones de recursos públicos se hace a través de otros modelos de funcionamiento, insertados en las rutinas de los aparatos públicos en ministerios y otras agencias, mediante los que se administran prestaciones previsionales, de salud, educativas y de otros tipos, que se encuadran a veces bajo el concepto más o menos genérico de "gestión social". Estas actividades no se producen a través de programas sino como parte de las responsabilidades de unidades del aparato institucional público. Este trabajo se refiere a tales complejidades organizativas.

1. Modelos y ámbitos organizativos

Así como los edificios son construcciones humanas que resultan de combinar de ciertas maneras un limitado repertorio de "tipos de lugares" según el uso al que están destinados (por ejemplo, lugares para recibir –las recepciones–; lugares para estar; lugares para trabajar, para cocinar, para dormir, para fabricar, para circular, para guardar cosas), la forma de las organizaciones también parece responder a un repertorio bastante limitado de modalidades. En efecto, prácticamente toda edificación puede describirse –y nombrarse– en base a la particular combinación y proporción de los pocos tipos de espacio que mencionamos, de los que resultan las viviendas individuales, viviendas colectivas, oficinas, fábricas, depósitos, iglesias, hoteles, teatros y museos. Estas clases de usos del espacio permiten establecer categorías edilicias que, en realidad, no aluden a las características particulares de las edificaciones sino a las generales que las identifican como tales. Hay innumerables variantes de casas y también de edificios de oficinas, pero jamás confundimos las casas con edificios destinados al trabajo administrativo. Podemos llamar "modelos edilicios" a estas categorías generales y "estructuras edilicias" a las variadas distinciones particulares de cada una de ellas. Así, aunque la estructura edilicia de una cabaña de madera en un bosque puede ser notoriamente diferente de la de una casa mediterránea frente al mar, no cabe duda de que ambas son casas en las que conviven personas compartiendo las cocinas, dormitorios y *livings*. Trataremos ahora de modelos y estructuras, pero no edilicias sino de instituciones u organizaciones cuya finalidad es producir alguna clase de valor para terceros, como, por ejemplo, las empresas en el mercado, las organizaciones sin fines del lucro en el medio social y las instituciones del Estado en el ámbito de la política. Al igual que las edificaciones, las instituciones pueden ser individualmente descritas en términos de sus estructuras organizativas. Las estructuras de las organizaciones, a diferencia de las edilicias, no se componen de lugares para estar, trabajar, guardar o circular, sino de centros o áreas de responsabilidad relacionados a través de ciertos mecanismos de articulación. Tales centros o áreas de responsabilidad están conformados por conjuntos de recursos humanos y materiales (que constituyen su "capacidad instalada") asignados mediante un mandato para ser empleados en producir valores de uso para terceros, dentro o fuera de la organización. Cuando observamos las organizaciones, estos centros aparecen en los organigramas como "unidades organizativas" bajo rótulos tales como direcciones, gerencias, departamentos, entre muchas otras denominaciones frecuentes. Las unidades organizativas conforman las estructuras organizativas al articularse entre sí mediante determinadas relaciones, de la misma manera que los espacios de las edificaciones conforman estructuras edilicias al articularse mediante puertas, ventanas, áreas de circulación y canales de comunicación.

En las estructuras organizativas de las instituciones, las articulaciones entre unidades pueden ser jerárquicas y/o contractuales. Las relaciones jerárquicas implican la existencia de autoridad de unas unidades sobre otras en cuanto al uso de los recursos y la naturaleza de los logros. Las relaciones contractuales, en cambio, presuponen acuerdos entre dos o más unidades sobre tales cuestiones relativas a los recursos y logros. Finalmente, al igual que en las edilicias, en las estructuras organizativas pueden tener lugar esquemas de especialización y de redundancia. Por ejemplo, en las casas destinadas a ser viviendas de familias individuales suelen haber lugares diseñados específicamente para dormir (los dormitorios), para cocinar (las cocinas) y así, en cuyo caso el criterio de diseño es la especialización (cada espacio tiene una finalidad que no comparte con otros espacios). Este criterio también se encuentra en las viviendas colectivas (como los colegios internados o los monasterios, por ejemplo), que tienen dormitorios, comedores y cocinas para uso no individual, pero igualmente especializados funcionalmente.

En cambio, en el diseño de los edificios para vivienda multifamiliar, el principal criterio de diseño no es la especialización sino la redundancia. Están conformados por unidades de vivienda (usualmente llamados apartamentos o departamentos) que, en cuanto a su uso como vivienda son relativamente independientes, y se hallan articulados por áreas de uso común o compartido. El criterio de especialización es válido en el interior de cada apartamento, pero desde el punto de vista del edificio como conjunto, el criterio principal es la redundancia. Exactamente de este mismo modo, hay instituciones en las que predomina el criterio de especialización y en otras el de redundancia. En las primeras, ninguna unidad puede o debe realizar las mismas tareas que otra. Por ejemplo, en las universidades que no se hallan organizadas como facultades, las tareas académicas se realizan bajo la responsabilidad de secretarías o direcciones académicas de las que dependen otras unidades menores y finalmente, las cátedras en las que se imparte la enseñanza a los alumnos; las tareas administrativas, por otro lado, están asignadas a unidades tales como secretarías o direcciones administrativas, que tienen bajo su ámbito unidades responsables de las cuestiones financieras, de compras, personal y otras de ese estilo. No ocurre lo mismo, en cambio, en aquellas universidades en las que las unidades que las componen son facultades. En ellas, la responsabilidad de las funciones académicas, administrativas y otras no se hallan concentradas bajo un solo responsable. Cada facultad incluye responsabilidades académicas, administrativas y de conducción. Vistas las cosas desde la perspectiva de la institución como conjunto (en este caso, la universidad), el criterio principal de diseño es la redundancia funcional, mientras que, vistas las cosas dentro de cada una de las facultades, el criterio correspondiente es la especialización funcional. Puede encontrarse una lógica de diseño análoga a la de los edificios de vivienda multifamiliar: la redundancia funcional es el criterio predominante si consideramos el edificio como conjunto, la especialización funcional lo es dentro de cada apartamento.

En la teoría de la organización es frecuente denominar "instituciones de diseño funcional" (o "funcionales" a secas) a aquéllas en las que el criterio predominante es la especialización, y "divisionales" a las que presentan redundancia funcional. Así, pueden ser caracterizadas como divisionales –además de las universidades con facultades– , organizaciones tales como los poderes ejecutivos de los Estados (compuestos por una presidencia y unidades –los ministerios y entes descentralizados o autárquicos– , cada uno de ellos con sus respectivas funciones de conducción y de producción externa e interna); los llamados *holdings* empresarios, con su cabeza y las diferentes empresas que los conforman, organizaciones como la Iglesia católica romana, con su centro en el Estado de El Vaticano y múltiples unidades autónomas en todo el mundo, y así sucesivamente. En las organizaciones divisionales, la unidad superior es la única con una función no redundada: precisamente la función de conducción general del conjunto.

Es frecuente oír que las instituciones nacen siempre siendo funcionales y que, cuando adquieren tamaño suficiente, se tornan divisionales pues ello favorece el control, disminuye la burocratización y aumenta la eficiencia; por el momento basta señalar que parece evidente que las instituciones muy grandes son casi siempre divisionales. Desde el punto de vista de la especialización o redundancia como criterio de diseño, la condición de ser funcional o divisional de las organizaciones refiere a su modelo organizativo, así como antes se refería al "modelo edilicio" al remitir a la condición de ser vivienda unifamiliar o edificio de vivienda multifamiliar.

Se propone volver ahora a la naturaleza de las relaciones de articulación entre unidades, que fueron identificadas más arriba como jerárquicas y contractuales. Tanto en los modelos funcionales como en los divisionales, las relaciones de articulación son esencialmente jerárquicas entre la conducción y las unidades dependientes. A veces, en las organizaciones divisionales las unidades cuentan con mucha autonomía, en cuyo caso la dependencia jerárquica se torna más débil, pero no por ello deja de ser jerárquica. Por ejemplo, en las universidades de grandes dimensiones las facultades suelen ser muy autónomas en cuanto a lo que hacen y a cómo usan sus recursos. Sin embargo no son independientes de sus respectivos rectorados, sino que, en la práctica, disponen de mucha autoridad delegada. Lo mismo ocurre con los *holdings* empresarios, en los que, aunque cada división puede gozar de gran autonomía para funcionar en su respectivo ámbito, no por ello pierde conciencia de que la cabeza del *holding* no es una empresa más del contexto con la que debe interactuar sino, por el contrario, una unidad desde donde le llegan lineamientos, órdenes y muchas veces recursos. En otras palabras, en los ámbitos organizativos cuyo modelo es divisional los mecanismos esenciales de articulación (es decir, los que determinan la existencia del mismo como organización) no son contractuales sino jerárquicos.[48]

Ahora bien ¿qué ocurre cuando, a la inversa, los principales mecanismos de articulación de las instituciones no son jerárquicos sino contractuales?: aparece un nuevo modelo organizativo, la red institucional. Las redes institucionales son conjuntos de organizaciones o instituciones que integran como corresponsables en procesos de trabajo destinados a satisfacer necesidades de terceros, asignando parte de sus recursos según acuerdos no esporádicos y formalizados en los que las partes puedan exigirse mutuamente cuentas acerca de su cumplimiento. En otras palabras, no se trata de acuerdos sólo sobre los productos sino sobre la integración en los procesos. Ésta es la esencia de las redes.

Los acuerdos y contratos que conforman la estructura de articulación de las redes institucionales tienen lugar en un marco de reglas de juego que, en su marco contextual es el orden jurídico imperante para los actores (por ejemplo la normativa internacional y nacional) y, en el de sus relaciones específicas, son los acuerdos, convenios y contratos suscritos entre las partes.[49] Las redes constituyen un nuevo tipo de modelo

---

[48] General Motors, por ejemplo, es una empresa que fabrica automóviles, locomotoras y muchas otras cosas. En el propio campo de los automóviles cuenta con varias divisiones, como Chevrolet, Cadillac o Pontiac que operan como empresas cuasi independientes. Sin embargo, el mecanismo de articulación que determina que tales divisiones formen parte de General Motors no se basa en que hayan acordado libremente asociarse sino el hecho de que dependen jerárquicamente (por ejemplo, entre otros modos, porque el *holding* tiene suficiente propiedad de las acciones de cada una de ellas).

[49] En este sentido, se entiende por redes institucionales sólo aquéllas formalizadas por relaciones contractuales, dejando fuera de este concepto muchas otras redes informales, como las redes sociales

organizativo que, a diferencia de los funcionales y divisionales, se ha conformado por más de un actor institucional con capacidad jurídica para contratar con otros. En otras palabras: por definición, la red es un modelo organizativo multiinstitucional. Ahora bien, si todas las instituciones deben necesariamente relacionarse con el entorno para obtener insumos y adecuarse a las restricciones de todo tipo que éste les impone, ¿por qué introducir el concepto de red institucional en lugar de suponer que los acuerdos entre instituciones diferentes son simplemente parte de las relaciones normales que cualquier organización mantiene necesariamente con su entorno? En la respuesta a esta pregunta se halla el concepto mismo de red institucional. Éste se aplica exclusivamente en aquellos casos en los que los resultados sólo se logran por la existencia de la red. Existen redes institucionales sólo cuando uno o más productos físicos (bienes y/o servicios) son logrados conjuntamente por actores institucionales articulados mediante acuerdos con tal fin. Así, son los resultados finales (los productos) los que permiten identificar la red. En otras palabras, en algunas ocasiones los ámbitos institucionales compuestos por una sola institución son suficientes para explicar los resultados, en otros es preciso considerar la manera en que funciona un conjunto de instituciones. En estos casos, el ámbito institucional considerado será una red.

Se comenzará por un ejemplo de tipo industrial por ser más sencillo: por ejemplo, las empresas fabricantes de automóviles realizan por sí mismas sólo una parte menor del producto final –el automóvil–. El resto es producido conjuntamente por la empresa titular de la marca mediante una red de proveedores regulares que fabrican componentes determinados del auto según especificaciones establecidas, en los tiempos y con la regularidad establecidas por un detallado proceso productivo. Benjamín Coriat relata que más de dos tercios de los componentes de los vehículos Toyota son producidos por una red de fabricantes de partes, que los entregan a la firma titular de la marca en base al principio "justo a tiempo". Desde esta perspectiva, los productores de las autopartes no son meros proveedores de la empresa Toyota, sino que integran un mismo proceso productivo, articulados mediante vínculos contractuales precisos. En este sentido, la empresa Toyota es sólo el nodo coordinador de un ámbito organizativo caracterizado por operar según la modalidad de red.[50]

Si en los ámbitos privados la modalidad de red resulta de la competitividad, en los públicos frecuentemente es la única viable por razones políticas, sociales y de poder. Por ejemplo, los programas sociales raramente pueden ser llevados a cabo por sólo una institución (por ejemplo, un ministerio o agencia determinados), sino que requieren del concurso de agencias de gobiernos subnacionales

---

de solidaridad, grupos de interés y de presión y muchos otros que, aun recibiendo usualmente la denominación de redes, no tienen la condición de arreglos institucionales contractualizados formalmente en el marco del orden jurídico.

[50] Para más detalle sobre este ejemplo en particular, ver Coriat (1992).

y municipales, organizaciones de la sociedad civil, otras agencias estatales y así. Lo mismo ocurre típicamente con los programas ambientales, que lisa y llanamente no pueden realizarse sin la participación articulada de múltiples instituciones (por ejemplo responsables estatales de desarrollo económico, producción, educación, política fiscal y otros, además de organizaciones de otros niveles del gobierno en el plano subnacional y local, y organizaciones de la sociedad y el mercado).

Como puede verse en los ejemplos que se exponen, los ámbitos organizativos que operan según el modelo de red se caracterizan porque el proceso productivo externo se halla realizado por instituciones diferentes articuladas mediante mecanismos contractuales. Este aspecto es lo que diferencia la red institucional de las instituciones con procesos de apoyo tercerizados. Por ejemplo, no conforman redes institucionales en el sentido aquí empleado las instituciones que recurren a proveedores para que se hagan cargo de la limpieza de los edificios, el manejo de su contabilidad y así sucesivamente, pues se trata de productos internos y no de la producción externa. De la misma manera, no son los aportes de insumos a los procesos productivos externos de algunos actores por parte de otros lo que determina que conformen una red, sino el hecho de que integren tales procesos productivos externos. Para decirlo en palabras más sencillas: se integran en redes institucionales los actores institucionales que trabajan juntos para lograr fines compartidos.

Por su sencillez y transparencia, el ejemplo del proceso productivo tangible de la fabricación de los automóviles será de utilidad, antes de pasar a los procesos productivos de valor público, en los que la variable política introduce complejidades adicionales. Cada vehículo está compuesto por gran cantidad de partes fabricadas por empresas diferentes de la titular de la marca. Los neumáticos, por ejemplo, son fabricados por proveedores especializados, al igual que las baterías. Sin embargo, si la empresa titular puede comprar neumáticos o baterías en el mercado y, a su vez, los fabricantes de estos insumos pueden venderlos a diferentes fabricantes de automóviles, se vincularán comercialmente en calidad de proveedores y compradores de insumos pero no conformarán una red institucional pues los proveedores no forman parte del proceso productivo del fabricante de vehículos sino que actúan con independencia. Por decirlo de otra manera, "ponen sus productos en el mercado y los clientes los compran". Se trata de procesos productivos independientes, no comunes. En cambio, si los proveedores elaboran productos específicos para el fabricante de los autos en base a determinados diseños, no pueden venderlos a otros clientes y su oportunidad de producción depende del devenir del proceso productivo al que se destina, se ha producido un sutil pero trascendente cambio respecto de la situación anterior: han pasado a integrarse en el proceso productivo externo del fabricante de autos (lo cual, desde la perspectiva del éste, se expresará usualmente como que ha "tercerizado" parte del mismo). En otras palabras, el fabricante de los autos y los que realizan parte de las actividades del proceso productivo se han integrado en forma de red institucional. Ya no les sirve la lógica de las relaciones entre clientes y proveedores sino más bien la de corresponsables. Están, por así decirlo, "en un mismo barco".

Como se ve en el ejemplo anterior, los acuerdos o contratos mediante los cuales cada institución individual (en ese caso empresas en el mercado) forma parte de una red institucional, vistos caso por caso, pueden ser considerados transacciones individuales en el mercado o en el contexto político, pero vistos desde la configuración de la red como conjunto, los acuerdos o contratos tienen, además, el sentido de establecer la pertenencia de las instituciones a la red. Ello es tan característico de las organizaciones del mercado como de las del Estado y la producción de bienes públicos.

Por ejemplo, un programa social de lucha contra la pobreza mediante la creación de empleos fue articulado como una red en la que participaban, en el plano nacional, un ministerio social y, lateralmente, otro de desarrollo económico. Además, participaban agencias provinciales, municipales y organizaciones del tercer sector. Parte de la producción externa de la red consistía en la provisión de capacitación para la reconversión laboral a varios miles de personas. Esta tarea era realizada en parte a través de empresas de servicios, unidades de extensión de universidades y organizaciones del tercer sector contratadas en el mercado y en parte mediante acuerdos con las unidades de capacitación de gobiernos provinciales y municipales, cuya participación en el proceso incluía el desarrollo de materiales didácticos según las especificaciones del programa social y el dictado de cursos en base a determinados estándares. Durante el primer año del programa se establecieron los acuerdos y las reglas de juego y durante los restantes se fueron elaborando los materiales y dictando los cursos bajo la coordinación de una unidad de capacitación del programa. El producto logrado (la cantidad de servicios de capacitación recibidos por los usuarios finales) sólo se explica en este caso por esta interacción articulada entre actores mediante acuerdos y contratos relativos al proceso.

Es necesario volver ahora a la primera dimensión considerada, la especialización funcional. Los acuerdos y contratos en una red establecen la naturaleza de lo que se lleva a cabo. Si el criterio predominante es la especialización, se tratará de especializar a los integrantes según la naturaleza funcional de los aportes que realicen al ámbito organizativo, de manera que no redunden las funciones.

Por ejemplo, en el programa social de reducción de la pobreza antes mencionado, podían distinguirse claramente tres clases de productos o subproductos en la producción externa: por una parte, la incorporación de beneficiarios al programa, por otro su capacitación y, finalmente, el otorgamiento de subsidios a determinados empresarios cuando creaban y ocupaban puestos de trabajo. La incorporación de beneficiarios era realizada por unidades del programa en cada municipio y, en algunas regiones, por ciertas unidades creadas en el marco de convenios con gobiernos provinciales. Cada una de estas unidades tenía a su cargo el proceso de admisión en una determinada zona geográfica dentro de la cual se ocupaban de los tipos de beneficiarios del programa que se les habían asignado (en algunos casos, mujeres jefas de hogar desempleadas, en otros, jóvenes en busca de su primer empleo y así). Aunque diferentes unidades cumplían la misma función en diferentes zonas, nunca se replicaba la responsabilidad dentro de una misma zona, de manera que el criterio principal era la especialización dentro de la misma. Sin embargo, aun dentro de la misma zona, el esquema era otro en relación con la capacitación: ésta no era encargada a un mismo proveedor sino que se repartía entre varios cuando el volumen lo justificaba. En algunas zonas el mismo curso de capacitación era dictado para el mismo tipo de beneficiarios, al mismo tiempo, por cuatro o cinco responsables didácticos diferentes, algunos de ellos ONG y otros, empresas comerciales del ramo.

El ejemplo anterior permite considerar un nuevo aspecto de la cuestión. En el programa citado, la parte del proceso productivo correspondiente a la incorporación de beneficiarios se realizaba en base al criterio de la especialización: nunca el mismo beneficiario podía ser atendido por más de un responsable dentro de una misma zona. Consecuentemente, ese tipo de organización del trabajo en el ámbito institucional jamás podría dar lugar a la posibilidad de que los beneficiarios pudieran optar por uno u otro admisor cuando se acercaban al programa. En cambio, la parte del proceso productivo relativa a la prestación de servicios de capacitación no se hallaba organizada según el principio de la especialización sino del de la redundancia. Al igual que los médicos en el mercado privado (que prestan los mismos servicios frente a los mismos usuarios potenciales en el mismo momento), diferentes responsables de capacitación del programa social podían dictar los mismos cursos al mismo momento a los mismos potenciales usuarios. De hecho, en algunos casos existía incluso la posibilidad de que los usuarios optaran por uno u otro proveedor según conveniencias tales como horarios o preferencias personales.

En el programa social sobre el que se viene ejemplificando pueden distinguirse claramente relaciones contractuales definidas según el criterio de especialización a los efectos de la incorporación de beneficiarios (en base al cual se establecían los respectivos convenios con ciertos municipios y agencias provinciales) y de redundancia en cuanto a la capacitación (lo que se formalizaba mediante acuerdos y contratos con ONG y empresas didácticas). Desde la perspectiva del proceso productivo del programa social como ámbito organizativo, las actividades que se realizaban bajo el modelo de red según el criterio de redundancia daban lugar a la posibilidad de competencia entre los responsables, mientras que, por el contrario, cuando predominaba el criterio de especialización, tal competencia, por definición, no podía tener lugar. En estos casos, el logro de los fines no podía ser estimulado a través de la competencia entre responsables sino, por el contrario, por la cooperación entre los mismos (entendida como que cada uno de ellos realizara el adecuado y oportuno aporte a su cargo).

Gráfico 1. Ámbitos organizativos monoinstitucionales

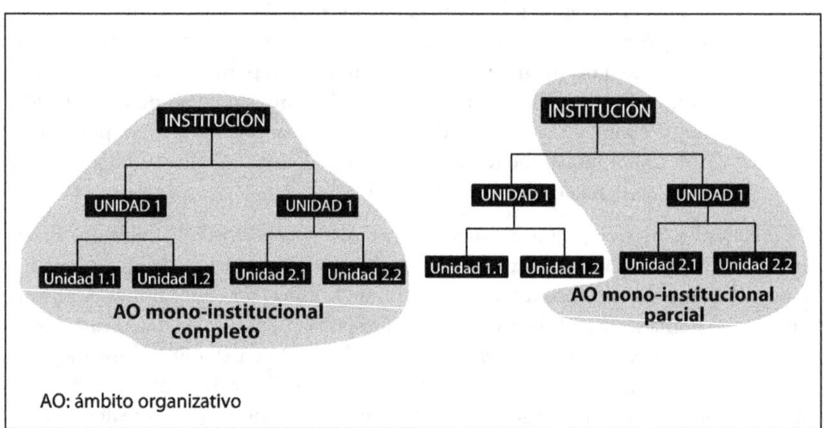

El concepto de ámbito organizativo

Los ejemplos presentados muestran cómo los modelos organizativos, según sus características, se refieren necesariamente en algunos casos a las reglas de juego subyacentes al diseño de instituciones individualmente consideradas mientras que, en otros, por el contrario, a conjuntos de ellas. En consecuencia, es preciso utilizar como unidad de análisis un concepto más amplio que el de institución: el de ámbito organizativo (AO, en lo sucesivo).

Será empleado aquí en el sentido clásico de sistema: se entiende por AO una suerte de caja negra que capta insumos de su entorno y, mediante procedimientos técnicos, los transforma en productos destinados a satisfacer necesidades de terceros, en el marco de facilidades y restricciones derivadas de las condiciones de su contexto. Esta definición, aunque muy genérica, tiene algunas ventajas para lo que aquí interesa: 1) presenta la precisión suficiente para aludir sólo a aquellas organizaciones que son usualmente denominadas laborales (es decir, aquéllas en las que tiene lugar el fenómeno del trabajo humano); 2) incluye la noción de fin (satisfacer necesidades de otros), lo que implica a su vez la idea de futuro, es decir, de plan; 3) considera tal futuro desde lo estratégico (el para qué) y operativo (proceso técnico necesario para lograrlo) y, finalmente, 4) toma en cuenta el contexto (lo cual obliga a fijar los límites o fronteras de lo que se considera el ámbito organizativo o AO).

A partir de los conceptos anteriores, se entiende por AO un conjunto integrado por unidades (o nodos responsables) pertenecientes a una o más instituciones, que transforma recursos obtenidos de su entorno para producir determinados productos para terceros mediante un proceso de trabajo común. Los AO quedan, así, identificados organizacionalmente como un conjunto de actores institucionales que comparten un mismo proceso productivo externo.

Sin embargo, como se ha visto, los actores pueden ser instituciones o unidades integrantes de las mismas, de modo que los AO pueden ser tratados como ámbitos organizativos que pueden incluir tanto instituciones individuales completas como partes de éstas, conformando en ambos casos, AO mono institucionales, casos que se muestran en el gráfico 1.

El análisis de instituciones completas toma en cuenta todas las unidades que las componen (lo cual es lo mismo que decir que se considera la totalidad de los procesos de trabajo que tienen lugar en las mismas). La identificación de un AO mono institucional parcial, consecuentemente, presupone identificar uno o más productos para terceros (productos externos) y seleccionar las unidades que participan como corresponsables en los procesos de trabajo correspondientes.

Por ejemplo, en una universidad es razonablemente posible dar cuenta de la producción de educación en materia médica tomando en cuenta procesos de gestión que involucran esencialmente a la Facultad de Medicina y al rectorado. En el gráfico el cuadro "Institución" de la derecha sería este último y la Facultad de Medicina la unidad 2 con sus unidades dependientes. Nótese que el AO no es un agrupamiento arbitrario de unidades sino un ámbito productivo existente que da cuenta de productos concretos.

Como sugieren los ejemplos antes mencionados, es esperable que las organizaciones que responden a los modelos funcionales tiendan a conformar ámbitos organizativos completos, mientras que es más probable identificar AO parciales en aquéllas que responden a modelos divisionales, como es el caso de las universidades con facultades. Por su parte, los modelos en red presuponen necesariamente, como ya se vio, ámbitos organizativos multiinstitucionales. En el gráfico 2 se representan tres posibles conformaciones de redes institucionales. La primera y la segunda incluyen una institución completa. La red 2, por su lado, incluye instituciones que, a su vez, integran otras redes, aunque no las interconecta. La red 3 no incluye ninguna institución en forma completa y participan de ella tres instituciones diferentes. La unidad 2.2.1 de la institución 3 y la 4.n.1 de la 4 participan, a su vez, de dos redes cada una. Estos tipos de conformaciones de AO en términos de redes son frecuentes.

Gráfico 2. Ámbitos organizativos multiinstitucionales (redes institucionales)

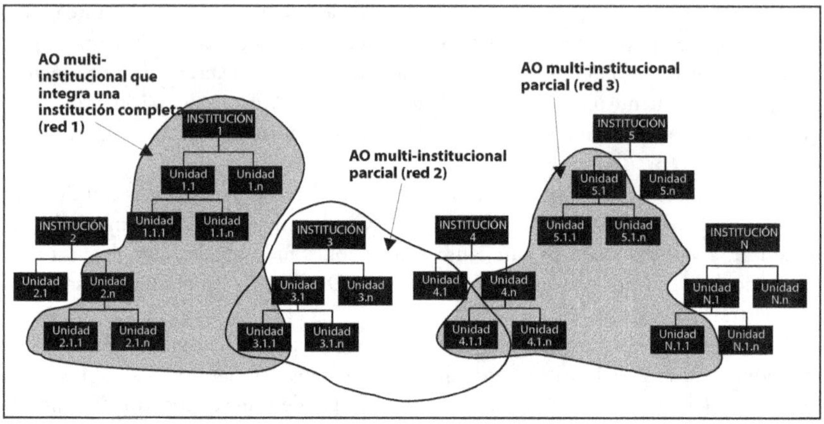

El ejemplo del programa social que se viene utilizando responde al esquema de la red 3 del gráfico: la unidad coordinadora era un viceministerio (equivaldría en este caso a la unidad 5.1), que formaba parte de un ministerio cuyas otras unidades no intervenían en el programa, que estaba integrado por otras instituciones, ninguna de ellas de manera completa (unidades de los ministerios sociales de ciertas provincias o estados subnacionales, algunas unidades de municipios y algunas de ONG). Estos casos equivaldrían a las unidades de las instituciones 4 y N. El ejemplo de la fábrica de automóviles, por otro lado, se correspondería a la red 1: la empresa (suponiendo que se dedicara únicamente a la producción de los vehículos), estaría representada en la institución 1, mientras que las unidades de las instituciones 2 y 3 representarían a los productores de partes integrados al proceso de producción de los automóviles.

2. Dinámica de los modelos organizativos

Considerando la especialización funcional y los mecanismos de articulación como dimensiones, a la luz del concepto de ámbito organizativo pueden identificarse algunas relaciones interesantes entre los modelos organizativos que han sido considerados hasta ahora y que se representan en el gráfico 3. Como puede verse, en el plano intrainstitucional (donde los mecanismos de articulación son, por definición, jerárquicos), cuando predomina la especialización en la división técnica del trabajo, los modelos organizativos resultantes son los que hemos llamado funcionales, mientras que, cuando lo característico es la redundancia en el marco de vínculos jerárquicos, ello da lugar a modelos organizativos divisionales. En cambio, en el plano multiinstitucional (que, también por definición, corresponde a los casos en los que el mecanismo principal de articulación es contractual), la especialización funcional da lugar al modelo organizativo de red institucional especializada (en el que las instituciones miembro se complementan para el logro de los fines de la red) y la desespecialización funcional genera el modelo organizativo de red institucional descentralizada, en el que diferentes integrantes pueden realizar las mismas funciones e incluso pueden eventualmente competir entre sí para el logro del objetivo esencial del ámbito organizativo.

2.1 Mecanismos de articulación

Los mecanismos de articulación entre los actores tienen un peso especial en la dinámica institucional pues en ellos se expresa la lógica de las reglas de juego y la distribución del poder y la autoridad. La distinción entre mecanismos jerárquicos y contractuales requiere considerar dos categorías de reglas cualitativamente diferentes: las relativas a la pertenencia (que establecen los criterios mediante los cuales los actores ingresan y luego mantienen su condición de miembros del ámbito) y las referidas a la producción. Así, se establecen las condiciones en las que se aplican los recursos para lograr los fines de que se trate. Salvo casos de incorporación forzada a ámbitos organizativos (como, por ejemplo, la incorporación obligatoria a las fuerzas armadas en las guerras), las relaciones de incorporación entre cada actor y la coordinación de los ámbitos organizativos es de tipo contractual, es decir, consiste en un acuerdo en el que ambas partes convienen las condiciones de pertenencia y cesación de la misma. Es este acuerdo inicial o fundante el que da lugar a las reglas de juego sobre la producción que determinan el modelo organizativo: las jerárquicas y las contractuales. Las relaciones son jerárquicas cuando determinados actores tienen capacidad para establecer el comportamiento de otros en relación a la producción más allá del acuerdo de pertenencia (por ejercicio de poder, ascendiente y/o autoridad formal) y contractuales cuando el principio predominante es el acuerdo entre actores sobre la producción misma. Esas dos modalidades permiten establecer un continuo que da cuenta de una manera exhaustiva sobre las posibilidades técnicas de articulación de actores en relación al proceso de producción.

Gráfico 3. Modelos organizativos según división del trabajo y mecanismo de articulación

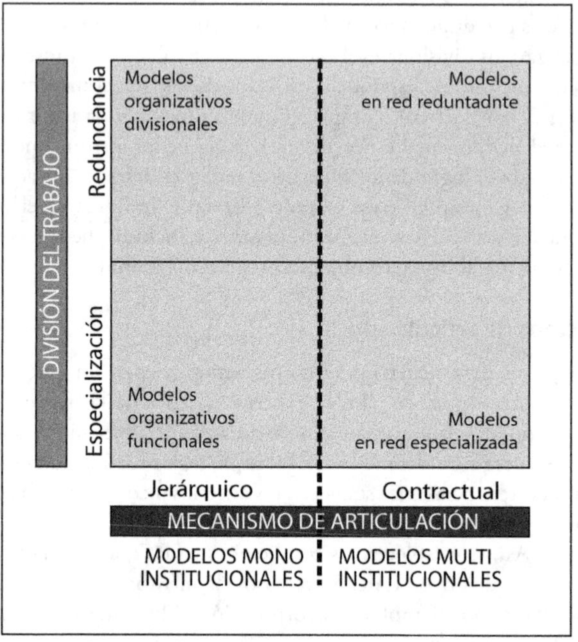

Relaciones jerárquicas. Las relaciones jerárquicas en el interior de los AO tienen como condición fundamental el hecho de que la autoridad para el uso de los recursos es delegada por una instancia superior que puede retirarla. Esta condición de retener la posibilidad de retirar la delegación de autoridad se expresa en las normativas y determina la condición jerárquica de las relaciones, al margen del poder, que es la posibilidad de ejercer influencia sobre otros. Las relaciones jerárquicas pueden incluir poco o mucho poder, al igual que las relaciones contractuales pueden establecerse en términos de simetría o asimetría en cuanto a la distribución del poder. Tampoco es esencial a la condición de relación jerárquica la posibilidad de aplicación de sanciones a los dependientes (lo que, por otra parte, aumenta la cuota de poder), pues también en las relaciones contractuales es posible aplicar sanciones que se establecen en los mismos contratos.

En el interior de los ámbitos organizativos, las relaciones entre actores son jerárquicas cuando implican la posibilidad de dar órdenes a otros sobre el uso de los recursos (delegación de autoridad para usarlos) y cuando esta delegación puede ser suspendida. El superior jerárquico es el único que puede hacer esto, que no consiste en un acuerdo con el subordinado en la jerarquía sino en una atribución. Esta atribución tiene como consecuencia la corresponsabilidad automática en la cadena jerárquica, motivo por el cual los superiores se tornan corresponsables frente a terceros sobre lo que hagan los subordinados siempre que se mantenga la capacidad de veto, es decir, de retirar la delegación de autoridad para el uso de los recursos.[51]

Relaciones contractuales. En cambio, cuando las relaciones relativas al proceso de producción son contractuales (más allá de la asimetría o simetría en el poder), se trata de vínculos entre pares que, en algún plano, se encuentran en condiciones de realizar acuerdos sobre los logros. Las decisiones sobre la producción, en este caso, no circulan por las jerarquías sino por la malla de acuerdos en las redes a través de los nodos de las mismas. La esencia de la relación contractual es la capacidad de los actores para establecer acuerdos respecto del producto a lograr en el marco de su pertenencia al ámbito organizativo (lo que implica el ejercicio de capacidad jurídica para contratar). Las relaciones contractuales implican compromisos entre partes sobre logros (productos físicos), en las que los actores asumen riesgos sobre los recursos que utilizan. Estos riesgos suelen tener como contrapartida mayor o menor grado de autonomía de decisión sobre el uso de dichos recursos, dependiendo de los términos del acuerdo de pertenencia. El ejemplo más característico de relación contractual es la transacción en el mercado, en la que estas condiciones resultan especialmente transparentes pero, a los efectos que aquí nos importan, interesa la condición de contractual en el interior de los ámbitos organizativos, más allá de que los términos impliquen transacciones en el mercado.

2.2 La división técnica del trabajo

El análisis de la división del trabajo según los modelos organizativos requiere introducir en este momento un nuevo término, el de gestión, entendido como el mayor nivel de agrupación de los procesos de trabajo.

---

[51] Para más detalle sobre el concepto de responsabilización y corresponsabilidad, ver Hintze (2001).

Tabla 1. Procesos de gestión que deben realizarse en los ámbitos organizativos

Tipo	Gestiones	Alcances	Plano
Interna	Planificación político estratégica	Identificación y evaluación de las posibles decisiones político estratégicas y su formulación en los términos requeridos para la decisión de asignación de recursos.	Plano político-estratégico
Interna	Conducción	Toma de decisiones sobre a qué fines asignar cuántos recursos según qué cursos de acción. Incluye decisiones político estratégicas y ejercicio de la capacidad de sanción o exigencia de cumplimiento de términos contractuales en este plano.	Plano político-estratégico
Interna	Interlocución institucional con el contexto	Establecimiento y modificación de los términos en que el ámbito institucional asume compromisos con actores del contexto.	Plano político-estratégico
Interna	Evaluación estratégico política.	Verificación de logro de resultados y efectos (*outcomes*) en relación a los recursos, cumplimiento de responsabilidades o acuerdos estratégico políticos y comparación con planes.	Plano político-estratégico
Interna	Planificación operativa y programación	Formulación técnica de los procesos futuros de uso de recursos según responsables y su ajuste según los escenarios de demanda de logros y disponibilidad de recursos.	Plano operativo
Interna	Gerencia y coordinación	Toma de decisiones sobre cómo y cuándo utilizar recursos para el logro de fines dadas las condiciones del contexto. Incluye decisiones operativas y ejercicio de la capacidad de sanción o exigencia de cumplimiento de términos contractuales en este plano.	Plano operativo
Interna	Interlocución operativa con el contexto	Establecimiento y modificación de los términos en que el ámbito institucional ejecuta compromisos con actores del contexto.	Plano operativo
Interna	Gestión física y administrativa de recursos	Obtención física de los recursos humanos y materiales necesarios para funcionamiento organizacional y administración de los recursos financieros necesarios para ello.	Plano operativo
Interna	Control operativo	Verificación de logros físicos, uso de recursos, cumplimiento de responsabilidades o acuerdos operativos y comparación con planes.	Plano operativo
Externa	Producción externa directa	Gestión de los procesos cuyos productos son entregados a terceros según la naturaleza del ámbito organizativo (por ejemplo: servicios educativos, de salud, automóviles, transporte aéreo, etc.).	Plano operativo
Externa	Producción externa auxiliar	Gestión de los procesos de apoyo técnico a la producción externa cuya responsabilidad, según las tecnologías de producción empleadas, no pueden separarse de la producción externa directa (por ejemplo, la evaluación de los alumnos que debe realizarse por quienes imparten la enseñanza aunque se trate de control y no de aprendizaje, los exámenes de laboratorio en la salud, etc.).	Plano operativo
Organizacional	Desarrollo de productos	Diseño de las especificaciones de los productos para terceros en términos tales que se esté en condiciones de diseñar los procesos (por ejemplo, diseño de contenidos educativos, procedimientos y técnicas médicas, modelos de automóviles, aviones y servicios de transporte, etc.).	Plano operativo
Organizacional	Desarrollo de procesos	Diseño y construcción de la capacidad para producir productos externos y también internos (diseño de procesos de trabajo, construcción o adquisición de los equipamientos e infraestructura necesarias para la producción externa y la interna, diseño de la propia organización y sus procedimientos y mecanismos de administración, etc.).	Plano operativo

En la tabla 1 se incluye una lista de trece gestiones que, en la práctica, resulta exhaustiva para el análisis. Comienza con la clasificación de las funciones necesarias para la producción interna, es decir, aquello que no produce valor hacia fuera sino que se dirige a mantener el propio funcionamiento institucional del ámbito organizativo; las primeras de las cuales –según figura a la derecha de la tabla–, son político-estratégicas, mientras que todas las siguientes son operativas.[52] Como puede verse, las funciones político-estratégicas forman parte de la producción interna e incluyen la definición de qué es lo que ha de hacerse (planificación), la conducción entendida como el ejercicio de la capacidad de asignar los recursos y la autoridad para utilizarlos, con el poder que ello pueda incluir, el rol de ser interlocutor válido con otros actores del contexto en nombre del ámbito institucional completo y, finalmente, la evaluación —desde dentro del ámbito– de si la asignación de los recursos ha resultado o no exitosa. Las restantes funciones se encuentran en el plano operativo, desde la gerencia y coordinación, la planificación y control, la gestión de los recursos internos y, por último, la producción de valor, ya sea por la transformación institucional o el cumplimiento de los fines de producción externa. Esta última puede dividirse en producción externa directa (lo que agrega valor de uso al producto externo) y producción externa auxiliar (los procesos complementarios cuya responsabilidad, dadas las tecnologías disponibles, no puede separarse de la producción directa).

En cuanto a la producción organizacional, desde el punto de vista conceptual puede distinguirse claramente, la gestión de desarrollo de productos externos de aquella de los procesos necesarios para realizarlos.

3. Configuración de los modelos organizativos

3.1 El modelo organizativo funcional

Henry Mintzberg, en una clásica tipificación de las organizaciones, identifica una configuración (a la que denomina "simple")[53] que viene a ser una suerte de "infancia organizacional". Se refiere, en general, a los pequeños negocios y emprendimientos cuando los actores y los recursos son muy pocos. En estos casos suele ocurrir que "todos hacen de todo" según se necesite en cada momento. Este tipo de organización puede calificarse más como un estadio de complejidad que como un modelo: cada vez que una sola persona se dedica a hacer algo para terceros ya hay una organización

---

[52] Se entiende, a estos efectos, por "político-estratégico" todo lo relativo a la asignación de los recursos y por "operativo" lo relacionado con su empleo.

[53] La clasificación de configuraciones organizativas de Mintzberg alude claramente a un modelo organizativo sólo en la "simple" (Mintzberg, 1984). Las restantes configuraciones que cita no son, a nuestro criterio, modelos sino esquemas organizativos característicos frecuentemente encontrados en la práctica. Así, por ejemplo, una organización del tipo de las que este autor alude como "misioneras" podría perfectamente ser funcional o divisional.

unipersonal (que incluye objetivos, recurso humano, recursos materiales, productos). Cuando, en vez de una sola persona hay unas pocas, las cosas no son demasiado diferentes salvo en un aspecto: la división técnica del trabajo. O bien todos hacen lo mismo al mismo tiempo (total redundancia) o bien se reparten las tareas de alguna manera (especialización). La división de tareas, cuando la asignación de los recursos está a cargo de algún responsable, como fue visto, se articula mediante jerarquías. Cuando el criterio de diseño relativo a la división del trabajo se basa en la especialización, como fue analizado antes, la producción interna y externa se halla a cargo de responsables distintos en el mismo nivel de la escala jerárquica. Éste es el principio básico del modelo llamado aquí funcional, al que podría considerarse el modelo inicial más frecuente en el desarrollo organizativo apenas se sale de las proto organizaciones u organizaciones "simples".

En el modelo funcional la relación característica entre las funciones es la que se muestra en el gráfico 5. No existe redundancia entre ellas, ni en el plano estratégico ni en el operativo. Las funciones de conducción, interlocución con el contexto y planificación y evaluación (usualmente llamadas *staff*) son las que permiten el manejo del ámbito organizativo, tal como el puente de mando en los barcos, desde los que se habla con los terceros, se decide el rumbo, se juzga si se avanza en el sentido deseado y se dan las órdenes a la sala de máquinas (producción externa), el mantenimiento y administración del barco (producción interna) y, eventualmente, mejoras al barco mismo (producción organizacional).

Gráfico 4. Modelo organizativo funcional

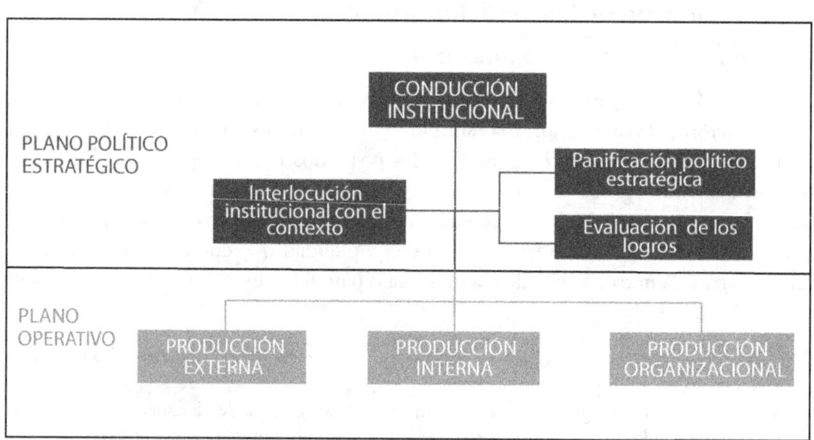

3.2 Modelo organizativo divisional

El modelo divisional, a diferencia del funcional, supone redundancia de las funciones y en más de un sentido: en el plano estratégico, la conducción se replica, en el operativo, se redundan las funciones de producción interna, externa y organizacional. La unidad del ámbito, no obstante, es mantenida por los mecanismos jerárquicos de asignación de los recursos. Algunas veces las organizaciones funcionales, al crecer, se tornan divisionales, otras nacen divisionalizadas (se volverá sobre esto). La combinación de funciones en el modelo divisional da lugar a una nueva figura: la organización central y las divisionales (frecuentemente llamada "corporativa" en las organizaciones del mercado). La conducción general o corporativa puede ejemplificarse en el campo de lo público en los órganos colegiados superiores y el rectorado de las universidades con facultades o la presidencia en el poder ejecutivo, y en el mercado con la figura del *holding* (que incluye su directorio y aparato gerencial). La conducción divisional aparece representada en las universidades con facultades por los respectivos órganos colegiados y decanatos, las oficinas de los ministros en el poder ejecutivo y en el mercado por los directorios de las empresas dependientes y sus respectivas gerencias. El modelo divisional puede representarse en los términos del gráfico 6, en el que se observan dos figuras organizativas claramente diferenciadas: la de la institución central y las de las divisiones o unidades divisionales.

Gráfico 5. Modelo organizativo divisional

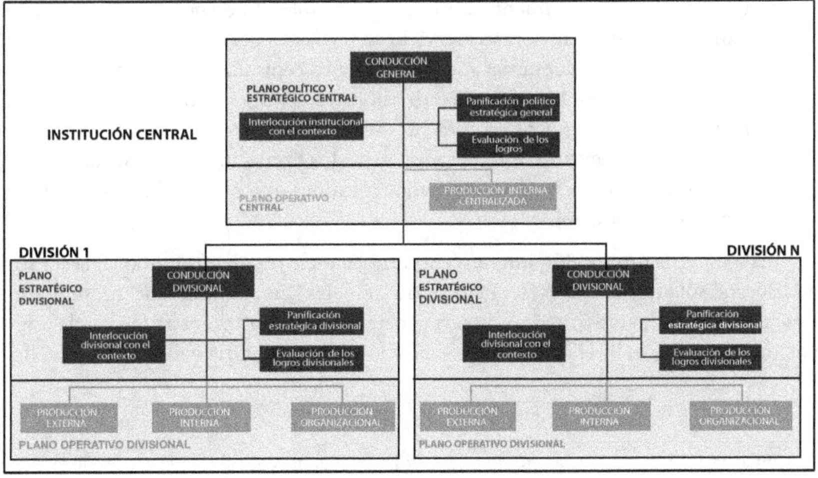

El principio de la redundancia en que se basa la divisionalización se refiere tanto al plano estratégico como al operativo, en el cual tanto la producción externa como la organizacional e interna (incluyendo conducción) se hallan redundadas en las divisiones. La divisionalización, así, implica una importante descentralización no sólo de la gestión sino, también, de la decisión. Como contrapartida de esta descentralización, algunas funciones se centralizan mucho más: 1) las funciones estratégicas centrales (conducción, planificación y evaluación político-estratégica general, así como el ejercicio de la representación institucional general); 2) la función de producción organizacional común para el ámbito; y 3) la función de producción interna en cuanto a lo que haga a la administración de la asignación de los recursos. Las funciones estratégicas de la unidad central implican la decisión del rumbo del conjunto y el monopolio de su representación ante terceros, del mismo modo que en un Estado nacional federal las relaciones internacionales están a cargo del gobierno central.

En cuanto a la producción organizacional, se centraliza la función de desarrollo de procesos comunes al conjunto, cuya aplicación se torna obligatoria, como mínimo los relativos a la administración financiera necesarias para el control de lo que ocurre, la administración consolidada de los recursos y, en algunos casos otras, como las relativas a las reglas básicas del personal o las normas y procedimientos.[54] En otras palabras, los procesos comunes son condición necesaria (aunque, como se verá más adelante, no suficiente), para el ejercicio de la autoridad y del poder.

> Por ejemplo, en modelos organizativos como los de los poderes ejecutivos de los gobiernos nacionales estos dos aspectos son objeto de diseños centralizados (las normas, procedimientos, procesos y tecnologías de gestión relativos a la administración financiera y el servicio civil). Así, el diseño de las metodologías contables y presupuestarias está rígidamente centralizado y al menos cierta parte del personal de las agencias divisionales –como los ministerios– se halla bajo regímenes jurídicos transversales únicos.

> En los modelos divisionalizados privados como los *holdings*, una de las funciones es el diseño de los sistemas comunes que hacen a la asignación de recursos y al control.

En cuanto a la producción interna centralizada, incluye como mínimo: a) la consolidación no sólo de los planes estratégicos divisionales sino, también, del presupuesto (que es un plan operativo más o menos general y, también un instrumento de asignación de recursos), b) el control de la ejecución presupuestaria y c) la liberación del

---

[54] Mintzberg (1984) caracteriza este tipo de gestiones como el resultado de la acción de la "tecnoestructura", es decir, el grupo de los expertos cuyo trabajo es organizar el resto del trabajo de los demás. En la tipificación de las gestiones que se establecen en el presente capítulo esta gestión es la de "Desarrollo de procesos".

uso de fondos. Estas tres funciones, en presencia de sistemas comunes, son condición suficiente para el ejercicio de la autoridad y el poder.

Por ejemplo, en el poder ejecutivo de los gobiernos, estas funciones se encuentran centralizadas en una de las divisiones (los ministerios o agencias responsables de las finanzas y la hacienda) que, actuando por cuenta y orden de la unidad central (la oficina del presidente) consolidan el presupuesto público que el presidente presenta al poder legislativo (en ejercicio de la función de interlocución institucional con el contexto). Luego, las áreas de hacienda o finanzas públicas controlan el gasto de las divisiones (las restantes agencias del poder ejecutivo) y liberan los fondos que necesitan de las cuentas generales del Estado. Como puede verse, la centralización de estas funciones es extremadamente alta. Igual fenómeno es observable en los *holdings* privados y otros modelos divisionales.

Los mecanismos de articulación entre la unidad central y las unidades divisionales, según surge de las funciones, en su versión pura, son estrictamente jerárquicos: la unidad central impone ciertas reglas de juego en cuanto al diseño organizacional común, da las órdenes y libera recursos en la medida en que las órdenes se cumplen y deja de hacerlo cuando ello no ocurre. En lo formal, en esto reside su autoridad y en lo real, su poder. En el interior de las unidades divisionales, mientras tanto, el modelo organizativo es funcional pero restringido por la presencia de la unidad central, que es más que una mera restricción contextual, pues ejerce la conducción. El plano que para el conjunto del ámbito es político-estratégico está restringido a la unidad central, quedando sólo en el sentido estratégico para las unidades divisionales (entendiendo, a estos efectos, que la fijación de políticas consiste en decidir qué debe hacerse, mientras que las estrategias son los cursos de acción sobre cómo hacerlo). Del mismo modo, la conducción divisional tiene como funciones *staff* las mismas que la unidad central, pero limitadas al alcance de la división y al sentido estratégico de la planificación y el control. Asumidas estas restricciones en el interior de las unidades divisionales no existe redundancia, toda vez que tanto la producción externa como la interna y organizacional dependen de la conducción divisional.

La redundancia que caracteriza el modelo divisional puede, en su versión más extrema, incluir los tres tipos de funciones que se han mencionado: la producción interna (incluyendo la conducción en el plano divisional), la producción externa (en la parte que le toque en el conjunto de la organización y, salvo excepciones, sobre ámbitos diferentes, tales como según productos, lugar geográfico, destinatarios y muchos otros criterios) y, finalmente, la organizacional (el manejo de la inversión divisional).

Por ejemplo, en los *holdings* privados las divisiones que los conforman son empresas que suelen distinguirse por sus productos diferentes, de modo análogo a las universidades que producen educación pero en una rama distinta en cada facultad o aparato estatal central, cada uno de cuyos ministerios tiene a su cargo una temática diferente. También es posible que el criterio sea regional, como ocurre frecuentemente con las organizaciones multinacionales que se dividen según países y regiones del mundo. En algunas organizaciones las divisiones incluso compiten entre sí por los mismos mercados.

Los modelos que se han planteado hasta ahora son extremos y puros, por así decirlo. No son, sin embargo, modelos ideales; muchas organizaciones reales, como las que hemos ejemplificado, responden con bastante exactitud a ellos. Sin embargo, existen variantes y combinaciones intermedias que serán analizadas más adelante, así como "fuerzas" que impulsan en uno u otro sentido los modelos en el mundo real.

3.3 Los modelos en red

Configuración de nodos de las redes. Hasta ahora se han utilizado sólo dos conceptos para describir los modelos organizativos: el de institución y, dentro de ésta, el de unidad organizativa. Sin embargo, cuando se trata de redes se requiere, además, del concepto de "nodo". Se entiende por tal a la unidad cuya función es la de articular las relaciones contractuales y técnicas entre instituciones diferentes de las redes. Como se representa en el gráfico 7, no todas las unidades que forman parte de las redes cumplen estas funciones: algunas sólo participan realizando las actividades que correspondan a los procesos de trabajo en el interior de sus respectivas instituciones (el *back office* en cierta jerga), mientras que otras son enlaces políticos o institucionales (contractuales) u operativos (técnicos) con sus nodos contrapartes de las otras instituciones que conforman las redes. Los nodos, de esta manera, deben disponer de ciertas capacidades específicas que se requieren para el ejercicio de la interlocución contractual o técnica que les corresponda en cada caso. Estas capacidades incluyen la autoridad delegada para representar la institución de pertenencia ante los nodos contraparte de las otras instituciones en términos suficientes para ser reconocidos como interlocutores válidos. Los nodos, de esta manera, son las unidades de las redes entre las que circulan las informaciones y decisiones necesarias para la articulación de las relaciones contractuales. Metafóricamente, son como neuronas del sistema nervioso de una institución que mantienen sinapsis con sus equivalentes de los sistemas nerviosos de las otras instituciones de la red. Los nodos de las redes deban mantener la interlocución tanto con unidades en el interior de la propia institución como con unidades de las restantes. Sin embargo, lo que determina la condición de nodo es la capacidad de mantener las relaciones interinstitucionales. De hecho, la configuración de nodos refleja la estructura organizativa de las redes de modo análogo a como los organigramas lo hacen de las estructuras organizativas institucionales.

Gráfico 6. Configuración de nodos en una red

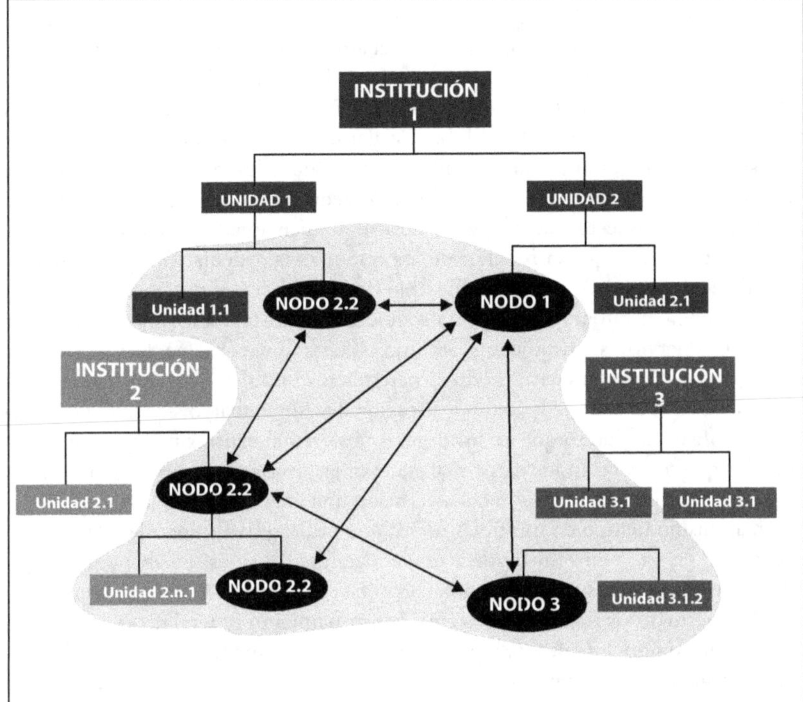

Por ejemplo, en el programa social antes mencionado existía una unidad del viceministerio que ejercía la coordinación general de la red (y se denominaba, precisamente, Coordinación General del Programa). Esta unidad era el nodo principal, que tenía la función de administrar los acuerdos institucionales que daban soporte contractual formal al programa. Era, en este caso, el nodo principal porque el viceministerio había sido designado responsable político nacional del programa social y, al mismo tiempo, era el aportante de la mayor parte de los recursos. En el gráfico, si se considera que el viceministerio es la unidad 2 de la institución 1, la coordinación del programa sería el nodo 1 de la red. Como puede verse, mantiene relaciones con otra unidad del mismo viceministerio, con dos unidades de la institución 2 y con una de la 3. No todas las unidades de las instituciones que forman parte del programa desempeñan el rol de nodos y las relaciones entre éstos no respetan necesariamente la jerarquía que las unidades tienen en el interior de sus respectivas instituciones.

Como puede verse, dado que, en las redes, las relaciones entre instituciones son, por definición, contractuales y que el manejo de los recursos para la producción de los productos que se establecen en los acuerdos (bienes y/o servicios) debe ser llevado a cabo por las unidades que intervengan en el ámbito organizativo, la configuración estructural de éste debe describirse en términos de las unidades que lo conforman distinguiendo la doble estructura de relaciones entre nodos y entre unidades en el interior de las instituciones. Esta doble estructura de vínculos explica en parte la complejidad de las gestiones que se realizan a través de redes institucionales. Aunque profundizar sobre la estructura de las redes excede con mucho el alcance de este capítulo, hay un aspecto que no puede dejarse de mencionar: el de los roles de los nodos. Se dijo antes que la función de los nodos es la articulación, por lo que lo esencial en ellos es una suerte de doble flujo de informaciones que también pueden ilustrarse con la metáfora neurológica: un flujo de informaciones entrantes, similar a los impulsos nerviosos sensoriales, y un flujo saliente (que contiene decisiones sobre uso de recursos), que en cierto modo se parece a los impulsos motores que llegan a los músculos. En el caso de las redes institucionales, sin embargo, se termina aquí la metáfora orgánica, puesto que en los organismos existen centros nerviosos superiores en los que se procesan los datos y se generan las decisiones, mientras que, en las redes en las que las relaciones son contractuales, una buena parte de las decisiones se toman al mismo tiempo en múltiples nodos que utilizan su autonomía relativa para ello. Parece, en este punto, más adecuada la metáfora del tránsito urbano, en el que cada automóvil es una suerte de nodo en el que se toman decisiones con autonomía parcial respecto de los restantes, pero cuyo funcionamiento general no es de ninguna manera azaroso sino organizado. Este mecanismo, naturalmente, ocurre en toda interacción humana y por lo tanto también en cualquier modelo organizativo,[55] pero en las redes parece ser el esencial (en lugar de un mero grado de flexibilidad) en cuanto a la forma en la que se cumplen dos de las gestiones que se describen en la tabla 4, la de conducción en el plano estratégico y la de gerencia en el operativo. Dado que, por tal circunstancia, podría decirse, por los nodos circula el poder, todos son sensibles a las estructuras de nodos, las que son a veces más visibles y otras más ocultas pero cuya influencia no es soslayable. Una de sus características más significativas es la asimetría y la concentración. Aunque naturalmente siempre algunos nodos son más poderosos que otros, normalmente en todas las redes un número muy reducido de nodos concentra una cantidad de poder muy grande, aun en redes que pueden llamarse democráticas, horizontales y participativas.[56] Si bien la medida en que la distribución

---

[55] En la muy amplia literatura sobre la coordinación en las organizaciones, el concepto de "mecanismo de adaptación mutua" de Mintzberg es interesante porque lo describe en el plano de las relaciones interpersonales entre los ocupantes de los puestos de trabajo (Mintzberg, 1984).

[56] Este fenómeno de concentración de atributos en pocos nodos (llamado, en ciertos análisis "redes sin escala") se observa en prácticamente todas las redes, ya sean institucionales, físicas como las de

de la información y el poder es clave para entender la estructura de las redes, no es la única. A continuación se presentan otros aspectos de la división del trabajo necesarios para describir la dinámica del funcionamiento organizacional complejo.

Analizadas desde el punto de vista de la división de las gestiones que se mencionan en la tabla 1, las redes pueden ser especializadas o redundantes. Las redes especializadas son aquéllas en las que se trata de que los actores se hagan cargo de funciones específicas que no son asignadas a otros, mientras que, en las redes redundantes diversos actores realizan la misma naturaleza de productos para terceros. En estos casos, los actores pueden potencialmente competir entre sí, lo que no es posible en las redes especializadas. Se analizará con más detalle estas cuestiones.

Redes especializadas. En las redes especializadas, los actores acuerdan esencialmente complementarse y aprovechar las facilidades de especialización y, cuando ello resulta consecuente, la escala.

Será útil ejemplificar dos casos de redes por lo general fuertemente orientadas a la especialización con el programa social que se viene considerando. El primero de ellos es el del fabricante de automóviles, red privada de producción fabril repetitiva con productos tangibles (muy diferente del programa social, que es un emprendimiento público, de producción acotada a un término y con productos, resultados y efectos no materiales). El segundo son los sistemas urbanos público-privados de atención de la salud a través de hospitales y otros centros. En cuanto a la fábrica de automóviles, cada nodo de la red que produce los componentes del vehículo es un especialista en su producto que, una vez ingresado a la misma, se complementa con los otros en base a su especialización. Por ejemplo, el productor de las cerraduras de las puertas se complementa con el aportante de los inyectores de combustible y los restantes componentes que dan lugar al vehículo terminado. En los sistemas de atención de la salud ocurre algo similar: son redes conformadas por hospitales, laboratorios, centros periféricos de admisión, centros de atención de emergencias y traslados y otros. Cada uno de estos actores tiende a especializarse (algunos hacen los análisis y medicamentos, otros transportan los pacientes y otros los atienden). Algunos de los hospitales, a su vez, se especializan en determinadas patologías.

En el otro extremo, en el ejemplo del programa social de reducción de la pobreza antes mencionado podían distinguirse, entre otros, tres clases de procesos: el diseño de campañas de difusión y comunicación a la comunidad, la admisión de los beneficiarios y, luego, la capacitación de los mismos con fines

---

transporte aéreo o de electricidad o comunicacionales, como Internet. Una colección muy interesante de ejemplos puede verse en Barabási y Bonabeau (2003), quienes dicen que los nodos fuera de escala, si se trataran de seres humanos, serían como unas pocas personas de treinta metros de altura en el medio de una población cuyas variaciones de altura son de unos pocos centímetros.

de reconversión laboral. El proceso de comunicación y difusión se concibió en términos de diseños y elaboración de determinados contenidos para los medios y la ejecución de campañas de difusión directa en escuelas, hospitales y otros centros de la comunidad. Una unidad del viceministerio se hizo cargo de este proceso, en parte con recursos propios y en parte contratando servicios en medios gráficos, radios, televisión y otros y, especialmente, mediante un equipo de divulgadores que recorría el país dando charlas y conferencias en medios urbanos, suburbanos y rurales. La admisión era realizada por nodos responsables en cada uno de los municipios que formaban parte de la red del programa. El criterio predominante en cuanto a la difusión era la especialización funcional, análogamente a los que existían entre los fabricantes de cerraduras e inyectores de los automóviles.

Los dos primeros ejemplos anteriores se refieren a redes que, aunque muy diferentes, tienen en común el hecho de que el criterio predominante de su modelo organizativo es la especialización y el aprovechamiento de la escala. En el primero de ellos, los productores de partes de automóviles son empresas del mercado de altísima especialización en sus respectivos campos que, además, se convierten en especialistas dentro de la red del fabricante de autos a cuyo proceso productivo se integran. En este sentido se parecen a los sistemas de salud, que integran en base al mismo criterio de especialización actores públicos y también privados (por ejemplo, ante las catástrofes y emergencias públicas los hospitales privados funcionan como públicos).

Por otra parte, es interesante observar que la especialización entre los actores en las redes dificulta o impide las relaciones de competencia y promueve o facilita las de cooperación. Seguramente podrá existir una fuerte competencia entre productores de cerraduras para ingresar a la red del productor de los automóviles, pero ello se refiere a las reglas de ingreso, no a las de pertenencia. Una vez integrados a la red, no compiten con los productores de inyectores de combustible; sólo podrían hacerlo si hubieran varios productores de cerraduras. De la misma manera, los centros cardiológicos no compiten en los sistemas de salud con los oncológicos sino que se complementan gracias a su especialización. En cambio el tercer ejemplo, relativo al programa social, muestra un funcionamiento orientado a la especialización en cuanto a una gestión en particular, la de difusión y comunicación, pero no indica aún que sea éste el criterio predominante en el conjunto del programa, como se verá a continuación.

Redes redundantes descentralizadas. Existen casos en los que las reglas de juego que conforman las redes establecen que pueden o deben coexistir actores que produzcan la misma naturaleza de aportes al mismo tiempo.

Continuando con el ejemplo del programa social de lucha contra la pobreza, los procesos de capacitación de beneficiarios, dentro de cada región, eran "tercerizados", es decir, asignados a determinadas organizaciones, tales como

ONG y empresas didácticas en los términos establecidos por contratos mediante los cuales se integraban a la red. Diferentes responsables de capacitación del programa social podían entonces dictar los mismos cursos en un mismo momento a los mismos potenciales usuarios. De hecho, en algunos casos existía incluso la posibilidad de que los usuarios optaran por uno u otro capacitador según conveniencias tales como horarios o preferencias personales.

Otro ejemplo: el municipio de una gran ciudad organizó la recolección de los residuos urbanos a través de una red de empresas cuyas funciones eran la recolección y la clasificación y procesamiento primario de los residuos de las respectivas zonas de la ciudad a su cargo, antes de su depósito final en determinados lugares. La estructura de la red redundante reemplazaba una anterior, especializada, en la que una empresa realizaba la recolección y otra la clasificación y procesamiento primario.

La redundancia como criterio de asignación de responsabilidades entre unidades nodos de red puede responder a diferentes circunstancias, tales como la minimización de riesgos, la promoción de la competencia o el respeto de los derechos adquiridos por determinados actores.

En el ejemplo del programa social, el criterio para realizar la capacitación a través de una red redundante apuntaba a la promoción de mecanismos de competencia administrada entre los responsables de capacitación, mientras que en el del municipio las empresas recolectoras no competían entre sí al tener zonas asignadas, habiendo sido el criterio principal la minimización de riesgos. La tercera razón, referida al respeto de derechos es especialmente significativa en el Estado. En la medida en que muchas de las gestiones estatales sólo pueden realizarse a través de redes institucionales (salud, educación, protección del ambiente y muchas otras), con amplia participación público-privada, es inevitable que se deban integrar múltiples actores. A diferencia de organizaciones privadas (como las fábricas de automóviles de los ejemplos anteriores), el Estado sólo puede conformar redes especializadas en la medida en que respete los derechos de todos los interesados en participar de los mismas, de la misma forma en que sólo puede (o debiera) comprar o contratar mediante concursos públicos que respeten la igualdad de oportunidades y la transparencia. Estas circunstancias tienden a promover en los ámbitos públicos los modelos organizativos en red redundante pero no competitiva.

3.4 Modelos organizativos intermedios

Los modelos organizativos que se hallan en el ángulo inferior izquierdo del gráfico, monoinstitucionales funcionales, son casi por definición "puros", sobre todo cuando las organizaciones son pequeñas. Sin embargo, cuando las instituciones crecen, las áreas comienzan a adquirir autonomía creciente y a redundar funciones de apoyo que los van aproximando paulatinamente a la divisionalización. En algún momento, un hito u otro establecen la frontera a partir de la cual una institución puede considerarse divisionalizada. Una de estas fronteras es la figura jurídica. En el campo privado, cuando ciertas áreas de una empresa son constituidas como empresas a su vez, pero manteniendo relaciones jerárquicas de dependencia con la empresa matriz, se esta en presencia de un *holding*. Las relaciones jerárquicas, en estos casos, surgen de la propiedad de las acciones y/o de acuerdos entre partes. En el campo de lo público, por su parte, la divisionalización desde lo formal se observa, en primer lugar, en las normativas que asignan autonomía relativa a las agencias públicas.

Por ejemplo, en los aparatos administrativos centrales de los poderes ejecutivos, un primer nivel de divisionalización es establecido por las llamadas ·"leyes de ministerios", según las cuales éstos se crean y se les asignan facultades que les permiten mantener sus propias administraciones y manejos presupuestarios de forma paralela a los restantes. Un segundo nivel de divisionalización es el representado por los organismos autónomos o autárquicos dependientes de ministerios u otras agencias, con sus propios órganos de gobierno y, finalmente, un tercer nivel lo constituyen las empresas de propiedad total o parcialmente estatal, que suelen incluso tener figuras jurídicas de derecho privado.

Existen también mayores grados de sutileza en la divisionalización que podrían eventualmente tratarse como un continuo o, al menos, como una zona más o menos gris. Por ejemplo, es común que en los ministerios de finanzas ciertas unidades, como viceministerios o secretarías (según sea la nomenclatura de los países) adquieran fuerte capacidad de manejo presupuestario y administrativo y funcionen como una agencia divisionalizada. Tal es el caso frecuente de los responsables de hacienda y presupuesto público. A veces lo propio ocurre con unidades que adquieren autonomía gracias a razones de transparencia, como las agencias responsables de estadística pública.

Así como es más preciso hablar de grados de divisionalización de las instituciones reales que atribuirles la condición de funcionales o divisionales, también existen grados de orientación a los modelos de red especializada o redundante. En organizaciones de un cierto grado de complejidad, es difícil no encontrar acuerdos con terceros para hacer algunas cosas conjuntamente. En esta medida, instituciones que responden principalmente al modelo funcional o divisional según el caso, operan en mayor o menor parte bajo modelos de red de uno u otro tipo o ambos.

Por ejemplo, las agencias públicas de promoción y desarrollo de tecnología de algunos países están concebidas con la filosofía de que deben desarrollar tecnologías con sus propios investigadores y transferirlas a los usuarios con sus propios extensionistas. La mayor parte del valor que producen es logrado con sus propios recursos y recurren complementariamente a una red de alianzas estratégicas con universidades, empresas y otras agencias públicas para completar su gestión. En cambio, las agencias de desarrollo tecnológico de otros países no son productoras de tecnología sino sólo los nodos administradores de redes de instituciones tales como empresas, unidades y centros universitarios o de otro tipo, ONG e investigadores individuales que producen, como conjunto, el producto externo, consistente en nuevo conocimiento. En el primero de los casos el modelo de red es complementario de uno divisional o funcional, en el segundo, la red es el modelo principal.

¿Cómo medir el grado en que una organización determinada se orienta hacia uno u otro modelo organizativo? Se trata de algo conceptualmente sencillo, aunque a veces no se disponga de los datos: según las proporciones de los recursos que se gestionen según una u otra modalidad. La medida de la orientación a redes es bastante transparente pues en las relaciones contractuales la magnitud de los recursos involucrados en las mismas es parte constitutiva de los acuerdos. Si una organización ejecuta un diez por ciento de sus recursos a través de modalidades en red y el noventa según modelos funcionales o divisionales, tal diez por ciento será el grado de orientación a la red.

4. Modelos organizativos insoslayables en la gestión social

A lo largo de este trabajo se mencionó una y otra vez que algunas gestiones requeridas para la producción del valor público "sólo pueden ser realizadas mediante arreglos institucionales que respondan a modelos en red". Los ejemplos utilizados se referían a cuestiones ambientales y de otros tipos, pero, esencialmente, se centraban en las gestiones sociales y los ejemplos se referían a los programas. Las razones aludían a que los programas sociales no pueden, sencillamente, cumplir con sus fines si no forman parte del proceso productivo mismo actores de la comunidad y de los diferentes niveles de los aparatos institucionales públicos.[57]

Por ejemplo, podría argumentarse que el programa social de lucha contra la pobreza del que se viene hablando, que consistía en la creación sostenible de empleos, lisa y llanamente no podría funcionar sin el concurso, como mínimo, de una red de empresas y de unidades gubernamentales que aportaran cada una su parte del proceso: el Estado la selección y capacitación básica de los beneficiarios y el otorgamiento de subsidios e incentivos, y las empresas la adecuación de sus organizaciones para dar lugar a nuevos puestos de trabajo genuinos, la capacitación específica y el seguimiento necesario para que los empleos fueran sostenibles. A su vez, tampoco parece hallarse en el espíritu de un programa de esta naturaleza el que fuera realizado sin el concurso de gobiernos locales interesados en la sostenibilidad y sin el involucramiento

---

[57] Esta preocupación se desarrolla desde distintos aspectos en la parte 3 de este libro.

de organizaciones de la sociedad civil que asumieran la función de apoyo y representación de los beneficiarios. De hecho, es fácil imaginar que cualquier intento de llevar a cabo una gestión de creación sostenible de empleo según un modelo organizativo que no tuviera la forma de una red sería simplemente un programa estatal de subsidios.

Si es cierto que algunas gestiones sólo pueden ser realizadas bajo modelos en red, existen algo así como "redes naturales", por decirlo de esta manera, en las que tal condición es parte inherente a la gestión misma, como parece sugerirlo el ejemplo del programa social antes mencionado y como la muestra experiencia cotidiana. No se trata de si el modelo organizativo en red es, simplemente, la opción más eficiente y competitiva (como parece ocurrir en la fabricación de bienes como los automóviles) sino de si la lógica de la red es parte del producto mismo. Puede ensayarse una respuesta: cuando la naturaleza del resultado perseguido hace que no pueda ser generado sin la participación de sus usuarios, las redes no son opciones sino necesidades organizativas.

En efecto, en la generación de empleo sostenible, los usuarios finales del resultado son tres: los desempleados, los empleadores y el Estado. En el ejemplo, el empleo no sostenible podría ser creado por uno de los actores, sin necesidad de conformar y gestionar en red (el Estado, subsidiando a empleadores que se limitaran a aprovechar las ventajas del subsidio mientras durara), pero no el sostenible.

En los muchos casos en los que la participación de los usuarios es indispensable para el logro del resultado, la red institucional misma es parte de él. Se genera en estos casos un valor adicional al del resultado: el valor de la red, que no es valor externo sino capital institucional. Cuando las redes institucionales involucran a la comunidad, este capital institucional promueve la generación de capital social. A modo de reflexión final, quizás valga decir que en estos casos el instrumento mismo es parte del fin.

Bibliografía

Abrucio, Fernando Luiz (2000); "Responsabilización por la competencia administrada". En *Responsabilización en la nueva gestión pública latinoamericana*. Comité Científico del Centro Latinoamericano de Administración para el Desarrollo. CLAD-Eudeba. Caracas.

Alford, John (2003); *Definiendo al cliente en el sector público. Una perspectiva de intercambio social*. Biblioteca Virtual TOP sobre Gestión Pública.

Axelrod, Robert (1997); "La complejidad de la cooperación. Modelos de cooperación y colaboración basados en agentes". Fondo de Cultura Económica. Buenos Aires.

Barabási, Albert-László y Bonabeau, Eric (2003); "Redes sin escala". En *Investigación y ciencia* (edición en español de *Scientific American*), n° 322. Madrid.

Barnard, Chester (1938); *Las organizaciones como sistema de cooperación*. Traducción y edicición Facultad de Ciencias Económicas. Universidad de Buenos Aires.

Coriat, Benjamín (1992); *Pensar al revés: trabajo y organización en la empresa japonesa*. Siglo XXI Editores. Madrid.

Crozier, Michel (1960); *El fenómeno burocrático*. Amorrortu Editores. Buenos Aires.

Echabarria, Koldo (2001); Estrategias de cambio y contratos de gestión. Documento presentado en el *VI Congreso Internacional del CLAD sobre la Reforma del Estado y la Administración Pública*. Buenos Aires, Argentina.

Elster, Jon (1991); *El cemento de la sociedad*. Editorial Gedisa. Barcelona.

Etzioni, Amitai (1971); *Hacia una tipología analítica de las organizaciones*. Fasc.1. Nueva Visión. Buenos Aires.

Fleury, Sonia (2002); "El desafío de la gestión de las redes de políticas". En *Biblioteca de Ideas*. Instituto Internacional de Gobernabilidad.

Gil, Jorge y Schmidt, Samuel (2002); *Análisis de redes. Aplicaciones a las ciencias sociales*. IIMAS-UNAM. México.

Gnyawali, Devi R. y Madhavan, Ravindranath (2001); "Cooperative Networks and Competitive Dynamics: a Structural Embeddedness Perspective". En *The Academy of Management Review*, Vol. 26, No. 3, Virginia, USA.

Hintze, Jorge (1999); *Administración de estructuras organizativas*. Biblioteca Virtual TOP sobre Gestión Pública. Buenos Aires. Mimeo.

Hintze, Jorge (2003); "Gestión por procesos y resultados en la gestión pública: una cuestión abierta". Biblioteca Virtual TOP sobre Gestión Pública,. Buenos Aires. www.top.org.ar.

Hintze, Jorge (2001); "La gestión presupuestaria de estructuras: un instrumento para la gestión por resultados". En *Revista Reforma y Democracia*, CLAD, n° 21. Caracas.

Hood, Christopher y Jackson, Michael (1991); *La argumentación administrativa*. Fondo de Cultura Económica, México.

Ibarra, Américo; Lira, Ricardo y Sulbrandt, José (2001); "Redes interorganizacionales en la administración pública". Ponencia del *VI Congreso Internacional del CLAD sobre la Reforma del Estado y de la Administración Pública*. Buenos Aires, Argentina.

Mejía Lira, José (1999); "La importancia de las redes inter e intra gubernamentales". *IV Congreso Internacional del CLAD sobre Reforma del Estado y de la Administración Pública*. México.

Mintzberg, Henry (1984); *La estructuración de las organizaciones*. Editorial Ariel. Barcelona.

Mintzberg, Henry (1992); *El poder en la organización*. Editorial Ariel. Barcelona.

Przeworski, Adam (1998); "Acerca del diseño del Estado. Una perspectiva principal-agente". Paper presentado en seminario internacional "A reforma do estado na América Latina e no Caribe". Ministerio de Administración Federal y Reforma del Estado, BID-ONU.

Richards, Sue (septiembre-diciembre de1994); "El paradigma del cliente en la gestión pública". En *Gestión y análisis de Políticas Públicas*, n° 1. Madrid.

Saz Carranza, Angel (2004); "La gestión de redes inter-organizativas desde el sector público". *IX Congreso Internacional del CLAD sobre Reforma del Estado y de la Administración Pública*. Madrid.

Stiglitz, Joseph E. (octubre/diciembre de 1998); "Más instrumentos y metas mas amplias para el desarrollo. Hacia el consenso post-Washington". En *Desarrollo Económico*, Vol. 38, n° 151.

Touraine, Alain (2000); "El sistema y los actores CLAD". En *Revista Reforma y Democracia*, n° 18. Caracas.

Zurbrigen, Cristina (2004); "Redes, actores, instituciones". En *Revista Reforma y Democracia*, CLAD, n° 30. Caracas.

Zurbriggen, Cristina (junio de 2003); "Las redes de políticas públicas. Una revisión teórica". En *Boletín electrónico del IIGOV*, n° 149. IIMAS-UNAM. México.

CAPÍTULO IV

Acerca de la gestión de la proximidad

*A. Catenazzi y N. Da Representaçao**

Durante los últimos años, el territorio ha vuelto a la escena de los procesos de desarrollo desde una doble tendencia. Por un lado, aparece asociado a lo municipal, al desarrollo local y es el referente obligado de las políticas de descentralización. Al mismo tiempo, la intensificación de las relaciones y la interdependencia entre los lugares como parte de los procesos de globalización plantean el fin de los territorios por la influencia de las redes globales. Estas reflexiones ponen en evidencia, con diversos acentos, nuevos mecanismos de definición territorial que expresan la necesidad de repensar los esquemas de interpretación, colocando el territorio como un componente clave de los procesos de cambio en las políticas públicas.

Desde esta perspectiva, el capítulo se interroga sobre la naturaleza y el tipo de relaciones entre territorio y política. El propósito es dar cuenta de una doble mirada, desde lo que el territorio despliega en las acciones y durante las acciones, y al territorio como expresión de un conjunto de relaciones donde se manifiesta el poder. Esta problemática es el corolario de cuestiones que fueron tratándose en estudios anteriores.[58] El enfoque parte de una insatisfacción básica, tanto respecto de los estudios de políticas públicas que consideran al espacio como reflejo o soporte de las relaciones sociales, como respecto de aquellos que explican la configuración del espacio desde un nivel físico. Las premisas que suponen estos estudios plantean relaciones entre espacio físico y social demasiado simples a los efectos de capturar la variedad de movimientos implicados en la construcción del territorio.

Ante una presencia débil o imprecisa de la dimensión espacial al momento de identificar las cuestiones objeto de las políticas públicas, el trabajo intenta aportar a la producción de instrumentos analíticos y operativos que permitan incorporar esta

---

* Instituto del Conurbano (UNGS).

[58] Se hace referencia en particular a los proyectos de Investigación: "Territorialidad y acción pública en la Región Metropolitana de Buenos Aires (RMBA)"; "Universalidad y privatización: las redes de agua en la RMBA", desarrollados en el Instituto del Conurbano de la UNGS.

119

dimensión al momento de intervenir en problemas sociales. Para ello, se desarrollan tres pasos. En primer lugar, una definición de territorio –como red o área delimitada–, intentando identificar la contribución que tales categorías pueden proporcionar al diseño de las políticas sociales. En segundo término, se examinan una serie de programas sociales a la luz de estos conceptos y sus articulaciones, en particular respecto de la focalización territorial y la escala de las intervenciones. Finalmente, revisar la noción de territorio supone plantear nuevas premisas para definir las políticas sociales y con ese sentido, se presentan algunas reflexiones para profundizar acerca de los alcances de una gestión de la proximidad y una política de escala.

1. Territorio: redes y fronteras

En este apartado se presenta un recorrido desde la geografía con el propósito de precisar la serie de nociones específicas que se consideran útiles para avanzar en una grilla de lectura del territorio en las políticas sociales. En primer lugar, se centra en sus atributos y luego, en la caracterización de diferentes miradas sobre el territorio en la ciudad como claves de análisis.[59]

1.1 ¿Cómo pensar el territorio?

Para definir el territorio, es necesario aproximarse desde la noción de espacio. Varios autores plantean la dificultad de definir el espacio, porque tanto su uso metafórico o como categoría filosófica habilitan diversos recorridos teóricos. En este trabajo, el concepto de espacio se funda alrededor de una premisa inicial: el espacio como componente multidimensional de la sociedad (Levy y Loussault, 2003). La dimensión es considerada como una manera de recortar lo real, un recorte complejo que privilegia el cruce de puntos de vista parciales sobre un vasto conjunto de fenómenos, antes que la división en disciplinas fragmentadas. La aproximación dimensional se reconoce como un punto de vista, a la fuerza parcial pero explícita. En ese sentido, cada dimensión atraviesa la sociedad y si bien, la relación entre ellas no es jerárquica, ciertas dimensiones son más significativas que otras según la problemática abordada. La afirmación de una dimensión espacial tiene la función de refutar las teorías según las cuales se pueden estudiar los problemas sociales por fuera del espacio y después ver su inscripción en él. También busca oponerse al fetichismo de lo espacial que pretende explicar las configuraciones espaciales sólo desde lo físico.

Ahora bien, el espacio, tal como se define en este trabajo, remite a la materialidad pero también a lo simbólico. Lo material es a la vez instituido e instituyente y constituye el régimen de visibilidad, en el cual lo social se cristaliza. Lo simbólico se expresa en las representaciones espaciales (conocimientos, actitudes, valores, ideologías) que

---

[59] Para un mayor desarrollo ver "Repensando la ciudad desde múltiples territorialidades" en *Territorialidad y acción pública*, Catenazzi, A. y otros (2007).

los individuos se dan del espacio, y que les permiten a la vez comprender, justificar sus posiciones y estrategias, y operar.

En este marco, una propiedad clave del espacio es la escala que señala el tamaño como indicador de las transformaciones del espacio. Sin embargo, hablar de la escala es reconocer que otra cosa que el tamaño cambia cuando cambia la escala. Smith (1992) introduce la escala como noción central de una teoría de la espacialización social con el propósito de entender, "no sólo la construcción de la escala en sí misma, sino la manera en la que el significado se traduce entre las escalas". Desde esta perspectiva, la escala se define como un proceso activo frente la acrítica división de escalas que reitera el fetichismo del espacio. A modo de ejemplo: la privatización de los servicios urbanos ¿fue un evento regional o nacional, local o metropolitano, o fue un evento internacional? Sería posible asumir que fue todos, lo cual refuerza el reconocimiento de la construcción de diferentes escalas y su relación entre ellas. La propuesta de este trabajo es desentrañar una cuestión particular identificando las escalas pertinentes, ubicando en el centro del análisis la relación entre ellas. Un planteo en el que resulta clave determinar las diferencias y coincidencias entre los problemas y significados de las diferentes escalas de un mismo evento.

Para avanzar en el análisis de la dimensión espacial, una distinción útil es precisar las nociones de espacio y territorio. Se define el territorio como una clase de espacio, es decir un espacio con determinados atributos que refieren fundamentalmente a la apropiación y la autoreferencia. Se trata entonces, de "un conjunto de recursos materiales y simbólicos capaces de estructurar las condiciones prácticas de la existencia de un individuo o de un colectivo social y de informar de vuelta a este individuo y a este colectivo sobre su propia identidad" (Lévy y Lussault, 2003).

Trabajar con la noción de territorio permite examinarlo como relaciones de poder, donde el territorio es un espacio apropiado y deviene central, tanto para intentar analizar el desarrollo de estrategias identitarias, como para comprender la articulación de diferentes intereses respecto de una cuestión particular (García, 2000). En este marco, analizar la territorialidad de la acción pública supone considerar la acción colectiva y territorializada de los actores.[60] Dematteis y Governa (2005) señalan que quienes usan el territorio y lo reproducen, contribuyen así a la construcción de una nueva territorialidad (en parte en los mismos lugares y en los mismos territorios en que se localiza y en parte no). Para los autores, la territorialidad es entendida como relación dinámica entre los componentes sociales (economía, cultura, instituciones, poderes)

---

[60] Se utiliza el concepto de acción pública para hacer referencia a una modalidad de intervención caracterizada por la coordinación horizontal entre múltiples actores sociales públicos y privados en un escenario de articulación multiescalar y coordinación vertical entre diferentes niveles de gobierno. A su vez, el énfasis en la participación ciudadana como clave de interpretación de esa modalidad de acción pública no es ajeno a la búsqueda de nuevas formas de legitimación y democratización del poder político y social en contextos de sociedades no sólo complejas sino altamente fragmentadas". Para un mayor desarrollo ver *Territorialidad y acción pública* (2007).

y aquello que de material e inmaterial es propio del territorio donde se habita, se vive, se produce. Raffestin (1980) pone énfasis en la singularidad y señala que cada territorialidad reviste una reproducción específica, la existencia por lo tanto, de una territorialidad opuesta a las otras. Di Méo (2000) avanza poniendo de manifiesto la territorialidad como un instrumento de articulación y de integración de las diferentes escalas que forman los territorios y redes de pertenencia, alrededor de los cuales se inscriben las estrategias identitarias.

Una segunda distinción se encuentra en la configuración del territorio, ésta puede ser un área continua (métrica topográfica) o una red (métrica topológica). Para quienes defienden una relación muy fuerte entre territorio y apropiación, el territorio es una entidad única, estrictamente definida y delimitada por el control ejercido sobre el espacio. Por el contrario, si la configuración espacial adoptada depende de los recursos movilizados y de diferentes modalidades de control (material y simbólico), el territorio puede ser tanto un área contigua, como archipiélagos o reticular.

Finalmente, la cuestión del tiempo y los sentidos de la urgencia[61] completa la definición de las territorialidades. Por un lado, al considerar la inercia de los fenómenos espaciales, y teniendo en cuenta que las transformaciones más globales tardan en plasmarse en la instancia espacial o incluso, que algunas de ellas no necesitan realizar modificaciones espaciales para hacerse efectivas (Jaramillo y Cuervo, 1993). Di Méo (2000) también señala la cuestión del tiempo largo al considerar la historia en materia de construcción simbólica de los territorios. Frente a ello, los sentidos de la urgencia de quienes construyen el territorio completan las miradas sobre el mismo.

1.2 Redes y fronteras de la ciudad

Las políticas sociales urbanas retoman los desafíos de la ciudad caracterizada por la densidad y diversidad de actividades donde es posible identificar diferentes territorialidades. Se identifican tres planos espacio-temporales para comprender la ciudad y útiles para la intervención: (a) los procesos de urbanización, (b) los territorios político-institucionales, y (c) los territorios de la cotidianeidad.

(a) La ciudad y los procesos de urbanización

Desde una mirada estructural de la ciudad, se identifican tres mecanismos (cualificación, valorización y diferenciación) que caracterizan su reproducción social (Lombardo, 2003).

Los mecanismos de cualificación del territorio se refieren a la extensión de las redes de infraestructuras y al transporte, también a la calidad del espacio público,

---

[61] Según Pressman y Wildawsky, la detección del "sentido de la urgencia" que tienen los actores respecto de una determinada cuestión es un paso clave en el análisis de la complejidad de la acción conjunta. Citado en Aguilar Villanueva (1996), "Estudio introductorio", p. 51.

la vivienda, el suelo urbano y los equipamientos colectivos, en tanto componentes urbanos de la ciudad. La literatura referida a esta perspectiva de análisis, desarrolla y especifica estos procesos con nociones tales como "pautas de urbanización", "patrones de localización industrial, comercial, residencial", etc.

Ese proceso de cualificación es acompañado por inversiones que articulan movimientos de valor en el territorio, es decir, la organización de una geografía de precios, y en consecuencia, reacomodamientos de la población y apropiación de los beneficios generados por estos movimientos (Lombardo, 2003). A modo de ejemplo, la extensión de las redes de agua tiene consecuencias directas en el precio del suelo urbano y por consiguiente, en la distribución espacial y en las condiciones materiales de vida de la población. Las redes técnicas configuran "territorios funcionales" que orientan y controlan los flujos que estructuran el espacio urbano y, a la vez, las redes son organizadas por la dinámica urbana.

(b) La ciudad y los territorios político-jurisdiccionales

Los territorios político–jurisdiccionales se definen como aquella extensión que forma una circunscripción política, o que pertenece a una jurisdicción (municipio, parroquia, provincia, región, nación, estado, etc.). En efecto, el territorio del Estado cumple *funciones administrativas electorales e identificatorias*. Resulta útil entonces caracterizar a los "territorios de representación", en su doble sentido político e identificatorio. Asimismo, no puede dejarse de lado el análisis de la organización del gobierno y la administración pública en relación a la discriminación territorial de ámbitos geográficos para el ejercicio jurisdiccional de funciones y competencias: "territorios político-administrativos" (Escolar, 1997).

Con respecto a esta última observación, una consideración particular requiere la cuestión metropolitana en tanto se enfrenta a los desafíos de pertenecer a múltiples territorios político-administrativos. Según las diferentes aproximaciones, la gestión metropolitana remite a la fragmentación institucional de las ciudades o a un sistema político policéntrico. El problema subyacente, tal es el caso de la Región Metropolitana de Buenos Aires (RMBA), es que la multijurisdiccionalidad implica que determinados problemas que se explican desde la urbanización, sólo pueden ser encarados segmentadamente desde los territorios políticos-administrativos, desde la administración municipal, o centralizadamente desde el nivel provincial o nacional.

En este contexto, si bien el municipio no es el único actor de la política local, concentra en buena medida las contradicciones entre las lógicas funcionales, jurisdiccionales y de representación del territorio. Los conflictos urbanos expresan el lugar de la construcción de un compromiso –también contradictorio– entre los principios que organizan la mercantilización de la ciudad (acción subsidiaria del Estado) y las exigencias de la reproducción social a través de una socialización de las respuestas a las necesidades que esos principios generan (Petitet, 2001).

(c) La ciudad y los territorios de la cotidianeidad

En este plano, se hace referencia al territorio de las relaciones cotidianas, de la reproducción de la población, donde se generan las condiciones materiales y sociales para la satisfacción de las demandas particularmente centradas en los medios de consumo colectivo. El territorio se constituye en un componente de la identidad privilegiado y, en consecuencia, pone en evidencia la necesidad de definir los espacios de acción al momento de analizar la demanda social, evitando la apelación simple a cierta homogeneidad socio-económica del área seleccionada o al "barrio". Aún así el barrio no es un territorio fácil de definir. Perdiñas y Silva (1992)[62] señalan la dificultad de caracterizarlo en relación con el centro urbano más amplio que lo contiene y también, en relación con su organización interna. Los barrios son territorios fuertemente heterogéneos, internamente diferenciados para sus habitantes como "los del fondo y los de adelante".

En relación a los tres planos indicados, se presenta la siguiente matriz que orientará el análisis del siguiente apartado a partir de los ejemplos seleccionados.

Tabla 1. Planos espacio-temporales, focalización y escalas

	Focalización territorial		Escalas	
	Redes	Áreas	Redes	Áreas
Territorio de la urbanización	1	1 3	1 3	1
Territorio político-administrativo		1 2 4	3	1 2 4
Territorio de la cotidianeidad				3

REFERENCIAS
1. Subprograma Federal de Urbanización de Villas y Asentamientos Precarios. Saneamiento de la Cuenca Reconquista.
2. Programa Federal de Emergencia Habitacional Techo y Trabajo.
3. Plan Estratégico de Sunchales.
4. Plan Familias por la Inclusión Social.

---

[62] Los autores mencionados presentan una bibliografía comentada sobre estudios de barrios en la Argentina y en su introducción señalan la escasa atención recibida por la investigación social y urbana, marcando a partir de los años 80 un período donde hubo un significativo desarrollo de estudios sobre el mundo asociativo.

2. El territorio como articulador de demandas sociales

Articular los términos de la ecuación "territorio y políticas sociales" supone trabajar con dos tipos de cuestiones: aquellos problemas sociales que tienen el territorio como objeto de disputa y los que, siendo su objeto la salud, la educación, en tanto componente social, tienen una dimensión espacial. En el primer grupo se sitúan, las políticas urbanas, de vivienda, de tierras; en el segundo: políticas sociales que requieren de equipamientos (efectores) para implementarse. Más recientemente, cuando la lucha contra la pobreza se volvió una estrategia priorizada en la región, las políticas territoriales fueron interpeladas para superar la pobreza.

En este contexto, en el presente trabajo se identifican dos instrumentos ampliamente utilizados para el diseño de políticas sociales que remiten al territorio: la focalización y la escala de las intervenciones. Los criterios de focalización (identificar con la mayor precisión posible a los beneficiarios) territorial están fundamentados en un conjunto de características geográficas atribuibles al fenómeno de la pobreza. La discusión de sus supuestos posee singular relevancia en términos del debate sobre políticas públicas. La escala de las intervenciones, generalmente asociada a la cobertura y volumen de los proyectos, presenta otras aristas si se considera que más allá del tamaño otras cuestiones se ponen en juego cuando cambia la escala. A continuación se intentará problematizar ambos mecanismos reflexionando sobre las implicancias de considerar el territorio como áreas contiguas o como red y la importancia de identificar escalas como un proceso activo.

Una primera exploración de los conceptos trabajados se desarrolla a continuación, a través de una breve presentación de cuatro ejemplos de programas sociales implementados en la Argentina, dos de ellos se especifican tomando como referencia el Área Metropolitana de Buenos Aires, el tercero se implementa en los grandes aglomerados del territorio nacional, mientras que el último precisa la articulación local en una ciudad pampeana del noreste del país. Los programas fueron seleccionados por la posibilidad de ilustrar diferentes maneras de considerar el territorio. En este sentido, se presentan describiendo puntualmente el modo en que se ponen en juego diferentes maneras de combinar el alcance de la focalización territorial y los niveles múltiples de la escala de intervención. En todos ellos, el gobierno local es un actor clave. Tal como plantean Gomá y Blanco (2002), hoy la política local puede redefinirse en términos del fortalecimiento político, la ampliación de las agendas, la configuración en red de estos espacios y el desarrollo de nuevos roles estratégicos.

I. Subprograma federal de urbanizacion de villas y asentamientos precarios-saneamiento de la cuenca Reconquista[63]

Nombre del programa	Territorio focalizado	Escalas	Municipio
Subprograma Federal de Urbanización de Villas y Asentamientos Precarios	Villas y asentamientos precarios localizados en municipios del conurbano bonaerense de la cuenca Reconquista.	Multinivel: articulación entre nación, provincia y municipios	San Fernando

Este subprograma pertenece al Programa Federal de Construcción y Mejoramiento de Vivienda y se implementa a partir del 2005 en la Argentina. Está destinado a la población de las villas y asentamientos precarios del conurbano caracterizada por tener una vivienda inadecuada, una tenencia irregular de la vivienda, y no tienen acceso a los servicios de agua potable y redes cloacales, centros de salud, educación y recreación.

El tipo de intervención es clasificado como urbanización de villa *in situ* y prevé la construcción de obras privadas intra-domiciliarias, de infraestructura pública y de equipamiento comunitario. Las acciones del subprograma abarcan la regularización dominial, apertura de calles internas, redes de infraestructura (agua, cloacas, electricidad y gas), construcción de viviendas nuevas (para permitir la apertura de la red vial) y reemplazo de las irrecuperables, y mejoramiento de las viviendas existentes (construcción de núcleo, ampliación mediante la construcción de un ambiente, refacción de muros y techos). También la construcción de cuatro plantas de tratamiento de efluentes.

---

[63] El Subprograma Federal de Urbanización de Villas y Asentamientos Precarios se inscribe en el marco de los Programas Federales de Construcción y Mejoramientos de Viviendas cuyos convenios marco se celebraron los 21 y 29 de julio del 2004. Tiene como objetivo mejorar la inclusión social a través de:

* La construcción de viviendas es el sector que genera por unidad de inversión la mayor cantidad de empleos.

* La adjudicación en propiedad de una vivienda a familias pobres distribuye ingresos a partir del incremento del patrimonio familiar.

* La superación de una situación habitacional desfavorable produce una mejora sustancial en la calidad de vida, que contribuye a la consolidación de la familia beneficiando de ese modo la integración social.

A partir del 2005 se implementaron subprogramas orientados a complementar las acciones implementadas en los Programas Federales de Construcción y Mejoramiento de Viviendas: Subprograma de Urbanización de Villas y Asentamientos Precario y Subprograma para el Mejoramiento del Hábitat Urbano, Obras de Infraestructura y Complementarias.

Definición del territorio focalizado

Una primera delimitación obedece a una focalización territorial en términos de red, en la medida en que se incorpora la pertenencia a la cuenca del río Reconquista, como criterio que articula un conjunto de intervenciones.[64]

Un segundo criterio de focalización territorial, se define en términos de territorios político-administrativos: los municipios que forman parte de la cuenca. Finalmente, se definen sectores urbanos dentro del municipio: el subprograma está destinado a atender la situación social de las villas y los asentamientos precarios, específicamente a aquellos que se encuentran en terrenos no inundables cuya situación de dominio permita la regularización dominial de las viviendas del asentamiento (las tierras no deben tener conflictos en cuanto a su dominio y potencia de regularización dominial). En síntesis, se trata de intervenciones en villas y asentamientos de los municipios del conurbano cuyos territorios conforman la cuenca del río Reconquista.

Escalas multinivel

El acceso efectivo al beneficio está dado por la firma del convenio marco entre el Ministerio de Planificación Federal, Inversión Pública y Servicios, la Provincia de Buenos Aires y los municipios elegidos.

Los fondos son entregados por el nivel nacional a los municipios. Los municipios reciben la aprobación de avance de obra de la Subsecretaría de Urbanismo y Vivienda de la Provincia de Buenos Aires que realiza auditorias y controles. La aprobación de la subsecretaría es el requisito para que Nación libere fondos con los que los municipios continúan las obras. Es decir, se da una articulación entre Nación, Provincia y Municipios.

La elección efectiva del proyecto depende de la selección de municipios a intervenir por parte del Ministerio de Planificación Federal, Inversión Pública y Servicios, por intermedio de la Subsecretaría de Desarrollo Urbano y Vivienda. La subsecretaría entrega al municipio un compendio con instrucciones sobre los objetivos a ser evaluados, así se monitorea un plan de trabajo y un plan de inversiones a ser cumplido por el municipio. Las obras son ejecutadas por el municipio o por llamado a licitación, y quedan sujetas a la Ley de Obras Públicas provincial, siendo responsables ante la Nación de que las obras se cumplan en tiempo y forma. Las obras se conceden individualmente por proyecto. Las tierras sobre las que se realizan estas obras deben ser propuestas por los municipios o las compañías constructoras contratadas.

---

[64] Si bien la multijurisdiccionalidad plantea desafíos a la gestión metropolitana, la existencia de un organismo regional que regula las acciones sobre esta cuenca (UNIREC) resulta un antecedente promisorio respecto de la concurrencia de acciones entre los municipios que trabajen con el subprograma.

El Instituto de Vivienda de la Provincia de Buenos Aires dará el visto bueno a los certificados de vivienda que se emitan y rendirá cuentas de esto a la Subsecretaría de Desarrollo Urbano y Vivienda. Desde la perspectiva de una gestión multinivel, cabe destacar que resulta llamativa la ausencia de referencias a intervenciones coordinadas con el organismo regional que regula las acciones sobre la cuenca del Reconquista (UNIREC).

En el municipio, por otro lado se definen los criterios de selección asociados al ámbito local, en el caso de San Fernando, intervienen organismos no gubernamentales, en su mayoría, con trayectoria en el trabajo comunitario en la villa o asentamiento seleccionado.

Si bien existe coincidencia en considerar una delimitación territorial en clave político –administrativa, cada municipio recorta una parte de la aglomeración– y a su vez, configura diferencialmente su territorio. Se trata de especificidades locales que adquieren dinámicas diversas en la agenda municipal y se expresan en el juego interescalar. Entre algunas de las observaciones al Subprograma, se incluye la necesidad de que la intervención se inscriba en la definición de un proyecto urbano integral que involucre a todos los actores en un trabajo conjunto. En el caso de San Fernando, la rehabilitación urbana de las villas y asentamientos del partido forma parte del Plan Urbano Municipal, considerando el territorio de la urbanización.

El Área de Reordenamiento Urbano es la encargada de la implementación del subprograma, tanto de la selección del territorio como del diseño del proyecto, así como tiene fuerte implicancia en el diagnóstico y la elección de los futuros beneficiarios. En la medida en que el Subprograma puede incluir articulaciones con componentes sociales, se suma el aporte de otras áreas, entre ellas Acción Social (Programa Familias y Plan Jefes/Jefas) y la Dirección de Juventud (Parlamentos Juveniles), mediante trabajos de participación y sensibilización de la población. A su vez, el territorio de la cotidianeidad se expresa con las urgencias de las necesidades básicas mediante el trabajo organizaciones sociales con trayectoria en cada barrio seleccionado.

II. Programa federal de emergencia habitacional techo y trabajo

Nombre del programa	Territorio focalizado	Escalas	Municipio
Programa Federal de Emergencia habitacional Techo y Trabajo	Municipios que dispongan de tierras aptas, física y dominialmente integradas a áreas urbanas de uso predominante residencial con factibilidad de infraestructura.	Multinivel: articulación entre Nación, Provincia y Municipios.	Moreno

El programa tiene como objetivos disminuir el déficit habitacional y generar empleo genuino a través de la generación de viviendas. Se fundamenta en "crear una mecánica que permita generar un empleo genuino, y abandonar el sistema de asistencialismo de emergencia, como es el Plan Jefes/Jefas de Hogar, generando el retorno a la cultura del trabajo y la dignidad humana. Utiliza como herramienta básica las cooperativas de trabajo para la construcción de las viviendas, con el objetivo subyacente de reinserción social de los grupos que participen del mismo, no sólo el miembro de la cooperativa, sino también de su grupo familiar".[65] Para ello plantea un número de 16 cooperativistas de los cuales 12 deben ser adjudicatarios del Plan Jefes/Jefas de Hogar. Cabe aclarar que, según la letra del Programa, el principal objetivo del Plan Jefes/Jefas de Hogar ha sido promover la cultura del trabajo y mejorar la empleabilidad e inserción laboral, para lo cual otorga un subsidio dinerario por mes a aquellas personas a cargo del hogar con hijos/as o niños/as a cargo de hasta 17 años, quienes deberán realizar una contraprestación laboral de cuatro horas diarias y no podrán cobrar en el caso de que posean un trabajo en blanco.[66] La asignación del beneficio del programa se realizó en los hogares como red de contención social para aliviar la situación de pobreza de los hogares, producto de la crisis económica y del crecimiento del desempleo en el año 2002.

En este sentido, se trata de un plan de vivienda y de un plan de empleo. Se inicia su implementación en el conurbano bonaerense en 2004.

Definición del territorio focalizado

Se trata de una focalización territorial en términos político-administrativos, definiendo municipios y sectores urbanos dentro de cada municipio, en particular, determinados tipos de barrios. Pueden presentar proyectos las organizaciones sociales que agrupan a los potenciales beneficiarios, los municipios y/o los institutos provinciales de vivienda que dispongan de tierras aptas, física y dominialmente integradas a áreas urbanas de uso predominante residencial con factibilidad de infraestructura. Los Institutos deben aportar las tierras aptas para uso residencial de acuerdo a las leyes vigentes en cada provincia (Ley 8.912 y 11.723 en Buenos Aires), se acepta que los predios estén en vías de regularización. Los terrenos deben estar acondicionados para la construcción: nivelación del terreno, nivel sobre la cota de inundabilidad y apertura de calles.

Escalas multinivel

Desde el área nacional intervienen: el Ministerio de Planificación Federal, Inversión Pública y Servicios mediante la creación de una Dirección Nacional que coordina la

---

[65] Instructivo del Reglamento Operativo del Programa de Emergencia Habitacional Techo y Trabajo

[66] Tiene como beneficiarios a los jefes de familia y se otorgan individualmente. Se prioriza a los municipios con mayores niveles de pobreza. Actualmente se está reconvirtiendo en el Plan Familias, orientado según el derecho familiar de inclusión social.

Unidad Ejecutora para la Emergencia Habitacional (facultada para relacionar y monitorear el alcance de los objetivos entre los diferentes actores: públicos y privados, del área nacional, provincial y los municipios intervinientes) en la Subsecretaría de Desarrollo Urbano y Vivienda. El Ministerio de Desarrollo Social a través del Instituto Nacional de Asociativismo y Economía Social (INAES) (encargado de la consolidación, capacitación, registro y fiscalización de las cooperativas). El Ministerio de Trabajo y Seguridad Social, por intermedio de la Administración Nacional de Seguridad Social (ANSES) (autorizada para realizar el control de bajas en el Plan Jefes/Jefas de Hogar cuando comienzan a percibir el cobro en el programa).

Los institutos provinciales de la vivienda realizan la recepción y administración de los recursos transferidos por la Nación a las Provincias, dado que el titular del dominio de las tierras hace una cesión con cargo a la construcción a favor de los institutos Provinciales, quienes a su vez tienen la obligación de escriturar a favor de los beneficiarios al término de la construcción, así como la constitución de hipotecas en garantía de las viviendas que se construyan en estos terrenos.

Los municipios actúan como ejecutores del programa a través de sus áreas específicas. Se efectúa la adjudicación a los beneficiarios de acuerdo a la selección propuesta por el municipio. El municipio realiza el contrato de obras con las cooperativas. En conjunto con el Instituto Provincial son responsables de la capacitación técnica de quienes están en proceso de reconversión laboral, así como de la capacitación en cuestiones técnicas y administrativas a las cooperativas. Las cooperativas de trabajo, con profesionales a cargo de las obras, se constituyen en un actor clave del programa. En este ejemplo, desde la propuesta del programa se articula el territorio político-administrativo con el territorio de la cotidianeidad, aun cuando la conformación de cooperativas con los requisitos del programa haya sido compleja y en gran medida, a raíz de la aplicación al programa.

Aparece mencionada como una dificultad relevante de la implementación, las demoras en la gestión entre las tres instancias de gobierno, en particular para asistencia, certificaciones y pagos a las cooperativas de trabajo.[67] Otro aspecto a considerar es el fuerte compromiso de trabajo para el nivel municipal, en la medida en que deben organizar las cooperativas, gestionar las tierras, administrar los recursos, realizar el proyecto urbano e identificar a los adjudicatarios.

Otra modalidad de administración territorial a nivel local es la que caracteriza al Municipio de Moreno. En este caso, buena parte de las acciones que tienen al territorio como objeto cuentan con un instituto de desarrollo urbano que articula sus acciones con otras áreas municipales y con los niveles de gobierno nacional y provincial. Para el Programa Federal Techo y Trabajo, el organismo ejecutor es el Instituto de Desarrollo Urbano Ambiental (IDUAR - Gestión del Hábitat), junto a la Subsecretaría de Acción

---

[67] Sistematización de la experiencia del programa en Moreno, IDUAR, Municipalidad de Moreno, Provincia de Buenos Aires.

Social mediante los Programas Municipales de Empleo y de Capacitación y Autoempleo. Las tareas de capacitación y seguimiento de las cooperativas desde las áreas sociales, administrativas y técnicas requiere de equipos específicos cuyos recursos no necesariamente se encuentran disponibles en todos los municipios. En el caso de Moreno fue posible articular equipos porque ya venían desarrollando estas capacidades.

Se planificaron viviendas en lotes municipales en completamiento de tejido urbano (el municipio posee un Banco de Tierras propio) y en lotes de la Organización No Gubernamental Madre Tierra. A través del Programa de Empleo que coordina a las cooperativas, se inscribieron 50 cooperativas para realizar la construcción de 400 viviendas en distintas áreas del municipio. En este caso, las viviendas son adjudicadas a través de un relevamiento municipal previo, no se trata de miembros de las cooperativas.

III. Plan Estrategico de Sunchales

Nombre del programa	Territorio focalizado	Escalas	Municipio/ Ciudad
Plan Estratégico de la Ciudad de Sunchales.	La ciudad de Sunchales en la cuenca lechera argentina.	Multinivel: articulación entre localidad y región.	Sunchales

En la Argentina, a partir de la reapertura democrática y en el marco de procesos de descentralización ampliamente difundidos en la región, numerosos municipios impulsaron procesos de planificación participativa. A continuación se presenta el caso de la ciudad de Sunchales, con una población de alrededor de veinte mil habitantes, es un centro de desarrollo enclavado en la denominada "cuenca lechera argentina". Se encuentra ubicada en el centro-oeste de la provincia de Santa Fe, dentro del Departamento Castellanos, su localización constituye una oportunidad para pensar el desarrollo local en clave regional.

Focalización territorial y escala

El proceso de planificación estratégica participativa ofreció oportunidades para la articulación de la localidad con otros centros de desarrollo de la "cuenca lechera", así como las articulaciones con actores públicos y privados en torno a cuestiones o "grandes temas de la ciudad" que proyectaron su inserción más allá de lo local, permitiendo pensar la configuración de un territorio en términos de red. En términos de escala, la formulación de un plan estratégico supuso articular niveles locales y niveles regionales (otros centros de desarrollo de la misma cuenca) construyendo una inscripción territorial en red.

Principales momentos del Plan Estratégico de Sunchales

Durante el año 1997 se realizaron una serie de reuniones con el objetivo de sensibilizar al conjunto de los habitantes de Sunchales acerca de la oportunidad de poner en marcha un plan estratégico para la ciudad. Estos antecedentes permitieron que a comienzos de 1998 se iniciara el proceso de elaboración del plan estratégico. El punto de partida fue una decisión consensuada entre ejecutivo municipal y del Concejo Municipal que permitió la conformación de un equipo técnico integrado por profesionales y técnicos provenientes de distintas disciplinas.

Estas condiciones dieron lugar a la implementación simultánea de dos instancias de trabajo integradas: la producción de documentos técnicos y la construcción y el fortalecimiento de escenarios de participación. Por una parte, se comenzó con el diagnóstico de la ciudad y la región con la finalidad de caracterizar tanto la situación vigente como el proceso de construcción de la ciudad y la cuenca lechera. Este trabajo se inició a través de la identificación de temas críticos, para ello se desarrollaron una primera serie de talleres participativos. Por otra parte, se realizaron una serie de reuniones preparatorias para la conformación del Consejo General del Plan, del que forman parte todas las instituciones representativas del quehacer de la ciudad que asumen el compromiso de llevar adelante una acción consensuada desde donde elaborar líneas estratégicas de desarrollo, y diseñar programas y proyectos de acción concretos.

En este marco, se comenzó la investigación de aquellas cuestiones consideradas como "los grandes temas de la ciudad: ciudad y región, fortalecimiento productivo y adecuación de la capacitación a la demanda laboral, dinámica de la ciudad y cuidado del medio ambiente, integración social y participación comunitaria, identidad, cultura y deporte local".

Cada uno de estos temas fue analizado en forma integrada por los miembros del equipo técnico y mediante talleres comunitarios. El objetivo fue identificar los puntos de consenso sobre la realidad y la problemática social de la ciudad de Sunchales y determinar líneas de acción estratégicas. Esto supuso construir una visión de futuro para la ciudad que pudiera movilizar a los actores estatales, públicos y privados.

IV. Programa Familias por la Inclusion Social

Nombre del programa	Territorio focalizado	Escalas
Programa Familias por la Inclusión Social.	Familias en situación de pobreza y riesgo social y/o ubicada en zonas vulnerables de municipios en grandes aglomerados urbanos.	Multinivel: articulación entre Nación, Provincia y Municipios.

Se trata de un subsidio dinerario otorgado a personas con niños/as a cargo de hasta 18 años inclusive y en el caso de menores con alguna discapacidad, no importa la edad. El monto otorgado al titular depende de la cantidad de niños/as a cargo.

El objetivo general es promover el desarrollo, la salud y permanencia en el sistema educativo de los niños para la inclusión social de la familia en situación de pobreza. Se orienta a reducir la transmisión intergeneracional de la pobreza.

Los objetivos específicos del programa son:

- Garantizar la entrega de un subsidio monetario a familias que se encuentren en situación de vulnerabilidad social.
- Brindar acciones de promoción, servicios y prestaciones sociales a las familias.

Para recibir el subsidio se pide a las familias corresponsabilidades en salud y educación. En el caso de salud, se exige el cumplimiento del Plan Nacional de Vacunación, conforme sea indicado por el Ministerio de Salud de la Nación y controles de embarazo bimestral. En educación, se pide matriculación inicial y continuidad en el cumplimiento de las condiciones de alumno regular según la normativa vigente en cada provincia.

En este programa es posible tener un trabajo en blanco sólo si el ingreso del núcleo familiar sumado al monto del subsidio no supera el salario mínimo vital y móvil. El pago se realiza en forma mensual con tarjeta social.

Definición del territorio focalizado

El Programa Familias por la Inclusión Social tiene alcance nacional y focaliza su intervención en municipios de los grandes aglomerados urbanos (esto actúa como primer criterio de focalización), en función de la cantidad de población que se encuentra por debajo de la línea de pobreza (se agrega como primer criterio de focalización). La familia que recibe este beneficio se encuentra en situación de pobreza y riesgo social y/o ubicada en zonas vulnerables (se define como una zona vulnerable a localidades o municipios con zonas con un índice de NBI superior al 25%; este sería el segundo criterio de focalización). En este sentido, se trata de una focalización territorial en términos de áreas dentro de cada municipio, en particular, determinados tipos de zonas.[68]

---

[68] Son elegibles las familias actuales beneficiarias del IDH (Componente de Ingreso para el Desarrollo Humano) y del Plan Jefes/Jefas de Hogar que: residan en los 500 municipios de grandes aglomerados urbanos identificados como prioritarios; tengan dos o más hijos menores de 19 años y/o hijos discapacitados; el nivel de escolaridad de la madre o titular hombre sea menor al de secundario completo. La priorización de los municipios se basa en los criterios: cantidad de potenciales familias a traspasar del Plan Jefes/Jefas; porcentaje de hogares bajo la línea de pobreza en la localidad; cantidad de población total de la localidad.

Escalas multinivel

El Programa Familias coordina esfuerzos y recursos del Estado nacional con los Estados provinciales y municipales y las organizaciones de la sociedad civil para proteger e integrar a las familias en riesgo social, a través de prestaciones monetarias y no monetarias.

La adjudicación del beneficio del programa lo realiza directamente el Ministerio de Desarrollo Social de la Nación, a través de la Secretaría de Políticas Sociales y Desarrollo Humano. En el nivel centralizado, la Coordinación General del Programa tiene a su cargo una Unidad de Gestión Operativa y una Unidad de Promoción Familiar y Comunitaria. En el nivel descentralizado, se cuenta con equipos técnicos provinciales y locales, quienes deben organizar el funcionamiento de los Centros de Atención Local, procesar las modificaciones sobre los beneficiarios, articular localmente con otros actores, de salud y educación, apoyar la articulación del programa con otros programas municipales, provinciales y nacionales.

La forma de inscripción de las personas en el municipio incide en la cantidad y posibilidad de acceso al mismo, en algunos casos se realizó a través de un censo en los domicilios; y en otros, se realizó una convocatoria dirigida a los habitantes del municipio elegido, a que se acercaran y demostraran a través de una encuesta social, su interés en recibir el beneficio monetario.

3. De la gestión de la proximidad

A la luz de los casos analizados es posible completar la construcción de un abordaje que recupere la dimensión espacial de las políticas sociales, inscribiendo los instrumentos de focalización territorial y escala de las intervenciones, en el dispositivo proximidad espacial y organizacional, como un dispositivo conceptual y operativo. Por un lado, la idea proximidad espacial permite restituir el proceso de toma de decisiones a partir de problemas y soluciones territorializadas. En este sentido, el análisis presentado de los programas Urbanización de Villas y Asentamientos en la Cuenca del Reconquista, Emergencia Habitacional Techo y Trabajo y Familias por la Inclusión Social y el Plan Estratégico de Sunchales propone la identificación de situaciones claves, es decir, aquellas en las que el juego de intereses da cuenta diferentes escalas y miradas sobre el territorio. Una de las diferencias se sitúa en trabajar desde un territorio en red o desde un territorio-área y por lo tanto, la conveniencia de pensar las escalas no sólo a partir de delimitaciones politico-jurisdiccionales, sino también considerando el territorio de la urbanización y el de la cotidianeidad. De modo tal, que para entender el papel del territorio en las políticas sociales se requiere no sólo analizar las relaciones intergubernamentales, sino también estudiarlo como parte de una ciudad y el emergente de una multiplicidad de intervenciones estatales en la cotidianeidad de la población.

En este marco, desde la perspectiva de una gestión integral de las políticas sociales se incorpora la noción de "gestión de la proximidad".[69] Los autores Carré y Deroubaix (2006) proponen distinguir entre una proximidad espacial o territorial y una proximidad organizacional para interpretar los procesos involucrados en la gestión de redes territoriales.

Proximidad geográfica

Alude a la medida y la gestión de la distancia, distancia espacial que supone considerar tanto la distancia topográfica como la distancia sensible, y las formas de gestión de las continuidades y discontinuidades territoriales (enfatizando la articulación público-privado).

Proximidad organizacional

Designa en qué medida confluyen las representaciones y las reglas de acción que orientan los comportamientos colectivos institucionales e interinstitucionales en torno a la gestión territorial.

Carré y Deroubaix (2006).

La idea de proximidad organizacional remite a la necesaria confluencia de representaciones y reglas de acción que orientan los comportamientos institucionales e interinstitucionales alrededor de un proceso de toma de decisiones. Asimismo, aparece como un dispositivo a través del cual es posible recomponer la distancia variable de las estrategias de los actores en las redefiniciones y soluciones técnicas y/o políticas propias de las nuevas modalidades de intervención estatal. En los ejemplos analizados, los actores que intervienen están por un lado, en medio de un proceso de constitución de recursos institucionales derivados de la implementación de los programas (aún incompleto o en disputa); y por otro lado, en escenarios locales fragmentados, las más de las veces con escasas experiencias para este tipo de intervenciones que se juegan en coordinaciones complejas.

Desde el enfoque de "gestión de la proximidad", cuando los actores organizan su accionar orientados a la innovación e integración de las políticas (Gomá y Blanco, 2002), requieren –para su interacción en procesos de toma de decisiones con proyectos públicos compartidos–, de una nueva configuración del territorio, una imagen de territorio-red que les permita la convergencia de elementos de conectividad (virtual) y proximidad (espacial y organizacional). Tal como se intenta explorar en los programas analizados, si bien se definen diseños integrales de políticas públicas, se requiere aún de un proceso de mediano plazo de adecuación de las prácticas profesionales, de

---

[69] En el capítulo VII Andrea Catenazzi y Magdalena Chiara desarrollan las cuestiones en torno a la participación y política social.

135

revisión de los marcos organizacionales y de promoción de nuevas modalidades de articulación entre las múltiples escalas involucradas en los espacios de gestión.

Al revisitar el debate en torno al fin de los territorios o la celebración de lo local, el aporte conceptual y operativo propuesto supone revisar la relación entre el fortalecimiento local y la dinámica de intercambios en redes,[70] otorgando centralidad a la diferenciación que existe entre problema y territorio en los procesos de cambio en las políticas públicas.

Bibliografía

Aguilar Villanueva, Luis. [1991](1996); "Estudio Introductoria". En Aguilar Villanueva, Luis (ed.); *La implementación de las Políticas*. Editorial Miguel A. Porrúa. 2da ed. México.

Carré, Catherine.; Deroubaix, José Frederic (2006); "Las recomposiciones territoriales de la acción pública a la luz de la proximidad". En *Revue Developpement Durable & Territoires*- Dossier 7. ISSN 1772-9971.

Catenazzi, Andrea y otros (2007); *Territorialidad y acción pública en la Región Metropolitana de Buenos Aires (RMBA)*. UNGS. Los Polvorines. (En prensa).

Dematteis, Giuseppe y Governa, Francesca. (2005); "Territorio y territorialidad en el desarrollo local. La contribución del modelo SLOT". En *Boletín de la AGE,* n° 30. Madrid.

Di Méo, Guy (2000); "Que voulons-nous dire quand nous parlons d´espace?". En Lévy, Jaques y Lussault, Michel (dirs.); *Logiques de l´espace, espirit des lieux. Géographies à Cerisy*. Editorial Belin. París.

Escolar, Marcelo (1997); "Territórios de representaçao e territórios representados". En *Revista Geosul,* n° 21- 22. Editora da UFSC. Florianópolis.

García, Patrick. (2000); «L'espace géographique et les historiens». En Lévy, Jacques y Lussault, Michel (dirs.); *Logiques de l'espace, esprit des lieux. Géographies à Cerisy*. Editorial Belin. París.

Gomá Ricard, Blanco Ismael (2002); "Gobiernos locales y redes participativas: retos e innovaciones". En *VII Congreso Internacional del CLAD sobre Reforma del Estado y de la Administración Pública*. Lisboa.

Jaramillo, Samuel y Cuervo, Luis Mauricio (1993); "Tendencias recientes y principales cambios en la estructura espacial de los países latinoamericanos". En *Urbanización latinoamericana. Nuevas perspectivas*. Colección Historia y Teoría latinoamericana. Editorial Escala. México.

---

[70] En el capítulo III Jorge Hintze hace un análisis sistemático de los distintos tipos de articulación en redes y su relación con los fines de la política social.

Lévy, Jacques y Lussault, Michel. (2003); *Dictionnaire de la Géographie. Et de l'espace des sociétés.* Editorial Belin. París.

Lombardo, Juan *et al.* (2003); "La ciudad contemporánea". En seminario *La ciudad contemporánea.* Guadalajara. Mímeo.

Petitet, Sylvain (2001); "Les services publics locaux. Territoire et modèles de l'action publique locale". París. Mimeo.

Perdiñas Pablo y Silva, Juan (1992); *Bibliografía comentada sobre estudios de barrios en la Argentina.* Serie Documentación, n° 3. Grupo de Análisis y Desarrollo Institucional y Social (GADIS). Buenos Aires. Mimeo.

Raffestin, Claude. (1986); *Pour une géographie du pouvoir.* Editorial Litec. París.

Smith, Neil (1992); "Geografía, diferencia y las políticas de escala". En *Revista Terra Livre,* año 18, n°. 19. San Pablo.

PARTE 2

El entramado institucional y la gestión social

Lo que acostumbramos a llamar instituciones necesarias, muchas veces son instituciones a las que nos hemos acostumbrado

Alexandre de Tocqueville (1805-1859)

CAPITULO V

El marco institucional de las políticas sociales:

posibilidades y restricciones para la gestión social[71]

*Fabián Repetto***

En los últimos años, la política social latinoamericana se ha visto inmersa en un debate común también a otras áreas de gestión pública: la importancia que para su formulación y gestión tiene el marco institucional. Desde frases casi de sentido común, como "las instituciones importan", a la declarada preocupación por una supuesta "segunda generación de reformas", decisores políticos y demás actores relevantes han venido llamando la atención sobre ese aspecto no fácilmente asequible llamado marco institucional.

Lo que este capítulo se propone explorar, en consecuencia, es de qué se habla cuando se hace referencia al marco institucional, pero no para el mero ejercicio analítico sino para entender el modo en que dicho marco (o entramado) afecta al conjunto del proceso de la política social, inscribiéndose allí los aspectos propiamente de gestión. Dicho de otro modo, la reflexión sobre institucionalidad social permite distanciarse, al mismo tiempo, de dos perspectivas extremas y poco conducentes al momento de intentar transitar desde la comprensión de la realidad a la intervención sobre la misma: a) de aquellas miradas extremadamente amplias, que entienden las políticas públicas (y en particular, las políticas sociales) como un resultado "puro" de aspectos generales, sean estos la correlación de fuerzas socio-económicas o la política entendida como ámbito con plena autonomía; y b) de aquellas miradas extremadamente acotadas, que interpretan que las políticas públicas (incluyendo por supuesto las sociales) son simplemente un mecanismo de práctica técnico-administrativa, donde la gestión es expresión de lo que indica la "regla de operación" o "el manual de procedimientos".

---

* Especialista en política social y consultor internacional.

[71] Este capítulo se respalda en trabajos anteriores del autor. Ver Repetto (2000, 2002, 2004, 2005 y 2006).

La gestión social es por definición compleja. Lo explica bien Martínez Nogueira, al afirmar: "La gerencia de lo social no puede dejar de lado las condiciones y demandas de su contexto de operación, desconocer su inmersión esencial en lo político, alejarse de las cuestiones sustantivas básicas de las intervenciones sociales, ignorar la extrema diversidad de programas y la complejidad de las relaciones interorganizacionales, ni dejar de construir un conocimiento sistemático que permita acrecentar sus capacidades para enfrentar conflictos, tensiones e incertidumbres" (2007: 79).

Lo primero que se requiere en este capítulo, si se busca una virtuosa separación de aquellos extremos y se reconocen las complejidades que acarrea la gestión social, es ubicar la política social en el marco de dos cuestiones: por un lado, en el conjunto de ámbitos que potencialmente pueden proveer bienestar social; por el otro, en lo referido específicamente a su ubicación dentro de lo que hace o deja de hacer el Estado.[72]

Si los problemas que son definidos como sociales (en tanto subconjunto de "los problemas públicos") tienen múltiples causas, es evidente que las respuestas para enfrentarlos no pueden quedar acotadas a un único macro actor (caso emblemático, el Estado)[73] ni a un único organismo al interior del aparato estatal. Lo que es claro y evidente, es que para hablar de política social sí se requiere de algún tipo de presencia del Estado, sea decidiendo, regulando, financiando, gestionando (o algún tipo de combinación de estas funciones).

Si la política social tiene entonces un componente central y distintivo de estatidad, cobra fuerza el siguiente interrogante: ¿cómo entender los retos y desafíos a los que se enfrenta un Estado determinado (en cierto momento y lugar) en materia de "política social"? Si bien un tipo de respuesta posible remite a mirar lo que oficialmente se define como "gasto social" o cómo se conforma la administración pública en términos de la división formal de responsabilidades para atender "problemas sociales", el argumento que aquí se busca fundamentar da cuenta de que esas aproximaciones son útiles pero insuficientes.

Lo que se quiere sugerir, en pocas palabras, es que ubicado el campo de la política social como parte constitutiva del accionar estatal (en tensión/complementariedad con otras fuentes de potencial bienestar), esa relación en general estrecha entre cómo se distribuye el gasto social y la división funcional-administrativa del Estado poco nos dice del modo en que un gobierno procesa el vínculo entre problemas sociales multi-dimensionales y respuestas estatales sectorializadas, al mismo tiempo que gestiona ese tránsito de problema a decisión y de decisión/diseño a implementación/evaluación.

---

[72] Claudia Danani problematiza en el capítulo I la definición de política social.

[73] Esto implica reconocer, junto a múltiples autores (por ejemplo, Esping-Andersen (1990) y Adelantado *et al.* (1998), que también otros actores son fundamentales como potenciales proveedores de bienestar, destacándose la familia, el mercado y la comunidad. No abordaremos aquí esta complejidad de las "fuentes del bienestar", sino que nos concentraremos en el accionar estatal, particularmente en su dinámica expresión de políticas sociales.

En suma, para entender esa complejidad en materia de gestión de problemas y políticas sociales, se requiere una interfaz analítica y práctica diferente a la del gasto social y la estructura administrativa propiamente dicha. Esa interfaz para comprender la complejidad de lo social, y operar sobre la misma, está dada por las características que adquiera la institucionalidad social.

Este capítulo comienza en su primera sección por demarcar el campo analítico de las instituciones, en tanto materia prima del argumento general. En la segunda parte se enmarca la discusión de un modo general desde la perspectiva de la institucionalidad política y los actores que operan en ella (tratando en parte de transformarla). La tercera sección "aterriza" en el ámbito de la institucionalidad social, elaborando una aproximación amplia que se diferencia de otras miradas en boga en el debate latino-americano, avanzando además hacia tres tipos de efectos que dicha institucionalidad social tendría sobre la gestión social. En cuarto lugar, se presenta un conjunto de escenarios propios de la institucionalidad social, como un modo de mostrar el amplio abanico de expresiones de la misma, con la consiguiente complejidad que ello conlleva para la gestión de servicios, políticas y programas sociales. Finalmente, se presenta un breve epílogo que capitaliza los principales argumentos presentados respecto del vínculo entre institucionalidad y gestión social.

1. ¿De qué se habla al hablar de instituciones?

La vida política que procesa la complejidad pública, y que entre otros aspectos se traduce en la gestión de las políticas sociales, no opera en el vacío. Los modos en que se agregan o desagregan intereses, se procesan los conflictos, se negocian intercambios de recursos y percepciones del mundo están constreñidos por un tejido de mecanismos históricamente conformados, que se denominará aquí "marco institucional". De las múltiples aproximaciones al concepto de "institución" cabe optar básicamente por la propuesta por North (1993), cuando éste interpreta las instituciones como las reglas de juego formales e informales que estructuran las relaciones entre grupos, individuos, gobiernos, enmarcando las posibilidades de vinculación e intercambio de los distintos sectores. Esta perspectiva, que emerge de una cosmovisión económica, contiene sin embargo elementos comunes a otros enfoques institucionales, a la vez que permite una aproximación relevante a ciertos retos estratégicos de la gestión pública.[74]

Las instituciones constituyen un aspecto central de la dinámica política más aún cuando se entiende la misma desde el prisma de los ciclos de políticas públicas, sea para identificar problemas, sea para diseñar y gestionar una política pública donde participen una multiplicidad de actores y en la cual la interacción institucionalizada

---

[74] Otras referencias insoslayables sobre esta temática, de gran auge en la economía, la ciencia política y la sociología en tiempos recientes, resultan ser March y Olsen (1989), Hall (1993), Hall y Taylor (1996), Peters (1999).

entre éstos marque el tono y contenido del proceso: quiénes son aliados y quiénes oponentes, cómo se articulan las coaliciones y cómo se modifican o se sostienen a lo largo del tiempo, qué tan creíbles y objeto de cumplimiento son los acuerdos a los cuales se arriba (Repetto, 2000). La interacción entre los individuos y/o grupos interesados en una temática pública determinada se da dentro de un cierto marco de reglas de juego, razón por la cual remarcar el papel de las instituciones se vuelve central, en tanto las mismas rigen y orientan la acción de los actores, ayudando a estos a crear recursos políticos (Scharpf, 1997): qué se discute y qué se acepta como dado o inmutable, cuáles son los compromisos, procedimientos, premios y castigos.[75]

Expresado de otra manera, el marco institucional permitirá entender la estructura de oportunidades con la que se enfrentan individuos y grupos para interactuar guiados por identidades propias, a la vez que facilitará la comprensión de aquellas potenciales rutas de acceso (Fox, 1994) por donde se canalicen las demandas y necesidades de los distintos sectores que conforman el espacio público. Al decir de Subirats y Gomà (1999), las instituciones estructuran el juego estratégico que se genera alrededor de las diversas problemáticas públicas, pero no son el juego mismo.

Bertranou afirma:

> Las instituciones [...] constriñen las opciones disponibles de acción. En la medida en que sistemáticamente producen determinados resultados (por ejemplo, de política pública), pueden ser cambiadas con objeto de producir otros resultados. Al conocer los resultados que podrían surgir de nuevas instituciones, los actores pueden transformar sus preferencias por determinados resultados por preferencias por instituciones. Pero la transición entre preferencias no es ni automática, ni directa. Esto se debe principalmente a tres aspectos: primero, los recursos necesarios para realizar un cambio institucional son importantes; segundo, la expectativa de vida de las instituciones es mayor que la de los resultados y estrategias; y tercero, la mayor duración institucional extiende el espacio de incertidumbre acerca de los verdaderos resultados que generará a largo plazo. Por ello, Tsebelis habla de las instituciones como inversiones" (1995: 244 y s).

En este sentido, ¿quiénes están dispuestos a invertir a largo plazo en la construcción de marcos institucionales capaces de ayudar a procesar los problemas públicos y actuar sobre ellos?, y luego, en caso de que haya actores con esa agenda entre sus prioridades, ¿se trata de un horizonte de construcción institucional asociado a qué tipo de objetivos y prioridades (el para qué)?

En suma, el papel de las instituciones respecto la gestión pública reside en enmarcar el accionar de los actores que pugnan por darle cierto carácter y dirección a las decisiones y acciones de quienes ejercen el manejo del Estado en diversos campos de

---

[75] Schedler (1998) destaca cuatro atributos que serían comunes en cualquier acepción del término "institución": a) las instituciones son creaciones sociales, tienen por ende un orígen social; b) las instituciones son propiedades colectivas, con lo cual se puede afirmar que las mismas tienen una extensión social; c) las instituciones se asocian a ideas de estabilidad, regularidad, persistencia, recurrencia, por lo cual cabe señalar la extensión temporal de las mismas; y d) las instituciones generan efectos sobre el comportamiento, la interacción, las expectativas y las percepciones, estableciendo en tanto función social restricciones y oportunidades.

intervención, por ejemplo, las políticas sociales. Este reconocimiento de la existencia de distintos ámbitos de acción significa, entonces, que habrá institucionalidades específicas acotadas a un campo particular de problemas-políticas públicas, pero que dichos entramados institucionales "parcializados" se expresan y manifiestan dentro de marcos más generales, propios de la institucionalidad política.

2. Los actores políticos y la institucionalidad política

Resaltar el papel de la institucionalidad política es entenderla como un proceso de inclusión/exclusión en el cual se constituye la agenda pública (representando ciertos intereses e ideologías sobre otros), y se deciden, implementan y evalúan las políticas públicas. Esta jerarquización de la política se asocia al modo en que se definen las prioridades y se actúa sobre ellas. Implica, en suma, colocar en el primer plano el tema de los actores y de las reglas de juego propias de la institucionalidad política.

2.1 ¿Quiénes logran constituirse en actores políticos?

Adquirir protagonismo real y concreto en la esfera pública, por ejemplo para participar de modo activo en ciertas políticas públicas estratégicas (incluyendo la propia definición de los problemas que éstas van a atender), requiere de dotaciones importantes de poder. Por ende, la clave está en aquellos recursos que otorgan relativas dosis de poder a individuos o colectivos. Intereses (sean interpretados éstos de modo subjetivo u objetivo) e ideología, no constituyen por sí mismos fuentes de poder aún cuando le otorguen identidad propia a los diversos involucrados en el espacio público, sino que serán una serie de recursos de poder (y las dotaciones que se tenga de ellos) los que pueden facilitar la materialización de intereses y concepciones del mundo en el plano concreto de las acciones estatales.

No existe consenso en la literatura acerca de cuáles son esos recursos relevantes que definen a un actor político (entendiendo aquí por "actores políticos" a un conjunto más amplio que los políticos profesionales). Es posible, no obstante, avanzar en una aproximación con base en cuatro aspectos sustantivos de la vida pública: lo político, lo económico, lo administrativo y lo ideológico.[76] Se trata de recursos (en términos

---

[76] Este tema ha sido abordado en distintas oportunidades (Repetto, 2000, 2002). En esta ocasión se articula dicha perspectiva con los aportes de Coppedge (2001) cuando destaca cierto tipo de recursos que poseen lo que él denomina "actores estratégicos": cargos públicos; ideas e información; factores de producción; fuerza violenta; grupos de activistas; y autoridad moral. De Mann (1997) se resalta lo político, lo económico y lo ideológico como tres de las principales fuentes de poder social. Asimismo, Alonso (2001) remarca en una línea bastante similar a la aquí presentada cuatro tipo de recursos que movilizan los actores en sus interacciones: 1) recursos estructural-económicos (dirigidos al conjunto de relaciones que el actor establece con otros actores a partir de su poder de mercado o situación estructural); 2) recursos organizacionales (recursos que permiten construir acción colectiva por parte de los actores, y que al interactuar con un determinado marco institucional definen un tipo de relación

de capacidades) con los cuales se debe contar para lograr participar activa y autónomamente en el proceso de las políticas públicas, incluyendo los aspectos propios de gestión de las mismas (tabla I).

Tabla 1. Recursos de poder y algunos ejemplos

Tipo de recurso de poder	Ejemplos
Recursos políticos	- Apoyo de la ciudadanía, de los grupos de interés y de los mandantes políticos. - Autoridad formal. - Liderazgo y autoridad informal. - Movilización y acción colectiva. - Habilidad para negociar, argumentar y comunicar.
Recursos económicos	- Presupuesto. - Dinero para incidir en la agenda gubernamental.
Recursos técnico-administrativos	- Mandato legal. - Organización. - Información y habilidad para procesarla. - Expertise burocrática. - Capacidad para descifrar contextos de incertidumbre.
Recursos ideológicos	- Ideas y valores con legitimidad social. - Prestigio moral .

Esta perspectiva plural respecto de los recursos de poder necesarios para incidir en las políticas públicas apunta a resaltar los vasos comunicantes entre dichos recursos (y sus expresiones concretas), al mismo tiempo que se propone desdibujar la asociación lineal –y estanca– entre ciertos recursos y ciertas fases de las políticas públicas. De este

---

con las agencias estatales; 3) recursos político-institucionales (marco legal que define la estructura de oportunidades de que disponen los distintos actores para ejercer influencia y presión en determinada arena política: reglas, instituciones y prácticas que funcionan como condición de posibilidad para que los actores puedan hacer uso de los recursos de poder instrumentales (ej. *lobby*); y 4) recursos de información (fluidez en el flujo informativo entre los actores).

modo, se diluye la identificación de la gestión exclusivamente con equipos burocráticos que poseen o no recursos (capacidades) administrativas, pasando a ser la gestión, más bien, aquel espacio donde se ponen de manifiesto aspectos ideológicos, económicos y, en esencia, políticos, espacio caracterizado por la confluencia de múltiples actores, estatales y no estatales.

Los ámbitos de gestión pública suelen operar, en la práctica, como redes políticas muy complejas. Según el peso relativo de cada actor y en base a la dotación con que cuenta de estos recursos de poder recién presentados, será la capacidad política acotada de un actor individual o colectivo, la cual será utilizada para negociar o para ejercer acciones de veto en dichos ámbitos de interacción.[77] Debe indicarse, sin embargo, que la interacción política en el espacio público ligada a la disputa/articulación de intereses e ideologías no suele darse entre actores aislados de su entorno, sino que se da por lo general a través de coaliciones políticas en las cuales participan esos involucrados. Suelen ser estas conformaciones, cuyo cemento son precisamente los intereses y/o las ideologías en común,[78] las que permiten que se potencien los recursos que cada actor o involucrado en los espacios de gestión posee por sí mismo y que, en forma individual, no le permite actuar activamente en aquellos ámbitos de lo público donde más desean o necesitan participar. Son las coaliciones las que, agregando múltiples recursos (aportados por múltiples jugadores que incluso no participan de modo directo en el "juego de la coordinación"), generan sinergias importantes, dando lugar a capacidades políticas agregadas, que implican algo diferente a la sumatoria de las capacidades políticas acotadas de los miembros de la coalición.[79]

Las coaliciones políticas que operan desde "adentro" pero también en la frontera con el "afuera" de los ámbitos de gestión son interpretadas aquí del siguiente modo: 1) una conformación más o menos estable entre individuos y/o grupos de esferas diversas (Estado, régimen político, sociedad, mercado, sistema internacional) que poseen ciertas dotaciones de recursos (aunque sean mínimas) factibles de transformarse en

---

[77] Para un análisis sobre los "actores de veto", ver Tsebelis (1998).

[78] Según Sabatier y Jenkins-Smith (1999), y respecto a los sistemas de creencias, cada coalición está organizada en una estructura jerárquica tripartita: a) en el nivel más elevado, el núcleo del sistema de creencias incluye bases ontológicas y creencias normativas, como por ejemplo, la evaluación de la libertad individual frente a la equidad social, el cual opera en diagonal a todas las demás áreas; b) en otro nivel, el núcleo de creencias políticas, el cual representa las garantías básicas normativas de las coaliciones y las percepciones causales que se pueden encontrar a través de un subsistema, siendo según los autores el mas importante a considerar, pues representa las normativas básicas y las garantías empíricas en el área de especialización de una política de élites; y c) por último, se encuentran aspectos secundarios del sistema de creencias, los cuales contienen una serie de creencias concerniente a la seriedad del problema, al diseño de instituciones específicas, preferencias políticas a la luz de regulaciones deseables o presupuestarias, y las evaluaciones de desenvolvimiento de los actores.

[79] La literatura sobre coaliciones puede complementarse con la discusión de redes de políticas públicas, en tanto en esta aproximación se jerarquiza el papel que tienen los actores y sus interacciones. Para un "estado del arte" sobre esta cuestión, ver Zurbriggen (2003).

elementos de peso en la conflictiva disputa de poder, 2) que tienen intencionalidad de participar de modo conjunto del juego político propio de ciertas temáticas públicas, y 3) que lo hacen a partir de compartir, con base en el reconocimiento mutuo, algunos intereses y/o ideologías en común. Los participantes de las coaliciones son jugadores estratégicos, razón por la cual toman múltiples decisiones (entre otras la de permanecer o no en la coalición, y en caso de hacerlo, de qué forma y con qué intensidad), guiados por sus intereses e ideologías pero también evaluando lo que buscan como objetivos los otros involucrados en la temática pública en cuestión (formen o no parte de la coalición). En ese sentido, un aspecto clave para entender el rol de las coaliciones está asociado al modo en que los involucrados calculan y perciben subjetivamente sus recursos propios y también los ajenos (Klijn *et al.*, 1995).

Ratificando el argumento previo, Sabatier y Jenkis-Smith (1999) señalan que los actores de las coaliciones actúan restringidos por amplios prejuicios y limitaciones, sea por factores de tiempo, de cultura o de información limitada. "Al forjar la política, los actores sociales y el Estado interactúan; los unos requieren del otro. La interacción de los actores sociales es afectada por las reglas y las instituciones por las cuales actúan. Pero el efecto de las reglas y de las instituciones depende de quien trate de usarlas y con qué propósito" (Gourevitch, 1993: 268 y ss.).

2.2 Notas sobre la institucionalidad política

Se ha esbozado ya la idea de que los actores políticos (y quienes pugan por serlo) no operan en el vacío, sino que lo hacen en el marco de cierta institucionalidad. Indicado lo anterior, es evidente que la política de las políticas públicas (entre ellas las sociales) debe ser explicada en función del proceso que resulta no sólo de las interacciones entre los actores involucrados (incluyendo sus capacidades y comportamientos), sino también en relación al sistema de instituciones políticas que organiza el poder en una sociedad. En tal sentido, el proceso político es resultado de la articulación de los diversas estrategias desplegadas por el conjunto de actores individuales y colectivos intervinientes. Para comprender/explicar por qué pasó lo que pasó, es necesario comprender/explicar por qué los actores hicieron lo que hicieron. Y esta intencionalidad (que se encuentra en las raíces u orígenes de un proceso y no en su culminación o resultado, el que puede no coincidir con ninguno de los objetivos perseguidos por los actores) sólo es explicable a partir de la comprensión de la forma en que las instituciones o incentivos influyen sobre el actor. Una misma estructura de incentivos o estructura institucional puede resultar en comportamientos diversos en función de otros incentivos (instituciones o juegos) en los que el actor puede estar simultáneamente envuelto con sus intereses, recursos e ideología.[80]

---

[80] Estas aproximaciones preliminares al modo en que la política influye sobre las políticas están respaldadas en Acuña y Repetto (2001).

En una línea teórica similar, Tommasi y Spiller (2001) resaltan la necesidad de comprender la estructura de *governance* de un país para entender prácticas concretas en ámbitos específicos de la gestión pública. La interpretan como los mecanismos básicos de toma de decisiones (asignación de autoridad) mediante el cual se estructuran los intercambios a futuro, lo cual resulta muy importante en tanto en la interacción política resulta imposible establecer "contratos completos". Esto genera altas dosis de incertidumbre en materia de institucionalidad política, lo cual suele manifestarse en términos de discrecionalidad y de inestabilidad, factores que en general afectan negativamente los procesos de gestión de las políticas públicas.

Como elemento adicional a destacar en estas notas en torno a la institucionalidad política, "aterrizada" en el escenario latinoamericano, conviene acompañar a Carrillo Flórez, cuando afirma: "Los poderes fácticos que crean instituciones informales han crecido desmesuradamente (…). Los grupos económicos, los medios de comunicación, el clientelismo y la discriminación son ejemplos de institucionalidad informal en América Latina que pueden volverse incompatibles con el Estado democrático de derecho y la economía de mercado. Esta informalidad ha tratado de controlar el poder político, estimular el corporativismo, la captura de rentas y con ello la confianza en las instituciones" (2004: 321). Si algo resalta en particular de esta afirmación, es el reconocimiento de que la institucionalidad política no constituye una abstracción, sino que representa un terreno poblado de individuos y grupos que pugnan, al mismo tiempo, tanto por favorecerse de las reglas existentes como por cambiar aquellas que los afectan negativamente.

Esto remite a jerarquizar el vínculo entre institucionalidad política y otras institucionalidades más específicas (por ejemplo la institucionalidad social). El siguiente esquema (adaptado de Repetto, 2005) apunta a reafirmar la idea de que "los efectos de las instituciones políticas sobre la formulación de políticas públicas sólo pueden entenderse de manera sistémica" (BID, 2006: 8).

Gráfico 1

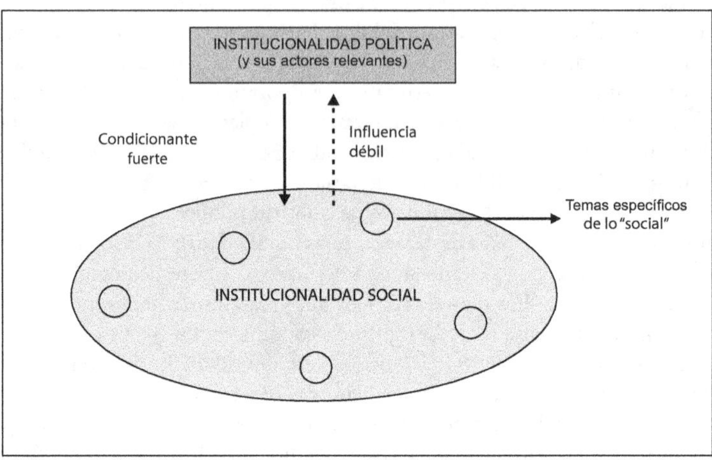

Como queda en evidencia, el argumento sostiene que las reglas más generales del juego político (aquellas que definen cómo se distribuye y procesa el poder en una sociedad determinada, abierta a las presiones internacionales) afectan de un modo fuerte y directo al entramado de reglas formales e informales (a los actores intervinientes) en el campo de lo social.[81] Esto no implica, por supuesto, dependencia plena por parte de la institucionalidad social respecto lo que sucede en el plano más general del juego político, pero sí es evidente que éste condiciona lo que suceda en materia social, sea por el lado de qué problemas se definen como prioritarios, sea por el lado de las políticas públicas y otras intervenciones público no estatales que se ponen en marcha para actuar sobre los aspectos críticos de la "cuestión social", sea en el ámbito específico de la gestión social.

El gráfico busca, también, salir al cruce de perspectivas autocentradas en institucionalidades específicas (en este caso, la institucionalidad social). Esto, en tanto una mirada parcial que olvida o descuida la importancia de las instituciones políticas, obstaculizará una real y crítica comprensión de los límites y las posibilidades de cambio de la propia institucionalidad social que afecta el vínculo entre problemas sociales y políticas sociales. Asimismo, y aún bajo la modalidad de débiles influencias, también lo acontecido en la institucionalidad social podría afectar el marco más general de la

---

[81] "Finalmente, las intervenciones de política son siempre el resultado de un complejo proceso de decisiones administradas por el sistema político. Por lo tanto, las instituciones de alto nivel, aún sin ser instituciones específicas de las políticas sociales, son un elemento central en la determinación de las mismas" (Galiani, 2006: 19).

institucionalidad política. Un solo ejemplo al respecto: el potencial impacto que un avance significativo hacia un sistema de derechos real en la institucionalidad social tendría sobre el juego político.

3. La institucionalidad social: ¿cómo interpretarla?, ¿cuáles son sus efectos sobre la gestión social?

La gestión social, en tanto expresión concreta y temática de la gestión pública, expresa una multiplicidad de aspectos. Afirman Chiara y Di Virgilio: "La gestión es vista como un espacio privilegiado de reproducción y/o transformación de la política social a través de los actores que —en esos espacios— juegan sus apuestas estratégicas. Así concebida, la gestión opera como 'espacio de mediación' entre los procesos macro y la vida cotidiana de la población".[82]

La institucionalidad social es precisamente la que da marco tanto a la interacción de los actores (y quienes luchan por serlo) como a dicho "espacio de mediación". Obviamente, no se trata de una interfaz neutral respecto de qué problemas se priorizan (y bajo qué relaciones causales se expresan), qué decisiones se toman y cómo se gestiona ese vínculo entre problema social y política social. Esta aproximación habrá de implicar, en consecuencia, mayor atención a la calidad institucional que al grado de institucionalidad existente, tal como suelen proponer otros autores.

En tanto la discusión práctica sobre institucionalidad social no es neutral, cabe reconocer que el desafío de construir y/o reconstruir dicha institucionalidad de un modo que sea virtuosamente apropiada para ayudar a procesar de modo incluyente los problemas sociales, y actuar de modo progresista sobre los mismos, está resultando uno de los "juegos" más complejos a los que se están enfrentando los países, en particular aquellos en desarrollo, luego de las primeras y profundas medidas de reformas estructurales aceleradas en las décadas pasadas. Y esto, en tanto el tránsito hacia una nueva matriz política (por ejemplo en América Latina) no sólo ha cambiado el mapa de ganadores y perdedores respecto de modelo de la segunda posguerra, sino que también ha transformado las principales reglas de juego político dentro de las cuales aquellos interactúan.[83] Dicho de un modo más simple y como pregunta: ¿es posible construir institucionalidad social incluyente en un marco político-institucional excluyente?

---

[82] Chiara y Di Virgilio, capítulo II de este libro.

[83] "Una matriz política, específicamente, es un sistema de variables y constreñimientos que fijan límites y probabilidades diferenciales para la realización de intereses sociales y para el alcance de objetivos políticos [...]. En este sentido, podemos pensar la matriz política como un sistema de variables estructurales, político-institucionales e ideológicas que: (a) fija los límites de factibilidad para la realización de intereses y alcance de objetivos políticos; (b) define probabilidades diferenciales para la realización de intereses y el alcance de objetivos políticos factibles; (c) brinda a los distintos actores un conocimiento o mapeo de cómo funcionan las relaciones sociopolíticas y, por lo tanto, influyen

En diversos y recientes aportes sobre la institucionalidad social, sin duda importantes y sobre todo pertinentes para América Latina, han comenzado a emerger avances respecto a cuáles serían los atributos y/o elementos que caracterizarían dicha institucionalidad. Machinea y Cruces (2006), por ejemplo, resaltan los siguientes: a) reglas claras, objetivos concretos y continuidad de la política social; b) gestión eficaz, transparencia y evaluación; c) articulación y coordinación; d) participación y reclamo; e) dimensión territorial; f) capacidad de regulación e interacción con el mercado; y g) instancias de exigibilidad de derechos. En otro trabajo sugerente, Székely (2006) formula un decálogo de lo que denomina la "institucionalidad de la política social", y aunque resulta fuertemente criticable su identificación de política social y políticas frente a la pobreza como sinónimos (es en esta última en la cual se concentra), su punteo aporta valor a la discusión: 1) existencia de un Ministerio de Desarrollo Social cuyo principal mandato sea el combate a la pobreza; 2) establecimiento de objetivos concretos en un plan o programa nacional; 3) definición y adaptación de indicadores de evaluación del cumplimiento de objetivos; 4) marco jurídico estableciendo responsabilidades, facultades y atribuciones por actor; 5) presupuesto para ejercer facultades; 6) mecanismos explícitos de coordinación intra y entre órdenes de Gobierno; 7) contraloría social e instancias de participación y atención ciudadana; 8) existencia de reglas de operación para los programas y acciones; 9) construcción de padrones de beneficiarios; y 10) marco jurídico para reglamentar el comportamiento y conducta de funcionarios.

Destacan importantes confluencias y complementariedades entre ambos enfoques. No obstante, emergen limitaciones en cada caso. En el primero de los aportes se trata de un listado de atributos del cómo se expresaría la institucionalidad social, faltando explorar con más profundidad el modo en que la conjunción (deseable pero no siempre posible) de estos aspectos permitiría plasmar los propios principios (obviamente normativos) que los autores resaltan para la política social: universalidad, solidaridad y eficiencia (Machinea y Cruces, 2006: 23). En el segundo estudio (Székely, 2006), además de la ya indicada limitación de acotar la política social al combate a la pobreza (cuestión que oscila entre ser una decisión conceptual y una decisión política),[84] también emerge un excesivo énfasis en el cómo, dejando sin abordar las posibilidades

---

la percepción sobre los límites de factibilidad y más eficientes cursos de acción para el alcance de objetivos y realización de intereses" (Acuña, 1995: 15-16).

[84] El autor obviamente no se desentiende del asunto, al afirmar: "A lo largo del documento empleamos indistintamente los términos de combate a la pobreza y de política social, ya que este último término es el que se ha utilizado comúnmente en la región para hacer referencia a las políticas y programas dirigidos a la población en pobreza. Evidentemente el concepto de política social puede utilizarse en un sentido mucho más amplio, pero dado que en los arreglos institucionales de la mayoría de los países de la región se ha marcado una clara distinción entre los programas cuyo objetivo es el combate de la pobreza, y otras políticas como la educación y la salud que son de carácter universal, nos centraremos en esta definición más acotada de política social" (Székely, 2006: 4).

o limitaciones que la institucionalidad social podría generar respecto del para qué de la política social.

Es importante reconocer que la institucionalidad social es más amplia que el sistema de reglas (por lo general formales) relacionado con los organismos del Estado con responsabilidad en materia de política social. Esto remite a reconocer la importancia de otras reglas y otros jugadores que no están directamente imbricados en el Estado (sean una ley de carácter social o un ministerio sectorial social, nacional o subnacional). Afirman Machinea y Cruces: "aunque la calidad institucional es relevante en todas las esferas del quehacer público, las políticas sociales son muy demandantes, ya que son por definición redistributivas, suelen cruzar límites jurisdiccionales, exigen una movilización de recursos en todo el territorio, involucran a diversos actores políticos en las múltiples etapas del proceso de diseño e implementación, se adoptan con el fin de hacer frente a un problema muldimensional y tienen un importante componente intertemporal" (2006:20-21).[85]

Con los argumentos antes presentados como "telón de fondo", es posible ahora esbozar una nueva aproximación al concepto que aquí nos ocupa:

> Se interpretará la "institucionalidad social" como el conjunto de reglas de juego formales e informales (incluyendo las rutinas y costumbres organizacionales) que se ponen en funcionamiento para procesar y priorizar los problemas sociales, a la vez de enmarcar el contenido y la dinámica administrativa y política de las políticas sociales. Para todos los involucrados, la institucionalidad social representa un entramado de incentivos que estructura sus límites y oportunidades de negociación y acción, lo cual, sin embargo, no clausura las posibilidades para que se avance en transformaciones más o menos amplias de dicha institucionalidad.
>
> Repetto (2004).

Así entendida la institucionalidad social, queda en evidencia que aquellos criterios y elementos sugeridos por Machinea y Cruces (2006) y Székely (2006) pueden o no estar presentes en el sistema de reglas de juego vigentes en el campo de lo social de una sociedad determinada, sin que por ello deje de haber "institucionalidad social". Esto conduce a la siguiente pregunta: ¿mayor institucionalización es sinónimo de mejor calidad institucional?

La respuesta al interrogante anterior debe ser evidentemente matizada, ya que a veces la mayor institucionalización deriva en rigideces y rutinas improductivas, o

---

[85] Reconocida esta complejidad, lo que sí es evidente es que al interior de las áreas sociales del Estado coexisten institucionalidades muy consolidadas (los casos de Educación y Salud son emblemáticos pero no únicos) con otras de menor grado de institucionalización (el ejemplo típico son las áreas relacionadas con el combate a la pobreza).

simplemente se queda en meros formalismos. Asimismo, la mirada centrada en la calidad institucional lo que permite observar es el modo en que la institucionalidad social "filtrará" qué problemas públicos alcanzarán prioridad en la agenda gubernamental (incluyendo una cierta lectura sobre sus causas) y cuáles serán los contenidos de política social que se decidirán, diseñarán e implementarán.[86]

La perspectiva de la "calidad institucional" permite entonces la conformación de dos tipos ideales: uno de baja calidad y otro de alta calidad. Obviamente, al tratarse de tipos ideales no debiése esperarse encontrarlos en estado puro en la realidad de la política y la gestión social, pero sí es posible atender a sus rasgos fundamentales, para ubicar en ese contexto los retos, las posibilidades y los desafíos de la gestión social.

Tabla 2. Tipos ideales de institucionalidad social

Institucional social de baja calidad	Institucional social de alta calidad
Estructura de oportunidades cerrada y sesgada sólo a la recepción de demandas sociales de grupos poderosos.	Canales abiertos a la recepción real y no solamente discursiva de las demandas de los grupos menos favorecidos de la sociedad.
Amplios márgenes de discrecionalidad por parte de los decisores.	Los decisores deben actuar siguiendo el marco de deberes y responsabilidades que deriva de un sistema de derechos sociales cuyo cumplimiento es tendencialmente efectivo.
Reglas difusas o incluso ausencia total de reglas formales, relacionadas con la definición (o indefinición) de responsabilidades en materia social.	Reglas claras respecto de quién hace qué en el campo de la política social, en función de las capacidades comparativas de cada actor involucrado.

---

[86] En esta línea es posible acompañar a Aguilar Villanueva cuando, explorando los temas de conformación de agenda, incorpora elementos comunes a este argumento acerca de la institucionalidad social: "La formación de la agenda de gobierno, así como de hecho sucede, evidencia la salud o enfermedad de la vida pública. Deja ver quiénes son los que efectivamente definen y justifican los problemas públicos, cuáles grupos y organizaciones tienen efectivamente la fuerza de transubstanciar cuestiones sociales en públicas y en prioridades de gobierno, cuáles organismos y decisores gubernamentales están siempre prontos a actuar frente a las demandas de determinados grupos, cuál es el firmamento ideológico que otorga valor y prioridad de asunto público a cuáles cuestiones. Revela, en suma, cuál es la estructura de poder que domina efectivamente la hechura de una política" (1993: 27).

Institucional social de baja calidad	Institucional social de alta calidad
Reglas informales que sustentan y reproducen el clientelismo y el patronazgo.	Reglas informales que favorecen la innovación y la creatividad en la gestión social.
Escasos incentivos (o ausencia de ellos) para la rendición de cuentas.	Apropiados y transparentes sistemas de rendición de cuentas, y criterios claros para definir premios y castigos.
Reglas difusas y/o ambiguas relacionadas con la operación de los programas e intervenciones concretas.	Reglas claras y conocidas por todos los involucrados, que definen con precisión los aspectos operativos de la gestión social.

Los tipos ideales contenidos en esta tabla arrojan por lo menos dos conclusiones iniciales. Por un lado, en cuanto al para qué de las políticas sociales, es evidente que varios de los rasgos del tipo "Institucionalidad social de alta calidad" abren la posibilidad (sólo la posibilidad) para la conformación de una agenda amplia de problemas sociales a enfrentar, así como el eventual avance (sólo el eventual) hacia respuestas de políticas sociales que atiendan las causas estructurales de dichos problemas, aprovechando las mejores capacidades de los actores involucrados y las oportunidades que brinda el sistema de reglas formales e informales conformado en "clave de derechos"; esto implicará, asimismo, atender a los efectos que el abanico combinado de restricciones y oportunidades institucionales[87] generará sobre los márgenes de decisión de quienes están en condiciones de definir (o incidir en) la agenda gubernamental. Lo contrario habría de suceder si las características apuntalan una "Institucionalidad social de baja calidad", lo cual derivará en una "ventana de oportunidad" para que los actores más poderosos incorporen sesgos particularistas y excluyentes a la definición de las prioridades y las políticas sociales estratégicas. Por otro lado, es evidente que el cómo se enfrentarán los principales desafíos sociales también estará condicionado por la calidad de la institucionalidad social, toda vez que la gestión social tenga mayores posibilidades de agregar valor y fomentar mejores resultados (al menos de equidad social y legitimidad política) si se inscribe en un entorno de alta calidad institucional, donde los nudos críticos son procesados en entornos de diálogo y transparencia sin que por ello desaparezcan los conflictos de intereses.

¿Cuál es entonces la relación entre institucionalidad social y gestión social? En tanto esta última se relaciona fuertemente con el cómo, podría afirmarse que el sistema

---

[87] Ya se estaría hablando no solamente de la institucionalidad social sino también de la relacionada con las propias reglas de juego de la política.

de reglas de juego vigente en materia social (y sus vínculos con la institucionalidad política más amplia) afecta la gestión en tres modos. Por una parte, en lo que se llamará "efecto indirecto", que afecta con respecto a qué problemas se van a decidir y diseñar políticas sociales, acotando así el campo de acción sobre el cual se habrá de gestionar. Por otra parte, en lo que se denominará "efectos transversales", en relación a aspectos que afectan al conjunto de la política social, por ejemplo los desafíos de la coordinación intersectorial o la descentralización de servicios, políticas y programas. Finalmente, el tercer modo en que la institucionalidad social afecta la gestión social se asocia a los "efectos directos", es decir, aquellas reglas de juego formales e informales que facilitan u obstaculizan la transformación de una decisión de política social (y su correspondiente diseño) en un conjunto de acciones prácticas a ser implementadas. Se presentan aquí algunos ejemplos de cada uno de estos tres efectos.

En cuanto a "efectos indirectos", la institucionalidad social vigente habrá de delimitar el conjunto de problemas sociales sobre los cuales habrá de requerirse de prácticas de gestión: ¿se gestionará sobre el problema de la pobreza o el de la desigualdad?, ¿se habrá de gestionar en aspectos de pobreza urbana o rural?, ¿se deberán gestionar problemas relacionados con los jóvenes o con las personas de la tercera edad?, etc. Esta definición de los temas y aspectos sobre los cuales intervenir en el campo de la política social tiene sin duda clara importancia para la definición de los instrumentos administrativos de gestión, así como en relación a las complejidades políticas, económicas e ideológicas a las que habrán de enfrentarse los responsables (organizaciones e individuos) de la gestión. Acá la atención se concentra en aquellas reglas formales e informales que afectan la conformación de la agenda gubernamental y la toma de decisiones estratégicas respecto a qué hace y qué deja de hacer el Estado en lo social.

Respecto a los "efectos transversales", es indudable que serán diferentes los retos de gestión social si se trata de una decisión propiamente sectorial (por ejemplo, la definición del perfil epidemiológico de una población o el cambio de la currícula escolar) que de cuestiones que afectan a varios sectores del Estado (por ejemplo, la gestión de un programa de transferencias condicionadas, que requiere no sólo de la transferencia monetaria y el control de quien la recibe desde el lado de la demanda, sino también de prestaciones de salud, educación y otros aspectos, más asociada a la oferta de servicios cuya responsabilidad no recae en la misma organización responsable del mencionado programa). En esos casos, importan tanto las normas escritas que dan las pautas para la coordinación, como las prácticas no escritas que facilitan u obstaculizan una gestión intersectorial. Otro ejemplo donde la institucionalidad social genera efectos transversales sobre la gestión social es cuando el contenido concreto a gestionar (un servicio, una política, un programa) implica la intervención de diversas jurisdicciones estatales, por ejemplo, el nivel central, el subnacional (provincias, departamentos o cómo se lo denomine en cada caso) y/o el municipal, lo cual remite tanto a interpretar el alcance de las normas formales vigentes para regular estas relaciones, como al tipo de prácticas de cultura política que afectan dichos vínculos.

Finalmente, en cuanto a los "efectos directos", se está haciendo referencia a aquellos casos en los que las reglas de juego vigentes dan el marco preciso para la gestión concreta de intervenciones sociales. También aquí importan las reglas escritas y no escritas. En el primer caso, destacan situaciones donde las reglas de operación de un programa social y/o manual de procedimientos de una organización pública marcan de modo más o menos estricto el alcance y los pasos rutinarios que debe seguir la gestión social, lo cual queda en evidencia en países con fuerte tradición formalista o con incipientes avances en la formalización de cómo se deben llevar adelante las acciones públicas en materia social. En el caso de las reglas de juego no escritas, el modo en que éstas afectan la gestión puede dar lugar tanto a innovaciones que fomenten la calidad de la acción pública como a la reproducción y consolidación de prácticas clientelares (y a un número amplio de otras posibles situaciones).

Los diversos efectos de la institucionalidad social se expresan en materia de gestión social no de un modo abstracto o aleatorio, sino en ámbitos (escenarios) concretos, en los cuales la gestión social se diversifica como concepto, constituyendo, y sólo a modo de ejemplo, tanto un momento de operación administrativa de un programa social como el modo de articulación de intereses entre actores del Estado, el mercado y la sociedad civil, pasando por las propias complejidades de las prácticas intergubernamentales entre diversos organismos del Estado. Se desarrollan a continuación estos posibles escenarios.

4. Escenarios propios de la institucionalidad social

Cabe reconocer que no toda regla de juego (más allá de su grado de formalidad o informalidad) incide del mismo modo al momento de traducirse en aspectos concretos de gestión social, por lo que cabe reconocer a las instituciones según el nivel de su dominio. Tomando la nomenclatura propuesta por Acuña y Tommasi (1999), puede hablarse de R1, R2 y R3. Reglas de primer nivel, (R1), tienen que ver con aquel conjunto de reglas, rutinas o normas que afectan resultados o contenidos específicos de una acción pública puntual, por ejemplo, a nivel de programa. Las reglas de segundo nivel, (R2), son reglas que determinan resultados específicos (a las de nivel R1): una ley que identifica los tomadores de decisiones y la forma en que estos deciden las reglas de menor nivel implica un ejemplo de R2 formal; la inclusión de ciertos jugadores en la decisión del formato y naturaleza de la R1 en cuestión, más allá de no tener autoridad legal para ello, constituye un ejemplo de R2 informal. Las reglas de tercer nivel, (R3), son aquellas que gobiernan las de menor nivel (R2) que a su vez determinan las de todavía menor nivel (R1) que inducen resultados específicos. Reglas R3 definen quién y cómo se hacen las reglas en términos generales (esto es, más allá de asuntos específicos) y, en este sentido, instituciones de nivel R3 definen los procesos de participación política y decisionales en el ámbito público. Estas reglas definen la naturaleza del vínculo entre Estado, régimen político, sociedad y mercado en determinados contextos internacionales. Ejemplos de R3 formales son, obviamente, las Constituciones (a nivel de un territorio nacional dado) y, en muchas ocasiones según el peso específico de sus contenidos, los pactos fiscales[88].

Tomando como marco analítico un enfoque que presta atención a la institucionalidad social y sus vasos comunicantes con la gestión social, es pertinente atender ahora a aquellos escenarios donde ambos aspectos intersecan. Se trata, claro está, de ámbitos donde las reglas (primordialmente ubicadas en R2) estructuran la interacción de los actores, pero donde los propios actores buscan afectar (a su favor) el sistema institucional. Y donde la gestión, en tanto espacio, se pone de manifiesto de diversas maneras y a través de diferentes expresiones.[89]

Tabla 3. Escenarios fundamentales de la institucionalidad social

Escenarios fundamentales de la institucionalidad social
- Los escenarios propios e internos de cada organización estatal con responsabilidad en la política social.
- Los escenarios asociados al ámbito de los gabinetes de ministros en general y el de los sectores sociales en particular.
- Los escenarios de interacción entre las autoridades de las áreas sociales nacionales, sub-nacionales y/o locales.
- Los múltiples escenarios propios de la interacción entre los poderes ejecutivo, legislativo y judicial en materia social.
- Los diversos escenarios relacionados con las interacciones entre actores estatales y de la sociedad civil y el mercado.
- Los escenarios que se conforma en la relación entre actores estatales y actores del sistema internacional.
- Los escenarios que enmarcan el vínculo entre expertos, académicos, consultores y equipos político-técnicos del Estado.

---

[88] Podría hacerse referencia también, prolongando el argumento de los autores, al nivel institucional R4, asociado a las reglas formales, pero sobre todo a las informales, que enmarcan las relaciones económicas y políticas internacionales. Lo que sucede en este plano puede, sin duda, afectar el entramado institucional que opera a escala nacional.

[89] En Acuña y Repetto (2006) se avanzó en una metodología de análisis para interpretar varios de estos múltiples vínculos, asociándola en particular al caso de las políticas frente a la pobreza.

Se presenta a continuación una breve descripción de cada uno de los escenarios:[90]

1) *Los escenarios propios e internos de cada organización estatal con responsabilidad en la política social.* Un aspecto muy relevante a considerar es el modo en que se procesan los conflictos políticos al interior de las organizaciones con mandato de actuar en materia social. Suelen registrarse dos mitos cuya creencia afecta la real comprensión de la dimensión política: por un lado, se cree muchas veces que dichas organizaciones son homogéneas en cuanto a criterios, mandatos y valores que poseen las diversas gerencias, departamentos, divisiones y unidades; por el otro, se confía en exceso en que el ejercicio de la autoridad formal (la llegada de un nuevo ministro, por ejemplo) es condición suficiente como para que esa organización direccione su accionar en línea con las nuevas prioridades fijadas por el líder político que la encabeza coyunturalmente. Desmontar estos mitos, entender la estructura de poder real (más allá del formal), conocer la cultura organizacional, detectar e interpretar los incentivos de las coaliciones internas, reconocer equipos de apoyo, debilitar actores de veto, son tareas mínimas e indispensables a llevar adelante si lo que se quiere es que la organización responda, en clave de gestión, al movimiento del timón político. Si se quieren interpelar las reales posibilidades que puede tener una organización para lograr que su posición tenga ascendencia en el momento de agendar temáticas y/o aspectos específicos de las mismas, y gestionar aquellas decisiones estratégicas que se tomen, se requiere prestar atención a cuestiones tales como las siguientes: a) tasa de rotación de sus más importantes funcionarios; b) grado de fortaleza técnico-burocrática; c) nivel de legitimidad pública; d) modalidades de vinculación con la ciudadanía en general y con actores del entorno en particular.

2) *Los escenarios asociados al ámbito de los gabinetes de ministros en general y el de los sectores sociales en particular.* Hay pocas cosas tan (potencialmente) heterogéneas como los equipos de gobierno, sean estos del nivel central, subnacional o local. Aun cuando haya variaciones significativas si quien encabeza el gobierno tiene o no un fuerte liderazgo, o si se trata de equipos de un mismo partido o de una coalición gubernamental interpartidaria, lo cierto es que hay diversos aspectos políticos relativamente comunes a este escenario que deben ser atendidos con cuidado, todos igualmente importantes. En primer lugar, deben reconocerse como un dato los intereses particulares, de fracción o de partido que suelen tener cada integrante del equipo gubernamental. En segundo término, es importante atender a las diversas concepciones ideológicas que tienen esas personas y sus equipos, lo cual los llevará no sólo a problematizar los temas sociales de modos diferentes, sino también a proponer cursos de acción no siempre coincidentes. Como tercer aspecto, deben ser tenidos en cuenta los efectos políticos de simpatías o antipatías personales, en

---

[90] Los mismos fueron desarrollados originalmente en Repetto, Filgueira y Papadópulos (2006).

tanto factor clave para fomentar confianza o generar "compartimentos estancos". En cuarto término, es fundamental entender las asimetrías de poder al interior de esos equipos gubernamentales aun bajo la apariencia de igual responsabilidad por ocupar los mismos cargos; venga ese mayor poder de la confianza particular que tributa a algunos el líder de gobierno, del manejo de más presupuesto (y/o de la posibilidad de asignarlo) o del respaldo de grupos de interés con poder de veto. En quinto lugar, es importante atender al tiempo de permanencia en el cargo de cada miembro del gabinete, bajo el supuesto de que un tiempo más prolongado en las funciones le permitirá al individuo en cuestión "amortizar" los costos de aprendizaje de sus funciones, al mismo tiempo que generar relaciones de confianza con actores diversos relacionados con la temática bajo su responsabilidad (funcionarios técnicos, equipos burocráticos, sindicatos, clientes, actores internacionales, etc.). Estos aspectos, y otros complementarios, requieren una alta dosis de gestión política sin que eso implique descuidar el valor agregado que podría generar, en la disputa intra gabinete, experiencias relevantes (y más o menos exitosas) de gestión técnico-administrativa.

3) ***Los escenarios de interacción entre las autoridades de las áreas sociales nacionales, subnacionales y/o locales.*** ¿Quién hace qué y por qué razón? es un aspecto central para interpretar lo que sucede con la formulación y gestión de la política social de la región. Obviamente, la complejidad que genera la organización político-administrativa y territorial en materia de política social habrá de variar se trate de países federales o países unitarios, así como de los matices que pudiese haber entre ambas opciones. Las funciones sociales asignadas por los textos constitucionales y el orden jurídico establecido son sin duda aspectos importantes, como también lo son los acuerdos o desacuerdos informales entre las élites locales y las elites nacionales, incluyendo su expresión en términos de la conformación de la estructura de representación político-partidaria. En este escenario, un tema político crucial se relaciona con el modo en que se recaudan y se distribuyen recursos fiscales entre las diferentes jurisdicciones de gobierno. A estos elementos de carácter más o menos general se ha sumado en las últimas décadas el proceso de descentralización de servicios, políticas y programas sociales, lo cual ha dado lugar a una redefinición de las relaciones intergubernamentales: entender cuáles son las ventajas/capacidades comparativas de cada nivel de gobierno se constituye en un factor político de primer orden al momento de llevar adelante la gestión concreta de intervenciones ante los problemas sociales.

4) ***Los múltiples escenarios propios de la interacción entre los poderes ejecutivo, legislativo y judicial en materia social.*** La dinámica de gobierno moderna, sobre todo en el marco de sistemas democráticos, requiere la conformación de apropiados sistemas de pesos y contrapesos. Y si bien éstos pueden venir de la propia ciudadanía y de la sociedad en su conjunto, es menester prestar atención a la calidad y

consistencia del control entre los mismos poderes del Estado (la reconocida como *accountability* horizontal). Estas cuestiones no sólo tienen importancia para el funcionamiento global de la gestión pública, sino también en lo específico para entender las posibilidades y límites en el campo de la política social. Un sistema apropiado de controles republicanos generará mejores condiciones (sólo eso) para el logro de políticas sociales más democráticas en su formulación, por lo que fallas en ese delicado equilibrio, (por ejemplo, por tendencias hegemónicas del Poder Ejecutivo, debilidad del Poder Legislativo o cooptación del Poder Judicial) pueden afectar seriamente el proceso mismo de formulación de las políticas. Revisar estos aspectos desde el prisma de la política de las políticas sociales implica, por supuesto, ir más allá del diseño institucional formal, siendo indispensable analizar el grado de compromiso real de los legisladores con los temas sociales, o el modo que tienen los jueces de "traducir" a través de sus fallos la legislación social. Aquí los retos en materia de gestión están fuertemente asociados a cómo lograr que la división de poderes conduzca a mejorar el entorno en que se prioricen problemas sociales, se decide sobre ellos, se gestionen las acciones concretas y se rinda cuenta de lo acontecido.

5) ***Los diversos escenarios relacionados con las interacciones entre actores estatales y de la sociedad civil y el mercado.*** Las transformaciones operadas en las dos últimas décadas en la política social han promovido la emergencia de nuevos actores, a la par que ha derivado en el debilitamiento y/o desaparición de otros, procesos estos que cambiaron los escenarios de gestión social. Por ende, reconocer las transformaciones en la correlación de fuerza de aquéllos directa o indirectamente asociados a las políticas sociales constituye una necesidad analítica y práctica, tanto como comprender los nuevos retos que ello acarrea al momento de recorrer el camino de las decisiones y los diseños a las acciones concretas. En ese sentido, comprender estas mutaciones resulta esencial para ponderar la posibilidad de conformar coaliciones políticas viables y que orienten la política social en un sentido de fortalecimiento ciudadano e inclusión social. Deben interpretarse, entonces, los impactos políticos derivados del tránsito hacia la privatización y/o terciarización de ciertos servicios sociales, atendiendo tanto a los intereses de los nuevos actores económicos y sociales como a los retos que se le presentan al Estado en materia regulatoria. Esto último implica, entre otros aspectos, normatizar la acción de las ONG prestadoras y de las empresas privadas, creando sistemas de información y mecanismos de monitoreo y evaluación accesibles tanto para los actores del sector público como para los ciudadanos a quienes se debe rendir cuentas. Este tipo de escenarios implica, a su vez, darle particular atención a la calidad de las prestaciones, en tanto poderoso incentivo para aglutinar (reforzar y mantener) coaliciones políticas que promuevan la protección estatal ante los riesgos sociales. En síntesis, y dada la complejidad política que implica el tránsito desde el poder relativo de

los actores sociales a la definición de prioridades y contenidos de política social, el reto esencial de gestión social está dado por el modo en que el Estado, en tanto responsable último de la gestión pública, logra articular los intereses y aprovechar las potencialidades de cada involucrado a favor de objetivos legitimados por la dinámica política.

6) ***Los escenarios que se conforman en la relación entre actores estatales y actores del sistema internacional.*** Cada vez más, en escenarios políticos, económicos y culturales globalizados, se abren las fronteras de los países a la influencia de tendencias e intereses del ámbito internacional. En el campo de las políticas sociales en América Latina, esto tiene múltiples manifestaciones y aspectos a atender. En primer lugar, es importante interpretar cómo el tránsito de mercancías y personas, a la vez que de información y expectativas, genera impactos internos en relación con la agenda social. En segundo término, debe prestarse atención al impacto que genera, en términos de dosis variables de dependencia y condicionalidad, el apoyo externo (nacional, multilateral o de ONG) que suelen recibir los países de la región en el campo social. Tercero, se requiere entender el impacto político que genera "el factor imitación" en materia tanto de reformas de las políticas sociales como del tipo de oferta programática diseñada e implementada, aspectos que suelen manifestarse (o así ha sido durante muchos años) bajo el formato de "recetas homogéneas para realidades muy heterogéneas". Los aspectos subrayados interpelan fuertemente la gestión social, en tanto la misma debe combinar apertura a nuevos desafíos, construcción y acumulación de capacidades propias (que no se acaben o se diluyan cuando concluye una operación de préstamo o donación) y mecanismos de resistencia selectiva a las presiones/imitaciones descontextualizadas. Esto afecta, por ende, al Estado en su conjunto, tanto sectorial como jurisdiccionalmente.

7) ***Los escenarios que enmarcan el vínculo entre expertos, académicos, consultores y equipos político-técnicos del Estado.*** La definición de lo que es una buena política social en un determinado momento histórico depende de elementos técnicos pero, en lo fundamental, de que ciertas ideas sean aceptadas en forma más o menos consensual por la ciudadanía y los grupos de interés. Esta "construcción analítica" es también, por supuesto, una construcción política que debe ser atendida con cuidado, dados sus efectos en los imaginarios colectivos y en la conformación de horizontes de viabilidad en el plano del "sentido común". Si la definición normativo-conceptual del rumbo estratégico de qué hacer en materia social adquiere entonces importancia estratégica, es menester entender cómo se produce, circula y se recepciona el saber técnico-propositivo de la política social. Esto implica observar el rol de las universidades, los centros de estudios, los expertos/consultores independientes, así como sus fuentes de apoyo económico y comunicacional. Implica, a su vez, preguntarse por el modo en que los partidos preparan sus plataformas electorales y planes de gobierno. Este tipo de escenarios tiene grandes implicancias

político-institucionales no sólo en el plano más general de las ideas centrales de reformas, sino también en relación a otros dos aspectos complementarios: a) cómo conceptos y herramientas de gestión "permean" a las organizaciones responsables de intervenir sobre los problemas sociales; y b) qué características asume el tránsito (si lo hubiese) entre los ámbitos de producción de conocimiento y los espacios de aplicación de los mismos, es decir, la gestión. Con qué se construyen ciertos argumentos, cuáles son las modalidades de validación de algunos datos, por qué prima cierta tecnología gerencial y no otra, son también aspectos que no deben descuidarse desde una óptica institucional de la gestión social.

5. Epílogo

Lo primero a reconocer es que la institucionalidad social gana crecientemente protagonismo en tanto factor explicativo de por qué sucede lo que sucede en materia de política social, cuestión que abarca por supuesto la gestión de las intervenciones concretas. Esto parece asociarse no tanto a una moda académica sino al explícito reconocimiento de que el entramado de reglas de juego formales e informales que enmarca la interacción de los actores ayuda a entender los procesos de formulación y gestión de la política social. Lo que permite, en pocas palabras, es una explicación de "alcance medio" que se aleja de las perspectivas extremas de lo muy macro y lo muy micro.

Enfatizada esta importancia de lo institucional, lo que no implica por supuesto agotar allí todas las explicaciones acerca del complejo vínculo entre problemas sociales y políticas sociales, el debate siguiente se expresa entre quienes ponen el acento en "cuánta" institucionalidad y quienes, como la posición asumida en este capítulo, enfatizan la cuestión de la "calidad" de la institucionalidad. Los que concentran su atención en los grados de institucionalización centran su preocupación en si existen o no un conjunto de aspectos institucionales considerados relevantes (aun cuando los mismos aspectos que integran esas listas suelen ser de naturaleza muy diversa), y se dan por satisfechos si un número amplio de sus listados se encuentran materializados desde el plano formal. Por el contrario, quienes colocan (y este texto se inscribe en esa apuesta) el acento en la calidad de la institucionalidad social, prefieren perder rigurosidad en el conteo de "cuánta institucionalidad" con el propósito de ganar riqueza explicativa (y por ende de potencial intervención) a través de avanzar en respuestas parciales pero acumulativas al siguiente interrogante: ¿cómo afecta la institucionalidad social vigente el ciclo completo de definición de problemas sociales, toma de decisiones estratégicas y gestión concreta de las decisiones adoptadas y los diseños formulados?

Si lo que importa es más la calidad institucional que cuántas instituciones formales han sido aprobadas y se encuentran vigentes, resulta apropiado preguntarse por los efectos que la institucionalidad social realmente existente genera sobre la gestión social. Una vez más, al no limitar la gestión a aspectos puramente técnico-administrativos al ampliar su concepción a procesos más amplios y repletos de conflictos, es posible diferenciar entre tres tipos de efectos: aquellos de carácter indirecto, aquellos de índole transversal y los que afectan directamente a la gestión en términos operativos. El argumento que aquí se sostiene apunta a reconocer que los tres tipos de efectos deben ser atendidos con igual importancia, aún cuando el tipo de control que pudiese tenerse sobre los mismos no sea equivalente. Esto implica, en suma, la existencia de un gradiente, donde para controlar/cambiar los efectos indirectos se requieren muchos recursos de poder (propiamente, los que se necesitan para incidir en R3), más aún que en lo vinculado a los efectos transversales típicos de R2, que son igualmente importantes en relación a la dotación necesaria de dichos recursos. Los actores que operan intervenciones concretas y acotadas (las llamadas de "nivel R1") podrán, en general, limitar su influencia a dicho espacio de gestión, pero no deberán desconocer la existencia de otros efectos (y los "juegos políticos" que allí se expresan), en tanto lo que suceda en esos ámbitos afectará el sistema completo de gestión social.

Finalmente, conviene subrayar que los escenarios donde se pone de manifiesto la gestión social son múltiples y están complejamente encadenados entre sí. Por ende, si bien habrán de existir particularidades en cuanto a cómo se gestionan cada uno por ejemplo, la dinámica organizacional interna de un ministerio social, el vínculo entre diversos ministerios/secretarías, las relaciones entre jurisdicciones político-administrativas o el vínculo entre organismos del Estado y la sociedad civil, el común denominador será que la *gestión* es la que finalmente podrá lograr (o no, incluyendo los matices) el tránsito siempre difícil entre lo que los decisores se proponen hacer y lo que realmente se hace en materia de política social.

Bibliografía

Acuña, Carlos H. (1995); "Introducción". En Acuña, Carlos (comp.); *La nueva matriz política argentina*. Nueva Visión. Buenos Aires.

Acuña, Carlos H. y Tommasi, Mariano (julio de 1999); *Some Reflections on the Institutional Reforms Required for Latin America*. Documento de trabajo nº 20, CEDI. Buenos Aires

Acuña, Carlos H. y Repetto, Fabián (2001); "Marco de análisis de las políticas sociales". Buenos Aires. Mimeo.

Acuña, Carlos H. y Repetto, Fabián (2006); *La institucionalidad de las políticas y los programas de reducción de la pobreza en América Latina*. Documento para el Diálogo Regional de Políticas, Red para la Reducción de la Pobreza y la Protección Social, BID. Washington DC.

Adelantado, José; Noguera, José; Rambla, Xabier; y Sáez, Lluís (1998); "Las relaciones entre estructura y políticas sociales: una propuesta teórica". En *Revista Mexicana de Sociología*, nº 3. México.

Aguilar Villanueva, Luis (1993); "Estudio introductorio". En Aguilar Villanueva, Luis (ed.); *Problemas públicos y agenda de gobierno*. Editorial Miguel Angel Porrúa. México DF.

Alonso, Guillermo (2001); *Notas para el análisis de capacidades institucionales en el sector público*. Documentos de trabajo, UNSAM. Buenos Aires.

Banco Interamericano de Desarrollo y David Rockefeller Center for Latin American Studies (2006); *La política de las políticas públicas. Progreso económico y social en América Latina*. Informe 2006. Editorial Planeta. Washington DC.

Bertranou, Julián (1995); "Estructurando la política. El papel de las instituciones". En *Revista Mexicana de Sociología*. Año LVII / n° 1. México DF.

Carrillo Flórez, Fernando (2004); "Reforma política contra la desigualdad". En Binetti, Carlo y Carrillo, Fernando (eds.); *¿Democracia con desigualdad?*,. BID/Unión Europea. Washington DC.

Coppedge, Michael (2001); "Instituciones y gobernabilidad democrática en América Latina". En Camou, Antonio (comp.); *Los desafíos de la gobernabilidad*. FLACSO México/UNAM/Plaza y Valdés. México DF.

Esping-Andersen, Gøsta (1990); *The Three Worlds of Welfare Capitalism*. Princeton University Press. Princeton.

Fox, Jonathan (1994); *The Politics of Food in Mexico*. Cornell University Press. Ithaca and London.

Galiani, Sebastián (2006); *Políticas sociales: instituciones, información y conocimiento*. Serie Políticas Sociales, n° 116. CEPAL. Santiago de Chile.

Gourevitch, Peter (1993); *Políticas estratégicas en tiempos difíciles*. Fondo de Cultura Económica. México.

Hall, Peter (1993); *El gobierno de la economía*. Ministerio de Trabajo y Seguridad Social, Madrid.

Hall, Peter y Taylor, Rosemary (1996); "Political Science and the Three New Institutionalisms". En *Political Studies*, XLIV.

Klijn, Erik-Hans, Koppenjan, Joop y Terneer Katrien (1995); "Managing Networks in the Public Sector: a Theoretical Study of Management Strategies in Policy Networks". En *Public Administration*, Vol 73, Otoño. Blackwell Publishers Ltd.

Machinea, José Luis y Cruces, Guillermo (2006); *Instituciones de la política social: objetivos, principios y atributos*. Serie Informes y Estudios Especiales, n° 17. CEPAL. Santiago de Chile.

Mann, Michael (1997); *Las fuentes del poder social II*. Alianza Universidad. Madrid.

March, James y Olsen, Johan (1989); *Rediscovering Institutions: The Organizational Basis of Politics*. Free Press. Nueva York.

Martínez Nogueira, Roberto (2007); "Desafíos estratégicos en la implementación de programas sociales". En Cortázar Velarde, Juan Carlos (ed.); *Entre el diseño y la evaluación. El papel crucial de la implementación de los programas sociales*. Banco Interamericano de Desarrollo. Washington, D.C.

North, Douglass (1993); *Instituciones, cambio institucional y desempeño económico*. Fondo de Cultura Económica. México.

Peters, Guy (1999); *Institutional Theory in Political Science. The New Institutionalism*. Pinter. Londres.

Repetto, Fabián (enero-marzo de 2000); "Gestión pública, actores e institucionalidad: las políticas frente a la pobreza en los '90". En *Desarrollo Económico*, vol. 39, N° 156., Enero-Marzo. Buenos Aires

Repetto, Fabián (2002); "Los actores de la política social". Washington, DC. Mímeo.

Repetto, Fabián (2004); *Capacidad estatal: requisito necesario para una mejor política social en América Latina*. Documento de trabajo n° I-52. Banco Interamericano de Desarrollo, Instituto Interamericano para el Desarrollo Social (INDES). Washington, D.C.

Repetto, Fabián (2005); "La dimensión política de la coordinación de programas y políticas sociales: una aproximación teórica y algunas referencias prácticas en América Latina". En Repetto, Fabián (ed.); *La gerencia social ante los nuevos retos del desarrollo social en América Latina*. INDES-Guatemala. Ciudad de Guatemala.

Repetto, Fabián (2007); "Notas sobre la institucionalidad social en Argentina: el caso de la fallida construcción de la Autoridad Social". En Franco, Rolando (ed.). En Prensa.

Repetto, Fabián; Filgueira, Fernando; y Papadopulos, Jorge (2006); "La política de la política social latinoamericana: análisis de algunos retos fundamentales y esbozo de sus escenarios sobresalientes". Instituto Interamericano para el Desarrollo Social. Washington, D.C. Mímeo.

Sabatier, Paul y Jenkins-Smith, Hank (1999); "The Advocacy Coalition Framework: An Assessment". En Sabatier, Paul (ed.); *Theories of the Policy Process*. Westview Press.

Scharpf, Fritz (1997); *Games Real Actors Play. Actor-Centered Institutionalism in Policy Research*. Westview Press. Boulder.

Schedler, Andreas (1998); "¿Qué es una institución?". México, DF. Mímeo.

Spiller, Pablo y Tommasi, Mariano (noviembre de 2001); *The Institutional Foundations of Public Policy: A Transactions Approach with Application to Argentina*. Documento de trabajo n° 58, CEDI. Buenos Aires

Subirats, Joan y Goma, Ricard (1999); "Políticas públicas: hacia la renovación del instrumental de análisis". En Goma, Ricard y Subirats, Joan (coords.); *Políticas públicas en España. Contenidos, redes de actores y niveles de gobierno*. Editorial Ariel. Barcelona.

Székely, Miguel (2006); *Midiendo el nivel de institucionalidad de la política social en América Latina*. PNUD. México DF.

Tsebelis, George (1998); "La toma de decisiones en los sistemas políticos. Actores de veto en el presidencialismo, parlamentarismo, multicameralismo y multipartidismo". En Saiegh, Sebastián y Tommasi, Mariano (comps.); *La nueva economía política: racionalidad e instituciones*. EUDEBA. Buenos Aires.

Zurbriggen, Cristina (junio de 2003); "Las redes de políticas públicas. Una revisión teórica". En *Boletín electrónico del IIGOV*, n° 149.

Capítulo VI

Retos para la coordinación de la política social:

Los casos de la descentralización y la intersectorialidad

*Fabián Repetto**

La política social latinoamericana ha experimentado cambios significativos en el último cuarto de siglo. No sólo se ha puesto en entredicho su alcance y contenido, algo evidente sobre todo en los momentos de auge neoliberal que vivió recientemente la región, sino que también han cambiado (con matices y especificidades según los países) sus modos de organización, la división de responsabilidades, las prácticas de intervención. Las reformas en la institucionalidad social acompañaron el conjunto de esas transformaciones, tanto las de sustancia como las de forma, dejando atrás un paradigma de política social ya agotado durante el tránsito hacia un nuevo escenario regional en lo político, económico, social y cultural.

Del conjunto de mutaciones institucionales experimentadas, en el sentido de cambios en las reglas de juego formales e informales que enmarcan la política social y sus expresiones en servicios y programas concretos, aquí se habrá de colocar el acento en la descentralización y la intersectorialidad. Destacan dos mínimos comunes denominadores que emparentan ambas cuestiones: por una parte, refiere a que las dos temáticas se relacionan fuertemente con aspectos críticos de la gestión pública moderna, sea entre jurisdicciones político-administrativas en el primer caso, sea entre organizaciones estatales de un mismo nivel en el segundo;[91] por la otra, des-

---

* Especialista en política social y consultor internacional.

[91] Esta caracterización reconoce por supuesto otras interpretaciones. Cunill Grau (2004), por ejemplo, hace referencia a la "descentralización de la descentralización de la política social" para dar cuenta del papel de la sociedad civil en diversas fases críticas de la política social. Por su lado, Delamaza (2006), a través de sus reflexiones sobre la concertación, aborda aspectos críticos de los retos de coordinación entre Estado y actores de la sociedad civil.

centralización e intersectorialidad emergieron en los debates públicos y las reformas sociales acompañados de la promesa de que traerían soluciones concretas a problemas fundamentales de la gestión social. Aún con estas semejanzas, es pertinente indicar que la aparición de ambos conceptos en la historia reciente de la institucionalidad y la política social no aconteció al mismo tiempo.

Podría afirmarse que la descentralización cobró fuerza en América Latina, región tradicionalmente centralista, a partir de tres impulsos basados en motivos diversos, en tres décadas diferentes (secuencia que encuentra obvios matices en cada caso nacional): en los `70, bajo gobiernos militares, como un modo de intentar diluir los focos neurálgicos de conflictividad social, o al menos alejarlos de los centros de poder económico y político; en los `80, en los inicios de la transición democrática, bajo la expectativa de que permitiría sentar las bases de una democracia desde lo local y la participación social; finalmente, en los `90, guiada en lo fundamental por las urgencias fiscales de gobiernos nacionales preocupados casi exclusivamente por el ajuste estructural y la apertura de los mercados.

Por otro lado, si bien el problema de la ausencia de sinergias y complementariedades entre los diversos sectores responsables de las políticas públicas (y en particular de las políticas sociales) tenía importantes antecedentes, la preocupación por la intersectorialidad emerge más recientemente, cerca de mediados de la década del `90. Y surge primordialmente como una preocupación de "racionalidad administrativa o fiscal" resultante de la errática y caótica expansión de programas focalizados en la pobreza, fenómeno que había sido en los años previos la señal de identidad de una política social neoliberal que estaba quedando limitada, casi como sinónimo, al combate de la pobreza. Sólo más recientemente, pero aún de modo incipiente, comienza a cobrar fuerza el argumento de que la intersectorialidad es necesaria no sólo por razones de eficiencia, sino también porque las características de los problemas sociales se manifiestan cada vez más como multidimensionales, lo cual acarrea la necesidad de enfoques e intervenciones más integrales.

Lo que queda de manifiesto a simple vista, con este breve recorrido histórico, es que descentralización e intersectorialidad son dos conceptos de significados e interpretaciones en conflicto, no sólo en el plano analítico-conceptual, sino en la práctica política. En tanto constituyen situaciones enmarcadas bajo la dinámica de la gestión pública, quedan por ende sujetas a la tensión clásica entre lo técnico y lo político: gestionar la descentralización, al igual que gestionar la intersectorialidad, requiere, al mismo tiempo, de solvencia burocrático-administrativa y sólida capacidad política. Pero por las propias interpretaciones en conflicto que afectan a cada uno de los términos (las que emergen de las tres generaciones de impulso de la descentralización y al menos las dos indicadas en el caso de la intersectorialidad), solvencia técnica y capacidad política, nada dicen de antemano respecto de para qué se llevarán adelante procesos de descentralización e intersectorialidad. Dependerá de la correlación de fuerzas de los actores y las coaliciones protagonistas en cada proceso (incluyendo los intereses y las ideologías de los involucrados), la que dará el rumbo a este tipo de reformas de la institucionalidad social.

Las cuestiones aquí abordadas se encuadran en lo que en el capítulo previo[92] se denominaron "efectos transversales de la institucionalidad social sobre la gestión social". Se afirmó allí:

> Respecto de los 'efectos transversales', es indudable que serán diferentes los retos de gestión social si se trata de una decisión propiamente sectorial (por ejemplo, la definición del perfil epidemiológico de una población o el cambio de la currícula escolar) que de cuestiones que afectan a varios sectores del Estado (por ejemplo, la gestión de un programa de transferencias condicionadas, que requiere no sólo de la transferencia monetaria y el control de quien la recibe desde el lado de la demanda, sino también de prestaciones de salud, educación y otros aspectos, más asociada a la oferta de servicios cuya responsabilidad no recae en la misma organización responsable del mencionado programa). En esos casos, importan tanto las normas escritas que dan las pautas para la coordinación, como las prácticas no escritas que facilitan u obstaculizan una gestión intersectorial. Otro ejemplo donde la institucionalidad social genera efectos transversales sobre la gestión social es cuando el contenido concreto a gestionar (un servicio, una política, un programa) implica la intervención de diversas jurisdicciones estatales, por ejemplo el nivel central, el subnacional (provincias, departamentos o cómo se denomine en cada caso) y/o el municipal, lo cual remite tanto a interpretar el alcance de las normas formales vigentes para regular estas relaciones, como al tipo de prácticas de cultura política que afectan dichos vínculos.

Lo que este capítulo se propone enfatizar, en suma, se relaciona con dos premisas: a) la dimensión territorial de la política social es importante, tanto como lo son los vínculos y vasos comunicantes entre niveles de gobierno, en particular aquella que se genera en el marco de procesos amplios y complejos de descentralización; y b) la dimensión sectorial de la política social es importante, así como lo son también las relaciones intersectoriales que se proponen abordar desde una pluralidad de ámbitos los problemas sociales que requieren esa modalidad de intervenciones. Dicho de otro modo, reconocer la importancia del territorio no implica exclusivamente prestar atención a lo local, así como recordar la importancia de lo sectorial no significa acotar la mirada a compartimentos estancos y parciales de ministerios especializados.[93]

El capítulo inicia con una somera revisión de lo acontecido recientemente con la política social latinoamericana, en particular para destacar sus extremos rasgos de centralismo y sectorialismo en el pasado, así como sus mutaciones en los últimos años. En la segunda sección se explora la temática de la descentralización, en sus aspectos conceptuales fundamentales y su materialización en la política social. En la tercera parte, el esquema se repite para explorar la intersectorialidad. En la cuarta sección, el acento se coloca en la coordinación, en tanto se interpreta que la misma expresa un

---

[92] Se hace referencia al trabajo de Fabián Repetto presente en el capítulo V de este libro.

[93] Un análisis de la relación compleja entre gestión y territorio desarrollan Andrea Catenazzi y Natalia Da Representacao en el capítulo IV de este libro.

aspecto propio tanto de las interrelaciones entre jurisdicciones como entre sectores de gobierno. Se concluye con un corto epílogo.

1. Un breve relato del pasado reciente: historias de centralismo e intervenciones sectoriales

Mucho se ha discutido en la región acerca de los paradigmas de la política social, incluyendo sus transformaciones históricas y sus relaciones con las mutaciones de los escenarios más amplios del vínculo política-economía-sociedad. Pero, sobre todo, esos debates han enfatizado con fuerza cuáles han sido en cierto momento histórico sus rasgos descollantes. Franco ha recorrido este camino al caracterizar un paradigma que él denominó "dominante", el cual lo era al momento de desatarse la crisis de la deuda a inicios de los años '80. Dicho paradigma, afirma el autor, "estaba estrechamente vinculado al modelo cuyo quiebre definitivo se había producido con aquella crisis, le otorgaba al Estado el monopolio de la política social y de sus diferentes aspectos (financiamiento, diseño, implementación y control). Su consigna era que 'el Estado sabe' cuáles son los problemas y cómo atenderlos. Para ello, financiaba una provisión de servicios que era igual para todos los beneficiarios, sin considerar peculiaridades de grupos y personas, con lo cual el usuario no tenía muchas opciones: aceptaba la oferta estatal o carecía de solución para su problema. Los recursos para dicha política, obviamente, provenían del presupuesto nacional" (2004:29)[94].

Dos son los rasgos que aquí se quieren resaltar del mencionado paradigma: por un lado, su marcado centralismo en el Poder Ejecutivo Nacional; por el otro, la fuerte tendencia a las intervenciones sectoriales a través de ministerios (o figuras equivalentes según la nomenclatura de cada país) sociales con un largo historial en atender, por sí mismos y cada uno por su lado, problemas relacionados con la educación, la salud, la seguridad social (incluyendo las cuestiones laborales) y la vivienda. Solimano describe bien el proceso que condujo a ese escenario: "Los instrumentos utilizados fueron la expansión del sistema educativo en diversos niveles, incluido el terciario (universidades); políticas de vivienda para satisfacer las necesidades de una población urbana en aumento y sistemas nacionales de salud pública y de seguridad social de reparto. Las políticas laborales abarcaban disposiciones sobre sueldos mínimos, indemnizaciones por despido y restricciones a la contratación y despido por las empresas con el fin de proteger la estabilidad laboral de los trabajadores (ocupados) [...]. El respaldo social a estas políticas provenía de sindicatos, organizaciones de la sociedad civil vinculadas a los sectores público y privado, y trabajadores rurales" (2005: 47).

Dando cuenta de un proceso de cambios significativos en la provisión de servicios sociales, Cunill Grau afirmó a finales de los '90: "La institucionalidad preexistente está

---

[94] Un análisis de esta etapa histórica, desde el prisma de la política de la política social, se encuentra en Repetto, Filgueira y Papadopulos (2006).

caduca. Lo está no sólo porque los arreglos basados en la provisión monopólica de los servicios sociales por parte del Estado no han mostrado ser eficientes y porque en las nuevas condiciones su sustentabilidad tiene escasa viabilidad. También está caduca habida cuenta de que el paternalismo estatal tiene como contracara la pasividad y la despolitización social y, por tanto, el modelo es incapaz de aportar a la constitución de sujetos autónomos" (1999: 19).

La crisis de ese paradigma dominante de política social, y la institucionalidad correspondiente, dio lugar a una reforma profunda de las reglas de juego en materia social, a la par de mutaciones significativas en los modos y alcances de la provisión de servicios sociales y oferta programática. La tríada privatización, focalización y descentralización (acompañada en el discurso neoliberal de la primera parte de los años `90 por una desdibujada referencia a la participación) marcó el ritmo de los cambios en gran parte de la región.

En Repetto (2004) se explicitaban algunos rasgos fundamentales de aquellas tres reformas de la institucionalidad y la política social.[95] En cuanto a la privatización/desregulación de la seguridad social, y un contexto marcado por la crisis estructural de los mercados laborales de la región, los cambios más significativos se han plasmado en el plano de los sistemas previsionales, abriendo las puertas a una activa participación privada y fomentando la capitalización individual de los aportantes, en detrimento de los antiguos esquemas de pensiones, más ligados a esquemas de reparto. Aquí los énfasis de las reformas se basaron en las ideas de la libertad individual y en los aportes que podría hacer el nuevo sistema en términos de aumentar los niveles de ahorro interno de los países latinoamericanos. También los seguros de salud y demás aspectos asociados a proteger a los trabajadores formales fueron afectados por los aires de la reforma, en particular en un esquema de cambio muy ligado a las agendas promercado de los equipos económicos de los gobiernos de la región.

La focalización resultó en esos años la estrategia dominante para aquella concepción que limitaba la política social a la lucha frente a la pobreza, en particular a la extrema pobreza o indigencia. Se trató de un enfoque inspirado en la restricción de recursos fiscales, basado a su vez en las críticas formuladas a los servicios sociales de carácter universal, en particular al modo en que los recursos destinados a los mismos eran captados por los sectores medios y más organizados. Mecanismos de focalización individual, por grupo vulnerable o ámbito territorial emergieron con fuerza en la agenda de reformas de la institucionalidad social, generando en los procesos concretos de reformas nuevas burocracias creadas *ad hoc*, con tendencia a operar con discursos (y a veces prácticas) tecnocráticas. Pero, sobre todo, destacó la multiplicidad

---

[95] Muchos y muy valiosos han sido los aportes de diversos colegas a la comprensión de las principales transformaciones de la política social latinoamericana en tiempos recientes. En Filgueira *et al.* (2006) y Andrenacci y Repetto (2006) se sintetizan aspectos importantes de esa literatura.

de programas a pequeña escala, dispersos entre múltiples organismos públicos (en particular del nivel central).

La descentralización se constituyó en otra de las ideas-fuerza dominante de las reformas sociales durante los últimos veinte años, proponiéndose como solución al centralismo que habían caracterizado los sistemas de política social latinoamericanos durante la segunda posguerra, en particular en lo que refiere a los servicios de educación y salud. A veces combinada pero siempre en tensión con ellas, la descentralización de los servicios sociales se ligó a otras descentralizaciones que han ido cobrando forma en la región en tiempos recientes, como son los casos de descentralización política, fiscal y administrativa. Ese objetivo de superar las falencias de la decisión y gestión centralizada ha sido leído según los diversos casos desde lógicas diferentes, las mismas que expresaban visiones e intereses en conflicto respecto de qué motivaría dejar atrás las prácticas fuertemente centralistas de gestión social.

Los años recientes (¿acaso desde la segunda mitad de los '90?) fueron el marco en el cual comenzó a cobrar fuerza un nuevo momento del debate político (con insumos académicos de variada índole) con respecto al papel que debiese desempeñar la política social, y sus consiguientes impactos en materia de institucionalidad social. En ese contexto emergente, la descentralización pasó a ser visualizada por los actores relevantes (y quizás también por la ciudadanía en su conjunto) como un proceso con claroscuros digno de ser atendido con más atención y perspectiva crítica si lo que en verdad se quería era utilizar esta modalidad de reforma institucional como facilitadora de mejores servicios y programas sociales. Fue esa misma época, a su vez, donde la preocupación por avanzar hacia intervenciones intersectoriales ante problemas sociales que comenzaban a visualizarse como muldimensionales cobraron fuerza, aun cuando la temática no era por entero novedosa en la discusión pública en materia social y ya se había comenzado a asociar a la búsqueda de mayor eficiencia, por ejemplo, para superar la dispersión de los programas focalizados.

2. Descentralización: ¿hacia la construcción de relaciones intergubernamentales?

2.1 Aproximación conceptual

Los procesos descentralizadores latinoamericanos implicaron llamar la atención sobre la dimensión territorial de la política pública. Hasta que esta reforma institucional no cobró fuerza a través de momentos sucesivos en las últimas décadas, el territorio (en particular el local) era visualizado más bien como un simple dato administrativo en el cual, quienes allí habitaban, recibían de modo pasivo los servicios y programas sociales decididos y gestionados desde el nivel central del Estado. La expansión de esta visión centralista de la estatalidad era particularmente crítica en el caso de las políticas sociales, en tanto los problemas que las mismas decían afrontar tenían múltiples matices y particularidades propias del entorno en el cual emergían y que, a veces, lograban alcanzar estatus público. La descentralización llamó entonces la atención sobre este potencial divorcio entre "problemas" y "soluciones", pero también, aunque más tardíamente respecto de los orígenes de los procesos descentralizadores, comenzó a mostrar la importancia de atender a las relaciones intergubernamentales, las cuales resaltan en importancia cuando se redefine quien hace qué en materia de políticas públicas entre los niveles de gobierno.

Desde el prisma de las relaciones intergubernamentales, es fundamental la definición de funciones y atribuciones de la política pública de acuerdo con la escala territorial de su jurisdicción. Un modo elemental de analizar esta diferencia es distinguir entre países con gobiernos federales y países con gobiernos unitarios. En realidad, el federalismo y el unitarismo son casos especiales de la división de las atribuciones de gobierno en distintos niveles. Entre cada uno de estos polos hay importantes diferencias de grado y, aún en países que, en general, tienen una estructura "federal" o "unitaria," distintos temas de gobierno se deciden de acuerdo con estructuras más o menos centralizadas.[96]

Las responsabilidades y la autoridad de los funcionarios de cada jurisdicción suelen estar especificadas legalmente. Sin embargo, la dinámica real del funcionamiento de las políticas públicas puede diferir notablemente respecto de la prescripción legal. En algunos casos, las decisiones de escala nacional pueden estar sujetas al veto de coaliciones de gobiernos subnacionales. En otros casos, el control de recursos clave por parte del gobierno nacional puede transformar en meramente nominal la autonomía que el texto legal reconoce a los gobiernos subnacionales. Finalmente, en diversas situaciones, la prescripción legal no alcanza para aclarar cuál es el rol que le toca a cada nivel de gobierno, lo que puede ocurrir cuando la inercia de tradiciones institucionales más antiguas (más centralistas o menos centralistas) pesa más que el texto de nuevas leyes o, simplemente, porque el texto de las leyes, deliberadamente ambiguo, deja librado el control efectivo del sistema a la dinámica de la disputa entre autoridades de distinto nivel.

En síntesis, la interacción concreta entre las autoridades de distinta escala jurisdiccional está sujeta a la congruencia entre el sistema de división política de atribuciones y la distribución espacial real de recursos fiscales y sociales. Cuando las diferencias políticas coinciden con la distribución espacial de diferencias fiscales y sociales (por ejemplo, cuando hay provincias ricas y provincias pobres, sistemas públicos de acción

---

[96] Para identificar los niveles de autoridad puede proponerse la distinción usual entre autoridades nacionales, autoridades provinciales (estaduales o departamentales son denominaciones equivalentes de "provincial") y autoridades municipales o locales. La cantidad de niveles y la denominación de cada nivel pueden variar entre países. La organización legal del gobierno de la acción social es una buena orientación de primera instancia para identificar los niveles relevantes. No obstante, en el funcionamiento real del sistema puede operar alguna distinción informal que el análisis debe estar en condiciones de registrar.

social subnacionales de alta calidad y de baja calidad), el conflicto de intereses entre jurisdicciones se hace más pronunciado y, en ausencia de instituciones fuertes, la coordinación entre jurisdicciones más difícil, aun cuando pudiesen existir organismos destinados a promover coordinación intergubernamental de carácter sectorial (consejos federales o regionales) .[97]

Del amplio debate sobre la descentralización al interior del propio Estado[98] durante las dos últimas décadas, emerge que dos de sus principales expresiones resultan ser la "descentralización política" y la "descentralización administrativa", las cuales suelen combinarse con algún tipo de descentralización fiscal.[99] Por una descentralización de tipo político, se interpreta el proceso mediante el cual el nivel subnacional y/o local establece sus gobiernos a través del funcionamiento de un sistema electoral propio, que en consonancia con la normativa constitucional nacional, permite a dichos niveles ejercer una autoridad política autónoma. Por una descentralización de carácter administrativo (que no debe confundirse, como se verá enseguida, con la desconcentración), se interpreta la transferencia de poderes hacia el nivel subnacional y/o local respecto a la decisión sobre servicios públicos y su gestión correspondiente.[100]

En Serrano y Fernández se plantea una sugerente discusión complementaria a la planteada hasta aquí, la cual conviene reproducir en sus términos fundamentales.

> Manor (1999) distingue entre: 1) desconcentración o descentralización administrativa, 2) descentralización fiscal y 3) devolución o desconcentración democrática. La primera refiere al traspaso de atribuciones desde niveles superiores de gobierno a niveles inferiores, la segunda ocurre cuando el nivel central cede influencia en el presupuesto o las decisiones financieras a los niveles subnacionales y la tercera corresponde a la transferencia de recursos y poder a las autoridades subnacionales, que son independientes del nivel central y que son en algún grado democráticas (...).

> Aun cuando estos procesos puedan ocurrir en forma independiente, el buen diseño sería aquel que conjuga los tres tipos de reformas: administrativa, fiscal y política. Manor señala que si los procesos de descentralización fiscal y administrativa ocurren aislados de los procesos de devolución, no se produce una auténtica descentralización. Cuando la desconcentración tiene lugar sin descentralización democrática, se trata más de una relocalización de oficinas centrales que de

---

[97] Estas primeras reflexiones a la aproximación conceptual sobre descentralización se respaldaron en Acuña y Repetto (2006), con participación principal del primero de los autores.

[98] Referir a la "descentralización al interior del Estado" implica reconocer que en el debate académico también se suele denominar descentralización a aquellos procesos en los cuales el Estado traspasa responsabilidades a la sociedad civil y/o al mercado. No es a ese tipo de descentralización a la que se hará referencia en este trabajo.

[99] Estas aproximaciones conceptuales se respaldan, con variaciones propias, en los trabajos de Boisier (1991), Falleti (2000), Fiszbein (1998) y Jordana (2001).

[100] Al segundo de los tipos de descentralización planteados y que es la que más interesa en este trabajo (la "administrativa"), Jaramillo Pérez la denomina "descentralización territorial", la cual implica, para el autor, "una delegación radical, estable y permanente de competencias, funciones y recursos a los niveles intermedios y locales del Estado, delegación otorgada generalmente por la constitución política y/o por leyes del más alto nivel definiendo así la estructura básica de las relaciones intergubernamentales de un país" (2004: 2).

una auténtica cesión de poder de decisión, cuestión que puede incluso reforzar el centralismo, en tanto las autoridades nacionales manejan más información para la toma de decisiones sobre lo que ocurre en los distintos territorios. Cuando la descentralización fiscal no ocurre paralela a la devolución, es poco probable que logre incrementar la influencia de los intereses organizados en los niveles subnacionales sobre las decisiones que tienen lugar en el nivel central. Para que estos dos tipos de procesos produzcan efectos positivos, es necesario ligarlos a mecanismos que den voz a los niveles subnacionales en las decisiones de las instituciones estatales, es decir, a mecanismos de devolución" (2005: 4).

Esta diversidad de interpretaciones, cuyos matices sustantivos y nominales no corresponde agotar aquí,[101] da el marco para explorar cuáles han sido las motivaciones que en América Latina motorizaron los procesos descentralizadores en los servicios públicos. Vale acompañar a Serrano (2001) cuando remarca algunas de estos diversos objetivos presentes al momento de avanzar en la descentralización. Por un lado, destaca su contribución a un proceso de modernización y agilización de la gestión, acercando la administración a las personas. Por otra parte, destaca desde una óptica político-ciudadana el hecho de que permite la participación de la población en la toma de decisiones, permitiendo mayor control ciudadano sobre la acción pública. Una tercera perspectiva que destaca se vincula al de la eficiencia competitiva en el marco de las nuevas reglas generadas por la globalización. Como cuarta opción, la autora subraya que, desde una perspectiva de eficiencia económica, la descentralización (fiscal) favorece una asignación más eficiente de los recursos públicos.[102]

Finalmente, un aspecto adicional que debe incorporarse en esta panorámica aproximación conceptual, refiere a los distintos tipos de relaciones intergubernamenales que derivan de la descentralización. Al respecto, Jordana (2001) presenta una sugerente clasificación de posibles diseños institucionales de dichas relaciones entre niveles de gobierno. Refiere, por un lado, a la idea de "monopolio institucional", en el cual el gobierno central maneja de modo exclusivo determinadas áreas. Por otra parte, denomina "monopolio institucional distribuido" al manejo de determinadas áreas de forma exclusiva por parte de los gobiernos subnacionales. Finalmente, habla de "pluralismo

---

[101] El ejemplo clásico de estas disputas conceptuales y nominales se expresa en el caso de qué se entiende por "desconcentración". Rondinelli (1989), por ejemplo, define a ésta como una transferencia de autoridad a niveles menores dentro del gobierno central. Desconcentración funcional, desconcentración financiera. No es un proceso político en el sentido de cambios en la distribución del poder.

[102] Sus argumentos se complementan muy bien con los de Filmus (1998), cuando éste diferencia entre cuatro lógicas que han predominado al momento de avanzar en reformas institucionales de descentralización, las cuales pueden ser leídas en términos de objetivos fundamentals que son comunes a diversos campos de gestión pública aun cuando su formulación original se refiriese al caso del sector educativo: a) Lógicas fiscalistas: Se enfatiza la necesidad de ahorro del gasto público; b) Lógicas tecnocráticas: se propone controlar y hacer más eficiente el proceso de toma de decisiones e implementación; c) Lógicas de mejora de la calidad: se busca adaptar las acciones públicas a las realidades subnacionales, regionales y locales; y d) Lógica democrática-participativa: se propone, vía más poder local, comprometer a la comunidad para que asuma un mayor compromiso y control sobre los procesos públicos.

institucional" cuando se trata de áreas donde distintos niveles de gobierno comparten responsabilidades. El mismo autor señala: "Actualmente, en la mayor parte de los países se encuentran en buena parte mezcladas las tres modalidades mencionadas, con mayor o menor presencia de una u otra, según su estructura política y administrativa, su tradición centralista y los avances realizados en las últimas décadas en materia de descentralización. Además, en cada ámbito sectorial de políticas públicas pueden surgir configuraciones relativamente distintas" (Ibídem: 29).

2.2 Descentralización y política social: una relación con múltiples variantes

Para el caso de cómo se decide, diseña y gestiona la política social (incluyendo su evaluación) en el marco de la descentralización, es importante determinar, tomando en cuenta las reglas formales e informales de la institucionalidad social: a) si la capacidad de decisión está distribuida entre autoridades de distinta escala territorial; b) qué atribuciones le cabe a cada autoridad; c) qué mecanismos existen para coordinar la actividad entre autoridades de distinta jurisdicción; y d) en qué medida las diferencias entre jurisdicciones coinciden con diferencias reales en el entorno social y la eficacia de los sistemas de acción social subnacionales y si existen mecanismos para compensar esas diferencias (Acuña y Repetto, 2006).

En un reciente documento, Fiszbein sintetiza lo acontecido con la descentralización en materia social:

> Durante las dos décadas pasadas, la mayoría de los países de la región atravesó por un proceso de descentralización de las responsabilidades de prestación de servicios. Prácticamente todos los países han emprendido alguna forma de descentralización de su sistema de enseñanza primaria y secundaria, lo que implicó la transferencia de los poderes de decisión a actores externos a la estructura burocrática de los ministerios de educación. En muchos países, el sector del agua cambió de un único proveedor nacional controlado por el gobierno central, a una estructura sumamente descentralizada donde el servicio se delega a cientos de servicios públicos municipales nuevos. Además, los gobiernos locales y regionales asumieron cada vez más responsabilidades sobre los establecimientos y programas de salud pública y también se llevó a cabo un proceso descentralizador en el sector transporte, donde se produjo un aumento gradual de la participación de municipios y gobiernos regionales en la gestión de caminos secundarios y terciarios. Con el tiempo, algunos países también han delegado responsabilidades en cuanto a programas de ayuda social a los gobiernos subnacionales" (2005: 23).

Serrano y Fernández difieren parcialmente con Fiszbein respecto a los programas frente a la pobreza, sobre todo en tiempos recientes donde han emergido con fuerza los programas de transferencias condicionadas. Afirman:

> El discurso sobre la reforma y modernización del Estado en América Latina menciona entre sus pilares la descentralización de la política social y el fortalecimiento de los niveles descentralizados para la gestión de lo social, siendo el mayor ejemplo de estos procesos la descentralización de las políticas sectoriales de educación y salud. Pero la materia sobre la cual se generan traspasos, en el caso social, es diversa. Por un lado, se encuentran las conocidas y grandes políticas sectoriales,

pero por otro, una vasta gama de acciones que opera con lógica de programas. Estas distinciones permiten comprender por qué existen grandes diferencias entre la descentralización que se produce de los servicios de educación y salud y la descentralización de las políticas de superación de la pobreza, las que no forman parte explícita de la agenda descentralizadora en los distintos países, aunque su ejecución es innegablemente de ámbito local (2005: 1).

En Cabrero Mendoza (2006) se presenta una sólida exploración de las complejidades que la descentralización genera en materia de política social, particularmente en lo que refiere al reto de la coordinación (sobre el cual se volverá más adelante). Señala el autor: "Con la idea de analizar los riesgos de dispersión en la agenda de políticas sociales, a continuación se utiliza una matriz en la cual se presentan diversas situaciones que se pueden dar en la práctica de la gestión intergubernamental de políticas públicas. Por una parte se analiza el nivel de centralización que guarda la política en cuestión, y por otro se analiza el nivel de intensidad de la acción de coordinación intergubernamental que se está paralelamente desplegando. Así, para fines analíticos, se establecen cuatro situaciones" (2006: 21 y ss.). El autor presenta el siguiente gráfico:

Gráfico 1: Escenarios posibles en la práctica intergubernamental

		Nivel de centralización en la hechura de las políticas públicas	
		Alto	Bajo
Nivel de coordinación en las relaciones intergubernamentales	Bajo	Coordinación jerárquica	Dispersión
	Alto	Coordinación donante-receptor	Gobierno Multinivel

El propio Cabrero Mendoza describe cada una de las cuatro posibilidades presentes en la tabla, que aquí se transcriben en detalle:

(i) "Una primera situación en la que se tiende a buscar la coordinación a través de la jerarquía, de manera vertical, a partir de "regulación dura", controlando la hechura de la política en todo el trayecto intergubernamental. Los riesgos de esta opción es que no permite obtener los beneficios propios de un proceso descentralizador como son la cualidad de proximidad y cercanía con los problemas. Además, la coordinación por jerarquía es un contrasentido, es altamente costosa y poco eficaz. Se presenta ante la falta de repertorio de opciones de regulación desde el gobierno central y se recurre a una vieja estrategia: el control.

(ii) Una segunda situación es aquella en la que se tiende a la dispersión debido a la falta de mecanismos de coordinación que vayan surgiendo conforme se descentraliza la política o el programa en cuestión. Los riesgos de este tipo de situaciones: falta de sinergia, riesgo de iniciativas contrarias, se diluyen los esfuerzos, se fragmentan los beneficios. El nivel central de gobierno con voluntad política descentraliza, pero no despliega paralelamente mecanismos técnicos que faciliten la coordinación, se trata de descentralizar para "deshacerse" de una parte de la política social o por falta de instrumentos alternativos, en estos casos es posible que en un lapso de tiempo se tienda hacia la recentralización. Por otra parte el beneficiario sufre confusión tratando de descifrar las opciones y lógicas de funcionamiento de los diversos programas.

(iii) Una tercera situación posible es aquella en la que se establece un tipo de coordinación donante-receptor en la que no necesariamente domina el gobierno central, dado que éste se adapta a las condiciones locales, y a su vez los gobiernos subnacionales requieren los recursos del centro pero introducen algunos elementos de su propia visión. Se trata claramente de una dependencia mutua para ejercer recursos y programas. En este caso el nivel de descentralización es limitado, las ideas y el diseño general viene del centro, aunque con un margen de adaptación importante a los gobiernos subnacionales, hay una mayor voluntad y actividad de coordinación intergubernamental. Los beneficiarios en esta situación tienen mayor claridad aunque reciben diversidad de servicios que cada beneficiario deberá integrar.

(iv) La cuarta situación posible se refiere al caso de un gobierno multinivel, es decir el caso de un nivel de descentralización importante pero que es capaz de generar simultáneamente instancias de coordinación intergubernamental permanentes. Este caso es en el que se ha logrado instituir una red intergubernamental de política pública que ha logrado generar una dinámica de ajustes mutuos, de regulación cruzada, de juegos de coordinación, pero a partir de un acuerdo mayor que es el de maximizar la capacidad de coordinación, cooperación, y adaptación de sus miembros. Todos los participantes ven beneficios en la coordinación. De ahí el nombre de gobierno multinivel, esto es, se desvanece la división entre niveles de gobierno y el paquete de servicios al ciudadano aparece como un todo, coherente, cohesionado, complementario, independientemente de qué nivel de gobierno lleva a cabo cuál de las partes del paquete final. En este caso la sinergia se maximiza, la "regulación suave" permite adhesión de los participantes. El beneficiario final no requiere descifrar el complejo entramado de servicios gubernamentales, son los diversos niveles de gobierno quienes asumen la tarea" (2006: 21 y ss.).

Cuando se trata de valorar los impactos de la descentralización en la política social, la cuestión es motivo de controversia. Ejemplo de optimismo es la posición de Kliksberg (1997), cuando sostiene que la descentralización de los servicios sociales promueve la efectividad y sostenibilidad de los programas al acercarlos mucho más a las necesidades reales de la población a la que se requiere asistir, asegurando además que en el plano gerencial aumentará los niveles de eficiencia al generar dinamismo, flexibilidad, y agilidad en las respuestas. En un enfoque más crítico, Isuani afirma: "Una provisión en manos de instancias regionales diversas en términos de capacidades y recursos introduce el problema de las desigualdades existentes y, por lo tanto, de la ciertamente alta inequidad que presentaría tal sistema de producción de bienes y servicios" (1992: 115). Entre ambas miradas están aquellas que, aun reconociendo el potencial de eficiencia/equidad/legitimidad que tendría la estrategia descentralizadora de la administración de la política social *per se*, reconocen que, para materializar esos atributos, se requieren mecanismos compensatorios que salden las diferencias regionales, a la vez que burocracias locales más eficientes que las nacionales (Fiszbein, 1998, 2005), así como también acciones regulatorias y fiscales específicas por parte del nivel central (Carciofi *et al.*, 1996).

3. Intersectorialidad: ¿cómo lograrla sin perder la riqueza de lo sectorial?

3.1 Aproximación conceptual

Abordar la problemática de la intersectorialidad requiere resaltar sus vasos comunicantes con lo sectorial. Esto, en tanto la emergencia en tiempos recientes de aquel concepto en el debate público conllevó en muchos casos una fuerte crítica descalificatoria al abordaje sectorial de los problemas públicos. Casi como una continuidad de los fuertes embates ideológicos a los que fue sometido el aparato estatal en los momentos de auge neoliberal, las críticas a lo sectorial olvidaban muchas veces la importancia del abordaje especializado, con saberes técnicos específicos y respaldados en una identidad organizacional capaz de aportar legitimidad y reconocimiento a las intervenciones. En pocas palabras, el abordaje que se haga aquí de lo intersectorial tiene como premisa reconocer la importancia y la pertinencia de lo sectorial, pero sabiendo que ciertas problemáticas públicas requieren otro tipo de intervención más amplio, a la vez que plural desde el punto de vista de los actores involucrados.

Indicado lo anterior y sin caer en la tentación de una definición unívoca de la intersectorialidad, vale seguir a Serra cuando propone una aproximación que resulta sugerente como punto de partida:

> La transversalidad es, al mismo tiempo, un concepto y un instrumento organizativo cuya función es aportar capacidades de actuación a las organizaciones en relación con algunos temas para los que la organización clásica resulta inadecuada. En este sentido, responde tanto a necesidades de diseño de la organización como a necesidades de gestión. La transversalidad intenta dar respuestas organizativas a la necesidad de incorporar temas, visiones, enfoques, problemas públicos, objetivos, etc., y a las tareas de la organización que no encajan en una sola de las estructuras organizativas verticales. Asimismo, intenta que esas estructuras verticales compartan sinérgicamente la consecución de un objetivo común, que no es específico a cada una de ellas (2005: 3).

La intersectorialidad conlleva claramente aspectos políticos y técnicos. En un sugerente estudio sobre la temática, Cunill Grau (2005) da cuenta de dos premisas que encuadran desde esta óptica el debate sobre intersectorialidad: 1) la integración entre sectores posibilita la búsqueda de soluciones integrales. Esta premisa le asigna un fundamento expresamente político a la intersectorialidad y se traduce en la asunción de que todas las políticas públicas que persigan soluciones integrales, tales como la modificación de la calidad de vida de la población, deben ser planificadas y ejecutadas intersectorialmente; y 2) la integración entre sectores permite que las diferencias entre ellos puedan ser usadas productivamente para resolver problemas sociales. Esta premisa remite a un fundamento técnico de la intersectorialidad consistente con la idea de que crea mejores soluciones (que la sectorialidad) porque permite compartir los recursos que son propios de cada sector.

Cabe hacer una parada analítica en lo político y lo técnico de la transversalidad, aspectos que se nutren también de los aspectos informales y formales de la misma (Echebarría, 1998). Respecto de lo político, la misma Cunill Grau (2005) señala que cualquiera sea el ámbito donde se requiere aplicar la intersectorialidad, se le debe prestar fuerte atención a la institucionalidad política dominante en tanto la misma actúa como condicionante de la intersectorialidad (positiva o negativamente). A su vez, la misma autora reconoce que cuando se busca darle viabilidad política a la intersectorialidad es necesario minimizar las diferencias percibidas de poder, sobre todo atendiendo a que la misma supone compartir recursos, responsabilidades y acciones, lo cual abre la posibilidad de resistencias y de luchas de poder. Una mirada complementaria la aporta Rodríguez-Mena, al afirmar: "Las organizaciones modernas se enfrentan al imperativo de planificar no solamente los mecanismos internos de actuación, sino también las estrategias y tácticas para relacionarse y tratar de influir en sus entornos cercano y remoto. Las acciones para tratar con el entorno no se limitan al aprovechamiento de oportunidades, al enfrentamiento y neutralización de peligros y a la obtención de ventajas y fortalezas, sino que deben concretarse en el manejo de actores individuales o colectivos: tratamiento de aliados, disuasión, mediatización o derrota de oponentes y la persuasión de indiferentes" (1995:2).

Una perspectiva técnica con énfasis en lo organizacional la ofrece Echebarría, cuando remarca que "el principio de especialización que guía la division del trabajo, tiende a disgregar el tratamiento de los problemas, creando estructuras en extremo compartimentadas que tienen dificultades crecientes para obedecer a una lógica común. La reacción burocrática ante esta disgregación, tan típica de las administraciones públicas, consiste en el reforzamiento de la centralización, elevando hacia arriba la toma de decisiones o imponiendo estándares de actuación a las unidades periféricas" (2001: 7). El mismo autor resalta: "La transversalidad expresa una reacción crítica ante la coordinación burocrática. La transversalidad equivale al reforzamiento de la coordinación horizontal o lateral, frente a las limitaciones de la coordinación vertical. Supone la búsqueda de cauces de relación entre unidades, sin ascender por la línea de mando, ni arrebatar la capacidad de decisión a la base. La transversalidad es una apuesta por la convivencia de la especialización, que favorece a la profundidad de los conocimientos aplicándolos a los problemas, con la interdisciplinariedad de su tratamiento" (Ibídem: 10).[103]

La transversalidad, desde lo político y lo técnico, conlleva el desafío de avanzar hacia redes interorganizacionales. Sulbrandt *et al.* las definen "como un conjunto seleccionado, persistente y estructurado de organizaciones autónomas que se vinculan para crear productos o servicios, sobre la base de contratos implícitos o explícitos [...] Estas redes permiten a las agencias del sector público, independientemente de su forma estructural, hacer una entrega efectiva de servicios sociales mediante la vinculación y coordinación de varias organizaciones, o partes de ellas, de manera sistémica" (2006:153). Los propios autores remarcan también que en este tipo de estructura de gestión, las organizaciones públicas pueden compartir y complementar recursos, tecnologías, información y actores, adaptándose a los cambios del entorno sin por ello transformar su estructura interna, a la par que señalan que en el sector público estas redes tienden a formarse más de manera obligatoria que voluntaria[104].

3.2 Intersectorialidad y política social: nuevos retos, respuestas incipientes

La política social no resulta materia exclusiva del Estado nacional, como ya se observó al atender a las reformas descentralizadoras y sus impactos en las relaciones intergubernamentales. Por ende, en países con dos o tres niveles de gobierno, sea el caso de países unitarios o federales (y sus matices), pueden existir diferentes organizaciones públicas que a un mismo nivel de gobierno gestionen la política social, dando lugar por ende a relaciones de intersectorialidad (horizontales). Indicado esto, aquí se enfatizará el análisis en las interacciones entre sectores del Estado nacional, aun cuando muchos de sus aspectos críticos también sean comunes a la gestión intersectorial horizontal en un gobierno subnacional y/o local.

Debe tenerse presente que el tipo de intersectorialidad que aquí se propone analizar, concentrado en lo que sucede con las intervenciones sociales del Poder Ejecutivo de la estructura estatal central, implica colocar la atención en la dinámica que acontece al interior de dicha instancia. Allí, más allá de los discursos públicos que resaltan la coherencia de enfoques, perspectivas y estrategias de un gobierno (al fin de cuentas un conjunto de mujeres y hombres con responsabilidad de administrar el Estado durante un cierto período de tiempo), muchas veces suceden otras cosas. Y es que en la práctica lo que predomina es la multiplicidad y entrelazamiento de interacciones entre actores con intereses e ideologías diversas, donde las dotaciones de recursos, las expectativas

---

[103] "En la gestión de la transversalidad, la función directiva se halla en el centro del éxito –y también del fracaso- de esas opciones políticas. Por ese motivo, la reflexión sobre la gestión de la transversalidad se plantea desde el punto de vista de la función directiva y de gestión" (Serra, 2005: 9).

[104] Un estudio de caso relevante sobre la gestión intergubernamental de programas sociales es el desarrollado por Isuani (2004).

personales o grupales, las relaciones informales y los marcos normativos, hacen muy compleja la conformación de coaliciones para generar avances en la intersectorialidad, coaliciones que sean sólidas y que actúen con un horizonte de largo plazo, es decir, que vayan más allá de acuerdos tácticos coyunturales.

Veiga y Bronzo destacan tres patrones a través de los cuales podría pensarse la intersectorialidad de la política social: "1) la política es diseñada, ejecutada, acompañada y evaluada de manera intersectorial; hay una estrecha y constante colaboración a lo largo de todo el ciclo de la política; 2) la política es formulada intersectorialmente, pero es ejecutada de manera sectorial, siguiendo algún nivel de coordinación: cada sector ejecuta parte de la política concebida intersectorialmente; y 3) la política establece objetivos y metas consistentes entre sectores. Las metas generales son desdobladas en políticas consistentes, pero formuladas y ejecutadas de manera sectorial y autónoma" (2005: 10).

Lo anterior conduce al interrogante de cuáles son los alcances posibles de los intentos prácticos de intersectorialidad en materia de intervención estatal ante los problemas sociales. Magalhaes (2004) identifica al respecto dos perfiles de intersectorialidad: por un lado, lo que denominan "perfil muy amplio", involucrando todos los aspectos de la política social y urbana, pero limitado geográficamente. Éstas exigen, para las zonas elegidas, de una fuerte transformación de la gestión pública, de modo tal de posibilitar las acciones intersectoriales, requiriéndose además altos volúmenes de recursos políticos, administrativos y financieros. Por el otro, el que llama un "perfil más estricto", basado en la implementación de acciones intersectoriales que son definidas estratégicamente con base en situaciones específicas, lo cual implica reformas más graduales y esfuerzos menores.

El siguiente gráfico trata de clarificar esta cuestión desde el prisma de enfoques amplios o acotados de política social, incluyendo el vínculo entre ésta y el resto de las políticas públicas.

Gráfico 2: Alcances de (potencial) intersectorialidad en la política social

El camino clásico para resolver demandas de intersectorialidad en la política social en el plano del gobierno central se ha expresado una y otra vez en los intentos de conformar algún tipo de Autoridad Social. ¿Qué se entiende por esta figura institucional? Franco (2000) entiende por ésta a una instancia capaz de priorizar, coordinar, asignar recursos, controlar y evaluar.[105] Una forma complementaria de interpretar la Autoridad Social es destacando, según lo propuesto por Acuña y Repetto (2006), la diferencia entre la función de gobierno y la de coordinación, bajo el entendido de que dicha Autoridad debiese, para ejercer efectivamente como tal, cumplir ambas funciones. La diferencia parte del hecho de que el gobierno es el ejercicio de la autoridad sobre actores y entramados institucionales que dependen funcionalmente de la Autoridad Social, la cual debe contar con las capacidades para: a) fijar los objetivos y metas perseguidos por la política que guiará al sistema; b) definir las prioridades y la metodología (estrategias) de intervención; c) asignar responsabilidades y funciones a las áreas y actores dependientes del

---

[105] Según este autor, una Autoridad Social debe cumplir con dichas funciones en lo que refiere a las acciones efectuadas por las agencias gubernamentales en materia social. En opinión del mismo autor, distintas alternativas se han presentado para la constitución de la misma: a través del Organismo Nacional de Planificación (ONP) que, ubicado en posiciones elevadas de la jerarquía administrativa del Estado, coordina la relación entre la política económica y la política social, como así también los programas sectoriales e intersectoriales. Otra alternativa la presentan los ministerios coordinadores de lo social, los cuales pueden constituirse a través de uno de los ministerios tradicionales dedicados al tema; por medio de la creación de un nuevo ministerio; o con la puesta en marcha de un ministerio suprasectorial que sustituya a los diferentes ministerios pasando estos a conformarse como secretarías. El Gabinete Social es una tercera alternativa, en tanto conformación de un Ejecutivo Social constituido al más alto nivel de la conducción administrativa del Estado que represente a los distintos actores involucrados y cuyo objetivo sea la coordinación de las burocracias que ejecutan las acciones gubernamentales en la materia (Franco, 2000).

organismo; d) distribuir los recursos necesarios para el cumplimiento de las actividades ligadas al cumplimiento de responsabilidades y funciones asignadas; e) monitorear el avance de las actividades, cumplimiento de la metodología de intervención y alcance de metas en tiempo y forma; f) sistematizar la información pertinente y evaluar la marcha de la implementación de la política; y g) redefinir la política (sus alcances, objetivos, metas y metodología de intervención) en función de las conclusiones de la evaluación. Respecto a la coordinación, se regresará luego a esta discusión.

En la práctica, si bien la idea de Autoridad Social tiene un origen propositivo relacionado con actuar como contrapeso del poder económico de los Ministerios de Finanzas, Economía o Hacienda (según la denominación de cada país respecto a quien maneja los recursos públicos), en la práctica se ha concentrado en tratar de generar (con algún grado de éxito) intersectorialidad en materia de combate a la pobreza[106], y (sin ningún éxito) intersectorialidad en el conjunto amplio de sectores sociales en aspectos que vayan más allá de enfrentar la pobreza. Esto se asocia fuertemente a qué está en juego en cada caso, toda vez que mientras en el combate contra la pobreza (sobre todo con los nuevos programas de transferencias condicionadas) existen posibilidades de compartir el éxito de la intervención y no tener que desviar recursos históricamente destinados a componentes de políticas sectoriales, en el caso de los intentos de intersectorialidad más amplias se entra en un complejo proceso de economía política donde lo que está en juego no es sólo el conjunto del gasto social, sino también las derivaciones políticas que surgen de tener control efectivo sobre el accionar pleno del Estado en materia social.

Otra forma de abordar la cuestión del alcance de la intersectorialidad, complementario pero a la vez superador de la perspectiva anterior, es diferenciando las fases de gestión de las políticas públicas de la cobertura de las mismas. Cunill Grau presenta esta relevante aproximación, al afirmar (como tesis de investigación) que "existen distintas combinaciones institucionales dependiendo de los ámbitos de aplicación de la intersectorialidad, a saber: a) Las fases de la gestión: la intersectorialidad puede abarcar la institucionalidad encargada de los procesos de formulación e implementación de las políticas; o sólo del primero; b) La cobertura de las políticas: la intersectorialidad puede tratar de cubrir la totalidad de las políticas públicas; sólo las políticas sociales; y respecto de éstas, todas o algunas (como las de reducción de la pobreza). La atención a tales ámbitos y sus combinaciones ayuda a delimitar los ambientes en que se mueve la intersectorialidad y sus grados de complejidad" (2005: 4). La misma autora presenta este enfoque en la siguiente tabla, con los casos tipos encontrados en cada combinación.

---

[106] Debe reconocerse, además, que los programas contra la pobreza y los programas sociales en general son muy diversos en cuanto a su grado de complejidad de gestión, incluyendo en este aspecto los potenciales requerimientos de intersectorialidad/coordinación. Un excelente análisis al respecto se encuentra en Martínez Nogueira (2006).

Tabla 1: La presencia de la intersectorialidad en el gobierno y gestión de lo social (Casos Tipo)

Cobertura / Procesos	Totalidad de las políticas públicas (PP)	Sólo las políticas sociales (PS)	
		Todas (+)	Algunas (-) (Reducción de la pobreza)
Formulación e implementación (FI)	CASO FIPP Estructuras gubernamentales regionalizadas y suprasectoriales.	CASO FIPS (+) Metodologías de gestión social integrada, basadas en el territorio y la población.	CASO FIPS (-) Sistemas de gestión en red, basadas en el territorio y la familia.
Formulación (y coordinación) (F)	CASO FPP Ministerios suprasectoriales. Cámaras o comités, coexistentes con ministerios sectoriales.	CASO FPS (+) Gabinetes o comités sociales, coexistentes con ministerios sectoriales.	CASO FPS (-) Comisiones coordinadoras de políticas sociales específicas.

Fuente: Cunill Grau, 2005.

La autora presenta luego un conjunto de postulados fundamentales a cada uno de los tipos presentados en la tabla. Vale acompañarla en aquellos cuatro sub-tipos relacionados con las políticas sociales, sea en un sentido amplio o acotado del término (Cunill Grau, 2005).

CASO TIPO FIPS (+)

- Postulado 1. Cuando un municipio se propone expresamente garantizar una vida con calidad, las políticas sociales tienen que relacionarse entre sí para atender las necesidades de la población de una determinada área geográfica.

- Postulado 2. Aun cuando la intersectorialidad se asocie a un sector (que se coloca como objeto de todas las políticas), necesita ser asumida como proyecto de gobierno para prosperar.

- Postulado 3. El establecimiento de una dinámica de trabajo intersectorial puede favorecerse si se usa una metodología participativa.

- Postulado 4. La intersectorialidad puede ser operacionalizada a través de formas de organización y de gestión que se sobreponen a la estructura sectorializada de gobierno.

CASO TIPO FIPS (-)

- Postulado 1. La familia puede ser el equivalente del territorio como categoría de aplicación de la intersectorialidad en programas de combate contra la pobreza con enfoque de capacidades.

- Postulado 2. La combinación de una instancia ejecutiva central y órganos técnicos colegiados proveen un modelo para la gestión intersectorial de programas de alcance nacional.

- Postulado 3. La gestión presupuestaria es un aspecto clave en el logro de la intersectorialidad cuando involucra acciones de distintas instituciones.

CASO TIPO FPS (+)

- Postulado 1. Los problemas políticos de la coordinación interinstitucional afectan también a la intersectorialidad cuando ésta se resuelve a través de las formas instituciones de aquélla, por lo que en oportunidades puede resultar aconsejable su deslinde.

- Postulado 2. Más que buscar una autoridad social que actúe como interlocutora de la autoridad económica, lo que la praxis sugiere es la conveniencia de integrar la economía en la institucionalidad social.

- Postulado 3. La atención expresa en el diseño de políticas y planes de desarrollo social puede construirle más viabilidad al abordaje intersectorial de los problemas sociales.

- Postulado 4. La interlocución directa con la sociedad civil puede contribuir a la integración de perspectivas diversas que aporta la intersectorialidad.

CASO TIPO FPS (-)

- Postulado 1. La intersectorialidad es relevada como problema sobre todo cuando se produce la reconceptualización de un asunto social reconociéndose que su abordaje debe ser multidimensional

- Postulado 2. Un factor clave en la eficacia de los entes de coordinación intersectorial es la existencia de un foco claro, significativo y amplio

- Postulado 3. La flexibilidad y en general, la adecuada institucionalización de la coordinación intersectorial puede ayudar a la continuidad de las políticas que requieren abordajes integrados

4. Un desafío común a la descentralización y la intersectorialidad: la coordinación

Es evidente que la descentralización y la intersectorialidad tienen múltiples desafíos, muchos de ellos relacionados con las características propias de cada una de estas modalidades de gestionar lo público-estatal. No es objeto de esta parte final del capítulo abordar esa amplitud de aspectos críticos, sino concentrar la atención en la cuestión de la coordinación, en tanto la misma es un tema propio a las interrelaciones entre jurisdicciones y sectores.

4.1 ¿Por qué la necesidad de la coordinación?, ¿qué entendemos por ella?

Los problemas públicos requieren, por lo general, respuestas estatales. En algunos casos, alcanza con que las intervenciones para enfrentarlos se generen y se gestionen, incluyendo su implementación, desde algún nivel particular de gobierno (central, subnacional o local), y más específico aún, desde algún sector de política pública en particular (ministerios o equivalentes, unidades funcionales de menor rango, etc.). Pero cada vez más queda en evidencia que ciertos problemas públicos requieren, como se indicó previamente, de intervenciones intergubernamentales e intersectoriales. Cuando esto sucede, la coordinación emerge como un mecanismo (político y técnico a la vez) de gran importancia para afrontar ciertas problemáticas, por ejemplos las sociales, a través de la participación de múltiples niveles de gobierno y diversos sectores de gestión estatal.

Abordando las razones que explican la necesidad de la coordinación, Martínez Nogueira (2005) presenta un conjunto de elementos: a) complejidad de ámbitos y niveles; b) excesiva diferenciación estructural; c) sectorialización inedecuada; d) fracturas y segmentaciones organizacionales; e) nuevos actores (como ONG y organizaciones comunitarias); y f) modelo establecido de baja interdependencia e interacción. Poniendo el acento en el para qué de la coordinación, Garnier sostiene: "de lo que se trata es de coordinar las políticas de manera que se logre integrar las distintas decisiones y acciones de gobierno dentro de una sola visión de conjunto y con una clara perspectiva de largo plazo. En otras palabras, se trata de coordinar con un sentido estratégico, se trata de coordinar para avanzar en determinada dirección, para promover determinados resultados de la acción pública en su conjunto, y no sólo de cada una de sus parcelas sectoriales o institucionales" (2000: 15).

Uno de los debates primordiales en torno a la coordinación remite a las diferencias entre lo que suele denominarse "coordinación jerárquica" y "coordinación transversal u horizontal". Reconociendo que la coordinación surge en primer lugar de la interdependencia (esto es, que dos o más unidades de la misma o diferentes organizaciones compartan un mismo entorno de trabajo), Echebarría ensaya una aproximación al concepto de coordinación, considerándola un proceso de creación o utilización de reglas de decisión para operar dicha interdependencia. Y agrega: "Esta definición englobaría la coordinación jerárquica y no jerárquica (dependiendo de que el actor que crea o utiliza la regla de decisión si sitúe por encima de los actores coordinados o sean los propios actores los que lo hagan), así como la coordinación intraorganizativa (en la que la jerarquía es un recurso disponible) e interorganizativa (donde no es posible la solución jerárquica" (2001:8).[107]

Resaltando la perspectiva de acción voluntaria de los actores involucrados en los procesos de coordinación, Cabrero Mendoza remarca que si la misma fuese una función impuesta a la dinámica organizacional, los costos para alcanzar coordinación serán muy altos, así como frágiles sus resultados. Por el contrario, sostiene el autor, "si la coordinación se adopta en parte por interés de los participantes, por convicción, y por los beneficios que esta generará, es evidente que será menos costosa como prerrequisito y más sólida como elemento regulador de la acción organizada" (2006: 4). Su perspectiva de la coordinación como "corrector de imperfecciones" de la jerarquía organizacional es sin duda un abordaje pertinente, en tanto le otorga al proceso la cualidad de ajustes permanentes.[108]

Indicado todo lo anterior, es posible sugerir una definición (que sin duda deja fuera múltiples matices de la problemática) de coordinación. Se entiende por ésta al "proceso mediante el cual se va generando sinergia entre las acciones y los recursos de los diversos involucrados en un campo concreto de la gestión pública, al mismo

---

[107] Barrios Suvelza (2006) hace una sólida defensa de la necesidad de diferenciar la coordinación de lo que él denomina "ordinación", concepto que resalta la importancia de ordenar jerárquicamente las relaciones entre las organizaciones y jurisdicciones estatales.

[108] En Sulbrandt, Lira e Ibarra (2001) se diferencia (entre otras) entre dos tipos de redes: a) vertical o jerárquica, que es iniciada por una norma legal e impuesta a todos los miembros por un sistema jerárquico; y b) horizontal, que es iniciada por participantes o terceros, sobre programas localmente concebidos, en cuyo caso la forma de coordinación tiende a no ser jerárquica.

tiempo que en dicho proceso se va construyendo [...] un sistema de reglas de juego formales e informales, a través de las cuales los actores participantes encuentran fuertes incentivos a cooperar [...]. El mencionado proceso generará realmente una valorable coordinación cuando derive en la fijación de prioridades, en la asignación acordada de responsabilidad [...], en la decisión de qué y cuántos recursos movilizar y, por último y quizás lo más relevante, en una implementación que se aproxime de modo importante a aquellos objetivos planteados por los responsables de las políticas y programas sociales" (Repetto 2005: 42-43). Esto conduce a la necesidad de atender las dimensiones política y técnica que afectan la coordinación.

4.2 Aspectos políticos y técnicos de la coordinación

Una mirada desde lo político. Los ámbitos destinados a promover coordinación, sean estos los que derivan de la descentralización o los asociados a la intersectorialidad, se caracterizan por nuclear a numerosos agentes, lo cual torna muy compleja la negociación de los acuerdos. En esta línea, Shepsle se refiere a la discrecionalidad *ex post*, en tanto en ámbitos complejos (y el campo de las políticas sociales sin duda lo es) resulta casi imposible eliminar dicha discrecionalidad, "ya sea porque es inútil pretender prever cada margen de posibilidad (con lo cual los acuerdos resultan contratos inevitablemente incompletos, en el mejor de los casos) o debido a que existen dificultades para supervisar su cumplimiento. Por una o por otra razón, cuando se anticipa el ejercicio de la discrecionalidad, los acuerdos pueden fracasar desde su concepción" (2003: 286). Un complemento analítico adicional lo representa el aporte de North (1998) cuando éste referencia, bajo el concepto de "costos de transacción", la dificultad de lograr la materialización de los pagos en procesos políticos donde prima la interacción estratégica. Esto, bajo el supuesto de que la información es costosa, los actores usan modelos subjetivos para explicar su entorno y los acuerdos se cumplen imperfectamente debido a la dificultad de controlar lo que sucederá en futuras interacciones.

Sabido es que el Estado, en tanto expresión materializada de una relación social históricamente conformada, es heterogéneo a su interior. Esto es particularmente evidente cuando la mirada se concentra en el Poder Ejecutivo. Y si bien el acento está puesto aquí en las complejidades de la coordinacion entre organizaciones estatales, no debe dejar de prestarse atención a lo que sucede al interior de las propias organizaciones. Conflictos entre divisiones, unidades o programas, suelen ser materia común de las dinámicas intraorganizacionales, procesos que pueden obedecer a múltiples razones (entre otras: celos políticos, técnicos o personales; lenguajes y estilos de gestión incompatibles; distintas generaciones de conformación de equipos burocráticos; reglas formales poco precisas; normas no escritas que promueven competencias perversas y/o compartimentos estancos).

Enfocando la atención en los elementos políticos concretos que afectan la coordinación, Faría señaló: "Está de más insistir en la importancia que tienen en cualquier área los mecanismos de articulación y coordinación de políticas. Esa importancia, sin embargo, aumenta en función de algunos factores como los siguientes: tamaño y heterogeneidad del país; complejidad y diferenciación institucional del aparato estatal o público responsable de las políticas; volumen y complejidad de los recursos financieros en juego; formas de organización estatal (democracias o dictaduras, monarquías constitucionales, presidencialismo de coalición, regímenes parlamentarios, presidencialismo bipartidario, etc.) y las modalidades prevalecientes de la oferta de servicios públicos (estatal centralizada, estatal descentralizada, pública descentralizada, liberal filantrópica, liberal de mercado, etc.). Estos factores, a su vez, inciden en la definición de los principales problemas de articulación y coordinación de políticas y, por ende, en las posibles soluciones" (2003: 23). A este listado se le debe adicionar la organización territorial del Estado, en términos de si se trata de un sistema federal, uno unitario u otra fórmula mixta, en tanto este aspecto incidirá fuertemente sobre las relaciones intergubernamentales no sólo en el plano vertical sino también en el plano horizontal de las organizaciones del nivel central.

La heterogeneidad del aparato del Estado (al interior de cada organización y entre éstas), se pone en marcada evidencia en las pujas y diferencias de criterios que emergen cuando se declara pomposamente el objetivo de coordinar campos o ámbitos de gestión pública concretos, tal el caso de la problemática social. Indicado esto, no debe sorprender entonces que cada uno de los "jugadores" del "juego de la coordinación" utilice los recursos con que cuenta y las reglas de juego a su alcance (provengan ambos aspectos de la misma dinámica intraestatal o del entorno socioeconómico y/o internacional) a efectos de intentar hacer primar sus intereses e ideologías particulares. Esta perspectiva "egoísta" entra en tensión, en múltiples ocasiones, con una perspectiva más cooperativa y colaborativa.

Lo anterior remite a la compleja cuestión del poder y su vínculo con los procesos políticos relacionados con la coordinación.[109] Una perspectiva sostiene que coordinar no suele ser, por lo general, un proceso de interacción donde todos los involucrados ganan, sino un proceso de búsqueda de nuevos equilibrios donde los resultados tienden a ser de "suma cero": lo que gana quien lidera la coordinación suelen perderlo quienes deben ceder los bienes y/o servicios a ser coordinados y que previamente estaban bajo sus responsabilidades sectoriales. Otra perspectiva afirma casi lo contrario: "La coordinación para la ejecución de políticas no puede ser impuesta, debe ser una resultante de la fuerza de voluntades, o mejor, surgir de la necesidad de un fin u objetivo común" (Ramírez y Peñaloza, 2007: 51).

En síntesis y más allá del enfoque que se adopte, los espacios destinados a generar coordinación en el ámbito de lo estatal (en lo jurisdiccional y en lo estatal) constituyen, al mismo tiempo y de modo específico, una red de actores y un dispositivo

---

[109] Se trata, obviamente, de un aspecto íntimamente relacionado con el debate ya planteado entre "coordinación jerárquica" y "coordinación transversal u horizontal".

institucional. Es precisamente en el entramado de jugadores y en las reglas con las cuales los mismos operan donde deben rastrearse esas condiciones de posibilidad de la coordinación. Aspectos tales como la conformación de cierto tipo de coaliciones, la generación de confianza y reputación entre los miembros de la coalición y/o de la red en que la misma esté inmersa, los tipos de liderazgo que se ejerzan, son tres elementos descollantes que favorecen la coordinación observada desde la óptica de los actores. Por su lado, el ámbito institucional ofrece, a través de sus potenciales características de flexibilidad y apertura a la innovación y negociación de acuerdos creíbles, otros elementos favorables a la coordinación en la esfera pública[110].

Una mirada desde lo técnico. Cuando la perspectiva se desplaza hacia la dimensión organizacional y administrativa (entendiendo ambas como expresiones de "lo técnico", con alcance también a lo operativo) de la coordinación, emerge la necesidad de enfrentar el reto de la especialización funcional y sus consiguientes saberes específicos. Se agrega a esto lo que Cortázar Velarde (2003) llama "percepción de amenaza", para caracterizar lo que sucede con las organizaciones que suelen ser auto referidas y que vislumbran peligro en cuanto se avanza en intentos de coordinación interorganizacional.

Nuevamente acá cobra sentido recuperar la idea de que previo incluso a la complejidad de la coordinación interorganizacional, hay que resolver la coordinación al interior de las propias organizaciones. En un reconocido texto que explora ambos aspectos, Mintzberg (1993) llama la atención sobre el modo en que las organizaciones coordinan el trabajo a su interior y con su entorno: 1) supervisión directa (la coordinación se obtiene responsabilizando a un actor/organización por el trabajo de los demás; se le da instrucciones y se controlan sus acciones); 2) estandarización de procesos de trabajo (el contenido del proceso se especifica en la programación al momento mismo del diseño, el cual permite articular los procesos); 3) estandarización de los resultados (los productos o rendimiento se especifican desde el diseño); 4) estandarización de las habilidades (se especifica el tipo de preparación que se requiere para llevar adelante el trabajo); y 5) ajuste mutuo (la coordinación se logra a través de la comunicación informal entre los involucrados).[111]

El apropiado manejo de ciertas herramientas gerenciales (en lo particular y en sus interrelaciones) resulta crucial para fomentar la gestión técnica y operativa de la coordinación. Destacan en particular, entre otras, lo referido a la evaluación y el monitoreo, la producción y manejo de información, los indicadores de gestión de desempeño, la gestión de redes, el análisis de entorno y de involucrados; el liderazgo y

---

[110] En Repetto (2005), al analizar diversas experiencias de Gabinetes Sociales en América Latina, se presentaron una serie de factores políticos que, en caso de presentarse de modo aislado o combinados, dificultan la coordinación de la política social.

[111] En Cortázar Velarde (2003) se presentan estos cinco mecanismos, a la par que se resalta la importancia de los mecanismos formales e informales para lograr que los mismos funcionen.

la negociación, etc. Estas herramientas requieren, por supuesto, de entornos y culturas organizacionales dispuestas a capitalizarlas en provecho de crear valor a través de la coordinación, sin perder en el proceso la propia identidad y capacidad sectorial.

Un capítulo sustantivo de los aspectos técnicos y administrativos de la coordinación lo representan los recursos humanos que se requieren para alcanzar la misma. ¿Cómo combinar "saber sectorial" con "saber intergubernamental y/o saber intersectorial"? ¿Deben ser los propios equipos técnico-sectoriales ya constituidos los que gestionen la coordinación entre niveles de gobierno o sectores, o ésta debe contar con un equipo propio de especialistas en la materia?

5. Epílogo

Pocas líneas finales para el cierre de este capítulo. La política social latinoamericana ha cambiado durante las últimas décadas en muchos de sus rasgos, contenidos y arreglos institucionales. De un pasado más o menos reciente (de la década del ′30 a la del ′80 del pasado siglo aproximadamente, según las trayectorias nacionales) marcado por un rol muy fuerte del gobierno central y por el énfasis puesto en las intervenciones sectoriales, se pasó en los años recientes a un mayor protagonismo de los gobiernos subnacionales y locales. También, aunque esto tiene aún menos historia y por ende menos lecciones aprendidas, se avanzó hacia un mayor reconocimiento de la importancia de contar con intervenciones estatales intersectoriales.

Las aproximaciones teórico-conceptuales sobre descentralización e intersectorialidad no son homogéneas. Interpretaciones distintas de sus causas, alcances y contenidos, hacen de estas líneas de reforma de la institucionalidad social un campo fértil para el conflicto de intereses y la confrontación de posiciones. Reflexiones y evidencia empírica sobre virtudes, límites y potencialidades de cada una han ido ganando espacio en la agenda de debate político y técnico de la política social de la región. En lo que sí existe coincidencia es en la importancia de la coordinación para fomentar interrelaciones entre jurisdicciones y sectores de modo tal que permitan afrontar la multidimensionalidad de los problemas sociales y la complejidad creciente de la gestión pública.

Reconocer la importancia de la coordinación como denominador común de la descentralización (y sus consiguientes relaciones intergubernamentales) y la intersectorialidad es sólo un paso para el logro de mejores políticas sociales. En todo caso, este reconocimiento sí resulta útil para volver a reconocer las intrincadas relaciones entre problemas sociales, institucionalidad social y políticas sociales. La gestión social, en síntesis, en mucho podría nutrirse si reconociese esas relaciones, sus vasos comunicantes y sus posibles caminos y atajos virtuosos que conduzcan a mejores intervenciones, no sólo en términos de eficiencia y sostenibilidad, sino, por sobre todo, promotoras de equidad social.

Bibliografía

Acuña, Carlos y Repetto, Fabián (2006); "La institucionalidad de la políticas y programas de reducción de la pobreza en América Latina". Documento preparado para el Diálogo Regional de Políticas, Red para la Reducción de la Pobreza y la Protección Social, Banco Interamericano de Desarrollo. Washington, DC.

Andrenacci, Luciano y Repetto, Fabián (2006); "Un camino para reducir la desigualdad y construir ciudadanía". En Molina, Carlos Gerardo (ed.); *Universalismo básico. Una nueva política social para América Latina*. Banco Interamericano de Desarrollo/ Planeta. Washington, D.C.

Barrios Suvelza, Franz Xavier (24 al 26 de mayo de 2006); "El principio de ordinación en el Estado". Ponencia presentada en el *Seminario Coordinación y política social: desafíos y estrategias*, Instituto Interamericano para el Desarrollo Social. Washington, DC.

Boisier, Sergio (1991); "La descentralización: un tema difuso y confuso". En Nohlen, Dieter (Comp.); *Descentralización política y consolidación democrática*. Nueva Sociedad. Caracas.

Cabrero Mendoza, Enrique (24 al 26 de mayo de 2006); "De la descentralización como aspiración, a la descentralización como problema. El reto de la coordinación intergubernamental en las políticas sociales". Ponencia presentada en el S*Seminario Coordinación y política social: desafíos y estrategias*. Instituto Interamericano para el Desarrollo Social, 2 Washington, DC.

Cetrángolo, Oscar y Larrañaga, Osvaldo (1996); "Desafíos de la descentralización". En Carciofi, Ricardo (coord.); *Educación y salud en Argentina y Chile*. CEPAL. Santiago de Chile.

Cortázar Velarde, Juan Carlos (2003); "Gestión de relaciones interorganizacionales". Presentación realizada en Instituto Interamericano para el Desarrollo Social. Washington, DC.

Cunill Grau, Nuria (2005); "La intersectorialidad en el gobierno y gestión de la política social". Ponencia presentada en el *X Congreso Internacional del CLAD sobre la reforma del Estado y de la administración pública*. Santiago de Chile.

Cunill Grau, Nuria (2004); "La descentralización de la descentralización de la política social. ¿Qué hemos aprendido". En Gomà, Ricard y Jordana, Jacint (Eds.); *Descentralización y políticas sociales en América Latina*. CIDOB. Barcelona.

Cunill Grau, Nuria (febrero de 1999); "La reinvención de los servicios sociales en América Latina. Algunas lecciones de la experiencia". En *Reforma y Democracia*, nº 13. Caracas.

Delamaza, Gonzalo (24 al 26 de mayo de 2006); "Concertación, sociedad civil y políticas públicas en América Latina". Ponencia presentada en el *Seminario Coordinación y política social: desafíos y estrategias*. Instituto Interamericano para el Desarrollo Social. Washington, DC

Echebarría, Koldo (2001); "Capital social, cultura organizativa y transversalidad en la gestión pública". Ponencia presentada en el *VI Congreso Internacional del CLAD sobre la reforma del Estado y de la administración pública*. Noviembre. Buenos Aires.

Echebarría, Koldo (septiembre de 1998); "La gestión de la transversalidad". En *Revista de Servicios Personales Locales*, nº 9. CIFA.

Falletti, Tulia (2000); "Not just What, but How, and by Whom: Policy Feedback Effects and Deceptive Decentralization in Argentina". Buenos Aires. Mimeo.

Faría, Vilmar (2003); "Reformas institucionales y coordinación gubernamental en la política de protección social de Brasil". En *Serie Políticas Sociales* n° 64. CEPAL. Santiago de Chile.

Filgueira, Fernando; Molina, Carlos Gerardo; Papadópulos, Jorge; y Tobar, Federico (2006); "Universalismo básico: una alternativa posible y necesaria para mejorar las condiciones de vida". En Molina, Carlos Gerardo (ed.); *Universalismo básico. Una nueva política social para América Latina*. Banco Interamericano de Desarrollo/ Planeta. Washington, D.C.

Filmus, Daniel (1998); "La descentralización educativa en el centro del debate". En Filmus, Daniel e Isuani, Aldo (eds.); *La Argentina que viene*. Editorial Norma. Buenos Aires.

Fiszbein, Ariel (2005); *Ciudadanos, políticos y proveedores. La experiencia de América Latina con la reforma de la prestación de servicios*. Banco Mundial. Washington DC.

Fiszbein, Ariel (1998); "Pobreza, exclusión y acceso a los servicios: el rol de las reformas institucionales". Instituto de Desarrollo Económico, Banco Mundial. Washington DC. Mímeo.

Franco, Rolando (2004); "Descentralización, participación y competencia en la gestión social". En Gomà, Ricard y Jordana, Jacint (Eds.); *Descentralización y políticas sociales en América Latina*. CIDOB. Barcelona.

Franco, Rolando (2000); "Autoridad Social". Santiago de Chile. Mimeo.

Garnier, Leonardo (2000); *Función de coordinación de planes y política*. Instituto Interamericano y del Caribe de Planificación Económica y Social. ILPES. Santiago de Chile.

Isuani, Ernesto Aldo (abril-junio de 992); "*Política social y dinámica política en América Latina. ¿Nuevas respuestas para viejos problemas?*". En *Desarrollo Económico*, vol.32, n° 125. Buenos Aires.

Isuani, Fernando (2004); *Gestión intergubernamental de programas sociales. El caso del componente de formación del Plan Jefes y Jefas de Hogar en la Provincia de Buenos Aires (Argentina, 2002-2003)*. Estudios de caso sobre buenas prácticas en gerencia social, Instituto Interamericano para el Desarrollo Social (INDES). Washington, DC.

Jaramillo Pérez, Iván (2004); "La nueva descentralización y su impacto en las relaciones intergubernamentales". Ponencia presentada en el IX Congreso Internacional del

CLAD sobre la Reforma del Estado y de la Administración Pública. Noviembre. Madrid.

Jordana, Jacint (2001); *Relaciones intergubernamentales y descentralización en America Latina: una perspectiva institucional.* Documento de trabajo I-22UE, INDES. Washington DC.

Kliksberg, Bernardo (1997); "Repensando el estado para el desarrollo social: más allá de dogmas y convencionalismos".Washington, DC. Mimeo.

Magalhaes, Edgar (2004); "Inclusao social e interesetorialidade: o longo caminho dos principios as estratégias de acao". En Bronzo, Carla y Costa Bruno, L.D. (eds.); *Gestao Social, o que há de novo.* FJP. Belo Horizonte.

Manor, James (1999); *The Political Economy of Democratic Decentralization.* World Bank. Washington, DC.

Martínez Nogueira, Roberto (2006); "Desafíos estratégicos en la implementación de programas sociales". En Cortázar Velarde, Juan Carlos (ed.); *Entre el diseño y la evaluación. El papel crucial de la implementación de los programas sociales.* Banco Interamericano de Desarrollo. Washington, DC.

Martínez Nogueira, Roberto (2005); "Coordinación interinstitucional". Conferencia dictada en INDES-Guatemala, Ciudad de Guatemala.

Mintzberg, Henry (1993); *La estructuración de las organizaciones.* Editorial Ariel. Barcelona.

North, Douglas (1998); "Una teoría de la política basada en el enfoque de los costos de transacción". En Saiegh, Sebastián y Tommasi, Mariano (cComps.); *La nueva economía política: racionalidad e instituciones.* Editorial EUDEBA,. Buenos Aires.

Ramírez, Juan Carlos y Peñaloza, María Cristina (2007); "La coordinación de las políticas sociales". En Arriagada, Irma (ed.); *Gestión y financiamiento de las políticas que afectan a las familias, Serie Seminarios y Conferencias.* CEPAL. Santiago de Chile.

Repetto, Fabián (2005); "La dimensión política de la coordinación de programas y políticas sociales: una aproximación teórica y algunas referencias prácticas en América Latina". En Repetto, Fabián (ed.); *La gerencia social ante los nuevos retos del desarrollo social en América Latina.* INDES-Guatemala. Ciudad de Guatemala.

Repetto, Fabián (2004); *Capacidad estatal: requisito necesario para una mejor política social en América Latina.* Documento de Trabajo n° I-52. Instituto Interamericano para el Desarrollo Social (INDES). Washington, DC.

Repetto, Fabián; Filgueira, Fernando; y Papadópulos, Jorge (2006); "La política de la política social latinoamericana". Instituto Interamericano para el Desarrollo Social (INDES). Washington, DC.

Rodríguez-Mena, Luis (enero de 1995); "La Gerencia Interinstitucional. El liderazgo de espacios abiertos". En *Reforma y Democracia,* n° 3. Caracas

Rondinelli, Dennos (1989); "Decentralizing Public Services in Developing Countries". En *The Journal of Social, Political and Economic Studies*, nº 14.

Serra, Albert (junio de 2005); "La gestión transversal. Expectativas y resultados". En *Reforma y Democracia*, n° 32. Caracas

Serrano, Claudia (2001); "Inversión pública y gestión regional. Nudos críticos". En Raczynski, Dagmar y Serrano, Claudia (Eds.); *Descentralización. Nudos críticos*. CIEPLAN/Asesorías para el Desarrollo S.A. Santiago de Chile.

Serrano, Claudia e Ignacia Fernández (octubre de 2005); "Los procesos de descentralización y las políticas y programas de reducción de la pobreza". Ponencia presentada en el *X Congreso Internacional del CLAD sobre la reforma del estado y de la administración pública*. Santiago de Chile.

Shepsle, Kenneth (2003); "Acuerdos políticos en los marcos institucionales". En Goodin, Robert (ed.); *Teoría del diseño institucional*. Editorial Gedisa. Barcelona

Solimano, Andrés (diciembre de2005); "Hacia nuevas políticas sociales en América Latina: crecimiento, clases medias y derechos sociales". En *Revista de la CEPAL*, nº 87. Santiago de Chile.

Sulbrandt, José; Navarrete, Natalia; y Piergentili, Natalia (2006); "Formas organizacionales que facilitan la entrega de servicios sociales". En Cortázar Velarde, Juan Carlos (ed.); *Entre el diseño y la evaluación. El papel crucial de la implementación de los programas sociales*. Banco Interamericano de Desarrollo. Washington, DC.

Sulbrandt, José; Lira, Ricardo; e Ibarra, Américo (octubre de 2001); "Redes interorganizacionales en la administración pública". En *Reforma y Democracia*, n° 21. Caracas.

Veiga, Laura da y Bronzo, Carla (abril de 2005); "Integración/articulación en programas para combatir la pobreza y la exclusión". Marco conceptual y caracterización de los programas, s/d.

PARTE 3

La articulación de actores como modelo de gestión de la política social

Ser libres comporta asumir en cada uno de nosotros la posibilidad de cambio y que la mejora de la actividad pública sólo depende de nosotros, de lo que estamos dispuestos a construir.

Hannah Arendt (1906-1975)

CAPÍTULO VII

La participación en la gestión:
alcances y límites en su institucionalización

Andrea Catenazzi y Magdalena Chiara**

La participación como principio de formulación de las políticas públicas se ha convertido en un paradójico lugar de consenso desde diferentes ámbitos ideológicos. Es un *mandato* tanto de los organismos multilaterales de crédito como de las agencias gubernamentales encargadas de diseñar y ejecutar políticas. También es una *demanda* sostenida por ONG, organizaciones sociales y población en general. Ahora bien, para cada actor la participación supone distintos modos de concebir su alcance en la gestión de las políticas públicas y enfrenta distinto tipo de problemas en el momento de la práctica.

La literatura sobre participación es vasta y comprende distintas aproximaciones a los problemas que de ella se derivan. Las contribuciones van desde trabajos orientados a inscribir la participación en los debates acerca de la construcción de lo público, hasta aportes más operativos en el nivel micro, sea desde las técnicas o bien desde los estudios de caso.

Este capítulo se sitúa a medio camino de ambas alternativas, planteando desde la práctica algunas cuestiones a considerar al momento de proponer y gestionar la participación en el contexto de políticas estatales orientadas a intervenir sobre problemas sociales. En este trabajo, participación supone una articulación de actores cualquiera sea su origen (promovida desde el Estado o gestionada por éste como resultado de las demandas de la población) y es concebida como parte del proceso mismo de toma de decisiones de la política pública. Asimismo y con la intención de evitar una definición normativa, la participación supone considerar los siguientes aspectos:

1. la presencia del Estado, aunque no como un actor único, sí como un actor central en el entramado de intereses;
2. la presencia de actores diversos y a la vez, un recorte en función del problema que se pretende resolver;

---

* Instituto del Conurbano – UNGS.

3. la identificación de aquellos momentos claves en el proceso de implementación de la política que constituyen oportunidades para la participación;
4. la direccionalidad o sentido en torno al cual se propone generar un cambio en relación al problema sobre el cual se interviene; y por último,
5. la definición conjunta y voluntaria, así como la explicitación de las reglas de juego en torno a las cuales los actores se ponen en relación con relación a una determinada "cuestión".

Se trata de un planteo operativo que busca captar distinto tipo de situaciones y modos a través de los cuales se definen y redefinen a lo largo del tiempo los alcances de la participación.

En este sentido, la perspectiva adoptada sitúa la participación en el centro del proceso de toma de decisiones alrededor de la política pública y, por ende, está atravesada por los ciclos que modelan su dinámica: la relación entre políticas y problemas sociales; las tensiones entre actores que resultan del mismo proceso de participación y las capacidades de gestión que las instancias gubernamentales ponen en juego; los desafíos del consenso; los recursos institucionales requeridos en la implementación; y las particularidades de la gestión de la proximidad (espacial y organizacional); entre otros.

Estos ejes organizan un conjunto de reflexiones desde la experiencia de la gestión. En su desarrollo, se advertirá que la práctica está referenciada tanto a los problemas específicos con que el gestor de política social se enfrenta, a la problemática de "la gestión" como parte de la política pública. Los ejemplos apuntados sintética y simplificadamente buscan poner en evidencia las potencialidades y los problemas de la participación, así como los dilemas con que se enfrenta el gestor.

1. La participación desde el problema

Sin dar cuenta de toda la complejidad que atraviesa la relación entre los problemas sociales y la participación, interesa destacar aquí dos aspectos de esta relación que se consideran importantes para desarrollar procesos de participación.

El primero refiere a que los problemas son construcciones sociales y por lo tanto, comprometen la articulación de distintos actores (gubernamentales, del mercado y de la sociedad) en complejos "entramados de intereses".[112] Desde este concepto se hace referencia al conjunto de actores que toman decisiones sobre el uso de recursos comunes con respecto a un determinado problema y que tienen intereses diferentes y, en algunos casos, contradictorios entre sí. Estos entramados de intereses configuran la política, cristalizan la historia de la cuestión que la orienta (o le dio origen), condicionando su implementación y a la vez, son modificados por las propias intervenciones.

---

[112] Para un desarrollo y aplicación práctica del concepto de entramado, ver el análisis de Mercedes Di Virgilio y Daniel Galizzi en el capítulo XII de este libro.

Por lo tanto, la participación sólo puede ser definida inserta en procesos históricos y, en consecuencia, también como resultado de otras políticas públicas.

El segundo aspecto a considerar es que la participación trata en muchos casos de promover instancias de articulación alrededor de problemas sociales, que recogen la experiencia de intentos anteriores de participación y, en la mayoría de los casos, estos entramados de intereses son también expresión de esos intentos frustrados.

Desde esta perspectiva, promover procesos de participación supone crear escenarios que hagan visibles a los actores reales del entramado y sus relaciones de poder (incluidos los actores gubernamentales) alrededor de una cuestión en particular. Esta mirada permite recuperar la historia de las demandas, de los actores y de las políticas sociales al pensar los procesos de participación.

Desde esta aproximación, el gestor que proponga o intervenga en espacios de participación deberá formularse y responderse un conjunto de preguntas que, profundizando en la "historia de la cuestión", definirán el derrotero de estos procesos, a saber:

- ¿Cuál es el problema en torno al cual se está proponiendo un escenario de participación?
- ¿Cómo se vinculan los actores (sociales, gubernamentales y del mercado) a su actual configuración?
- ¿Cuáles son las tensiones y conflictos que estructuran el problema?
- ¿Cómo se ha convertido en cuestión? ¿Cómo ha ingresado la cuestión en la agenda gubernamental?
- ¿Cómo ha incidido la acción pública de los actores? En ese contexto, ¿qué alianzas han tenido lugar?
- ¿Cuáles son las representaciones que los actores tienen acerca del problema y sus causas, sus urgencias y sus consideraciones acerca de cuál es el nivel más adecuado para su resolución? ¿En qué difieren?

También la participación tiene su propia historia y se expresa en las expectativas y disponibilidad de los diferentes actores a nuevas experiencias de participación. Algunos de los interrogantes en torno a los cuales el gestor debe preguntarse son:

- ¿Han existido experiencias de participación anteriores?
- ¿Existen otras instancias de participación que convoquen a la mayoría de los actores relacionados con el problema en cuestión?

Situar la participación en relación a la historia, las características que presentan los problemas sociales y plantear su pertinencia desde la definición del problema sobre el cual se interviene supone:

a) que las orientaciones de la participación comienzan a definirse en el momento de definir el problema;
b) que los actores de la participación no son externos al problema, sino que lo constituyen (en su estructura y su dinámica);

c) que las expectativas respecto de los beneficios del proceso de participación pueden ser muy diferentes en relación a la historia de cada uno;

d) que las percepciones que tienen los actores puede corresponderse a diferentes visiones del problema y resta construir su actual constitución.

2. Disputas de sentido en el seno de la participación

Una segunda cuestión a considerar al pensar la participación, tiene que ver con las tensiones, convergencias y divergencias que origina el mismo proceso de participación.

Si bien los aspectos que se destacan a continuación podrían ser útiles para pensar el origen del problema, interesa poner el foco en las dinámicas que se despliegan al promover el proceso de participación. Estas tensiones se verifican en diferentes aspectos o planos: los *intereses* que se ponen en juego en relación a la propuesta de solución que subyace a una determinada intervención; las *representaciones* acerca de las soluciones y de las modalidades de su implementación; el *poder* relativo de que dispone cada uno de ellos; el lugar que la cuestión ocupa en su *"estructura de agendas"*[113] y el diferente *"sentido de la urgencia"*.[114] Así configurada la diversidad, la gestión de los procesos de participación pasará por conducir y orientar (imposible evitar o ignorar) estas tensiones y diferencias hacia la construcción de nuevos acuerdos.

El análisis de los procesos de gestión y los esfuerzos por intervenir desde las políticas sociales en relación a los distintos problemas (combate de la pobreza, salud, educación, hábitat), ponen en evidencia que el desafío no se limita a pensar modelos o sistemas más equitativos, sino que radica en cómo se *gestionan las tensiones* que atraviesan la dinámica de las políticas en el momento de la gestión. El modelo de política social se constituye en un horizonte de sentido que requiere ser actualizado en las múltiples y particulares tensiones que despliega su implementación.

Desde el rol del gestor de la política social, se presentan algunos de los rasgos que dinamizan y modelan los momentos o escenarios de la participación en la gestión de la política social, desde la administración estatal:

- el interjuego de las relaciones gubernamentales verticales (municipio, provincia/estado y nación y sus múltiples combinaciones) y horizontales (entre los municipios);

- las diferentes lógicas de la administración basadas en una percepción sectorial del problema según el organigrama vigente;

---

[113] Se alude al lugar que ocupa la "cuestión" para cada uno de los actores.

[114] Según Pressman y Wildawsky, la detección del "sentido de la urgencia" que tienen los actores respecto de una determinada cuestión es un paso clave en el análisis de la complejidad de la acción conjunta. Citado en Aguilar Villanueva (1996:56).

- los actores tanto de la sociedad como del mercado no se relacionan con un solo actor gubernamental, sino que "juegan" sus apuestas en la trama de contradicciones intraburocráticas (hacia dentro de una misma organización) e intergubernamentales (entre organismos y niveles de gobierno municipio, provincia o estado y nación); y por último,
- la influencia de los medios de comunicación masiva en el modelado del "sentido común" y su incidencia en la agenda pública.

Estas tensiones ponen "en acto" (pocas veces de manera armónica) un conjunto de saberes, discursos y prácticas que dialogan entre sí y *disputan sentido* en la gestión de una política social. Desde esta perspectiva, la participación pone en juego complejas capacidades de gestión.

Ese "movimiento" inherente a los procesos de participación no es resultados sólo de la "suma" de posiciones de los actores, sino de un diálogo e intercambio que supone, en particular para el Estado, poner en juego capacidades de gestión. Siguiendo a Repetto (2004) se entiende por "capacidad estatal" la "posibilidad que tienen las instancias gubernamentales de problematizar, priorizar, decidir y gestionar las cuestiones públicas" (p.15). Esto refiere a la puesta en juego de capacidades técnico administrativas y también políticas; mientras las capacidades técnico-administrativas remiten en términos generales a la capacidad para asignar conforme a derecho bienes y servicios de manera oportuna y en la cantidad necesaria, las capacidades políticas refieren a la capacidad para "problematizar las demandas de la población, tomando decisiones que los representen y expresen sus intereses y las ideologías de los mismos, más allá de la dotación de recursos que puedan movilizar en la esfera pública" (Repetto, 2004: 19).

La dimensión "técnica" de las capacidades puestas en juego en los procesos de participación alude a la posibilidad que tienen las organizaciones de formular (o intervenir en la formulación) de alternativas factibles; mientras que la dimensión "política" en este campo refiere a la valoración de los intereses que se están realizando en cada caso y al despliegue de argumentaciones que hagan posible la generación de consensos.

La reflexión en torno a las capacidades resulta central en tanto la apertura a la participación implica necesariamente la disposición de las organizaciones estatales a cambiar sus propios modos de funcionamiento.

En el campo de salud, por ejemplo, el abordaje preventivo, orientado por la estrategia de Atención Primaria de la Salud (APS),[115] se enfrenta en la práctica con *procesos de validación* en los que intervienen actores cuyos saberes, prácticas y discursos son (en parte) el resultado de la situación que se busca modificar:

---

[115] La Atención Primaria en Salud es una estrategia que concibe integralmente los problemas de salud/enfermedad de las personas y del conjunto social, a través de la integración de la asistencia, la prevención de enfermedades, la promoción de la salud y la rehabilitación.

esto es, estrategias basadas en la oferta que jerarquizan prácticas de alta complejidad y que carecen de (o presentan una muy débil) aproximación preventiva. Por ejemplo, la perspectiva hospitalocéntrica y curativa[116] no parece estar presente sólo entre quienes toman las grandes decisiones de política pública en el sector, sino también en algunos representantes gremiales y profesionales (jerarquizando la inserción de los profesionales en los hospitales respecto de los Centros de Atención Primaria de la Salud [CAPS]); en los medios de comunicación, que prestan especial atención a los avances (y retrocesos) en ese campo respecto a otros menos visibles en el primer nivel; y también en ocasiones en la población, que considera que estará mejor atendida en el hospital que en el CAPS cercano al lugar donde vive. Es necesario advertir que una política orientada a la prevención que decide abrir procesos de participación social, se enfrenta a estos problemas.

Tomada la decisión de proponer espacios de participación, el gestor deberá plantearse las siguientes preguntas:

- ¿Existe disposición de la administración a habilitar la mirada de otros actores al proceso de la política pública? ¿Qué parte de la administración está dispuesta a ello?
- ¿En qué difieren los actores respecto de las alternativas de solución que se están proponiendo? ¿Cómo afecta diferencialmente sus intereses?
- ¿Cuál es la jerarquía relativa que tiene para cada uno de ellos la resolución del problema?
- ¿Cuáles son las capacidades (técnico administrativas y políticas) con las que cuentan para intervenir en el proceso?
- ¿A través de qué dispositivo se prevé la orientación del mismo?

3. Los desafíos del consenso

Hasta aquí se ha dado cuenta de la necesidad de inscribir la participación en la gestión en el marco de la complejidad de la política pública. Sobre este planteo, Majone (1997) introduce la importancia de las actividades de argumentación explicativa y justificatoria (en el marco de conversaciones habituales, debates políticos, negociaciones técnicas) para ofrecer al ciudadano las razones por las que un gobierno decidió hacer una cosa y no otra; desarrolla así una doble lógica: la de la racionalidad instrumental y la de la racionalidad comunicativa.

Los distintos argumentos que se constituyen en torno a un problema son también parte fundamental en su implementación, en tanto facilitarán u obstaculizarán su

---

[116] Se hace referencia a aquellas percepciones que tanto desde las políticas (oferta) como desde la población (demanda) jerarquizan la institución hospitalaria y la complejidad en la atención de la salud por sobre las prácticas del primer nivel de atención.

puesta en marcha. Un aporte del clásico trabajo de Oszlak y O'Donnell remite a la implementación de las políticas advirtiendo que: "Difícilmente encontremos casos en los que todos los actores, incluido el Estado, coincidan en la percepción y valoración del problema social que se ha convertido en cuestión. Además de la toma de posición de cada uno de los actores, en el plano simbólico, también se ve un proceso interactivo en que importa la percepción de cada uno acerca de la manera en que los restantes han definido la cuestión" (Oszlak y O'Donnell, 1976: 116).

Los actores desarrollan diversos *regímenes de justificación*, es decir, un conjunto de recursos argumentativos que emplean los propios actores para criticar las acciones de los demás o justificar las propias. Por lo tanto, la articulación de las demandas en los escenarios de participación depende de la capacidad de descubrir argumentos que fundamenten la formulación de propuestas generalizables a más de un actor y, en consecuencia, desencadenantes de una acción pública consensuada.

En este marco, el término acción pública resulta apropiado para analizar la multiplicidad de los actores de la gestión en un doble sentido. En primer lugar, porque no se centra en la distinción entre política y técnica, ni entre expertos y no iniciados, "expertos y profanos" (Callon *et al.*, 2001), "profesionales y no iniciados" (Rabinovich, 2001) sino en la intencionalidad de quienes intervienen en el proceso de toma de decisiones. Desde esta perspectiva, la acción se analiza no sólo desde las restricciones estructurales, sino también por la existencia de un ejercicio de poder de carácter situacional. En segundo lugar, porque alude a la creciente articulación de las diversas expresiones de la sociedad civil con el Estado en la construcción de lo público no estatal y por ende en el ejercicio colectivo de la acción pública. En este marco, analizar la participación desde la noción de acción pública permite desafiar la confrontación de la multiplicidad de recursos puestos en juego, de modalidades de implementación y la generación de soluciones alternativas que parecen cruciales al momento de analizar la gestión pero que generalmente son estudiadas separadamente, aunque empíricamente inseparables.[117]

Una cuestión que emerge esencial entonces es analizar cómo la singularidad de la manera en que los actores sociales definen "problema y solución" es reducida en argumentos públicos y, en ese sentido, hasta dónde puede abrirse el proceso a la *diversidad* (y al conflicto) y al mismo tiempo construir un *orden común*, en el sentido de un consenso o acuerdo alcanzado desde la diversidad y no como la ficción de un consenso dado (Pattaroni, 2006).

Un ejemplo puede resultar útil para seguir analizando esta cuestión. En la Argentina, la crisis del 2001 se expresó en múltiples conflictos en el caso de la concesión a cargo de Aguas Argentinas S. A. fue posible identificar dos modalidades de articulación de la demanda:

---

[117] Para un mayor desarrollo de la clásico debate entre racionalidad técnica y racionalidad política, ver Oszlak, O. y O'Donnell, G. (1976); Oszlak, O. (1980); Aguilar Villanueva, l. (1996).

(1) las acciones institucionalizadas que se cristalizaron en intervenciones directas de la empresa concesionaria en el territorio, a través del modelo participativo de gestión.

(2) las acciones autogestionarias, es decir las movilizaciones generadas alrededor del derecho al agua y por la recuperación de las empresas privatizadas surgidas en el marco de las asambleas barriales.

Ambas modalidades develan diferentes mecanismos de articulación o fragmentación del conflicto en torno al acceso universal a las redes de agua, en las que se identifican configuraciones para la acción pública igualmente relevantes: de un lado, cada situación local requiere un tipo de construcción política que puede llamarse "territorial", caracterizada por la singularidad; y por otro, una figura que puede pensarse como complemento de las demandas territoriales: la acción desterritorializada, que conecta a las distintas situaciones locales en la perspectiva de movimientos colectivos más amplios y universales.

Dado este desarrollo, la estrategia de participación definirá sus diferentes escenarios con la finalidad de articular nuevos consensos y por lo tanto el gestor deberá formularse (y responderse) los siguientes interrogantes, a saber:

- ¿Cuál es la representatividad de quienes participan y quiénes están ausentes porque no están organizados para participar?

- ¿Cuál es el alcance de las demandas de los individuos y grupos?

- ¿Cuál es el papel del promotor de la participación?

En consecuencia, situar la participación en relación al proceso de construcción de acuerdos supone:

a) que es necesario que los procesos de participación tengan una dirección;

b) que la participación no resulta de promedios o sumatoria de "saberes sociales";

c) que requiere de contar con el desarrollo de capacidades tanto técnicas como políticas para aportar propuestas que contribuyan con la construcción de ese orden común.

"Saberes sociales" y sentido: el caso de la política orientada a erradicar el trabajo infantil

En Argentina, la erradicación de las formas de incorporación temprana de niños, niñas y adolescentes en el mercado de trabajo es objeto de una política pública explícita orientada a su erradicación progresiva, que compromete a actores nacionales, provinciales, locales y también internacionales.

Una investigación sobre la dinámica institucional del trabajo infantil se propuso describir y analizar la trama de instituciones –gubernamentales y no gubernamentales– que en el nivel local están involucradas directa o indirectamente con la infancia y la familia, con vistas a dar cuenta de sus relaciones, dinámica, percepciones y acciones vinculadas al problema del

---

trabajo infantil. Apuntó a indagar qué hacen y cómo perciben la cuestión los distintos actores que operan en el territorio, en relación directa con las condiciones de vida de niños, niñas y adolescentes.

La perspectiva de los actores que este estudio trajo a la escena de las decisiones puso en evidencia que la política de erradicación progresiva del trabajo infantil no puede ser pensada como un conjunto de normas ni como una caja de herramientas y/o recursos.

La recuperación de las representaciones de los actores induce a pensar la política de erradicación del trabajo infantil como un proceso que articula acciones de múltiples áreas del gobierno y de organizaciones de la sociedad. Dada la mirada que estos actores tienen sobre el problema (sus causas y consecuencias), este proceso de diálogo y construcción de política pública pondrá necesariamente en tensión la cultura organizacional preexistente.

Desde el análisis de los resultados de este estudio, éste no puede ser concebido como un obstáculo, sino como parte fundamental de la tarea de puesta en marcha e implementación de una política en ese sentido.

En un contexto de pérdida del valor del trabajo, los actores sociales (ONG y organizaciones sociales comunitarias) y también los actores gubernamentales (en particular aquellos responsables de la micro implementación de las políticas), establecen una frontera porosa respecto de la aceptabilidad en el ingreso temprano de niños, niñas y adolescentes. Bajo algunas circunstancias, éste puede estar justificado, atribuyéndole a su vez componentes formativos.

Desde esta aproximación, el estudio advertía que —en el momento de la implementación— los actores pueden llegar a ser refractarios a una aproximación normativa referida a la erradicación del trabajo infantil.

En este caso, una recuperación acrítica de los "saberes sociales" podría conducir a reconocer "la inevitabilidad del trabajo infantil", "rescatar su carácter formativo", "destacar su aporte disciplinador para la futura inserción en el mundo del trabajo"; por citar algunas de las referencias que apuntan a legitimar su existencia.

Sin embargo, recuperando la orientación de la decisión de política pública en el sentido de erradicar progresivamente el trabajo infantil, las representaciones de la población pueden "entrar a escena" virtuosa aunque complejamente. Aproximamos aquí dos alternativas de recuperación de los "saberes sociales" en el diseño de la política.

En primer lugar, la mirada de los actores puede dar lugar al establecimiento de medidas apropiadas para disminuir los déficits en las capacidades de las instituciones a cargo de la implementación de la política. Por lo general, las representaciones sobre trabajo infantil van acompañadas de otros registros/miradas acerca de su propio hacer cotidiano como agentes institucionales, sus problemas y los déficits con que se enfrentan; estos aspectos deben ser recuperados desde las políticas para alcanzar con eficacia sus objetivos.

En segundo lugar, porque pone en evidencia que, aunque el problema esté tematizado en la agenda gubernamental, existen muy diversas formas de incorporación de niños, niñas y adolescentes al mundo del trabajo que están fuertemente legitimadas socialmente y otras tantas que permanecen ocultas. Esta situación enfrenta las políticas a la tarea de "construir

> sentido común", no sólo en el nivel de los agentes comprometidos en la gestión, sino también en el ámbito social para que éstos –a su vez– sean capaces de sostener socialmente las nuevas prácticas (desde la escuela, los centros de salud, los municipios) que comprende la política de erradicación del trabajo infantil.
>
> Chiara y Di Virgilio (2005)

4. Recursos institucionales en los procesos de participación

Como se ha desarrollado, la toma de posición de los actores no se da en el vacío, sino en el marco de un conjunto de reglas de juego que se requiere desentrañar al momento de iniciar procesos de participación. De igual modo, las reglas que se derivan de la participación deben ser explícitas a fin de dotar de transparencia al recorrido que se está proponiendo.

Estas reglas de juego (formales e informales) constituyen la institucionalidad de la participación, definiendo *escenarios* y *momentos* en que los saberes y demandas se ponen en relación. Siguiendo a Velásquez *et al.* (1992), un escenario es un ámbito "social de encuentro entre individuos, grupos y fuerzas sociales y/o políticas que permite la confrontación de opiniones, aspiraciones, iniciativas y propuestas, representativas de una gama de identidades y de intereses específicos de los cuales son portadores tales agentes. [...] son lugares de confrontación de intereses y de toma de decisiones sobre las orientaciones de las políticas y las acciones concretas que deben ser ejecutadas en el marco de la gestión y de la prestación de servicios [...] se despliegan relaciones de poder [...] son asimétricos y operan factores de desigualdad" (Velásquez, *et al.*, 1992).

Esta institucionalidad confiere (o puede conferir) a la convocatoria distinta apertura o alcance, aporta (o puede llegar a aportar) distintos grados de transparencia y asigna poder relativo a algunos actores respecto de otros. Cuando se hace referencia aquí a la institucionalidad de la participación, se está recuperando una doble aproximación al concepto de institución: como conjunto de reglas de juego y como percepciones del mundo.[118]

Al referir a las instituciones como *conjunto de reglas de juego,* se está suponiendo que los actores operan dentro de un marco que consiste en un conjunto de reglas que norman sus interacciones; de la naturaleza de la reglas dependerá, en parte, la eficiencia de esas interacciones. Estas reglas están respaldadas por incentivos de distinto tipo que inducen a su cumplimiento. Esta aproximación valoriza particularmente la dimensión de los *intereses* de los actores en los procesos de participación.

La segunda aproximación a la institucionalidad de la participación rescata la noción de institución como una *concepción particular del mundo,* resultado de procesos cognitivos. En esta interpretación las instituciones son las convenciones sociales (los

---

[118] Se retoman aquí dos de las tres dimensiones planteadas por Vergara (2001).

símbolos, ritos, costumbres, significados, etc.) a partir de las cuales los individuos interpretan el mundo que los rodea y crean su concepción de la realidad social. Los individuos son "socializados" en una cierta perspectiva del mundo, a través de un conjunto de representaciones, aprenden las convenciones sociales y con ellas construyen una forma "aceptada" de hacer las cosas. Esta mirada jerarquiza los *procesos identitarios* que operan en la construcción de consensos y acuerdos y llama a mirar los aspectos culturales de las propuestas y los procesos de participación.

Algunas estrategias de participación plantean una institucionalidad que remite más a un "deber ser" de la participación que a la posibilidad de promover y sostener experiencias reales, proponiendo una serie de requisitos para participar que son difíciles de encontrar y sostener en el tiempo.

Por otro lado, sin la institucionalización de reglas de juego y de las representaciones que den sentido a la práctica, las experiencias de participación pueden resultar "ejercicios" de relevamiento de demandas, con altas posibilidades de diluirse al momento de definir soluciones.

La institucionalidad supone una cierta continuidad de las iniciativas de participación y tiene también incidencia en el modelado de la "cuestión", promoviendo el desarrollo de marcos interpretativos o enfoques culturales capaces de amalgamar, articular, reorientar los intereses particulares en función de aquella construcción de un orden común.

Por esta razón, la propuesta de participación debe identificar aquellos momentos en los que no sólo es posible sino también relevante para el rumbo final de la intervención abrir a los espacios de participación. Estos momentos pueden estar prefigurados conforme el ciclo de vida del proyecto o política de que se trate (y es importante que sea previsible), pero el gestor debe estar "atento" a las oportunidades que cada contexto de implementación pueda estar dando lugar.

La dimensión institucional de los procesos de participación llama la atención acerca de distintos factores, a saber:

a) la apertura a los distintos actores;

b) la naturaleza de los escenarios propuestos y que buscan dar transparencia (muchas veces forzada) a las relaciones que pueden darse por otras vías ("lobby" en el caso de las relaciones con los empresarios, o "clientelismo" en las relaciones que establecen mediadores con la población, son algunos ejemplos);

c) los momentos de la participación respecto del ciclo de la política; y por último,

d) las posibilidades que habilita (o restringe) el marco institucional para fortalecer algunos actores del entramado respecto de otros, dando lugar a la realización de demandas que, sin la existencia de estos escenarios, no sería posible.

5. Pensando la participación desde la gestión de la proximidad

La relación entre participación y gestión de la política social, tal como se ha desarrollado, supone no abordar las decisiones de política social como si se tratara de algo "dado" a ser "informado" (en el sentido de especificado, enriquecido o completado) por medio de los "saberes sociales" a través de la participación.

Por el contrario, es necesario pensar que las políticas se *de-construyen* y *re-construyen* en distintos momentos que se constituyen en los puntos de clivaje de la implementación, en las situaciones de articulación de actores a las que se ha hecho referencia en el apartado anterior.

Estos puntos de clivaje se caracterizan por ser momentos en los cuales los actores toman decisiones dando curso o ejerciendo su poder de "veto" para que la política pública tenga lugar.[119] Estos momentos, que dinamizan la gestión participativa, varían según los modos como está organizado cada uno de los sectores de políticas (salud, combate de la pobreza, educación, hábitat y vivienda) y, a su vez, según cuál sea la organización política de cada país (unitarios, unitarios regionales y federales). La participación encuentra así su "ventana de oportunidad" en esos puntos de "clivaje", momentos en los cuales la política se de-construye y reconstruye.

Una de estas situaciones tiene lugar cuando la política se encuentra con el territorio de la implementación, que introduce las particularidades de la configuración local. Por esa razón, sólo es posible comprender el derrotero y sentido de la política social, si se reconoce –tanto teórica como metodológicamente– la condición de proximidad espacial y organizacional en la definición de sus atributos finales.

La noción de proximidad, utilizada en la geografía económica actual, puede ser útil al momento de identificar cuáles son los escenarios y quiénes los actores de la participación en esos puntos de clivaje. Desde esta perspectiva, el territorio es considerado como un "medio innovador", según las formas de organización de las relaciones entre unidades de producción y su distribución espacial. En particular, la noción de "dinámica de aptitudes" territorial favorable a la innovación.[120]

La *proximidad* como categoría analítica y operativa tiene una dimensión espacial y organizacional.[121] La *proximidad espacial* se refiere al territorio de lo local, al plano de la cotidianeidad de las relaciones sociales. La especificidad del ámbito local en la participación remite al análisis de los actores en un territorio concreto, también a la pertinencia de definir problemas y soluciones situados espacial y temporalmente. La *proximidad organizacional* remite a la articulación entre organizaciones que se relacio-

---

[119] Sin buscar abonar al análisis de los procesos de participación, en sus estudios sobre la implementación Pressman y Wildavsky han referido a estos "puntos y claros de decisión" aludiendo a las metáforas de las "aduanas" y "retenes" (Aguilar, 1996: 51).

[120] Ver Mazurek, (2005)

[121] Catherine Carré y Deroubaix (2006).

nan en las diferentes instancias del proceso de toma de decisiones, porque pertenecen al mismo problema aunque no se encuentren localizadas en el mismo territorio.

Desde esta perspectiva, los "saberes sociales" que se ponen en juego en los escenarios de participación a nivel del territorio son resultado y a la vez modifican las transacciones (materiales y simbólicas) que tienen lugar en el entramado de la gestión.

La dinámica y el sentido de las relaciones que tienen lugar en el territorio no pueden ser comprendidos independientemente de las condiciones más generales que definen las coordenadas de su acción.

Por último, el problema (tanto teórico como metodológico) de la participación radica en cómo se orienta la "disputa de sentido" que tiene lugar cuando una política "abre el juego" en el territorio. En otras palabras, ¿quiénes orientan y cómo ese proceso de de-construcción y re-construcción de la política pública?

Los ejemplos analizados ponen en evidencia que la apertura a los "saberes sociales" no es progresiva en sí misma. Dicho de otro modo, la perspectiva de los actores sociales no va –siempre y en todos los casos– en el sentido del cambio de las condiciones de funcionamiento del problema. Los "saberes sociales" pueden ser también expresión cultural del problema sobre el cual se considera necesario intervenir.

Bibliografía

Aguilar Villanueva, Luis F. (1996); *La implementación de las políticas*. Editorial Miguel A. Porrúa. México. 2da ed.

Callon, Michel, *et al.* (2001); *Agir dans un monde incertain: essai sur la démocratie technique*. Seuil. París.

Callon, Michel (2006); "Luchas y negociaciones para definir qué es y qué no es problemático. La socio-lógica de la traducción". En *Redes: Revista de Estudios Sociales de la Ciencia*. UNQUI.

Catherine Carré, Eleni Chouli et José Frédéric Deroubaix (2006) ; "Les recompositions territoriales de l'action publique à l'aune de la proximité". En *Développement Durable et Territoires*. ISSN 1772-9971.

Catenazzi, Andrea (2007); "Las redes de agua y cloaca en la concesión del agua en el área metropolitana de Buenos Aires: Entre el derecho al agua y las situaciones particulares de acceso a la red". En *Territorialidad y acción pública*. (En prensa).

Chiara, Magdalena y Di Virgilio, María Mercedes (2005); "Estudio sobre la dinámica Institucional del Trabajo Infantil". ICO/UNGS. UNICEF/MTSSyE. Mimeo.

Chiara, Magdalena (2007); "En los márgenes de la 'historia oficial' de la participación. Notas sobre la relación entre 'saberes sociales' y política pública". En *Relatoría del Taller Ciencias Sociales y Consideración de los Problemas Sociales en las Políticas Urbanas. Conocimiento para la Acción, Conocimiento en la Acción*. Foro Internacional de Ciencias

Sociales (UNESCO) UMR Lourest /Laboratoire de Sociologie Urbaine (LaSUR/ ENAC/EPFL-NCCR N-S) / Instituto del Conurbano UNGS (En prensa).

Mazurek, Hubert (9 a 11 de diciembre 2005); "Redefinir el territorio para definir la constitución". Paper presentado en *Encuentro internacional sobre territorialidad y política*. GTZ-DFID. Ministerio de Participación Popular. Bolivia.

Oszlak, Oscar y O'Donnell, Guillermo [1976] (septiembre 1995); "Estado y Políticas Estatales en América Latina". *En Redes: Revista de Estudios Sociales de la Ciencia* N° 4. vol 2. Buenos Aires.

Oszlak, Oscar (1980); *La formación del Estado argentino*. Universidad de Belgrano. Buenos Aires

Pattaroni, Luca (2006); *Decisión-making and participation. Position paper* TPP4. NCCR.

Repetto, Fabián (julio 2004); *Capacidad Estatal: requisito par el mejoramiento de la política social en América Latina*. Documentos de trabajo del INDES. Departamento de Integración y Programas Regionales. Instituto Interamericano para el Desarrollo Social. BID. Serie Documentos de Trabajo I-52.

Velásquez, Fabio et. al (1992); "Gestión Local de servicios públicos en Colombia: agua potable, alcantarillado y basura. Los casos de Armenia y Santander de Qulichao". En Rodríguez, Alfredo y Velásquez, Fabio (eds.); *Municipios y servicios públicos. Gobiernos locales en ciudades intermedias de América Latina*. Ediciones Sur. Santiago de Chile.

Vergara, Rodolfo (noviembre 2001); "Instituciones y política social en México: una explicación de los procesos de cambio en la política social desde la perspectiva institucional". Ponencia presentada en el VI Congreso Internacional del CLAD. Buenos Aires.

Capítulo VIII

Gestión de las políticas sociales desde el enfoque del capital social[122]

*Irma Arriagada**

Enfrentar los cambios propios de esta época y proporcionar bienestar a una población cada vez más afectada por situaciones sobre las cuales no tiene control es uno de los grandes desafíos actuales para las políticas sociales. La aplicación de estas políticas exige enfoques cada vez más acordes con las transformaciones sociales en curso y un uso apropiado de los –habitualmente escasos– recursos económicos y humanos disponibles.

El concepto de capital social, definido explícitamente como relaciones sociales en sus dimensiones de redes cambiantes de asociatividad, es clave para la comprensión del conjunto de dinámicas sociales presentes en sociedades cada vez más complejas y diferenciadas, como las latinoamericanas. Constituye un aporte importante para una nueva conceptualización de las políticas públicas, ya que le confiere un papel más protagónico a la sociedad civil y al proceso de democratización en la gestión estatal.

Así, las personas pueden desarrollar un papel activo en el aumento de sus redes personales y de sus activos, por medio de las acciones que configuran sus estrategias de vida. Asimismo, los cambios en la estructura de relaciones sociales pueden tener efectos significativos en la distribución del poder y de los recursos y ejercen cierta influencia en las instituciones públicas y en las instituciones económicas (Atria, 2003, Bebbington, 2003).

---

* Funcionaria de la división de Desarrollo Social de la Comisión Económica para América Latina y el Caribe (CEPAL). Las opiniones expresadas en este documento son de la exclusiva responsabilidad de la autora y no comprometen a la CEPAL.

[122] Este texto se basa en diversos artículos y libros publicados por CEPAL sobre el tema, en especial, Irma Arriagada (2006), Irma Arriagada, Francisca Miranda y Thais Pavez (2005) e Irma Arriagada (2005). Estos textos se encuentran en el sitio web de CEPAL: www.cepal.org.

Este enfoque permite poner de relieve los efectos positivos que pueden esperarse de la creación y uso del capital social, tales como cierto grado de control social sobre la producción y el acceso a los bienes y servicios públicos, creación de confianza entre individuos, cooperación coordinada, resolución de conflictos, movilización y gestión de recursos comunitarios, legitimación de líderes y generación de ámbitos de trabajo participativos.

Siguiendo esa línea, en este capítulo se ofrece un conjunto de herramientas destinadas a mejorar la gestión de las políticas sociales a partir de la aplicación de un enfoque de capital social, especialmente en el nivel local. Con esta propuesta de uso del enfoque de capital social para aplicar instrumentos de diagnóstico en programas sociales, se espera contribuir a la sustentabilidad de los mismos y a la consolidación de una cultura de evaluación que permita prevenir errores, y avanzar hacia el diseño de mecanismos para transformar a la población en actores sociales que tengan mayor acceso y control sobre las decisiones que les atañen.

1. Definición y tipos de capital social

Existe una gran variedad de definiciones y una amplia diversidad de posiciones respecto del concepto y su aplicación en las políticas públicas (Arriagada, 2003; Atria y otros, 2003; Bebbington, 2003; Durston, 2003; Portes, 1999). Asimismo, existe un vasto reconocimiento de que los individuos y las colectividades manejan recursos intangibles, que son "capitales" en el sentido general de activos cuya movilización permite lograr mejores resultados en emprendimientos y estrategias que lo que habría sido posible en su ausencia (Bebbington, 2005). Para la puesta en marcha de procesos de desarrollo, esto implica que la dimensión social constituye una dimensión de la calidad de vida tan importante como las dimensiones económicas y políticas; que lo social subyace a cualquier otra acción económica o política y que estos ámbitos están profundamente interrelacionados.

En este texto el capital social se define como un recurso intangible, que permite a personas y grupos la obtención de beneficios por medio de relaciones sociales dotadas de confianza, reciprocidad y cooperación.

El capital social como activo, tiene valor en sí mismo, por ejemplo, debido al sentido de pertenencia e inclusión que puede dar a la persona, y al poder que puede derivar del simple hecho de estar organizado y conectado, pero su mayor valor reside en que el capital social permite el acceso a otros recursos (Bebbington, 2005). En la literatura se distinguen tres tipos de capital social: de unión, de puente y de escalera cuyas características varían en función del número de personas involucradas y del grado de poder que comparten (véase tabla 1).

Tabla 1. Redes dotadas de capital social

Tipo de capital social	Tipos de redes	Características
Capital social de unión	Redes familiares, de amistad cercana y de vecindad/comunidad.	Involucra nexos con pocas personas; y en términos geográficos son nexos con personas que viven muy cerca.
Capital social de puente	Redes organizacionales: juntas vecinales, de comunidades de campesinos, de madres solteras, y otras.	Formas federativas de organización.
Capital social de escalera	Redes entre grupos y personas de distinta identidad y distintos grados de poder sociopolítico.	Nexos que crean relaciones medianamente consolidadas entre personas / comunidades y agencias públicas o no gubernamentales externas. Facilitan el acceso a esferas políticas, a recursos de agencias externas, al apoyo de estas agencias en momentos de crisis o amenaza, u otros.

Fuente: Confeccionado sobre la base de Anthony Bebbington (2005)

2. Preguntas iniciales para formular el programa

Poner en marcha políticas sociales adoptando la perspectiva del capital social significa que desde un inicio se consideren las relaciones sociales existentes en los contextos donde se va a intervenir, así como los grados de participación de la población en la toma de decisiones (Navarro, 2005). Aun cuando se visualicen los espacios de organización existentes en los destinatarios, si las políticas y programas sociales desconocen las dinámicas propias de las organizaciones y comunidades y sus procesos de autogestión (registrados en la memoria histórica y tradición de acciones en colaboración de la comunidad), el logro de sus objetivos será menor. Lo mismo ocurre si se pone el acento en la prestación de determinados servicios, sin planificar sus etapas acogiendo la especificidad local, la experiencia previa de los beneficiarios y sus comunidades, las redes preexistentes y los liderazgos positivos.

A continuación, se presentan algunas preguntas básicas que contribuyen a orientar la formulación de los programas desde el enfoque del capital social (véase tabla VIII.2). Para iniciar el diseño de un programa a partir de estos elementos, se requiere delimitar el alcance del impacto en capital social que se plantea: si sólo intentará trabajar sobre los activos disponibles en el nivel local, o si se intentará potenciarlos mediante líneas de acción para el fortalecimiento del capital social con metodologías de intervención. Esta decisión significa fortalecer las capacidades de negociación, de propuesta y de influencia sobre las decisiones y las acciones del programa. Cuando la opción es trabajar en el nivel local se requiere definir el uso de herramientas técnico metodológicas para fortalecer tipos de capital social: de unión (proyectos que involucran grupos que existen a un nivel sub-comunal), de puente (proyectos que involucren la creación de foros intercomunales), y de escalera (vínculos con agentes externos de mayor poder).

Tabla 2. Preguntas claves en programas y proyectos sociales desde el enfoque del capital social

Nivel de análisis	Preguntas relevantes	Alcances generales
Micro	Al intentar mejorar las estrategias de vida de la población ¿trabajan directamente sobre los activos de la población pobre?	Uso de herramientas técnico-metodológicas para fortalecer tipos de capital social: de unión (ej. proyectos que involucran grupos existentes a un nivel subcomunal), de puente (ej. proyectos que involucren la creación de foros intercomunales), y/o de escalera (vínculos con agentes externos de mayor poder).
	¿El programa trabaja sobre los activos en forma aislada, o busca sinergias / interrelaciones entre diferentes tipos de activos?	Estrategias que buscan fortalecer y crear tanto capital social como por ejemplo capital financiero de una manera sinérgica (Ej. por la vía de formación de bancos).
Nivel intermedio	¿Intenta cambiar las estructuras e instituciones locales que influyen en el acceso social a los activos y a los espacios económicos y políticos?	Trabajar indirectamente en la expansión de las bases de activos, cambiando las reglas y las estructuras sociales que limitan tanto el acceso que la gente pobre tiene a varios activos, como su capacidad para transformarlos en ingresos, poder o calidad de vida. Ejs. programas de reforma agraria para redistribuir tierras, de reforma educativa para facilitar el acceso de grupos étnicos a la educación secundaria y universitaria, cambios en la regulación de mercados para facilitar la entrada de organizaciones de pequeñas comunidades.
	¿Cómo es el capital social que existe dentro del programa público y qué lo vincula con sectores pobres?	Estudio de las redes burocráticas de los agentes estatales encargados de ejecutar a nivel local los programas (un tema que se puede tratar por la vía del concepto de cultura organizacional).

Nivel de análisis	Preguntas relevantes	Alcances generales
Nivel macro	¿Se promueve el capital social de escalera mediante la creación de nexos entre comunidad o unidad local y el gobierno regional, federal, nacional?	Análisis de los vínculos entre las instituciones públicas del nivel central, regional y local, en su capacidad de coordinación, comunicación, reglas del juego transparentes, u otras.

En seguida, se presenta una matriz para el análisis de programas sociales desde la perspectiva del capital social, de la que es posible desprender posteriormente propuestas y herramientas útiles para el diseño y formulación general de programas sociales desde el enfoque del capital social.

Tabla 3. Matriz para el análisis de programas sociales desde la perspectiva del capital social

Nivel de análisis	Criterios de interés	Elementos mínimos	Áreas de acción
Micro	Diagnóstico de redes locales pre-existentes dotadas de capital social.	Analizar las formas de cooperación local.	Motivos de la cooperación: solidaridad forzada o voluntari.a
			Estrategias de supervivencia o espirales de acumulación en el capital social existente.
		Analizar el conflicto local.	Divisiones sociales preexistentes en la unidad de intervención.
			Delimitación de la unidad de intervención.
			Definición de la demanda social.
			Definir umbral mínimo de recursos necesarios para fortalecer el capital social.
			Manejo de la competencia entre actores e instituciones.
	Beneficios e impactos esperados: la promoción de distintos tipos de capital social.	Redes dotadas de capital social de unión (lazos fuertes).	Definición del impacto en capital social.
		Redes dotadas de capital social de puente (lazos débiles).	La incorporación del sector privado
		Redes dotadas de capital social de escalera.	La coordinación entre el nivel central y el gobierno local.

Nivel de análisis	Criterios de interés	Elementos mínimos	Áreas de acción
Intermedio	Herramientas técnico- metodológicas	Sintonía con el entorno.	Uso de metodologías participativas.
		Potenciar los liderazgos locales.	Mecanismos para la resolución comunitaria de conflictos.
		Activar el capital social latente.	Integración de la dimensión de género.
		Apoyarse sobre redes preexistentes.	La sinergia y complementariedad entre diferentes tipos de activos.
		Crear valores afectivos respecto del lugar (territorio).	La intermediación local de los programas.
Macro	Institucionalidad	Fortalecer la asociatividad local.	Estímulos al rol de las organizaciones.
			Mayor autonomía de las organizaciones.
			Creación de nuevas organizaciones en coherencia con la tradición organizativa.
		Mejorar el acceso a bienes colectivos e instituciones y servicios del Estado	Vínculos con el entorno y el territorio.
			Horizontalidad en el trabajo.
			Experiencia en procesos de desarrollo.
			Peso de normas y valores sociales reconocidos.
			Claridad de los compromisos.
			Apertura y horizontalidad de la gestión.
			Participar en la toma de decisiones.

Fuente: Adaptación de Raczynski y Serrano (2005).

3. El diagnóstico de las redes locales preexistentes

3.1. El análisis de la cooperación local

Es importante contar con herramientas que permitan realizar diagnósticos de las redes sociales preexistentes, integradas en una mirada global hacia las dinámicas de cooperación y de conflicto. Con tal objetivo, el análisis de redes de capital social en el nivel local debe distinguir entre las diferentes motivaciones que poseen individuos y grupos hacia la cooperación: o sea, entre aquellas razones que determinan una cooperación forzada, asociadas a la obligatoriedad en el intercambio social (debido a normas y valores ineludibles), y la solidaridad voluntaria (Molyneux, 2002). Para facilitar este análisis, se desarrollan a continuación ciertas recomendaciones que ayudan a enriquecer la detección e interpretación de las dinámicas de cooperación recíproca local.

a) Determinar los fundamentos y costos de la reciprocidad local

La capacidad de establecer relaciones sociales y hacer uso de los recursos que circulan en las redes aumenta cuando las condiciones materiales permiten la inversión –de tiempo y otros recursos– en las redes sociales y el intercambio recíproco.

La reciprocidad tiene costos y las relaciones sociales de apoyo mutuo y solidaridad no son recursos inagotables. Éstas tienen que ser construidas y mantenidas, y para ello se requiere contar con recursos. La carencia de capital para alimentar el fondo social puede llevar al gradual o súbito proceso de exclusión de las redes sociales. En muchos casos, la reciprocidad se sostiene por el altruismo y el trabajo no remunerado e invisible que desarrollan las mujeres, quienes destinan tiempo y energías en pequeños pueblos rurales como en grandes ciudades, para desarrollar lazos, frecuentar amistades, aceptar invitaciones, o simplemente para visitar a un pariente (González de la Rocha, 2005). Cuando los recursos escasean estas formas de sociabilidad se ven también severamente limitadas.

b) Distinguir formas de capital social que responden a estrategias de sobrevivencia, de aquellas que dan cuenta de un proceso de acumulación

Se ha constatado que las familias beneficiarias de programas sociales cuentan con más recursos para actuar de manera solidaria e incluso generosa, especialmente con parientes cercanos (hermanas, madre). Sin duda, las transferencias de los programas sociales ayudan a que esto ocurra. En ese sentido, se ha planteado que los programas de transferencias de ingresos o las remesas, por ejemplo, han fortalecido la capacidad de las familias beneficiarias para entablar y mantener relaciones sociales. Sin embargo, el tipo de bienes y servicios que fluye por las redes de relaciones sociales están encaminados al presente inmediato, es decir, a cubrir las necesidades de la vida cotidiana. Es un capital social que se asemeja más a lo descrito por el término de estrategias de sobrevivencia que a espirales de acumulación e innovación (Portes, 1999). Pero aun estos intercambios, con toda su precariedad, están sujetos a las obligaciones de la reciprocidad (obligación de dar, de recibir y de reciprocar), a normas y a sanciones. El incumplimiento de la reciprocidad lleva, como se ha planteado, a la ruptura de las relaciones y al gradual o súbito proceso de aislamiento social. Se sostiene que detrás de la lógica de reciprocidad y altruismo se esconde la subordinación de las mujeres quienes son –en última instancia– las encargadas de las tareas reproductivas no remuneradas e invisibles (Montaño, 2003).

Gráfico 1. Análisis del capital social en el nivel local

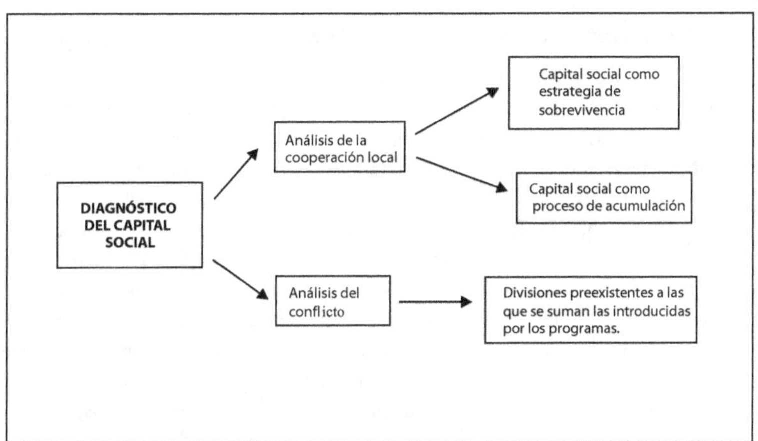

3.2 El análisis del conflicto en el nivel local

Resulta crucial preguntarse por los efectos que una política social o programa puede llegar a tener en el acceso y manejo de los recursos sociales de los grupos domésticos y las comunidades, ya que los programas no llegan a operar en contextos sociales homogéneos y armónicos, sino en espacios sociales donde hay conflictos y divisiones preexistentes. La información que se ha recopilado en distintas evaluaciones de programas, muestra que la creación de nuevas diferencias sociales introducidas por el Estado mediante la intervención (por ejemplo, la división entre beneficiarios y no beneficiarios, producto de una focalización mal realizada) puede atentar contra la creación y mantenimiento del capital social comunitario (González de la Rocha, 2005).

Dado lo anterior, resulta importante ya en la etapa de formulación y diseño de los programas sociales conocer cómo la intervención puede acentuar la existencia de conflictos locales anteriores. Comúnmente, la lógica tecnocrática y de poder de los funcionarios públicos no permite flexibilidad y visión de mediano y largo plazo para integrar representaciones subjetivas (opiniones, percepciones, creencias, y otras) de los destinatarios en diferentes áreas problemáticas de los programas. Por el contrario, ellos están habitualmente abrumados por innumerables tareas y poco dispuestos a abrir canales de diálogo y a suspender juicios técnicos predefinidos. Por lo tanto, se requieren esfuerzos adicionales para incorporar las visiones desde las personas afectadas e involucradas en los programas.

3.3 Cuatro recomendaciones para manejar el conflicto en programas sociales

a) Delimitar la unidad de intervención sobre la base de las percepciones locales

Frecuentemente, los programas sociales no consideran las percepciones de la población beneficiaria, por ejemplo, las mediciones de pobreza usadas por el sistema de focalización contrastan con las percepciones locales de lo que es y significa ser pobre, dando lugar al descontento y frustración de quienes no quedan incluidos en los programas antipobreza. Como consecuencia de ello, existe insatisfacción con respecto a la forma en que las familias u organizaciones son seleccionadas para acceder a los beneficios otorgados por determinados programas sociales. Se ha constatado la generación, en el interior de determinados grupos destinatarios, de divisiones y conflictos entre familias beneficiarias y no beneficiarias como resultado de la diferencia construida por algunas intervenciones. Estas diferencias pueden expresarse –entre la población no beneficiaria– en sentimientos de marginación, de exclusión y no pertenencia al grupo que conforman las familias beneficiarias. En estos casos, es posible afirmar que el programa, lejos de fomentar el fortalecimiento del tejido social, lo ha deteriorado (González de la Rocha, 2005). Estas divisiones representan los costos sociales de la focalización.

Por tanto, un factor relacionado con la necesidad de modificar la etapa diagnóstica de los programas tiene relación con el requerimiento de definir la población objetivo sobre la base de percepciones locales respecto de los problemas y la realidad en que viven.

b) Definir la demanda social sin presuponer actores preexistentes

No es conveniente determinar la conformación de demandas sociales de forma independiente respecto de la relación entre los actores locales. Dicho de otro modo, no es conveniente presuponer actores preexistentes, con demandas ya definidas que luego entran en pugna al intentar imponerlas para que encuentren satisfacción. Por el contrario, es central que las demandas se constituyan de forma colectiva y por consenso (Kessler y Roggi, 2005). Por ende, en un contexto de fragmentación local y competencia entre instituciones y actores, es más probable que las demandas sean distintas y divergentes, al menos en su configuración inicial, en razón misma de esta fragmentación. Avala esta idea el hecho de que, a pesar de estas diferencias previas, cuando se analizan prestaciones, se advierte bastante homogeneidad en los bienes y servicios efectivamente generados, sin que esto provoque descontento.

c) Identificar el umbral mínimo de recursos necesarios para promover el capital social

Los programas tampoco analizan el umbral mínimo de dotación de activos para la construcción de capital comunitario. Se señala que la "pobreza de recursos" erosiona la posibilidad misma de mecanismos de reciprocidad y cooperación entre individuos y familias. Esto impacta en el desarrollo de los programas sociales. Un elemento que resulta positivo para la construcción de capital social comunitario es la regularización de dominio y propiedad. Esto tiene un impacto positivo en la configuración de la identidad local, puesto que la propiedad aparece como una fuente de construcción de la identidad cuando el mercado de trabajo se vuelve más inestable y dificulta su creación. Esto genera más lazos en los barrios e incrementa la capacidad de aspiración local.

El análisis histórico de la evolución de los programas permite reconocer qué poblaciones han sido excluidas del capital comunitario, en virtud de los grupos que han ido quedando fuera en sus distintas fases por no poder asumir los compromisos impuestos. Por otra parte, falta considerar más a los grupos de control que reúnen los atributos de la población-meta, pero que no están cubiertos por determinados programas a ejecutar. De este modo, se podrá captar qué atributos generan dificultades de acceso; y percibir las reglas informales de exclusión de las instituciones que coordinan o ejecutan programas. Este trabajo no debe hacerse en la evaluación final, sino en los monitoreos intermedios, porque es la única forma de incluir a los grupos e individuos con riesgo de exclusión mientras el programa está realizándose.

d) Regular la competencia existente en los programas de superación de la pobreza

Las evaluaciones de los programas sociales muestran que la competencia existente entre los distintos actores de la política social, en sus diferentes etapas de implementación, puede afectar los lazos locales o al capital social de los grupos que viven en condición de pobreza. Por ello, en el nivel local es necesario considerar formas de intervención que regulen la competencia existente entre individuos y grupos de poder por aprobación de proyectos, para no fomentar procesos que generan en el largo plazo la exclusión de "perdedores". Al respecto, deberían implementarse pautas de relación y "reglas del juego" que regulen la interacción y participación en la gestión de los proyectos de todos los actores "competidores" (Kessler y Roggi, 2005).

Específicamente, en el nivel intermedio (meso), es importante estar atento al impacto diferencial en el capital social según el tipo de bienes y servicios que ofrecen los programas, así como al tipo de problemas que generan. De este modo, habría más probabilidad de afianzamiento de lazos colectivos en los bienes que, por definición, aparecen como directamente ligados al interés individual de un grupo, como es el caso de los emprendimientos productivos. Por el contrario, cuando se trata de bienes colectivos o bienes individuales de distribución colectiva (distribución de subsidios y de bienes materiales) la complejidad resulta mayor y los conflictos se vuelven más intensos.

Tabla 4. Criterios básicos para el análisis del capital social en la etapa diagnóstica

Ejes de análisis	Criterios	Objetivos	Distinciones conceptuales	Lineamientos de acción
Análisis de la cooperación local	El respeto por el capital social previo de los destinatarios.	Evaluar los costos sociales de la reciprocidad. No caer en una visión idealizada de las relaciones comunitarias.	Cooperación forzada y obligatoriedad del intercambio social por adscripción a normas y valores locales, o como estrategia de supervivencia frente a crisis económicas. Solidaridad voluntaria.	Identificación de redes dotadas de capital social beneficioso para el conjunto social.

Ejes de análisis	Criterios	Objetivos	Distinciones conceptuales	Lineamientos de acción
Análisis del conflicto local	Coproducción en la formulación del programa/proyecto	No presuponer actores preexistentes, con demandas ya definidas	Distinto acceso y manejo de los recursos sociales de grupos domésticos.	Focalización de los programas sobre la base de percepciones locales respecto de los problemas y la realidad en que viven los destinatarios.
			Análisis de relaciones existentes entre beneficiarios y no beneficiarios de programas y proyectos estatales.	A nivel local, se puede comparar la definición formal con la de los propios habitantes, logrando que ésta pueda intervenir en la definición de unidades de intervención.
			Delimitación de la demanda social, ajustando expectativas locales con capacidades institucionales de agencias estatales.	Definición conjunta del significado de problemas y soluciones locales desde un enfoque integral y territorial.
	Dotación mínima de recursos para fortalecer el capital social.	Reconocer que la "pobreza de recursos" erosiona la reciprocidad y la cooperación.	Identificar población o grupos excluidos del capital social comunitario.	Generar procesos de inclusión de los "indeseables", mediante metodologías de participación y negociación comunitaria.
	Regulación de la competencia entre actores institucionales heterogéneos.	Prever el impacto diferencial en el capital social, según los bienes y servicios que los programas ofrecen.	Sopesar el distinto efecto de bienes individuales, bienes colectivos o bienes de distribución colectiva en los actores beneficiados por un programa.	Establecimiento de reglas del juego que aseguren equidad en el acceso a beneficios para no acentuar divisiones sociales existentes y fomentar la competencia.

4. Impactos esperados e inesperados en el capital social

Plantear como objetivo el fortalecimiento de tipos de capital social requiere tener en cuenta y prever las dificultades de articulación de diferentes actores institucionales, que no necesariamente consideran los temas del desarrollo social desde una perspectiva integral y en la que participen efectivamente los destinatarios.

Por definición, las iniciativas tendientes a construir confianzas, generar redes y relaciones, y a articular procesos sociales basados en la capacidad de cooperar de las personas, implican tiempo, recursos, y metodologías. En particular, el problema de la temporalidad de los procesos parece un cuello de botella complejo para la lógica pública, que opera sobre la base de criterios de cobertura, macroproblemas, estadísticas, año fiscal y otros. Sin embargo, de no asignarse a los procesos el tiempo de maduración que requieren, se arriesga anular el impacto en el mediano plazo y perder sustentabilidad en el largo plazo (Raczynski y Serrano, 2005). Es indispensable una discusión amplia y abierta entre los agentes de desarrollo del nivel local y regional, sobre la visión global que debe orientar a los beneficios esperados en los programas.

Frecuentemente, los programas instalan dinámicas paralelas de trabajo y organización social, tienen un fin claramente instrumental y no priorizan la riqueza de los procesos de desarrollo local autónomos. Ése no es necesariamente el propósito de todos los programas. Generalmente, éstos se limitan a atender de manera eficiente determinado problema social que recorta la realidad en categorías: programas sectoriales o programas dirigidos a determinados grupos vulnerables, con escasa capacidad de sumar una mirada integral al proceso de desarrollo (Raczynski y Serrano, 2005). El resultado es una paradoja: los programas son eficientes en cobertura y resultados, pero al operar cada uno por su lado, sin visión de cooperación entre sí, pierden impacto y eficacia y, como se ha señalado, no se contactan con las relaciones sociales entre las personas que están en la base del capital social.

4.1 El capital social de puente: la importancia de incorporar al sector privado

El capital social de puente es uno de los grandes ausentes de las políticas sociales analizadas y posiblemente un problema general de los programas sociales. Algunas evaluaciones a programas de desarrollo productivo destacan el hecho de que cuando se planifican microproyectos territoriales contemplando instancias provinciales de reunión, así como representantes e instancias interprovinciales, tienden a ser más exitosos. El diseño en estos casos debe incluir espacios de reunión entre organizaciones similares (en cuanto al tipo de productores) de otras regiones, así como la interacción con instancias de la misma región englobando a otro tipo de productores, con el fin de identificar intereses comunes.

En programas en que se ha considerado la promoción de capital social de puente, éste tiende a darse entre organismos públicos y la sociedad civil, pero sorprendentemente no se observa en la relación con sectores privados. Estos últimos sólo aparecen como parte de la sociedad civil en tanto fundaciones filantrópicas. Parece importante abrir el campo de lo social e incorporar de otro modo a los actores privados. Urge hacerlo, en primer lugar, porque la mayoría de los servicios públicos han sido privatizados, por lo que la relación con las empresas es central en el bienestar de la población. De hecho, hay negociaciones y conflictos entre actores locales y empresas de servicios, pero éstas no aparecen en los programas como un actor con quien tejer alianzas, ni son incluidas en las estrategias participativas, u otras (Kessler y Roggi, 2005).

4.2 El capital social de escalera: la importancia de resolver tensiones entre el gobierno local y nacional

En general, todos los programas sociales instalan relaciones de capital social de escalera, entendiendo por tales sólo un tipo de relación: la que vincula a las familias y colectivos con programas, autoridades y funcionarios públicos, en un vínculo que permite canalizar recursos de las políticas sociales a las familias. Sólo excepcionalmente se abordan las relaciones con otros colectivos o redes situados en posiciones diferentes de la estructura social, las que posibilitarían mayor acceso a activos y eslabonamientos positivos en los procesos en curso (Raczynski y Serrano, 2005).

Un obstáculo para la construcción del capital social de escalera está dado por la tensión entre el gobierno nacional y los gobiernos provinciales y/o municipales. En ciertos casos, se presentan dificultades en el monto y continuidad de los recursos que se transfieren desde el órgano central al local. En la puesta en marcha de los planes sociales, en muchas ocasiones el gobierno central intenta generar una organización paralela a los gobiernos provinciales o ejecutar directamente los programas en contacto con las organizaciones comunitarias, sin pasar por las instancias provinciales o municipales. Esto se debe tanto a la desconfianza en la capacidad de gestión y de uso de los fondos de los gobiernos provinciales, como a la competencia política (cuando los gobiernos provinciales son de signo contrario al gobierno nacional o cuando el gobierno nacional y provincial son del mismo partido, pero quizás no de la misma facción). A su vez, el carácter federal o regional de los países hace que los gobiernos provinciales puedan bloquear iniciativas nacionales o intentar imponer sus condiciones.

En el caso de las empresas, se las mantiene al margen de la cuestión social y de la sociedad civil, dejándoles sólo el rol filantrópico, lo que contribuye a que conflictos latentes con actores privados no tengan instancias de negociación, por lo que resulta difícil resolverlos a medida que se generan y por ende, sólo emergen bajo la forma de conflictos graves. A nivel intermedio (meso) es posible incorporar en todas las instancias a los actores privados que tengan relación con las condiciones de vida de los individuos participantes en los programas. Con esto se busca tanto un efecto directo en las condiciones de vida de los beneficiarios, cuando se trata de programas donde los actores privados tienen una incumbencia específica (por ejemplo, infraestructura urbana), como un efecto indirecto que contribuye a generar instancias de negociación y construcción paulatina de confianza mutua. No suele ser una tarea fácil: los actores privados no tienen necesariamente un interés concreto en participar y su presencia puede ser conflictiva, pero parece una apuesta a futuro necesaria para cambiar el papel que los distintos actores han tenido en la política social.

5. Cinco herramientas claves para programas sociales con enfoque de capital social

La segmentación sectorial y temática de la política pública suele ignorar las dinámicas presentes en los territorios, atentando contra el enfoque del capital social aplicado a los programas sociales. Por esto, la idea de coparticipar en el diseño y ejecución de un programa es una clave ineludible de los programas orientados al fortalecimiento del capital social.

Coproducción significa una apuesta sincera y no instrumental para buscar en común el significado y relevancia de los problemas y las posibles soluciones, evaluar los costos alternativos de las opciones que se adoptan y asumir responsabilidades de sus éxitos y fracasos (Raczynski y Serrano, 2005). La idea de coproducción tiene implicancias que se extienden a todas las etapas del programa, pero en términos generales, es posible señalar que se refiere a la necesidad de articular la intervención con las dinámicas sociales en el nivel territorial. Estas relaciones generan confianzas y aportan al fortalecimiento de la capacidad de acción en colaboración. A continuación se presentan cinco orientaciones metodológicas generales que ayudan a propiciar este proceso.

a) El uso de metodologías participativas para potenciar el capital social comunitario

Muchos programas que se declaran profundamente participativos no son claros acerca del alcance y poder real que se adjudica a dicha participación. Más aún, en algunos casos, detrás de una retórica de la participación hay objetivos y directivas que entran en contradicción con este aparente empoderamiento e incentivo a la toma de decisiones autónomas de las comunidades. Esto es visible en proyectos que se adecuan más a los objetivos financieros de un determinado programa, que a las necesidades y problemas destacados por las organizaciones, generando la desmovilización de quienes anteriormente participaban. El problema no es que los programas definan con precisión lo que pretenden y, en este sentido, restrinjan la participación a ciertas instancias. Lo que es grave es que esto no sea claramente expuesto a los participantes y se utilice una retórica de la participación y autonomía total para determinar los problemas, cuando en la práctica no será así (Kessler y Roggi, 2005).

El tiempo requerido por las instancias participativas tampoco parece estar contemplado en la planificación de los programas. Ciertamente, una participación comunitaria real está en alguna medida reñida con la maximización de la eficacia y eficiencia en la rapidez de aplicación de programas sociales. No es posible maximizar ambas variables. Es necesario aceptar un equilibrio entre una y otra, porque de lo contrario se producen conflictos que terminan, por lo general, en una concentración de poder en las instancias rectoras, que se ven exigidas de realizar acciones en plazos cortos. En relación con la participación, esto genera una suerte de procesos formales con aquellas organizaciones comunitarias más afines a las decisiones del gobierno nacional, que simplemente actúan legitimando las decisiones del organismo central.

Más allá de las diferencias en cuanto al impacto de cada programa, es indiscutible que las estrategias participativas contribuyen a aumentar la confianza y cooperación entre los miembros de una comunidad, organización o entre socios de un proyecto. En muchos casos, estas metodologías sirven para conocer a nuevas personas residentes en una misma unidad de intervención y con las que no había ningún vínculo o primaba la desconfianza y el temor. Esto no es un tema menor, ya que en las evaluaciones a los programas sociales se advierte sobre la ausencia de los vínculos comunitarios, aun entre vecinos próximos. No obstante, una buena parte de programas comienzan a operar en el nivel local dando por sentado ciertos atributos de los vínculos locales: la posesión de un grado de conocimiento mínimo entre los vecinos y/o una predisposición a acercarse y cooperar, al menos con aquellos que comparten carencias cotidianas (Kessler y Roggi, 2005).

También los procesos participativos favorecen la "capacidad de aspiración" de los grupos; dicho de otro modo, contribuyen a que las necesidades sean percibidas como injustas y se visualicen instancias con poder de resolución, dirigiendo hacia ellas sus demandas. Tal incremento de la capacidad de aspiración es señalado como un rasgo positivo, en cuanto es un paso inicial pero fundamental para el empoderamiento local. Sin embargo, lo que no aparece claro es si tal capacidad se encuentra extendida en toda la comunidad o, por el contrario, sólo en aquellos con mayor participación y protagonismo en los programas (Kessler y Roggi, 2005). Esto es importante, ya que la capacidad de aspiración o de demandar contribuye al empoderamiento local si se distribuye en toda una comunidad, o en gran parte de ella. Pero si sólo se concentra en una "minoría activa", muy posiblemente sólo contribuiría a aumentar su concentración de poder, porque legitimaría y sobre todo reforzaría el rol de mediadores privilegiados entre la instancia barrial y la municipal.[123]

---

[123] Alguno de los problemas aquí aludidos son abordados por Andrea Catenazzi y Magdalena Chiara en el capítulo VII de este libro.

b) La gestión comunitaria de conflictos

Los resultados que van instalando los programas no son irreversibles y bien puede ocurrir que éstos vean alterarse su itinerario, revirtiendo resultados que parecían prometedores. Estas experiencias pueden ser doblemente frustrantes para las familias. Es ingenuo pensar que basta con instalar algunos dispositivos adecuados para ver florecer el capital social en comunidades pobres. En ellas existe un pasado con experiencias positivas de colaboración y cooperación, pero también experiencias de competencia, conflicto y rivalidad. Lo importante es reconocer y trabajar desde estas experiencias, construyendo y corrigiendo a partir de ellas. En este sentido, resulta relevante generar mecanismos para incorporar y gestionar comunitariamente los conflictos a partir de un aprendizaje colectivo de formas de negociación. Todos los actores deben aprender a negociar entre sí, objetivo que, por lo general, se encuentra fuera de las tareas de capacitación de los programas, pero que podría encararse en el nivel intermedio y local (Kessler y Roggi, 2005).

c) Integrar la dimensión de género en los programas sociales

Como han mostrado los estudios sobre los impactos sociales de las crisis económicas, la intensificación del uso de los recursos familiares ha tenido enormes costos sociales (Arriagada, 1994; Benería, 1991; Moser, 1996). Todos los miembros de los grupos domésticos se ven forzados a trabajar más por menos ingresos, pero las mujeres han pagado el costo más alto de los cambios. Sus cargas de trabajo doméstico se han duplicado ante la necesidad de sustituir bienes y servicios adquiridos en el mercado, por bienes y servicios producidos en casa. Las mujeres son quienes llevan a cabo el trabajo de mantener funcionando y en buen estado la maquinaria social que les brinda apoyos solidarios y favores recíprocos en el marco de la cotidianeidad de las carencias domésticas.

Por eso, resulta indispensable en las primeras etapas de implementación de los programas analizar la participación femenina en las redes de reciprocidad comunitaria, porque como se ha visto, las políticas sociales descansan en buena medida en un ejército de voluntarias que llevan una sobrecarga de trabajo en sus manos. Con demasiada frecuencia se asume que las mujeres están naturalmente predispuestas (y dispuestas) a servir a sus familias y sus comunidades a través de su trabajo reproductivo y de mantenimiento de las redes sociales que dan lugar al capital social. Ello conduce a que la responsabilidad de los proyectos comunitarios –y en general, de los proyectos de política social– recaiga en manos femeninas (trabajo voluntario, corresponsabilidades, y otros).

Específicamente, la cuestión de género es central en relación con las contraprestaciones involucradas en algunos programas de empleo. Gran parte de las mujeres se ocupan de trabajos sociales a nivel barrial o municipal, mientras que los hombres están embarcados en tareas de uso de la fuerza física. Esto conlleva dos problemas. Por una parte, las mujeres se sienten más valorizadas y calificadas que los hombres, pues su trabajo tiene un lugar social más importante. Pero por otra, esto cristaliza la visión tradicional de la cuestión social como un asunto de mujeres, una suerte de extensión del rol materno (Kessler y Roggi, 2005). Es preciso flexibilizar esta división sexual del tipo de contraprestación y esto puede hacerse en el nivel local.

La cuestión de género atraviesa otro tema esencial: el trabajo doméstico aparece naturalizado como parte del rol femenino. Se sostiene que detrás de la lógica de reciprocidad y altruismo se esconde la subordinación de las mujeres, que son –en última instancia– las encargadas de las tareas reproductivas no remuneradas e invisibles (Montaño, 2003). Así, se exige a las mujeres contraprestaciones fuera del hogar, sin considerar el costo que implica la substitución de su trabajo doméstico: ¿quién se hace cargo de sus tareas en el hogar si ella debe salir a hacer su contraprestación? Esta pregunta no está planteada. Por lo tanto, es preciso que se considere al trabajo doméstico como un trabajo. Es más, se debe tender a considerar el trabajo doméstico como una contraprestación efectiva, lo que sería el primer paso para revalorizarlo en la comunidad (Kessler y Roggi, 2005). Si se lo pone en pie de igualdad con los otros tipos de contraprestaciones, esto puede ayudar a que evolucionen concepciones tradicionales sobre los papeles domésticos.

d) Promover la sinergia entre el capital social y el capital cultural

Un problema que se advierte recientemente en programas focalizados es que la complejidad creciente de los proyectos y controles encuentra a muchas organizaciones sin capacitación. Las carencias de competencia afectan tanto su capacidad para diseñar los proyectos como para negociar con los líderes de otras instancias. Es en el nivel intermedio que se debe capacitar a estas organizaciones y dotarlas de mayores recursos para participar en estos procesos. Esto podría contribuir a la formación de nuevos líderes locales, de modo de limitar las prácticas clientelares más tradicionales o, al menos, generar la competencia entre los líderes. Por eso es importante incorporar entre los objetivos de los programas sociales la búsqueda de sinergia entre capital social y capital cultural. Se puede deducir que, en contextos de capital social comunitario más afianzado, habría una mejor adquisición de competencias individuales a partir de instancias de capacitación. A su vez, estos conocimientos adquiridos en contextos de afianzamiento de capital social comunitario pueden ser un incentivo para emprendimientos locales (Kessler y Roggi, 2005).

Debería ponerse más énfasis en la generación y difusión de estas acciones de capacitación en sinergia con el capital social; proceso que puede anteceder o ser el origen de microemprendimientos. Si bien la existencia de lazos afianzados no garantiza el éxito de dichos emprendimientos, puede contribuir a una mejor organización inicial, mayor capacidad de procesamiento de conflictos y un incremento del potencial innovador.

e) Mejorar la intermediación local de los programas

En varios países existe una amplia oferta de programas que ponen el acento en procesos de desarrollo, sin lograr ponerse de acuerdo entre sí para activar un clima social de confianza y cooperación que contribuya a expandir los impactos e incrementar el papel ciudadano de los beneficiarios. Sólo contadas experiencias de desarrollo muestran capacidad de diseñar y ejecutar programas con claros contenidos vinculados con el capital social y presentan resultados e impactos notables en esta perspectiva. En el sector público, estas experiencias notables parecen depender más de la discrecionalidad de algunos de los agentes o intermediarios locales que de las orientaciones de políticas o el diseño de programas particulares. La forma en que ocurre la intermediación agente-comunidad es un factor definitorio de los resultados que se obtienen (Raczynski y Serrano, 2005).

La tensión entre los técnicos y los beneficiarios es, en realidad, doble: por una, parte, está ligada a la posesión del saber y por otra, a un desfase entre los tiempos. En el primer caso, las evaluaciones muestran temores de los técnicos sobre el papel de los beneficiarios en las prestaciones y decisiones; en efecto, se generan luchas internas por el control del plan o proyecto, una de cuyas consecuencias es una transferencia de conocimientos a las comunidades menor que lo planificado. En cuanto al segundo foco de tensión –los tiempos-, hay conflicto entre las estrategias participativas, que requieren de mucho tiempo para organización, deliberación e implementación, y las exigencias de resultados y de ejecución de presupuesto que tienen los técnicos (Kessler y Roggi, 2005).

Algunos problemas concretos en relación con este punto son el riesgo del clientelismo y la dependencia frente al rol fundamental que desempeña el agente local, promotor o intermediario, que es quien logra articular los procesos generando espacios de cooperación (Durston, 2005). Otro conflicto visible en las evaluaciones de programas cuyos objetivos contemplan la construcción de infraestructura barrial (comedores, salas de salud, centros comunitarios y otros), es el control y apropiación informal de dichos espacios por parte de sectores de la comunidad, obstaculizando o hasta excluyendo a otros grupos o personas. El resultado es la exclusión de parte de la comunidad, privándolos del acceso a bienes colectivos al mismo tiempo que profundizando conflictos y procesos de fragmentación local.

Los programas no contemplan aún este problema. Si bien se han creado distintas instancias a nivel meso para controlar la transparencia de adjudicación de planes o discutir los proyectos que van a emprenderse, no se ha pensando en formas de regulación para contrarrestar lo señalado. Los programas deben incorporar reglas claras y formas de control del uso de cada espacio, subrayando el hecho de que el grupo promotor del proyecto no necesariamente es el utilizador privilegiado, o aquel que regula el espacio público creado. Hay una necesidad de trabajar a partir de la idea de bien colectivo amplio y no restringido a un grupo determinado que, por distintas razones (haber participado activamente en su construcción, mayor poder local u otras), se adjudica un derecho sobre el bien colectivo. El escaso rol que se da a los gobiernos municipales en la ejecución de los programas contribuye a estos procesos de apropiación informal, pues es en este nivel que se podría tener el poder de controlar y regular tal problema.

Por lo tanto, el rol del agente de desarrollo, aquel que realiza la experiencia de la interfaz entre lo que los programas se han propuesto y lo que son capaces de lograr, resulta decisivo en la dinámica de los programas. La instalación de agentes cercanos y horizontales, abiertos al diálogo y la coproducción, apoyados en espacios conocidos y validados de gestión, es la base de procesos sostenidos de generación de confianza.

Tabla 5. Cinco recomendaciones claves para programas sociales con enfoque de capital social

Lineamientos de acción	Objetivos	Potencialidades
Coproducción	Buscar en común el significado y relevancia de los problemas, y las posibles soluciones.	Permiten aceptar de común acuerdo con los destinatarios un equilibrio entre de eficiencia y eficacia, en corto, mediano y/o largo plazo.
Uso de metodologías participativas	Analizar objetivos y directrices de los programas que pueden entrar en contradicción con el empoderamiento e incentivo de decisión autónoma de las comunidades.	Contribuyen a aumentar la confianza y cooperación entre los miembros de una comunidad, organización o entre socios de un proyecto (conocimiento mutuo, superar desconfianza y temor, y otros). Sirven para derribar mitos de atributos en los vínculos locales: la predisposición de miembros de una "comunidad" o "barrio" para cooperar. Favorecen la "capacidad de aspiración" de los grupos al contribuir a que las necesidades sean percibidas como injustas y se visualicen instancias con poder de resolución, dirigiendo hacia ellas sus demandas.
	Visualizar a nivel local la "minoría activa", que tiende a concentrar poder en su rol de mediadores privilegiados entre la instancia barrial y la municipal.	Permite desarrollar medidas de "discriminación positiva local", tendientes a reforzar las organizaciones con menos capacidad organizativa.

Lineamientos de acción	Objetivos	Potencialidades
Gestión comunitaria de conflictos	Reconocer y trabajar desde experiencias pasadas, experiencias positivas de colaboración y cooperación y también experiencias de competencia, conflicto y rivalidad para construir y corregir a partir de ellas.	Permite el aprendizaje colectivo de formas de negociación a nivel individual y colectivo. Debe incluirse este tópico en las tareas de capacitación de los programas a nivel meso y local.
Integrar la dimensión de género	Determinar cómo se organiza el trabajo en la comunidad, hogares y ámbito productivo entre hombres y mujeres. Analizar la participación femenina en las redes de reciprocidad comunitaria, en el ámbito del hogar y en el ámbito productivo, porque generalmente las políticas sociales descansan en buena medida en un ejército de voluntarias que llevan una sobrecarga de trabajo en sus manos.	Permite evitar que el proyecto afecte negativamente el trabajo reproductivo de la mujer (actividades domésticas de cuidado y de sustento de la familia) Permite evitar que el proyecto afecte negativamente al trabajo productivo de las mujeres (trabajo remunerado y no remunerado).
	Analizar las posibilidades y características del liderazgo femenino.	Permite el fortalecimiento gradual de los lazos sociales entre las mujeres con su entorno social, por medio de procesos de generación de conciencia tanto en mujeres como en hombres, que paulatinamente harán visibles sus intereses estratégicos.
	Visualizar los costos sociales de un programa o proyecto social sobre los recursos familiares y unidades domésticas	Permite mejorar la visión de género de las organizaciones involucradas en el proyecto, en las políticas, procedimientos y el personal de agencias
Sinergia entre capital social y capital cultural	Capacitar a organizaciones y formar nuevos líderes locales en competencias básicas para participar en proyectos y negociar con otras instancias de igual o mayor poder	Permite la adquisición y redistribución de competencias individuales y colectivas: mayor capacidad de procesamiento de conflictos e incremento del potencial innovador

Lineamientos de acción	Objetivos	Potencialidades
Mejorar la intermediación local de los programas	Instalación de agentes cercanos y horizontales, abiertos al diálogo, asentados en espacios conocidos y validados por los destinatarios.	Permite aliviar la tensión entre técnicos y beneficiarios ligada a la posesión del saber y al desfase entre tiempos.
	Incorporar reglas claras y formas de control del uso de los bienes colectivos creados por el programa o proyecto.	Evita el riesgo del clientelismo y la dependencia frente al rol del agente local, promotor o intermediario.
		Evita la apropiación informal de espacios y recursos por parte de sectores de la comunidad, obstaculizando o excluyendo a otros grupos o personas.

6. Herramientas vinculadas con la institucionalidad

a) Fomentar la asociatividad local

El fortalecimiento de la asociatividad y de las relaciones sociales basadas en la confianza y la cooperación no puede ser resultado de buenas intenciones, líderes visionarios o funcionarios calificados, sino producto de prácticas sistemáticas que logren un nuevo contexto normativo. Dicho contexto debe irse construyendo en forma progresiva en torno del sentido y relevancia que otorga el vincularse con otros para hacer acciones de interés común. Ello implica que se ha ido instalando un marco de normas y valores mutuamente reconocidos, que han permitido institucionalizar procedimientos en la línea de convertirlos en formas conocidas, habituales y exitosas de conducta social (Raczynski y Serrano, 2005). En este marco, resultan gravitantes las reglas del juego conocidas y compartidas, los compromisos explícitos y la información clara con respecto a los beneficios y resultados esperados, así como los beneficiarios seleccionados y las formas de egreso del programa.

b) Mejorar el acceso de la población pobre a bienes colectivos e instituciones y servicios del Estado

Respecto del acceso a bienes colectivos, las evaluaciones de programas muestran que la inserción en distintos servicios (salud, educación, tiempo libre) de grupos que estaban excluidos es un requisito básico para construir capital social. El aumento de la accesibilidad no sólo contribuye a una distribución más equitativa de bienes colectivos a nivel micro, sino que también va conformando terrenos de interacción, encuentro y negociación entre vecinos. Esto lleva a interrogarse sobre un tema relevante: las reglas de acceso formales e informales en las distintas instituciones locales. Por reglas y exigencias formales nos referimos a los horarios de atención, o el tipo de requisitos (ser socio, pagar cuotas o prestaciones, y otros) que permiten prever qué tipo de población no tendrá acceso. Así, por ejemplo, los horarios de atención de los consultorios en los hospitales y salas de atención primaria dejan a fuera a una parte de la población adulta ocupada.

Por otra parte, existen las reglas informales, más complejas de percibir y remover, que también contribuyen a delimitar poblaciones que no accederán a servicios. Son barreras y mecanismos institucionales vinculados con la posesión de capital social mínimo para acceder a un servicio, con el umbral de capital cultural básico para interactuar en ellos de manera eficaz y con otros obstáculos de orden sociocultural. Para dar un ejemplo: el acceso a hospitales es dificultoso para la población pobre con escaso capital cultural, debido al tipo de códigos que se manejan y la complejidad de utilización de los mismos. En efecto, ante conflictos o mala atención optan por la deserción sanitaria en lugar de la reclamar por sus derechos. Algunos trabajos recientes argentinos alertan sobre la poca consulta de adolescentes varones en servicios barriales ligados a prevención de enfermedades de transmisión sexual: el estigma y la sospecha que pesa sobre quienes consultan es la causa de la autoexclusión.

c) Enfrentar cuatro problemas principales

Finalmente, se debe tomar decisiones y enfrentar los siguientes problemas que tiene el sector público cuando se trata de aplicar el enfoque de capital social en programas sociales (Bebbington, 2005):

- Problemas de tiempos: los tiempos del sector público no se adecuan a aquellos de las relaciones sociales de la población beneficiaria de los programas. Tampoco se adaptan a los tiempos requeridos por aquellas intervenciones bien diseñadas que demandan información *ex ante*.
- Problemas de cultura: la cultura en muchos programas públicos tiende a la tecnocracia, en dos sentidos. Por una parte, son programas regidos por objetivos cuantitativos –tantos desembolsos en tanto tiempo, tantos beneficiarios, entre otros –.. Por otra, tienden a ser dominados por profesionales con formación técnica, que no prestan tanta atención al contexto social de la intervención.
- Problemas de aprendizaje: todavía existe la tendencia a que estos programas respondan a diseños que no captan las dinámicas locales, y que tampoco presentan mucho interés en fortalecerlas y se ciñen estrictamente al logro de ciertas metas predefinidas.
- Problemas de conceptualización: estos programas tienden a considerar a la población beneficiaria como objeto de políticas y no como sujetos con activos disponibles para buscar en conjunto soluciones a los principales problemas que les aquejan.

No se perciben a los problemas sociales como problemas de las instituciones y de las estructuras sociales que rigen la distribución y el control de activos. Por lo tanto, si en el concepto de capital social usado prima el cambio de las relaciones y las prácticas sociales, no existe tanto espacio en el sector público para este tipo de programas.

7. Reflexiones finales sobre el ciclo global de los programas

En suma, el proceso exitoso de una intervención social es aquel que parte de un propósito legítimo. Legítimo quiere decir conocido, compartido y sentido por todos como central, habiendo ponderado costos y beneficios. Sobre esta base se desarrollan los procesos, esperando conseguir a poco andar los primeros logros, para no frustrar las esperanzas de los participantes. El proceso debe contar con una gestión innovadora y con propuestas que enfrentarán situaciones –en muchos casos– imposibles de anticipar. Deberá ser capaz de superar los conflictos, mostrando la capacidad de regular y sancionar conductas que infrinjan los acuerdos en que todos han participado. Deberá, asimismo, instalar una manera de hacer las cosas válida para los participantes, definir reglas del juego, establecer límites de lo que se puede lograr, y manejar las expectativas de los participantes.

Resulta importante plantear que es posible que la concepción de lo que constituye un programa o un buen diseño de programa social esté jugando en contra del aporte del capital social como activo social que, junto con otros activos, contribuya a la superación de las principales carencias y exclusiones sociales. Por el contrario, los programas deberían constituirse en un dispositivo que permita el diálogo entre usuarios y agentes estatales, lo que implica concebirlos como un conjunto de definiciones generales, un marco normativo de referencia, que otorga a los niveles locales donde ocurre el encuentro entre el programa y sus destinatarios la misión de participar del diseño del mismo, considerando su realidad particular, sus activos sociales y de otro tipo. La aceptación de la relevancia del capital social en los programas sociales requiere aceptar que los proyectos se construyen de "abajo hacia arriba", poniendo los programas, los asesores externos, las competencias técnicas, los recursos, y otros al servicio de las iniciativas construidas desde abajo.

Por otra parte, un actor principal y complejo de incorporar a dinámicas como la descrita es el funcionario ligado a las experiencias de desarrollo. La apertura mental hacia nuevos conceptos de desarrollo y programas sociales debe tender a romper la lógica técnica y burocrática, que deposita en las manos del funcionario el poder de decidir y gestionar los recursos. La experiencia indica que ésta no es una tarea imposible, pero que no es fácil y no se produce a menos que se desarrollen prácticas concretas de una acción alternativa. El incentivo que lo hace posible es la evidencia de los resultados positivos que se alcanzan y la gratificación y alivio que se siente al formar parte de un proceso que descansa en varias personas y no sólo en una (Raczynski y Serrano, 2005).

Con respecto al capital social, puede afirmarse que la vida social, rica en contactos y relaciones, aparece cuando hay recursos materiales que abonan y nutren la sociabilidad (Putnam, 1993), y la erosión del capital social está claramente asociada con el empeoramiento de las condiciones materiales de vida (Moser 1996; González de la Rocha 2005). En un contexto de pobreza extrema, la carencia acumulada en el tiempo erosiona las bases del capital social. Esta afirmación debe enmarcarse en una discusión más amplia, que tome en cuenta no sólo los recursos sociales o la participación de los individuos en redes de relaciones, sino los cambios que los grupos domésticos y familiares han sufrido a lo largo de los últimos años en varias dimensiones de sus vidas. La familia, vista como la instancia en donde "se resuelven" los problemas de escasez, ha experimentado procesos de cambio en su organización y en su posibilidad de responder con sus tradicionales "estrategias de supervivencia". La idea de que los pobres "se las arreglan" por medio de la instrumentación de mecanismos sociales para sobrevivir, pase lo que pase, encuentra obstáculos para su aplicación en contextos y momentos históricos caracterizados por muy precarias oportunidades laborales y exclusión social y laboral. En esta línea, parece de primera importancia promover una reflexión sistemática en torno de la afirmación de que la pobreza es un problema de relaciones sociales y no únicamente de carencias, y menos de carencias sólo materiales.

Por último, es de vital importancia una reflexión acerca de la sustentabilidad de las intervenciones. Éste es uno de los puntos más débiles de los programas: las evaluaciones de impacto muestran una baja sustentabilidad. En general, se señala que hay sustentabilidad cuando se parte de un buen diagnóstico de las necesidades de la comunidad y cuando se genera un proceso participativo durante el cual los actores se apropian del proyecto. Ahora bien, un tema ausente es el umbral mínimo de recursos humanos y materiales que precisa la sustentabilidad del programa. En general, desde el diseño mismo se asume que la comunidad y/o el gobierno local de algún modo se harán cargo de la sustentabilidad material y humana. La experiencia de la mayoría de los programas muestra que esto no es así. Pero es difícil pretender que desde el diseño se asuma la improbable sustentabilidad, porque hacerlo sería cuestionar la propia viabilidad de un proyecto que, para su aprobación, requiere ser considerado sostenible.

Tal como plantean Kessler y Roggi (2003), ¿qué hacer frente a esto? ¿Seguir diseñando proyectos presuponiendo su sustentabilidad, pero sabiendo que no será así? Es tiempo de incluir este problema en el diseño mismo de los planes. Esto es, efectuar cálculos más precisos y previsiones presupuestarias para la sustentabilidad. Claro está que esto es muy complejo: ¿cómo pensar fondos de reserva para una instancia cuando el programa mismo no existirá más? Por otra parte, si como muestran gran parte de las evaluaciones, la relación con el gobierno local es conflictiva, también es difícil que éste utilice sus –en general escasos– recursos en un proyecto que visualiza como ajeno, cuando no literalmente como "opositor". Confiar en la sustentabilidad por apropiación de una entidad tan difusa como la comunidad es suponer, una vez más, actores constituidos de una vez y para siempre, y las evaluaciones de impacto muestran que esto no es así.

Se trata entonces de trabajar la sustentabilidad futura al mismo tiempo que se está ejecutando el proyecto, incluir cálculos más precisos, crear instancias y asignar fondos para que realmente esto suceda, y esto sólo puede hacerse si se trabaja desde el comienzo con las instancias locales. Otra posibilidad, que no debe descartarse, es disminuir la exigencia de sustentabilidad como criterio de éxito de un programa y aceptar como un dato la duración determinada de los proyectos, valorizando su aporte por más que esté limitado en el tiempo. En efecto, suena contradictorio en un período donde todo se vuelve claramente inestable, pretender con los escasos fondos y reducido capital de las comunidades que se hagan cargo de la sustentabilidad de proyectos. Esto implica un cambio de fondo en la concepción de los planes, así como un trabajo a nivel local para valorizar el impacto y retomar los logros de experiencias que han dejado su huella en la comunidad (Kessler y Roggi, 2005).

Resulta esencial en el desarrollo del capital social estimulado por programas sociales, relacionar cuestiones de índole técnico-metodológica (sistema de provisión de los bienes y servicios, papel de los agentes intermedios, modalidad de participación de los beneficiarios, entre otros) con cuestiones relacionadas con el diseño e inserción institucional y gestión de los programas. La forma en que se hacen las cosas, los acuerdos que se toman y las responsabilidades compartidas que están detrás constituyen la base de acumulación para la sustentabilidad de los procesos ligados al capital social.

Bibliografía

Arriagada, Irma (2006); *Breve guía para la aplicación del enfoque de capital social en los programas de pobreza*. CEPAL. Santiago de Chile.

——————— (2005); "Aprender de la experiencia: el capital social en la superación de la pobreza". En *Libro de la CEPAL* n° 86. Santiago de Chile.

——————— (2003); "Capital social: potencialidades y limitaciones analíticas de un concepto ". En *Estudios Sociológicos* XXI: 63. México.

——————— (diciembre 1994) "Impactos de la crisis y el ajuste estructural sobre las mujeres". En *ISIS Internacional De Nairobi a Beijing Diagnósticos y propuestas*. Ediciones de las Mujeres n° 26. Santiago de Chile.

Arriagada, Irma; Miranda, Francisca y Pavez, Thais (2004); "Lineamientos de Acción para el diseño de programas de superación de la pobreza desde el enfoque de capital social. Guía conceptual y metodológica". CEPAL. Serie Manuales n° 36. Santiago de Chile.

Arriagada, Irma y Miranda Francisca (2003); *Capital social: potencialidades analíticas y metodológicas para la superación de la pobreza*. CEPAL. Serie Seminarios y Conferencias N° 31. Santiago de Chile.

Atria, Raúl; Siles, Marcelo; Arriagada, Irma; Robison, Lindon J. y Whiteford Scott (2003); *Capital social y reducción de la pobreza en América Latina y el Caribe: en busca de un nuevo paradigma*. Libros de la CEPAL n° 71. Santiago de Chile.

Bebbington, Anthony (2005); "Estrategias de vida y estrategias de intervención: capital social y programas de superación de la pobreza". En Arriagada, Irma; *Aprender de la experiencia: el capital social en la superación de la pobreza*. Libro de la CEPAL n°86. Santiago de Chile.

——————————— (2003) "El capital social en el desarrollo: teoría conceptos o estrategia". En Arriagada, Irma y Miranda, Francisca (Comps.); *Capital social: potencialidades analíticas y metodológicas para la superación de la pobreza*. CEPAL. Seminarios y Conferencias n° 31. Santiago de Chile.

Durston, John (2005); "Superación de la pobreza, capital social y clientelismo locales". En Arriagada, Irma; *Aprender de la experiencia: el capital social en la superación de la pobreza*. Libro de la CEPAL n°86. Santiago de Chile.

——————— (2003); "Capital social: parte del problema, parte de la solución en la persistencia y en la superación de la pobreza en América Latina y el Caribe". En Atria, Rául y otros; *Capital social y reducción de la pobreza en América Latina y el Caribe: en busca de un nuevo paradigma*. Libros de la CEPAL n° 71. Santiago de Chile.

González de la Rocha, Mercedes (2005); "México: oportunidades y capital social". En Arriagada, Irma; *Aprender de la experiencia: el capital social en la superación de la pobreza*. Libro de la CEPAL n°86. Santiago de Chile.

Kessler, Gabriel y María Cecilia Roggi (2005); "Programas de superación de la pobreza y capital social: la experiencia argentina". En Arriagada, Irma; *Aprender de la experiencia: el capital social en la superación de la pobreza*. Libro de la CEPAL n° 86. Santiago de Chile.

Montaño, Sonia (2003); "Aportes, sombras y ausencias en el debate sobre capital social". En Arriagada, Irma y Miranda, Francisca (Comps.); *Capital social: potencialidades analíticas y metodológicas para la superación de la pobreza*. CEPAL. Seminarios y Conferencias n° 31. Santiago de Chile.

Moser, Caroline (1996); *Confronting Crisis. A Comparative Study of Household Responses to Poverty and Vulnerability in Four Urban Communities*, Environmentally Sustainable Development Studies. Monographs Series, n° 8.. Banco Mundial. Washington, DC.

Molyneux, Maxine (2002); "Gender and the Silences of Social Capital: Lessons from Latin America". En *Development and Change*, 33 (2): 167-188.

Navarro, Zander (2005); "Desarrollo redistributivo y capital social: el caso del presupuesto participativo de Porto Alegre, Brasil". En Arriagada, Irma; *Aprender de la experiencia: el capital social en la superación de la pobreza.* Libro de la CEPAL n° 86. Santiago de Chile.

Portes, Alejandro (1999); "Capital social: sus orígenes y aplicaciones en la sociología". En Carpio, Jorge y Novacovsky, Irene; *De igual a igual. El desafío del Estado ante los nuevos problemas sociales.* Fondo de Cultura Económica. Buenos Aires, Argentina.

Putnam, Robert (1993); *Making Democracy Work: Civic Traditions in Modern Italy,* Princeton University Press. Princeton.

Raczynski, Dagmar y Serrano, Claudia (2005); "Programas de superación de la pobreza y el capital social. Evidencias y aprendizajes de la experiencia en Chile". En Arriagada, Irma; *Aprender de la experiencia: el capital social en la superación de la pobreza.* Libro de la CEPAL n° 86. Santiago de Chile.

CAPÍTULO IX

La participación ciudadana en las políticas de salud

*Javier Pereira**

Los contenidos y las formas de la participación van cambiando con el tiempo según se transforman las visiones acerca de los objetivos de la acción gubernamental y su relación con la ciudadanía. En este sentido, mirar hacia los nuevos objetivos de equidad, eficiencia y ciudadanía que desafían a los gobiernos de la región puede aportar un buen marco de análisis para entender el rol emergente de la participación ciudadana en la gestión pública.

Ésta es la visión que inspira este capítulo en el cual se examinarán las modalidades de la participación ciudadana y sus relaciones con otras tendencias y transformaciones en la esfera pública. Si bien la mayoría de las reflexiones son de alcance general, y serían aplicables a diferentes áreas de la política pública, se ha enfocado el análisis hacia el campo de la salud por varias razones. En primer lugar, por ser una de las áreas en donde las demandas de participación y el desarrollo de nuevas experiencias han sido documentadas en mayor grado. En segundo lugar, por constatar la puesta en marcha de un conjunto de ambiciosas reformas o programas sectoriales en la región, lo que ofrece un contexto interesante para examinar la forma en que los nuevos mandatos de equidad y construcción de ciudadanía se correlacionan con nuevas experiencias participativas. En tercer lugar, porque posiblemente no exista otro campo de la política social que ostente mayores niveles de inequidad y desigualdad como el de la atención médica y las condiciones sanitarias.

El capítulo comienza situando el rol de la participación en el marco de las reformas que caracterizaron a los Estados latinoamericanos en los ochenta y en los noventa. Asociado a cada una de estas etapas se intenta repasar los alcances y limitaciones que caracterizaron las nociones de participación dominantes y algunas de sus expresiones prácticas. Luego se examinan las principales tendencias y transformaciones que empujaron en la dirección de diversificar los espacios e instrumentos de participación en la región y la forma particular en que estos procesos se dieron en el campo de la

---

* Departamento de Ciencias Sociales, Universidad Católica del Uruguay.

salud. Entre otros, se analiza el rol de la descentralización a nivel municipal, el avance de enfoques como el de la promoción de la salud, la ampliación en la noción de derechos ciudadanos y –más recientemente– el advenimiento de las nuevas reformas de equidad, como fuerzas que abrieron nuevos espacios a la participación ciudadana en las últimas décadas.

Tras este análisis del contexto, el trabajo pasa revista a los principales instrumentos y mecanismos de participación que se han ido incorporando de manera casi aluvional al menú de opciones de los gestores de la salud en la región. Para ello se han tomado como referencia algunos estudios elaborados a partir del caso chileno en donde estos mecanismos han tenido un carácter pionero y han sido incorporados de manera más masiva a la gestión pública. Más que pretender construir un inventario exhaustivo de formas de participación en salud, interesa reflejar la conexión que estos mecanismos tienen con los objetivos concretos de las reformas de la gestión pública en general y sectorial en particular.

En su argumento central, el capítulo propone la emergencia de un nuevo paradigma en la participación ciudadana a partir de la llegada de una nueva generación de reformas sociales centradas en la búsqueda de mayores niveles de inclusión social y de equidad. De modo particular, interesa mostrar cómo el desafío de la equidad y la inclusión –tan característico de las actuales reformas y programas– está indisolublemente ligado a las posibilidades de avanzar hacia un nuevo modo de entender las relaciones entre el Estado y la ciudadanía. Estos nuevos modos de relacionamiento parecen dar lugar a nuevas expresiones institucionales que tímidamente comienzan a observarse junto a las formas tradicionales de gestionar lo público y las relaciones con la sociedad civil. Estas nuevas expresiones aparecen caracterizadas por la noción de "ciudadanía activa" como paradigma emergente que orienta las nuevas estrategias participativas, y a la que se dedica la última parte de este trabajo.

1. Participación social y generaciones de reformas

Durante la década de los noventa la región latinoamericana, y los países del cono sur en particular, experimentaron una proliferación y diversificación de los mecanismos de participación ciudadana en la gestión pública. Mucho tuvieron que ver en esta transformación, las exigencias planteadas desde los organismos multilaterales de crédito –principalmente el Banco Mundial y el Banco Interamericano de Desarrollo– por aumentar la participación de las organizaciones no gubernamentales (ONG) y organizaciones de la sociedad civil (OSC) en la ejecución de sus programas y proyectos. Tras los magros resultados de las reformas de primera generación impulsadas en los ochenta, los bancos internacionales reconocieron la necesidad de aumentar el involucramiento de la sociedad civil como forma de generar mayor legitimidad y sustentabilidad en torno a los programas implementados (Chiara y Di Virgilio, 2005; Tussie, 1997).

De este modo, la segunda generación de reformas surgió fuertemente impregnada por el mandato de la participación, que muy rápidamente pasó a convertirse en un requisito ineludible de todo programa o política social en la región. Esta tendencia se plasmó en la implementación de mecanismos de consulta durante las fases de diseño de políticas sectoriales o programas focalizados, una mayor participación de ONG y OSC como ejecutores de estas acciones, y la conformación de espacios deliberativos donde recoger los aportes de la sociedad civil en las fases de implementación y evaluación. Estas orientaciones –en su mayoría aún vigentes– formaron parte de una agenda centrada en la noción de gobernabilidad (*governance*) que puso especial énfasis en los aspectos institucionales para el logro de resultados en las acciones gubernamentales.

No obstante, una mirada crítica sobre los impactos de la participación promovida en los años noventa, deja en claro algunas limitaciones en las prácticas participativas que se impulsaron. En tal sentido, algunos autores han señalado una subvaloración del aporte ciudadano, reduciendo a las organizaciones de la sociedad civil al "desempeño de una función acotada, ejecutiva y técnica, circunscripta a una actividad muy puntual dentro de lo que constituiría un proceso de monitoreo y de rendición de cuentas integral" (González Bombal, 2003). Numerosos estudios de caso de organizaciones de la sociedad civil realizados durante la década pasada, han documentado un predominio excesivo en su rol como proveedoras de servicios y contratantes del Estado, en detrimento de su capacidad para articular intereses ciudadanos y canalizar demandas hacia las estructuras públicas (Bebbington, 1993; Nelson, 1995; Vivian, 1994).

Esta modalidad de participación de las OSC fue parte de una distribución de tareas entre el Estado, el mercado y la sociedad civil, que no logró resultados satisfactorios en términos de equidad y justicia social. En consecuencia el "*mix*" de los noventa, fue dando lugar a nuevas formas de concebir las relaciones Estado-sociedad civil y de entender la participación ciudadana. Tras el cambio de milenio, los países de la región parecen haberse embarcado en una nueva etapa caracterizada por la búsqueda decidida de mayores niveles de equidad, y de mayor protagonismo estatal en la protección de los derechos ciudadanos. El advenimiento de una tercera generación de reformas parece recuperar con mayor fuerza la idea de derechos sociales universales pero sin renunciar a la conquista de un Estado moderno, flexible y más competitivo (Fernández, 2006).

En este escenario la participación ciudadana aparece vinculada a la necesidad de compensar los déficits de ciudadanía y democracia que exhiben los países de la región. Si bien esta tendencia promueve una mayor presencia estatal como agente regulador, fiscalizador y evaluador en la producción de servicios públicos (independientemente de la naturaleza pública o privada de sus proveedores), también se asume como necesaria una profundización en los mecanismos de participación a fin de asegurar una mayor corresponsabilidad de la sociedad civil en la acción pública. La nueva perspectiva parece asumir frontalmente las limitaciones que tiene la burocracia estatal para lograr avances significativos en la reducción de las brechas de equidad, planteando la necesidad de "nuevos arreglos institucionales" que trasciendan la tradicional dicotomía público-privado.

En este contexto, la nueva ola de reformas busca trascender el mero rol de "prestador" de servicios que le cupo a ONG y OSC hasta ahora, para avanzar hacia una mayor integración de estas organizaciones a la gestión pública, recuperando su capacidad de representación de intereses y confiando en su capacidad técnica como instrumento de renovación e innovación de las acciones del Estado. Por esto mismo, categorías como las de "tercer sector" o "sector no lucrativo" han venido a resultar insuficientes para identificar a un conjunto de experiencias emergentes que no pueden ser entendidas si no es desde las hibridación y articulación de las racionalidades existentes. Más que hablar de terceros sectores, los nuevos arreglos institucionales parecen reflejar nuevas formas de "encrustamiento" (*embeddedness*) del Estado en la sociedad civil y de la sociedad civil en el Estado (Delamaza, 2000; Evans, 1996).

Algunas miradas críticas sobre estos procesos, señalan que si bien estas orientaciones han llevado a una profundización y diversificación de la política social, también han terminado por colocar una mayor responsabilidad sobre los hombros de las comunidades e individuos destinatarios de los programas. Como señala Bryan Roberts, si bien hoy en día es más lo que ofrece la política social "también es más lo que se espera de la población, demandando de las políticas un nivel de intervención en la vida de los pobres nunca antes visto […] El resultado es no solo una mayor intervención externa sino también que son mayores las expectativas depositadas en la población" (Roberts, 2006). En síntesis, estamos frente a una política social que procura diversificarse y penetrar más en la vida de los ciudadanos, pero al mismo tiempo exige y espera más de ellos.

2. El contexto de la participación en el campo de la salud

Quizás en ningún campo de la política pública esta nueva búsqueda combinada de equidad y ciudadanía sea tan visible como en el campo de la salud. Y quizás eso se deba a los pobres desempeños que vienen teniendo los sistemas sanitarios de nuestros países para garantizar un acceso de calidad y oportuno en el cuidado de la salud de los usuarios. Esta búsqueda por abordar los principales déficits en la atención sanitaria de los grupos más vulnerables, parece haber inspirado buena parte de las reformas sectoriales en curso en la región. El plan Auge en Chile, el Programa Remediar en Argentina, el Sistema Único de Saúde (SUS) en Brasil y el naciente Sistema Integrado de Salud en Uruguay parecen alinearse con esta búsqueda por ampliar la ciudadanía social al campo de la salud.

En consonancia con las nuevas tendencias, casi todos estos programas incluyen la implementación de dispositivos de participación tanto a nivel central como a nivel local con el objetivo de recoger las voces de usuarios, trabajadores y demás partes interesadas. Así por ejemplo, el programa Remediar ha incluido en su diseño un Plan de Participación Social (PPS) con la intención de garantizar "el derecho de los usuarios y/o beneficiarios (personas y/o instituciones), de los trabajadores del sector y las autoridades de salud, de participar en espacios de deliberación y concertación, en la planificación, ejecución y monitoreo y evaluación de los programas sanitarios" (Programa Remediar, Informe Plan de Participación y Control Social, Ministerio de Salud de la Nación, 1º de noviembre de 2002).

Los componentes participativos de las reformas de la región parecen estar alineados con los enfoques y las estrategias que se promueven desde los organismos multilaterales especializados en salud como la Organización Mundial de la Salud (OMS) y la Organización Panamericana de la Salud (OPS). Estas instituciones han adherido a modelos de participación centrados en estrategias de capacitación, fortalecimiento institucional y difusión de información con el objetivo de generar en la población mayores capacidades para el autocuidado y el ejercicio de un mayor control sobre el estado de salud. Los análisis de los documentos de los organismos internacionales proponen como objetivos centrales de la participación el desarrollo de conocimientos prácticos que permitan aumentar las opciones de los usuarios para cuidar su salud, y fomentar una mayor corresponsabilidad entre los prestadores de los servicios y la comunidad de usuarios (Celedón Cariola, 1998).

En los últimos años estas orientaciones parecen haber encontrado su aplicación práctica en el concepto de promoción de la salud, convertido en el paradigma dominante y eje articulador de las estrategias participativas en el sector. Desde esta perspectiva, se busca poner el acento no sólo en las prácticas de auto-cuidado sino también en las estrategias colectivas que involucran a la comunidad, las familias y la sociedad en la incorporación de estilos de vida saludables y la modificación de comportamientos de riesgo. El enfoque de la promoción de la salud supone la implementación de estrategias participativas como forma de involucrar a la población en el abordaje de los condicionantes de la salud, procurando actuar preventivamente mediante acciones de carácter educativo a nivel de la comunidad.

El avance de estrategias de promoción de la salud ha dado lugar a numerosas campañas de bien público y a la movilización social en torno a la prevención de comportamientos de riesgo como el tabaquismo, la obesidad y el sedentarismo. A su vez, la internacionalización de estas orientaciones ha impulsado la creación de programas dirigidos al reconocimiento de comunas o municipios saludables, escuelas promotoras de la salud, ámbitos laborales saludables, según el grado en que estas instituciones implementan acciones y logran resultados en la disminución de los factores de riesgos. Complementariamente, se observa también que algunos centros de salud han registrado un incremento en la participación vinculado a la conformación de espacios ciudadanos de apoyo a los servicios, orientados a la promoción de prácticas de autocuidado, o que buscan responder a necesidades específicas de los pacientes o sus familiares.

Varios estudios han coincidido en señalar que estas formas de participación derivadas del enfoque de promoción de la salud han presentado importantes limitaciones y deficits en términos de construcción de ciudadanía y democratización en el acceso a los servicios públicos. Así por ejemplo, un diagnóstico de la participación social en los CAP (Centros de Atención Primaria) en Chile señalaba que si bien se habían abiertos espacios participativos a nivel comunitario, éstos habían tenido un carácter más bien instrumental o meramente colaborativo de la red asistencial pública, limitando significativamente su capacidad para canalizar demandas ciudadanas en la definición de políticas y programas (Valdés, 2003). De manera similar, un estudio sobre la participación en el plan Remediar de Argentina señala que no se han logrado conformar espacios deliberativos a nivel local con capacidad para alimentar la toma de decisiones en torno a las políticas y la gestión de los servicios, sino que más bien aquélla se ha mantenido en la órbita del reclamo y del control (Essayag, 2006).

Las tendencias participativas en el sector salud también parecen ser funcionales a las políticas de descentralización sanitaria que ha ido ganado terreno en la región desde los noventa. La descentralización de servicios de salud ha impulsado la transferencia de poderes de decisión, responsabilidades de gestión y en menor medida también recursos, a unidades subnacionales, provinciales y/o municipales, asumiendo que los ámbitos locales cuentan con mayor información para la toma de decisiones, y se encuentran en mejores condiciones para promover la participación de los usuarios en la gestión de los servicios y la resolución de los problemas (González Bombal, 2003). Desde esta perspectiva, descentralización y participación, aparecen como tendencias complementarias y sinérgicas, al permitir un mayor control de las burocracias estatales y generar un mayor consenso de los ciudadanos en torno a las acciones públicas.[124]

En efecto, una de las formas más corrientes de entender la participación en el ámbito de la salud es la que vincula la participación comunitaria a una forma de gestión compartida entre los equipos responsables de los servicios y las organizaciones de usuarios. En este esquema, la negociación constituye una herramienta central para la construcción de consensos y acuerdos entre el personal del equipo de salud, las autoridades jurisdiccionales (municipales o provinciales), las organizaciones de la comunidad y los usuarios. La participación comunitaria emerge aquí como complemento de una estrategia descentralizadora que busca superar la excesiva concentración de poder incorporando la visión de la comunidad en las diferentes etapas de implementación de los programas (ej: diagnóstico, definición de prioridades, evaluación). Quizás el punto más problemático de esta perspectiva es que presupone la existencia de una comunidad debidamente organizada y con cierta capacidad de participación lo cual no siempre sucede (Celedón Cariola, 1998).

---

[124] Un análisis de los procesos de descentralización presenta Fabián Repetto en el capítulo VI de este libro.

En los hechos, las limitaciones que suelen señalarse para los procesos de descentralización en la región también son trasladables a sus mecanismos de participación, (Raczynski, 2001). Las asimetrías y diferencias existentes entre las diferentes jurisdicciones, también genera diferencias en cuanto a las posibilidades de abrir y sostener espacios de participación con capacidad de incidencia. La posibilidad de complementar con recursos locales es extremadamente variable según la situación de cada municipio, provincia o departamento generando condiciones para que se amplíe aun más las brechas en términos de equidad. En cierto modo, la posibilidad de trascender el mero carácter instrumental de la participación aparece ligada a la capacidad de los servicios de responder a las demandas que se despliegan cuando se abren estos espacios.

Por otra parte, a las restricciones presupuestales suelen agregarse las limitaciones propias de la participación social en las comunidades más pobres o con menor capital social.[125] En este sentido existen limitaciones prácticas para que los usuarios de los servicios de salud con escaso apoyo de redes sociales y familiares puedan aprovechar de manera eficaz las oportunidades que se generan para expresar demandas y reivindicar mejoras en la asistencia. La concentración de usuarios con escasas posibilidades de "salida" del sistema y con limitado margen para hacer oír su "voz", reducen significativamente las posibilidades de presión sobre la calidad y la pertinencia de las prestaciones (Hirschman, 1977). Finalmente, también existen dificultades para conectar los espacios de participación a nivel local con los ámbitos de decisión de los programas centrales o las jerarquías de la jurisdicción superior, lo cual también opera como factor limitante y desestimula la participación.

El avance y la proliferación de nuevos mecanismos de participación en el sector salud, también han ido surgiendo como respuesta a la ampliación en la concepción de los derechos de ciudadanía en salud. En un pasado no muy lejano, los usuarios eran reconocidos como simples destinatarios de los servicios con escasa ingerencia en las decisiones sobre la calidad y cantidad de las prestaciones. Eran las autoridades sanitarias o la unidad gubernamental correspondiente –en la que estaba concentrada la capacidad técnica– quien debía definir qué era lo mejor para quienes iba a recibir el servicio. Los enfoques de "promoción" y una mirada más "gerencial" sobre los servicios públicos reconocieron nuevos lugares para el aporte ciudadano, tanto para incorporarlos a la estrategia de salud como para mejorar la calidad de los servicios como "clientes" de los mismos. Más recientemente, se ha abierto camino una mirada de derechos que reconoce en los usuarios la potestad de participar activamente en la definición de prioridades, asignación de recursos, toma de decisiones, y en el control social de las autoridades hospitalarias, equipos de salud y autoridades sanitarias. Esta concepción de derechos se vincula muy estrechamente a la noción de ciudadanía activa que abordaremos mas adelante en este trabajo.

---

[125] En el capítulo VIII Irma Arriagada presenta una sistemática mirada acerca de los usos y alcances del concepto de capital social en la gestión de programas sociales.

Tabla 1. Factores que han estimulado el desarrollo de mecanismos de participación en salud

Factores	Incidencia
Reformas de equidad	La búsqueda de la equidad requiere de espacios de participación para adaptar la oferta de servicios a las necesidades específicas de los grupos de riesgo.
Enfoque de promoción en salud	El enfoque de promoción requiere del involucramiento comunitario y ciudadano para la incorporación de hábitos y prácticas saludables y el autocuidado.
Políticas de descentralización	La transferencia de servicios a niveles municipales y regionales suele abrir nuevos espacios para la consulta ciudadana y la participación en la toma de decisiones en nivel de implementación local de los servicios.
Ampliación de la noción de derechos	La ampliación de derechos de ciudadanía reconoce en el ciudadano la capacidad y la necesidad de comprometerse con la gestión pública como herramienta de democratización del aparato estatal.

Hasta aquí, se han identificado los principales factores que han estimulado el desarrollo de mecanismos de participación en el campo de la salud, como parte de tendencias más generales de cambio en las políticas sociales de la región. En síntesis, estos factores refieren a la configuración de espacios de participación vinculados a: a) la búsqueda de mayor equidad en los sistemas de salud mediante reformas totales o parciales; b) el desarrollo del enfoque de promoción de la salud como estrategia articuladora de la atención primaria; c) el avance de políticas de descentralización buscando acercar el diseño de los servicios a las necesidades de las comunidades; y d) una ampliación de la noción de derechos, que ha terminado por reconocer en los usuarios la capacidad de incidir en la definición y el control de políticas y programas. Estas parecen ser las principales fuerzas que han empujado hacia la actual diversificación en los mecanismos de participación en el campo de la salud. Como resultado, se encuentra una situación actual caracterizada por la existencia de diferentes tipos de instrumentos y dispositivos de participación, surgidos al amparo de diferentes enfoques y orientaciones, en algunos casos complementarios y en otros contradictorios. En el siguiente apartado se examinarán brevemente los principales instrumentos de este repertorio.

3. Principales instrumentos de participación en salud

La implementación de mecanismos o instrumentos de participación pueden responder a varios objetivos, según cual sea el objetivo central de la política, programa o servicio en el que se inscriben. Un primer grupo de mecanismos de participación se vincula con la necesidad de informar a la población, ya sea para prevenir enfermedades, promover buenas prácticas en el cuidado de salud o difundir nuevos servicios o espacios de atención. Estos esfuerzos suelen plasmarse en campañas masivas de difusión y sensibilización, desarrolladas a partir de una dosis importante de trabajo comunitario que busca acercar la información a aquellos grupos más alejados de los servicios. En este sentido, podría mencionarse el esfuerzo realizado en varios países de la región para impedir la expansión de la epidemia del cólera, prevenir el contagio del mosquito transmisor del dengue, o las campañas a favor de un mayor cuidado del medioambiente. En cualquiera de estos casos, a las campañas impulsadas por los respectivos ministerios de salud a través de los medios de comunicación, se suman acciones de información y formación desarrolladas por los equipos de salud a nivel local con el apoyo de organizaciones comunitarias, grupos de usuarios, y comisiones territoriales.

Tabla 2. Caracterización de Instrumentos de participación[126]

Tipos de Instrumentos	Características y funciones
Mecanismos de información y difusión	Participación de usuarios en campañas de promoción de prácticas saludables, prevención de enfermedades, difusión de nuevos servicios.
Mecanismos de formación y capacitación	Capacitación a miembros de la comunidad para que se desempeñen como agentes comunitarios o promotores de salud.
Mecanismos de consulta no vinculantes	Buzones de sugerencias, encuestas a usuarios, grupos focales, cuestionarios autoadministrados.
Mecanismos de queja o reclamo	Instancias públicas como el defensor del vecino (ombudsman) recepcionan quejas y estudian eventuales compensaciones.
Mecanismos de consulta de carácter deliberativo	Implementación de consejos de salud y comités de usuarios que permiten recoger la opinión estos grupos o sus representantes en la gestión de servicios de salud.

---

[126] En términos generales se ha seguido aquí el agrupamiento de instrumentos de participación sugerido por Carmen Celedón, Nelson Guzman y Marcela Noé (1999).

Tipos de Instrumentos	Características y funciones
Mecanismos que garantizan derechos ciudadanos	Documentos como las "cartas ciudadanas" que contienen compromisos de gestión de los servicios públicos en términos de accesibilidad, calidad, plazos, etc.
Mecanismos participativos "de mercado"	Implementación de "compromisos de gestión" entre los efectores a nivel municipal y las autoridades sanitarias para estimular y premiar las instancias participativas.
Mecanismos de participación "estratégica"	Instrumentos tendientes a incorporar la participación ciudadana en los planes estratégicos como la "planificación local participativa" que promueven los SILOS (Sistemas Locales de Salud).

Una modalidad muy extendida para promover la difusión y transmisión de información refiere a la formación de agentes comunitarios o promotores en salud. Esta estrategia se ha implementado en casi todos los países de América Latina y consiste en la capacitación de un grupo de individuos de la propia comunidad para que puedan desempeñarse como auxiliares de salud promoviendo prácticas saludables, diseminando información tendiente a la prevención y educando a la población en temas sanitarios, especialmente a los grupos de mayor riesgo. La formación recibida por los promotores no sólo refiere a aspectos epidemiológicos y sanitarios, sino que también suele incluir capacitación en técnicas básicas de educación y comunicación, a fin de hacer más efectivo el trabajo de estas personas en sus comunidades. El rol de los promotores de salud ha sido fundamental en muchos barrios y regiones como "puente" entre el sistema de salud y los usuarios, especialmente cuando existen factores de riesgo que requieren modificar hábitos, actitudes y el desarrollo de comportamientos preventivos.

Un segundo grupo de mecanismos alude a la necesidad de las autoridades y administradores por consultar a la población sobre aspectos vinculados a la oferta de los servicios. Se trata de la aplicación de diferentes instrumentos que permiten conocer la opinión de los usuarios sobre los servicios, identificar demandas no satisfechas y oportunidades de mejora. En este sentido, ha sido frecuente la aplicación de encuestas mediante cuestionarios autoadministrados, entrevistas telefónicas o a través de encuestadores, con la intención de relevar la opinión de usuarios o caracterizar el relacionamiento de sectores más amplios de la población con los servicios. Complementariamente, en algunos casos también se ha recurrido a la realización de grupos focales para conocer las percepciones y actitudes asociadas a la utilización de servicios de salud y el comportamiento de los usuarios.

En esta misma categoría, son varios los centros de atención primaria y hospitales que han implementado "buzones de sugerencias" en donde se pide a los usuarios que realicen una evaluación del servicio recibido incluyendo propuestas para mejorar la asistencia. También algunos lugares han incluido la posibilidad de que los usuarios puedan enviar mensajes por correo electrónico desde sus computadores o desde terminales públicas instaladas en diferentes lugares de la ciudad. Es claro que estas estrategias tienen desventajas importantes dado el carácter voluntario de la consulta, ya que casi siempre son los más informados y motivados quienes tienden a expresar sus opiniones. Por otra parte, existe una capacidad muy limitada de seguimiento y monitoreo sobre quienes reciben los comentarios, lo que ciertamente limita la capacidad vinculante de estos mecanismos. No obstante, a pesar de estas desventajas suelen ser herramientas útiles para alimentar la gestión cotidiana de los servicios en manos los equipos de salud.

Otra estrategia que ha sido muy útil para fortalecer la relación entre los usuarios y los equipos de salud ha sido la conformación de "consejos de salud" o "comités de usuarios" vinculados a un servicio específico (ej.: hospital) o a una jurisdicción (ej. municipio). Se trata de espacios de diálogo entre los administradores y los usuarios de los servicios (o sus representantes) con la finalidad de diagnosticar problemas, examinar propuestas y proporcionar insumos para la introducción de mejoras y el rediseño de los servicios. Cuando se logra generar un clima de confianza y respeto entre las partes, estos ámbitos han demostrado tener un gran potencial para legitimar procesos de cambio que permitan un mejor ajuste entre la oferta y las necesidades de la población. En particular, los "comités de usuarios" que se han multiplicado en varios hospitales y clínicas públicas, se han convertido en algunos casos en aliados de los equipos de salud permitiendo la identificación de problemas en la calidad, pertinencia, y accesibilidad de los servicios. También han jugado un rol importante en mejorar el relacionamiento y el clima entre el personal médico y los pacientes, explicitando las expectativas y perspectivas en un lenguaje comprensible para ambas partes. Por su parte los "consejos de salud" que suelen realizarse en municipios o comunas, han permitido a las autoridades locales realizar diagnósticos participativos con representantes de las organizaciones territoriales, identificando áreas problemáticas de la atención, recogiendo apoyos para nuevas iniciativas y la apertura de nuevos servicios.

Los cambios registrados en la forma en que los gobiernos visualizan los derechos ciudadanos ha impulsado el surgimiento de instrumentos participativos que trascienden estrictamente el campo de la salud, aunque también pueden tener su aplicación en este terreno. Así, por ejemplo, la figura del "ombudsman" o defensor del vecino se ha constituido en algunos lugares en un instrumento para la defensa de los derechos del ciudadano ante los organismos del Estado. Su rol de mediador entre la ciudadanía y los servicios públicos ha permitido identificar errores u omisiones en el aparato estatal, sugerir posibles reparaciones para los perjudicados e introducir mecanismos que eviten la repetición del problema en el futuro. Otro ejemplo de este tipo de mecanismos más generales, es el de las "cartas ciudadanas" que establecen un conjunto de compromisos que asumen las autoridades o responsables de un servicio frente a sus usuarios. Se trata de documentos que especifican los estándares de calidad que los usuarios deben exigir y que los equipos responsables se comprometen a brindar. Suelen hacer referencia a los tiempos máximos de espera para recibir la prestación, la obligación de ofrecer un trato respetuoso y personalizado, y establecen estándares en la accesibilidad, efectividad, y oportunidad del servicio. También suelen incluir una referencia a los mecanismos con que cuentan los ciudadanos para expresar su disconformidad y exigir eventuales compensaciones cuando los derechos planteados en la carta no se cumplen.

En el terreno de la salud, esta visión ha llevado a buscar incentivos para que los establecimientos hospitalarios o asistenciales cumplan con los estándares establecidos, e incorporen las demandas que plantean los usuarios. En esta dirección, se han desarrollado "compromisos de gestión" entre las autoridades centrales y los responsables municipales como parte de una estrategia que busca fortalecer la capacidad de respuesta de los servicios locales de salud. Estos compromisos de gestión vinculan la transferencia de recursos centrales al logro de ciertas metas expresadas en términos de indicadores de calidad de los servicios, satisfacción de usuarios e inclusive niveles de participación. De esta manera se pretende favorecer la articulación entre oferta y demanda mediante la incorporación de mecanismos de mercado que operen como incentivos para la conformación de espacios de participación ciudadana. Si bien este tipo de herramientas tiene como objetivo el aumento de la autonomía de los servicios también supone una responsabilidad mayor de los mismos sobre los resultados de su gestión (Celedón Cariola, 1998).

La Organización Panamericana de la Salud (OPS), por su parte, ha promovido algunas iniciativas de participación específicas como la "planificación local participativa" tendientes a la elaboración de diagnósticos y planificación estratégica en los Sistemas Locales de Salud (SILOS). Esta metodología se propone involucrar a los actores relevantes en el sector salud, integrándolos en un proceso de planificación estratégica continuo en el cual se monitorean las acciones del sistema de salud a nivel local, se definen prioridades en forma conjunta y se busca alinear los recursos comunitarios tras objetivos compartidos. Las orientaciones de la OPS a partir de sus desarrollos conceptuales y metodológicos sobre los SILOS han marcado la experiencia de un grupo de experiencias participativas en la región desde hace más de dos décadas.

En términos generales, los mecanismos que hasta ahora hemos mencionado han funcionado como canales para recoger la demanda ciudadana y –en menor medida– ejercer un relativo control sobre el desempeño de las autoridades sanitarias. El escaso impacto de estos instrumentos para achicar las brechas de equidad en salud, aparece vinculado al predominio de una visión del ciudadano como "cliente" o "beneficiario" de la gestión pública, que lo coloca afuera de la estructura estatal. Esta valoración resulta consistente con el hecho de que buena parte de los instrumentos que hasta ahora se han examinado aquí surgieron como resultado del conjunto de reformas de segunda generación que promovían una modernización de los servicios públicos en base a criterios de eficiencia, gerencia y una visión del ciudadano como cliente. Desde este marco, las prácticas de participación ciudadana son visualizadas como instrumentos de superación de las ineficiencias burocráticas, que ofrecen un espacio para la incorporación de las demandas de los ciudadanos, y permiten un mayor control social sobre la gestión pública. Para aumentar los compromisos de los responsables de los servicios, estos instrumentos fueron reforzados en algunos casos con la incorporación de mecanismos de mercado –como en el caso de los "compromisos de gestión" arriba mencionados– con los cuales se pretende incentivar por la vía de los recursos la conformación de espacios participativos.

4. Nuevas relaciones entre Estado y ciudadanía en salud

Si las nociones de eficiencia, gerencia y cliente estaban en el eje de los cambios impulsados por las reformas públicas de los noventa, las actuales reformas han agregado a los anteriores los conceptos de equidad y ciudadanía en un pie de igualdad. En este sentido, el nuevo escenario tiende a reconocer en mayor medida el rol que le cabe a la ciudadanía –individuos y organizaciones– como actores clave en los procesos de diseño e implementación de la política pública, y como parte imprescindible en la búsqueda de la equidad que orientan las reformas. Para enfatizar esta responsabilidad se ha acudido a la noción de "ciudadanía activa" para hacer referencia a "las responsabilidades que los sujetos tienen con la comunidad política a la que pertenecen" (López, 1997) por oposición a las dimensiones "pasivas" de la ciudadanía que estarían más bien referidas a los derechos. Desde esta perspectiva, la promoción de prácticas de participación es vista como un instrumento para democratizar el Estado, ampliar las bases de la ciudadanía y permitir el acceso a servicios públicos de calidad sobre bases de equidad.

La "ciudadanía activa" busca generar en los ciudadanos el compromiso y la responsabilidad por los asuntos públicos, propiciando el involucramiento de éstos con la deliberación y la toma de decisión sobre aspectos que tienen que ver con el bien común. En el fondo, el supuesto subyacente es que la responsabilidad por el "bien común" y "lo público" no sólo reside en el Estado, sino que también es compartida con la sociedad civil. En tal sentido, quizás tenga razón Bryan Roberts cuando señala que las expectativas de cooperación y participación que actualmente se depositan en la ciudadanía son únicas y no encuentran parangón en etapas anteriores (Roberts, 2006). De todos modos, también es cierto que las metas de protección social y bienestar que los actuales gobiernos han asumido, plasmadas en nociones de derechos sociales universales y exigibles, son absolutamente irrealizables en forma exclusiva por un aparato estatal por potente y eficiente que este sea. En este sentido los procesos de modernización de la gestión pública y de mejora en la calidad de los servicios que impulsan los actuales gobiernos, sólo parecen tener éxito en la medida que logran sustentarse en una alianza Estado-ciudadanía que permita avanzar en esta dirección.

En el campo de la salud el avance de este tipo de alianzas basadas en el desarrollo de la ciudadanía activa aparece como un elemento novedoso en las nuevas formas de participación que comienzan a insinuarse. Si bien los mecanismos arriba reseñados siguen estando presentes y en plena vigencia, las nuevas experiencias parecen poner el énfasis en un nuevo modo de relacionamiento entre los servicios públicos y las comunidades usuarias, caracterizado por relaciones más "inclusivas, horizontales, colaborativas, flexibles, y pertinentes a la condiciones de trabajo y hábitat de cultura de sus usuarios" (Fernández, 2006). Las metas sanitarias de equidad y el enfoque de derechos que se intenta promover desde las políticas sectoriales de salud están llevando a la necesidad de conformar espacios de interlocución a distintos niveles, tanto en el nivel central de definiciones de las políticas como en el nivel local de implementación de los servicios.

En el nivel central de las políticas y programas resulta imprescindible contar con representantes de los usuarios en órganos deliberativos que apoyen y alimenten las decisiones que deben tomar las autoridades sanitarias. Los esquemas participativos a este nivel suelen contemplar espacios para la representación de los gremios, sindicatos o corporaciones de la salud, que con frecuencia son los grupos con más "voz" en los proceso de cambio y transformación. Sin embargo, es importante incorporar espacios de interlocución con representantes de los usuarios en los niveles de definición central de la política, ya que allí también se juegan aspectos importantes que amplían o restringen las opciones en los niveles inferiores. En Argentina, por ejemplo, la Comisión Asesora Intersectorial (CAI) creada en el marco del Programa Remediar constituyó un espacio de participación a nivel político-institucional en el cual estuvieron representados distintos actores involucrados y afectados por el programa. Se constituyó en un espacio de consulta por parte de las autoridades, que permitió alimentar la gestión con demandas y reclamos que venían desde lo local, y ajustar aspectos de la planificación operativa del programa.

En el nivel local la apertura hacia modelos participativos más horizontales parece reforzarse por la búsqueda de abordajes más integrales de la salud que permitan trascender las limitaciones asociadas a los modelos biomédicos. La necesidad de avanzar hacia nuevos enfoques de la salud, incorporando –por ejemplo– aspectos culturales, laborales y educativos, exige mayor apertura hacia otros actores de la comunidad que también deben ser vistos como claves para una estrategia sanitaria exitosa. La posibilidad de obtener resultados favorables en las comunidades más vulnerables –tanto epidemiológica como socialmente– aparece directamente ligada a la capacidad de reconocer las especificidades de la problemática sanitaria de dichos lugares y de articular propuestas lo suficientemente adaptadas como para responder eficazmente a los problemas locales.

Nos interesa mostrar aquí cómo el desafío de la equidad y la inclusión tan característico de las actuales reformas y programas está indisolublemente ligado a las posibilidades de avanzar hacia un nuevo modo de entender las relaciones entre el Estado y la ciudadanía. No es posible avanzar hacia una mayor inclusión social en salud si los servicios que se ofrecen no son pertinentes y adecuados a las problemáticas sanitarias y sociales locales, y a las complejidades particulares de la realidad en la que se actúa. Avanzar en esta dirección supone no solamente contar con los recursos económicos, humanos y tecnológicos que resulten suficientes para responder al volumen y el tipo de demanda en salud. También supone generar instancias de intercambio, aprendizaje y mutua cooperación entre los equipos de salud y la comunidad atendida para lograr que las respuestas tengan en cuenta la demanda y la problemática local.

En los barrios o territorios caracterizados por la exclusión social y la pobreza, la posibilidad de lograr una mejora en los indicadores críticos de salud estará directamente ligada a la posibilidad de atender simultáneamente otras prioridades en la vida de las personas, más ligadas a sus estrategias de supervivencia y sus urgencias cotidianas. Asimismo, la posibilidad de mejorar la protección y asistencia a los grupos de riesgo o más vulnerables desde el punto de vista sanitario está vinculada a la capacidad del sistema de identificar, comprender e incorporar sus necesidades y demandas al funcionamiento de los servicios. Como señalan Fernández y Ochsenius en su estudio de experiencias innovadoras en salud en Chile, la posibilidad de llegar efectivamente a estos grupos y sectores de la población "requiere reestablecer lazos de confianza y cooperación entre los servicios y programas involucrados y la comunidad atendida" (Fernández, 2006).

Es evidente que todas estas exigencias requieren de nuevos instrumentos de participación, un tanto diferentes de los que hasta ahora han predominado, o al menos, requieren de un cierto ajuste de los mismos para que sirvan a los nuevos desafíos. En primer lugar, las exigencias de equidad, inclusión y construcción de ciudadanía requieren de un cierto compromiso de largo plazo tanto de las estructuras gubernamentales como de los ciudadanos, que permita sostener agendas y acuerdos de largo plazo. En segundo lugar, los instrumentos o mecanismos deben ser no sólo eficaces para consultar a los ciudadanos o recoger sus evaluaciones acerca de los servicios, sino que deben contemplar la dimensión "deliberativa", –de diálogo y debate– de la participación. Si bien esta dimensión puede venir asociada de cierta irresolutividad o demora de los procedimientos, en el fondo es la única garantía de que los servicios públicos puedan ajustarse a la situación de los usuarios y contemplar sus demandas. En el actual contexto, la deliberación aparece como necesaria ya que la relación entre los prestadores de los servicios y los usuarios implica necesariamente espacios de negociación de intereses, elaboración de instrumentos para intervenir de manera eficaz, y movilizar los apoyos locales existentes. En tercer lugar, las experiencias participativas también deberán permitir que la institucionalidad pública se abra a los aportes y experiencias de la sociedad civil, reconociendo experiencias innovadoras que le permitan aprender y recoger buenas prácticas, más inclusivas y protectoras para los grupos más desprotegidos.

5. Expresiones institucionales emergentes

Ciertamente, esta nueva generación de experiencias participativas requiere de nuevos arreglos institucionales. La propia noción de "mecanismos" o "instrumentos" de participación parece no ser la más adecuada para su caracterización, ya que se trata de nuevas expresiones institucionales, nuevas articulaciones entre estructuras estatales y de la sociedad civil que van más allá de meros mecanismos o instrumentos. La búsqueda por institucionalizar estos procesos participativos parece ser un elemento característico de estas experiencias, de allí que se hable más bien de "redes", "mesas", "consejos" o "comités" cercanos (o más bien "incrustados" al decir de Evans) a las estructuras públicas. En Argentina, la puesta en marcha de los consejos consultivos en políticas sociales instrumentados desde el Ministerio de Desarrollo Social, con representación de varias redes de ONG y OSC constituye una expresión de esta nueva generación de instancias. En Chile, las experiencias premiadas a través del programa Ciudadanía y Gestión Pública con la intención de reconocer propuestas innovadoras de articulación público-privada con objetivos de equidad e inclusión también son ejemplos de este nuevo tipo de experiencias. En Uruguay, un tanto rezagado en estas tendencias, algunas experiencias locales de cogestión de servicios de salud municipal como los "bancos de anticonceptivos" administrados por miembros de la comunidad, parecen alinearse con las nuevas tendencias.

En el fondo, se observa un cierto avance hacia formatos y dispositivos institucionales que permiten abrir la lógica pública a las necesidades de los ciudadanos y viceversa, abrir la lógica ciudadana a la gestión estatal.[127] Esto supone no solamente una mayor apertura de la red asistencial pública (clínicas, hospitales, centros especializados) a la comunidad, sino también abrirse hacia otros actores públicos que existan en el territorio, de manera de permitir un abordaje intersectorial de los problemas de la comunidad. Si se pretende avanzar en modalidades más integrales de atender la salud, entonces la institucionalidad pública deberá reflejar este enfoque mediante articulaciones, coordinaciones y estrategias que superen los tradicionales abordajes sectoriales.

Del mismo modo, el desafío de trabajar en red aparece como un rasgo repetitivo y distintivo de estos tiempos. Si la intersectorialidad responde al desafío de la integralidad de la política de salud, entonces el trabajo en red aparece como el instrumento para satisfacer las nuevas exigencias de participación en este campo. Así entendido, el trabajo en red no sólo supone la articulación de un conjunto de establecimientos hospitalarios, clínicas de primer y segundo nivel y centros especializados, sino que refiere a un concepto que reivindica una forma más eficiente y potente de encarar la gestión en salud. Desde esta perspectiva, el trabajo en red supone una articulación

---

[127] El concepto de gestión que se presentan Magdalena Chiara y Mercedes Di Virgilio en el capítulo II de este libro se define en este espacio de articulación de las dos lógicas.

entre diferentes niveles de atención (primario, secundario, terciario), múltiples actores del sistema (público y privado), con distintos vínculos (territoriales y extraterritoriales) con la zona de atención con el objetivo de complementar y encadenar esfuerzos para alcanzar los objetivos propuestos.[128]

Esta noción de la red permite a los actores trabajar en el territorio articulando tanto recursos estatales como no estatales, incorporando a la gestión de los servicios de salud la voz de los usuarios con menor capacidad de incidencia para ajustar los objetivos y estrategias a las necesidades de los grupos. También permite que el Estado pueda reconocer los aportes y las innovaciones que realiza la sociedad civil a través del desarrollo de nuevos modelos de atención, y la generación de nuevas prácticas y abordajes no convencionales que permiten mejores resultados en términos de inclusión social. Estas situaciones llevan necesariamente a la posibilidad de generar espacios de cofinanciamiento donde instituciones públicas y privadas abren sus recursos a la red, aportando desde sus saberes, poderes y haberes. En este escenario, el cofinanciamiento aparece como el correlato inevitable de la complementariedad de esfuerzos y aportes que se dan en el territorio, sin que existan recetas preestablecidas sobre lo que debe comprometer cada uno.

Estos nuevos modos de entender la participación plantean la necesidad de promover cambios a varios niveles en forma simultánea. En primer lugar a nivel de la propia institucionalidad pública en donde se requieren modificar las formas tradicionales de actuación de las estructuras ministeriales y subnacionales. Una mirada integral a los problemas de la salud, basada en la atención de los determinantes sociales de la salud requiere ir más allá de los objetivos sectoriales para internarse de manera decisiva en el terreno de la intersectorialidad. Más allá de fronteras disciplinarias o administrativas, debe asumirse que los problemas de salud de las personas afectan y son afectados por situaciones vinculadas a otras áreas de intervención como la vivienda, el transporte o las condiciones de salubridad en el trabajo. Responder a este desafío implica necesariamente articular con otros actores conformando una red que permita atender de manera integral y transversal el entramado de determinantes sociales subyacentes a los problemas de la salud.

Desde la perspectiva de la sociedad civil, el nuevo enfoque supone asumir el carácter "público" de la acción no estatal aportando de manera crítica y constructiva al trabajo que realizan las autoridades sanitarias y las instancias técnicas del Estado. Muchas veces este rol es realizado mediante procedimientos de rendición de cuentas (*accountability*) en las instancias formales previstas para tales fines tales como los consejos sectoriales o las mesas de diálogo. En otros casos, se reconoce la necesidad de utilizar mecanismos informales como el cabildeo o la movilización social como forma de presionar para obtener los bienes públicos de parte de quienes están encargados de administrarlos

---

[128] En el capítulo III de este libro, Jorge Hintze analiza la lógica de funcionamiento de las redes y sus relaciones con los resultados de la política social.

(Fernández, 2006). En cualquiera de los dos casos, se trata de asumir la responsabilidad que la sociedad civil tiene en la construcción del bien común.

6. Avanzando hacia la "ciudadanía activa" en salud

Para finalizar, se plantean algunos desafíos vinculados al avance que observamos en la región hacia una "ciudadanía activa" como nuevo paradigma de la participación en salud. La forma en que la tercera generación de reformas vincula equidad con ciudadanía supone que la inclusión se logrará no solamente mediante el cumplimiento de derechos sociales universalmente definidos, sino también mediante la apertura de la gestión pública a la participación ciudadana. En definitiva, estamos hablando de un nuevo derecho también de carácter universal, que refiere al "derecho al control civil de la acción del Estado en la ejecución, monitoreo y evaluación-retroalimentación de resultados e impactos en la política" (Fernández, 2006). Se trata, pues, de reconocer que la equidad y la inclusión no solo se alcanzarán superando las condiciones de pobreza sino también garantizando los derechos de los ciudadanos a participar de la gestión pública.

Avanzar en esta dirección supone desarrollar las competencias necesarias para que agentes gubernamentales y de la sociedad civil puedan dialogar, negociar y acordar en torno a bienes públicos y objetivos compartidos. Desde la perspectiva del Estado supone forjar una nueva cultura funcionarial mas abierta a la iniciativa ciudadana y al trabajo conjunto con las organizaciones de la sociedad civil. El predominio de una cultura jerárquica, excesivamente tecnocrática o de defensa de intereses corporativos puede atentar contra el avance de estos nuevos espacios participativos. El sector salud parece ser particularmente vulnerable a algunos de estos males, tanto por la hegemonía del saber biomédico en sus estructuras como por la férrea defensa de intereses gremiales o corporativos aun a expensas del bien general. La propia situación de desfinanciamiento de algunos servicios, la sobrecarga de trabajo y la saturación de las demandas en las redes asistenciales, son también elementos que operan como factores limitantes para abrirse a estos nuevos modos de participación.

Por el lado de la sociedad civil, la participación ciudadana también requiere de una actitud de corresponsabilidad con la gestión pública y cierta vocación por influir en una agenda más amplia, que va más allá del interés particular de la organización a la que se pertenece. En este sentido, la construcción de experiencias basadas en la ciudadanía activa requiere de liderazgos comunitarios capaces de agrupar y canalizar las demandas hacia los ámbitos adecuados, superando la fragmentación que suele darse en toda comunidad. Es importante en este sentido, que los gestores públicos se preocupen por fortalecer la capacidad de interlocución de los representantes de la comunidad, en vez de debilitarlos. La posibilidad de abrir espacios de diálogo horizontal no debe ser vista como una amenaza, como muchas veces sucede, sino como una oportunidad de tejer alianzas que permitan modelos de trabajos más eficaces, que conducen a mejores resultados y desempeños.

Sin lugar a dudas que la existencia de un alto capital social comunitario, expresado no sólo en la existencia de redes y organizaciones territoriales sino también en la confianza mutua entre los actores, constituye una fortaleza a la hora de generar espacios de interlocución con los agentes políticos y técnicos. Sin embargo, en los lugares en donde estas condiciones no están presentes, el desafío central pasará por la constitución de interlocutores con capacidad de representar los intereses de la comunidad. La difusión de prácticas clientelares y métodos particularistas de resolución de los problemas también puede convertirse en un obstáculo para promover una cultura participativa.

Uno de los principales desafíos para lograr avances en esta dirección parece estribar en la capacidad de institucionalizar estos procesos, sosteniéndolos en el tiempo más allá de recambios de autoridades y de períodos electorales. La posibilidad de sostener estos espacios en el tiempo, va generando también confianzas recíprocas que son fundamentales a la hora de proyectar acciones conjuntas y acordar objetivos comunes. En la medida que los espacios de diálogo y concertación perduren crecerá la posibilidad de ir internalizando recíprocamente las expectativas vinculadas a ambas lógicas, la estatal y la societal. Por un lado, los actores públicos aumentan su comprensión de las demandas ciudadanas y las necesidades de los usuarios, y de esta manera están en mejores condiciones para encontrar las estrategias más adecuadas para atenderlas. Por otro, las organizaciones de la sociedad civil entienden más cabalmente las posibilidades y limitaciones de la gestión pública, y por ende están en mejores condiciones de complementarse y apoyarse para buscar soluciones.

Por último, más allá de estas dificultades y desafíos, se está frente a nuevos modos de relacionamiento entre los Estados y sus ciudadanos, modos que se sustentan en miradas más democráticas de la gestión pública, en visiones más amplias de derechos y en prácticas socialmente más inclusivas. Si bien es probable que estos modos de relacionamiento tengan un cierto componente de "moda" –y por lo tanto de "transitoriedad"– también es probable que su avance en la región comience a dejar huellas tanto en la cultura funcionarial pública como en la cultura ciudadana. En el campo de la salud, estos nuevos modos de relacionamiento parecen ser imprescindibles para avanzar hacia sistemas sanitarios más equitativos, superando las dramáticas brechas existentes.

Bibliografía

Bebbington, Anthony y Farrington, John. (1993); "Governments, NGOs and Agricultural Development: Perspectives on Changing Inter-organizational Relationships." En *Journal of Development Studies* 29: 199-219.

Celedón, Carmen y Echeverría, Marcela Noé (1998); "Hacia la implantación de modelos de administración gerencial en salud pública." En *XII Concurso de Ensayos del CLAD. Participación y gestión en salud*. Caracas, Venezuela.

Celedón, Carmen; Guzman, Nelson y Echeverría, Marcela Noé (1999); "Informe de avance: mecanismos de control social sobre los servicios de salud públicos. Una aplicación a la atención primaria de la salud". CIEPLAN-Departamento de Ingeniería Industrial de la Universidad de Chile. Santiago de Chile.

Chiara, Magdalena y Di Virgilio, María Mercedes (2005); *Gestión social y municipios. De los escritorios del Banco Mundial a los barrios del Gran Buenos Aires*. Prometeo Libros-UNGS. Buenos Aires.

Delamaza, Gonzalo. (2000); "Sociedad Civil y Construcción de Capital Social en America Latina: hacia donde va la investigación?". En *4ta Conferencia Internacional de la International Society for Third Sector Research*. ISTR. Dublin.

Essayag, Sebastián (2006); "Participación social y comunitaria en el fortalecimiento de la atención primaria de la salud.". En Acuña, Carlos H.; Jelín, Elizabeth y Kessler, Gabriel; *Políticas locales y acción local: 10 estudios de caso.*Universidad de San Andres-CLASPO-UNGS-IDES. Buenos Aires.

Evans, Peter (1996); "Government action, Social Capital and Development: Reviewing the Evidence on Synergy". En *World Development*, 24: 1119-1132.

Fernández, Margarita y Ochsenius, Carlos (2006); *Innovaciones, arreglos institucionales y participación ciudadana: contribuciones a la reforma de salud.* Universidad de los Lagos. Santiago de Chile.

González Bombal, Inés; Garay, Candelary y Potenza, Fernanda. (2003); *Organizaciones de la sociedad civil y políticas sociales en la Argentina de los noventa.*Universidad San Andres / CEDES. Buenos Aires.

Hirschman, Albert (1977); *Salida, voz y lealtad: respuestas al deterioro de empresas organizadas y Estado.* Fondo de Cultura Económica. Buenos Aires.

Lopez, Sinesio (1997); *Ciudadanos reales o imaginarios*. Lima.

Nelson, Paul (1995); *The World Bank and NonGovernmental Organizations: the Limits of Apolitical Development.* St. Martin's Press. New York.

Raczynski, Dagmar y Serrano, Claudia (2001); *Descentralización: nudos críticos.* CIEPLAN/Asesorías para el Desarrollo. Santiago de Chile.

Roberts, Bryan (2006); "Estructuración de la pobreza". En Saravi, G. (ed.); *De la pobreza a la exclusión. Continuidades y rupturas de la cuestión social en América Latina.* Prometeo-CIESAS. Mexico

Tussie, Diana; Mendiburu, Marcos; Vázques, Patricia (1997); "Los nuevos mandatos de los Bancos Multilaterales de Desarrollo: su aplicación al caso de Argentina". En *El BID, el Banco Mundial y la sociedad civil sus nuevas modalidades de financiamiento internacional*. Editado por Oficina de Publicaciones del CBC/FLACSO-Argentina. Buenos Aires.

Valdés, Alejandra; Ochsenius, Carlos; Monsalves, María Isabel; Fernández, Margarita; Escobar, Diego (2003); *De pacientes a ciudadanos: experiencias democratizadoras de salud*. INAP-Instituto Nacional de Asuntos Públicos. Santiago de Chile.

Vivian, Jessica (1994); "NGOs and sustainable development in Zimbabwe: No Magic Bullets". En *Development and Change* 25:167-193.

Capítulo X

Evaluación y participación:

orientaciones conceptuales para una mejora de la gestión

*Olga Nirenberg**

En este capítulo se analiza la importancia que reviste la evaluación para la mejora y la transparencia de la gestión de las políticas. Se discurre primeramente acerca del significado de la evaluación y la necesidad de incluir en forma protagónica en los procesos evaluativos a los diferentes actores que se involucran directa o indirectamente en la gestión de las políticas. Se mencionan los diferentes tipos de evaluación según quiénes evalúan y acorde con los momentos en que la misma se realiza, detallando en cada caso qué cuestiones se enfatizan. Se reconocen las similitudes entre la evaluación y la investigación social, sobre todo en cuanto a la importancia del rigor metodológico a lo largo de los diferentes pasos del proceso evaluativo, pero también se resalta la diferencia de los propósitos entre ambas actividades. Es en el sentido de preservación del rigor metodológico que se apela a la triangulación, como forma de combinar diferentes abordajes y perspectivas disciplinares, distintos actores, diversas técnicas y fuentes de información.

También se establecen las vinculaciones entre la participación protagónica de los actores, en especial de los destinatarios de las políticas, con los conceptos de *empowerment* y desarrollo de ciudadanía y a la vez con el fortalecimiento de las organizaciones, dado el vínculo de la evaluación con los procesos de mejora de la calidad de la gestión y la apertura de las instituciones que operan las políticas a los requerimientos de sus destinatarios.

---

* Centro de Apoyo al Desarrollo Local – CEADEL.

1. El sentido de la evaluación de las políticas

En un texto anterior[129] se utilizó una cita de Lewis Carrol, de *Alicia en el País de las Maravillas,*[130] para explicar el sentido de la evaluación social.

Allí se afirmaba que si no se precisaron los objetivos, si no se formularon metas claras a las cuales arribar (cuantificadas para un período de tiempo acotado y en un territorio definido), se hace más difícil la evaluación; ésa es una de las razones por las cuales se afirma que los procesos de la planificación/programación están tan estrechamente ligados a los de la evaluación.

La evaluación se define como una actividad programada de reflexión sobre la acción. Dicha acción / objeto de la evaluación, puede ser: propuesta para su realización futura, en curso de realización o ya realizada. La evaluación se lleva a cabo mediante procedimientos sistemáticos de recolección, análisis e interpretación de información y a través de comparaciones respecto de parámetros definidos. Su finalidad es emitir juicios valorativos fundamentados y comunicables, sobre las actividades y los resultados (presumibles o concretados) de las intervenciones sociales y formular recomendaciones que permitan decisiones orientadas a ajustar la acción propuesta o en curso y mejorar la acción futura (Nirenberg *et al.*, 2000).

Decir que la evaluación es una actividad programada, significa, entre otras cuestiones, que se le deben atribuir recursos específicos: personas idóneas, momentos y lugares específicos, equipos adecuados, insumos, dinero. Pero además significa que deben preverse con anticipación las metodologías y técnicas a aplicar y las actividades a llevar a cabo con fines evaluativos.

En tanto reflexión, la evaluación implica detenerse o tomar distancia de la acción misma para tomar ésta como "objeto" de análisis, para revisar qué es lo que se está proponiendo o qué se está haciendo o qué se ha hecho, analizar las características de las metodologías de intervención planteadas o desplegadas, y determinar si la orientación es efectivamente hacia la direccionalidad deseable, aclarando cuáles escollos y cuáles facilidades se presentan y cuáles logros se esperan y/o se han obtenido.

Cuando se afirma que la evaluación se basa en procedimientos sistemáticos, se alude al hecho de que supone una metodología y técnicas para la recolección y el análisis de la información relevante que alimentará la reflexión y fundamentará con

---

[129] Se hace referencia al copete del capítulo 1 de *Evaluar para la transformación: innovaciones en la evaluación de proyectos y programas sociales* (Nirenberg *et al.*, 2000).

[130] ¿Me podrías indicar hacia dónde tengo que ir desde aquí?, preguntó Alicia.
Eso depende de a dónde quieras llegar, contestó el Gato.
A mí no me importa demasiado a dónde..., empezó a decir Alicia.
En ese caso da igual a dónde vayas, interrumpió el Gato.
...siempre que llegue a alguna parte, terminó Alicia, a modo de explicación.
¡Oh!, siempre llegarás a alguna parte, dijo el Gato, si caminas lo bastante (Carrol, 1986).

evidencias los juicios valorativos que se emitan acerca de las actividades, resultados e impactos de los cursos de acción implementados.

El núcleo central de toda evaluación consiste en emitir juicios valorativos fundamentados acerca de la acción y sus efectos, e implica atribuir un valor, medir o apreciar si se ejecutan las actividades de acuerdo a lo programado, si los resultados obtenidos se corresponden con los objetivos y metas propuestos, así como valorar la medida en que ha mejorado la situación de los destinatarios de las acciones, como producto de la intervención desplegada.

Por ende, para evaluar siempre es necesario hacer comparaciones sobre la base de las cuales se emiten esos juicios. Es que algo resulta ser bueno o malo –mejor o peor– respecto de modelos/estándares deseables, respecto de otros casos, o bien respecto de sí mismo a través del tiempo.

En otras palabras: las comparaciones pueden realizarse respecto de parámetros que constituyen lo deseado, lo previsto, lo correcto, en suma, la direccionalidad o las metas que se habrán definido previamente. Esas comparaciones son contra estándares, no importa cómo se los haya definido; pero también hay comparaciones entre las situaciones o estados actuales (por ejemplo, de grupos poblacionales), respecto de sus situaciones o estados pasados, para saber qué y cuánto cambió y poder emitir un juicio acerca de si la situación está mejor, peor o igual. Esa comparación "contra sí mismo en el tiempo" suele ser –sobre todo en los primeros tramos de la ejecución de un programa– más relevante que la que se realiza contra estándares, pues aunque se concluya que se está lejos aún del estándar deseable, la situación puede haber mejorado mucho debido a la gravedad del punto de partida o situación inicial –"línea de base" –, y eso es en sí valioso y estimulante para los que ejecutan las acciones, ya que la evaluación les demuestra los logros obtenidos y les permite programar sobre mejores bases.

La fundamentación de los juicios valorativos dependerá de la consistencia y confiabilidad de la información –cuantitativa y cualitativa– disponible o que se recoja, para lo que se requiere de adecuados abordajes metodológicos y de técnicas apropiadas.

Por otra parte, los juicios valorativos deben ser comunicables y entendibles para las audiencias identificadas, pues de otro modo no se apropiarán de las recomendaciones emergentes que permitan modificar la acción. Eso implica que se deben redactar informes comprensibles y programar dispositivos para las devoluciones de los hallazgos en modalidades adecuadas, mediante el uso de lenguajes llanos y formatos amigables, para el caso de informes escritos; pero también combinar los materiales impresos con mecanismos virtuales / multimediales y eventos presenciales, de modo de facilitar un mejor entendimiento por parte de los actores involucrados.

La evaluación tiene múltiples aplicaciones y puede perseguir diferentes propósitos, pero de modo general interesa destacar su contribución a una mejor programación; se trata de pensar sobre el hacer, para identificar errores y problemas que dificultan la acción, para perfeccionar la intervención, para aprender de la práctica –de sus aciertos y sus errores –, para introducir correcciones, e incluso para comprobar que la intervención produce efectos no previstos, algunos de ellos no deseados; y finalmente para el reconocimiento social del esfuerzo realizado y de los actores participantes que lo llevaron a cabo.

Mediante los procedimientos de la evaluación es posible reconocer los logros y las fortalezas de la acción desarrollada, así como los obstáculos y las debilidades. Las recomendaciones que emergen de las evaluaciones por lo general sugieren apoyarse en las fortalezas, usándolas a modo de palanca, para superar las dificultades. Tales recomendaciones deben servir a todos aquellos que toman decisiones en los diferentes niveles, no sólo a los que formulan las políticas, sino también a los conductores de los programas o proyectos, así como a aquellos que en la tarea cotidiana de los niveles locales u operativos, en el escenario donde se hacen las cosas, deben tomar decisiones.

Los procesos evaluativos, no importa de qué tipo de evaluación se trate, deben finalizar siempre en recomendaciones para la acción futura, orientadas a introducir cambios en concepciones o maneras de pensar y para mejorar comportamientos de los actores –individuos y organizaciones– involucrados en un escenario específico. Es necesario destacar que ninguna recomendación debería hacerse sin estar debidamente fundamentada en la explicitación previa de alguna falla, problema o carencia detectada ya sea en el diseño o en los procesos de la gestión; es decir: la evaluación debe detectar los problemas, pero a la vez debe recomendar el modo de resolverlos; así supera el rol de mero enjuiciamiento para adoptar una función de enseñanza-aprendizaje.[131]

El momento de las recomendaciones constituye una relevante intersección entre los procesos de la evaluación y los de la programación; de la profundidad y pertinencia de las recomendaciones que se formulen, dependerá la utilidad de la evaluación y por ende la viabilidad de su aplicación posterior en la toma de decisiones y en la acción.

Por supuesto, además de lo dicho, la viabilidad de la aplicación posterior de los hallazgos evaluativos depende por un lado, del involucramiento protagónico de los actores durante el proceso mismo de la evaluación, así como de la completa y oportuna devolución de los resultados por parte de los que tienen la responsabilidad del proceso evaluativo y por otro lado, de la voluntad política de las autoridades para encarar su implementación y los cambios que la misma presupone.

El desarrollo de la capacidad de evaluación en las organizaciones –sean éstas gubernamentales o no– ayuda a instalar mejores modalidades de gestión ya que per-

---

[131] La evaluación se distingue de la investigación por sus propósitos: la primera se dirige a transformar la acción orientada a solucionar o mejorar las situaciones críticas o de desventaja de grupos humanos y no pone el acento, como la investigación social, en incrementar el cuerpo del conocimiento, aunque también, sin duda, contribuye (y mucho) a eso; por lo demás investigación y evaluación comparten métodos y preocupación por el rigor y la confiabilidad de sus procedimientos y resultados. Es en el punto de las recomendaciones para la acción donde se produce mayormente esa distinción entre investigación y evaluación.

mite una mayor transparencia y crea en ellas una "cultura del desempeño" –también denominada "gestión orientada a resultados"– que contribuye a mejorar la ejecución y formulación de políticas, programas o intervenciones y a reforzar la rendición de cuentas mediante la creación o el fortalecimiento de apropiados sistemas de información, seguimiento y evaluación. Podría decirse que esta argumentación es aún más válida si se hace referencia a las organizaciones de gobierno, en sus diferentes niveles, aunque en la actualidad ése es un aspecto ineludible también para las organizaciones de la sociedad civil y las del mundo empresarial.

2. La participación de los actores en los procesos de evaluación

En todo proceso evaluativo deberían tener protagonismo aquellos que, de un modo u otro, se vinculan con el tema de intervención o tienen intereses en torno al mismo, o se pueden ver afectados de diferentes formas. El hecho de evaluar permite desarrollar capacidades y obtener mejor conocimiento sobre la manera en que opera la realidad o los fenómenos bajo indagación; es en ese sentido que se hace referencia al componente de aprendizaje de todo proceso evaluativo.

El protagonismo de los agentes involucrados y el aprendizaje compartido que implican los escenarios de evaluación generarían lo que Pizzorno conceptualizó como "cultura de la solidaridad procesal", significando con ello una cultura política en la cual los enemigos se convertirían en jugadores, en base a un acuerdo, implícito o explícito, sobre las reglas imperantes. Ese acuerdo implicaría un método para resolver las diferencias sobre la base de la argumentación y la alteridad (Pizzorno, 1976). De tal modo, con los métodos de evaluación participativa (o dicho de modo más general, de gestión participativa) se pueden ir construyendo vínculos dialógicos donde la violencia (verbal o física) va siendo dejada de lado por nuevas formas de vinculación basadas en los acuerdos o alianzas.

Habermas, por su parte, ha sugerido que ese tipo de acuerdos implicaría comprender la racionalidad democrática como un asunto de procedimientos que van más allá de una lógica meramente instrumental. Tales procedimientos se fundarían en la fuerza de convicciones derivadas de consensos logrados a través del debate argumentativo, y así, la deliberación intersubjetiva entre los actores permitiría la construcción de dicha solidaridad procesal (Habermas, 1999). Ese modelo de Habermas supone superar las condiciones reales de desigualdad y exclusión propias de nuestras sociedades contemporáneas; constituye un horizonte deseable al cual arribar, una "utopía" de participación más genuina (Grassi, 2005).

A los efectos que aquí se plantean, lo dicho implica concretamente que los actores significativos en torno a las situaciones problemáticas y las políticas que procuran su superación, participen no sólo en las actividades evaluativas de recolección de información, sino también en los procesos de toma de decisiones basadas en las conclusiones y recomendaciones emergentes de la evaluación.

En función de lo expresado, la evaluación constituye un instrumento útil para promover empoderamiento, dotar de racionalidad a la acción y generar procesos democratizadores; si se tiene en cuenta la replicación de esos procedimientos en otros campos de la acción, cuestión no sólo deseable, sino probable, según Toqueville, quien decía que una vez que los humanos han probado y aceptado ser iguales en algún plano, van a querer igualdad en todos los planos y llamó "revolución democrática" a esa idea de igualdad (Tocqueville, 1835).

Lo dicho recién adquiere aún más sentido cuando se trata de políticas o intervenciones orientadas a la franja de población infantil y de adolescentes cuyas subjetividades e identidades están en formación y donde los escenarios evaluativos cooperan a dichos procesos de crecimiento y desarrollo como personas portadoras de derechos y capacidades de ciudadanía (Nirenberg, 2006).

3. Tipos de evaluación según los momentos en que se realiza

3.1 La evaluación *ex ante* o con foco en la formulación o diseño

A partir de la definición desarrollada en el primer apartado, se implica que es posible evaluar la formulación de las propuestas de políticas y programas, en forma previa a su implementación, en función de su adecuación a estándares (nacionales o internacionales) y a marcos teóricos y axiológicos vigentes y deseables. Este tipo de evaluación se emprende antes de implementar una política, plan, programa o proyecto, con el objeto de verificar si cumple o no con las condiciones requeridas para llevarlo adelante.

En este momento evaluativo se busca fundamentalmente establecer acerca del diseño:

— Su pertinencia, es decir, la adecuación de las líneas de acción y los abordajes planteados respecto de las situaciones problemáticas que se pretenden modificar, así como a los encuadres teóricos y axiológicos vigentes.

— Su coherencia interna en cuanto a la adecuación de los recursos adjudicados para realizar las actividades planteadas y la suficiencia de éstas para arribar a las metas y los objetivos propuestos.

— Su factibilidad, o sea la capacidad de las organizaciones y actores que se pretende involucrar para implementarla en términos de la calidad y cantidad de recursos humanos, económicos y materiales disponibles.

— Su viabilidad en función de la existencia de condiciones favorables, políticas, sociales y técnicas, para desarrollar las acciones planteadas.

La evaluación *ex ante* debería contribuir, en la fase de formulación o diseño, no sólo a brindar elementos de juicio para las decisiones acerca del financiamiento o implementación de una política, plan o programa, sino que además debe ser útil para optimizar la formulación inicial y para generar aptitudes y capacidades en los que tendrán responsabilidades para implementar las líneas de acción de modo de instalar culturas organizacionales basadas en la lógica de la programación y la evaluación.

Este tipo de evaluación con foco en la formulación o diseño permite formular recomendaciones para la etapa de la implementación y orientar el ulterior proceso de evaluación concurrente; esto es así pues muchas de sus recomendaciones y sugerencias serán para aplicar al momento de llevar a cabo las acciones; esas recomendaciones deberán tener seguimiento ulterior, mediante las acciones de monitoreo, en la etapa de evaluación concurrente o con foco en la gestión.

El diseño de políticas y programas parte de realizar un recorte y describir una realidad –diagnóstico–, para luego identificar las brechas entre lo que sucede y lo deseable –problemas –, y de allí inferir qué es lo que se quiere modificar –objetivos –, los cuales reflejan los cambios deseados –resultados–. A tal efecto se requiere plantear una estrategia para operar el cambio –líneas de acción –que se traduce en un plan de trabajo –actividades– ubicado en el tiempo –cronograma–, asociado con determinados insumos –recursos humanos, materiales y financieros– requeridos para llevar a cabo las acciones (Nirenberg *et al.*, 2003).

La evaluación con foco en la formulación se ocupa de los aspectos medulares de este diseño. Pero también deberá tener en cuenta las condiciones contextuales que pueden facilitar o dificultar su futura implementación.

Se pueden diferenciar dos tipos de dimensiones a considerar en relación con los aspectos medulares del diseño:

- Las dimensiones sustantivas vinculadas a los propósitos y a las líneas de acción y actividades propuestas para resolver los problemas identificados.

- Las dimensiones estratégicas vinculadas a modalidades o atributos de reconocida eficacia de la acción social, independientemente de su campo específico de aplicación. Es reconocido (al menos en el discurso, no tanto en la práctica) que las políticas sociales deben adoptar modalidades promocionales, integrales, sinérgicas, participativas y asociativas.

Se detallan seguidamente algunos criterios que deberían estar presentes en la evaluación de estos aspectos medulares del diseño de políticas.

En primer lugar se analizará la adecuación de la justificación o fundamentación diagnóstica de la situación problemática que se procura superar. Acá la mirada se dirige a: la información cuanti y cualitativa sobre las características y la magnitud de la situación problemática; la descripción de la población que se encuentra en tal situación (la población objetivo); y los recursos orientados a dicha población, que real o potencialmente resultan de utilidad para la superación de la situación.

También es relevante revisar la coherencia del diseño en relación con las prioridades emergentes del diagnóstico.

Debe apreciarse en forma global si aun cuando los objetivos, las acciones propuestas y la población destinataria resulten coherentes con las necesidades y problemas identificados en el diagnóstico, existen otras acciones similares orientadas a la misma población objetivo. Ello no constituye *a priori* un aspecto positivo o negativo, aunque sí digno de consideración especial, dada la fragmentación que suele caracterizar la implementación de las políticas sociales. Si ello ocurre, deberá evaluarse en qué medida se superponen las poblaciones alcanzadas o bien si se incrementan coberturas y si las estrategias y actividades propuestas se complementan y potencian con las que ya se están llevando a cabo.

Otro aspecto importante que es el meollo de la evaluación *ex ante*, se refiere a la pertinencia de las estrategias de intervención planteadas en relación con la problemática que se pretende abordar.

Las modalidades de intervención propuestas se basan explícita o implícitamente en una teoría o concepción del cambio, que supone que si se llevan adelante ciertas acciones, en determinadas circunstancias, se obtendrán los resultados esperados, en términos de superar, contribuir a solucionar o evitar que empeoren determinados problemas sociales. Todo diseño de política y todo programa debería poner en evidencia tales cuestiones: el conocimiento acumulado en la materia, los supuestos, los requerimientos contextuales, las estructuras simbólicas, físicas y materiales necesarias y los procesos o combinación de líneas de acción a desarrollar para obtener los resultados esperados. Ésos son los aspectos conceptuales o del marco teórico que se vinculan con las características del objeto de la evaluación y asumirán contenidos específicos si se trata de una política del campo educativo, de salud, de desarrollo integral de adolescentes, etc. Por lo tanto, lo que se evalúa es si, acorde con el estado del arte, la estrategia planteada es adecuada para satisfacer las necesidades o demandas identificadas o para resolver los problemas detectados.

Pero en relación con la pertinencia, no sólo se trata de tomar en cuenta los conocimientos acumulados, como si éstos fueron unívocos, sino que la cuestión resulta más compleja por el hecho de existir en el campo de lo social no sólo vertientes teóricas diferentes (por ejemplo, hay varias teorías del aprendizaje en educación, o diferentes concepciones acerca del desarrollo infantil), sino que también suelen haber posturas ideológicas divergentes. Lo último se refleja con claridad en temas controversiales desde el punto de vista moral o religioso, relacionados con los abordajes familiares, con la educación sexual en las escuelas, con los temas de salud sexual y reproductiva, con la despenalización del aborto, entre otras cuestiones donde existen polémicas y luchas alrededor de las políticas públicas respectivas.

Por lo dicho, es un requerimiento no sólo ético sino también epistemológico, que tanto los que formulan y deciden acerca de las políticas y programas como aquellos que las evalúan, expliciten con total transparencia sus marcos teóricos y sus posturas ideológicas respecto del tema que es objeto de la evaluación, para hacer más transparentes y comprensibles sus afirmaciones, propuestas y juicios. Puede añadirse acá, que en el caso de los evaluadores, no sólo deben aclarar sus marcos teóricos y axiológicos referentes al objeto a evaluar, sino además los que se relacionan con su abordaje evaluativo.

En la evaluación de la pertinencia debe incluirse también el carácter innovador de la propuesta en el contexto de aplicación en cuanto a introducir estrategias que difieran de los modos de actuación históricamente vigentes y que, si bien pueden haber sido utilizadas y aplicadas con eficacia en otros contextos, no lo han sido aún en el que se considera para la política o programa.

Es necesario incluir la evaluación sobre la adecuación de la formulación de los objetivos, actividades y recursos requeridos. La evaluación *ex ante* debe juzgar en qué medida el diseño presenta un planteamiento adecuado de actividades, si las mismas son acordes con los objetivos propuestos y si el detalle de recursos (materiales, humanos y financieros) así como los tiempos, resultan *a priori* suficientes.

Otro aspecto a tomar en cuenta es la claridad de la descripción y cuantificación de la población destinataria según franjas etáreas, género, otros criterios de vulnerabilidad, según parámetros geográficos, entre otros.

Debe prestarse atención a si se han considerado las condiciones de accesibilidad de los destinatarios a las prestaciones, servicios y actividades programadas, si se han previsto mecanismos para que las acciones lleguen efectivamente a los potenciales destinatarios, sobre todo cuando no se trata de una "población cautiva" o inserta en marcos institucionales, tal como los establecimientos escolares, donde la captación es mucho más sencilla. En tal sentido se deberá revisar si se incluyeron acciones adecuadas para la convocatoria o captación de la población destinataria y otros actores que se deseen involucrar (tales como familiares, o recursos humanos institucionales).

Se analizará si se incluyó una estrategia de seguimiento y evaluación y si la metodología propuesta resulta apropiada. La evaluación *ex ante* deberá considerar en este caso la adecuación de los aspectos a evaluar, los indicadores propuestos, las técnicas, las fuentes y la periodicidad sugeridas.

Por fin, se evaluará la existencia de atributos estratégicos en el diseño, más allá de su campo específico de aplicación, sea éste la salud, el empleo, la educación, el desarrollo infantil o de adolescentes y jóvenes, entre otros diversos temas. En tal sentido la mirada se orientará al análisis de:

- El carácter integral del planteo. Se deberá constatar la inclusión de los diferentes factores que tienen que ver con el problema, si se previeron acciones de promoción, prevención y asistencia, y la forma en que se articulan y generan sinergias las diferentes líneas de acción incluidas.
- El carácter participativo. Además de tomar en cuenta la participación de actores significativos en la propuesta y el diseño de la política se analizará si está prevista su

inclusión protagónica en los procesos de la implementación y diferentes momentos del ciclo de la gestión.

- El carácter asociativo y la conformación de redes entre organizaciones y actores diversos. Será necesario apreciar en qué medida estas articulaciones están previstas, lo que implica la presencia de intenciones o compromisos interinstitucionales previos a la implementación.
- El carácter promocional *versus* las orientaciones clientelísticas.

3.2 El diagnóstico de la situación inicial o "línea de base"

El principal objetivo de un diagnóstico es brindar un mejor conocimiento acerca de las situaciones problemáticas que se pretenden solucionar o aliviar mediante las políticas sociales, dando información confiable acerca de la magnitud o alcance de esas situaciones problemáticas y sus características primordiales; también interesa conocer los factores que influyen en tales situaciones en los contextos concretos y las consecuencias que habría en un corto, mediano y largo plazo si no se interviniera en procura de soluciones.

La utilidad más evidente, por ende, es la posibilidad de identificar, precisar y dimensionar los problemas, para de ese modo, evaluar distintas estrategias y líneas de acción a desplegar para su superación. En tal sentido el diagnóstico se constituye en el paso inicial del proceso de planificación / programación.

Existen discusiones entre los especialistas acerca de si el diagnóstico es una actividad evaluativa o de planificación; los argumentos a favor de la última afirmación son que permite especificar el problema principal que se abordará mediante una política o programa; si bien eso es cierto, lo es también que brinda el parámetro para las comparaciones que se deben hacer en las ulteriores evaluaciones para apreciar los cambios o avances logrados durante la implementación de las acciones. Además, si se analizan los objetivos y las actividades del proceso de diagnóstico (o línea de base) con lo detallado previamente acerca del sentido de la evaluación, se pone en evidencia que también se trata de una actividad evaluativa: se recopila o recoge información confiable, se la analiza y mediante comparaciones contra estándares o parámetros, se emiten juicios valorativos, con el fin de brindar recomendaciones para la acción. Así pues, el diagnóstico es una de las más importantes intersecciones entre los procesos de evaluación y de programación (pero no la única, como ya se expresó).

Antes de realizar un diagnóstico propiamente dicho, los diferentes actores vinculados a determinado problema tienen hipótesis acerca del mismo; tienen por lo general una idea aproximada acerca de cuáles son los principales déficits y requerimientos y cuáles son las fortalezas u oportunidades para la acción superadora. El diagnóstico servirá para corregir, precisar mejor y fundamentar ese saber previo, esas hipótesis de trabajo basadas en percepciones y creencias, y permitirá que las acciones que se propongan sean más apropiadas, se ajusten más a la situación problemática y a las expectativas de la gente.

Los diagnósticos tienen un componente descriptivo (cómo son y/o suceden las cosas en un determinado contexto), un componente explicativo, (cuáles son las causas o factores condicionantes para que en esa situación y particular contexto las cosas sean y/o sucedan de esa forma) y un componente predictivo (cuáles serían las consecuencias en caso de no intervenir intencionalmente). A eso se hace referencia cuando se dice que los diagnósticos permiten fundamentar las hipótesis de trabajo, puesto que para formular dichas hipótesis debe tenerse, además de una fotografía acerca de la situación actual ("corte transversal"), información acerca de las tendencias históricas (cambios o permanencias a través del tiempo) a la vez que una explicación basada en teorías vigentes y aceptables acerca de los factores y mecanismos que producen ese tipo de situaciones, es decir, cómo suceden las cosas o cuáles son los problemas que deben resolverse para introducir cambios para que las cosas sucedan de otro modo en el futuro.

No siempre se diagnostica en forma explícita o precisa; hay intervenciones que se formulan sin diagnóstico apropiado y eso no impide desarrollar actividades que pueden beneficiar a grupos poblacionales. Sin embargo, por mejores que sean las intenciones, será difícil saber en esos casos en forma certera si las líneas de acción fueron pertinentes, si cubrieron a quienes correspondía, si se aprovecharon plenamente los recursos existentes, si la acción fue eficaz o no, en suma, en qué medida se cumplió con los objetivos y mejoró la situación problemática visualizada. Muchas veces se parte de las convicciones de los actores involucrados, de aquellos que viven la situación problemática cotidianamente, acerca de que no necesitan más que su propio conocimiento sobre sus realidades circundantes. Es indudable que ese conocimiento es útil y necesario; sin embargo, resulta insuficiente. Por otra parte, no siempre ocurre que todos aquellos que padecen una situación la perciben y en el caso que la perciban, no siempre la explican de la misma forma, sino al revés: lo más frecuente es que las percepciones y explicaciones sobre los problemas sean muy diversas, lo cual se vincula, por un lado con las distintas posiciones y roles que los diferentes actores tienen en relación con dicho problema y por otro con factores culturales, étnicos, generacionales, de filiaciones, de género u otros. En síntesis, raramente hay consensos absolutos en las formas de definir y explicar los problemas.

Además de las posibles dificultades mencionadas que acarrea para la programación la falta de un buen diagnóstico de la situación inicial, también esa carencia plantea dificultades para la evaluación, ya que no se contará con ese parámetro que permite comparar –evaluar– al cabo de un tiempo, qué cambió, de qué manera y en qué medida, debido a la políticas que están siendo implementadas. Vale decir que el diagnóstico inicial será importante para la evaluación en sus diferentes momentos ya que servirá como línea de base o parámetro comparativo con el que se contrastarán las informaciones que se obtengan en los diferentes momentos evaluativos, particularmente en la evaluación final.

Como se vio, en la evaluación *ex ante* contar con un buen diagnóstico permitirá apreciar la pertinencia de las líneas de acción planteadas y el dimensionamiento de las mismas, así como la adecuación de las estrategias y modalidades de intervención, en función de las características y magnitud de los problemas y su contexto. En la evaluación de procesos, durante la ejecución del proyecto, servirá para ver en qué y en cuánto se ha modificado la situación inicial, lo que permitirá rectificar o ratificar los rumbos de acción que se han venido desplegando. En la evaluación final servirá para contrastar la situación de llegada con la del punto de partida, para poder sacar conclusiones acerca de la eficacia de la modalidad de intervención adoptada para el abordaje de la situación problemática.

El diagnóstico constituye una de las varias intersecciones que existen entre los procesos de planificación y de evaluación; eso es así por la doble utilidad que fue comentada: para fundamentar las hipótesis y las acciones propuestas, y por su contribución al parámetro comparativo requerido para el proceso evaluativo.

En particular, teniendo en cuenta que luego será relevante evaluar la cobertura o el alcance de una política, es importante contar con información diagnóstica, lo más precisa posible, sobre la población que vive la situación problemática en el territorio bajo consideración.

Es importante referirse en este punto a quienes son los que deben llevar adelante un diagnóstico. Es aconsejable incluir en su realización a actores diferentes, particularmente a los propios grupos poblacionales que son quienes están inmersos en las situaciones problemáticas y que serán los destinatarios de las políticas. Los atributos deseables para la realización de un diagnóstico son: la multidisciplina, la intersectorialidad y la multiactoralidad. De lo que se trata es de aunar diferentes perspectivas acerca de los problemas y los modos de resolverlos.

Cuando se realiza bajo esa modalidad participativa el diagnóstico trasciende los objetivos de fundamentar las acciones de una intervención y de brindar insumos básicos para los diferentes momentos evaluativos; la modalidad participativa añade un valor agregado sumamente relevante que es la iniciación de un proceso de construcción de un escenario donde interactúan distintos actores sociales, un espacio de intercambio de información, de articulación y de negociación, un ámbito para el aprendizaje social de todos los participantes y un espacio de oportunidad para el protagonismo de los actores sociales que luego serán involucrados en los procesos de implementación. Es en sí mismo una práctica democrática de relacionamiento social.

En las políticas del nivel nacional cuya implementación se lleva a cabo en las jurisdicciones, si el proceso de diagnóstico es llevado a cabo bajo lineamientos comunes, además de las utilidades planteadas anteriormente, tiene la potencialidad de permitir realizar comparaciones y análisis entre diagnósticos, comparando situaciones problemáticas y estrategias elegidas; por otra parte la consolidación o síntesis de todos esos diagnósticos contribuye a la construcción de la línea de base de la política o programa nacional.[132]

En resumen, puede decirse que un diagnóstico debe buscar, recopilar y sistematizar la información secundaria existente, cuanti y cualitativa, proveniente de diversas fuentes y recoger información primaria (también de índole cuanti y cualitativa) en relación a la situación problemática específica; en primer lugar sobre la población que es afectada por la situación diagnosticada o está en riesgo de serlo, y también acerca de los recursos disponibles en forma real o potencial (institucionales, programáticos, de recursos humanos y financieros, entre los más relevantes) orientados a dicha situación problemática, así como acerca de los actores estratégicos que influyen real o potencialmente en esa situación. Los principales productos[133] que se obtendrán, de alta importancia para la formulación de políticas y programas son: el diagnóstico de la situación poblacional así como un mapeo[134] de recursos institucionales y programáticos disponibles y de los actores relevantes o estratégicos.

Tal como resulta deseable desde el punto de vista de las políticas, el diagnóstico debe adoptar también características de integralidad, abarcando sintéticamente, las diferentes dimensiones que se refieren a la calidad de vida de la población: la pirámide demográfica, la situación epidemiológica, los aspectos de infraestructura (agua de red, sistemas cloacales, electricidad, gas natural, teléfonos privados y públicos, transporte, etc.), la situación medioambiental, las características económicas y productivas, la situación del empleo, los ingresos de los hogares, la existencia y utilización de servicios (de salud, educación, justicia), las políticas públicas vigentes, el trabajo de las instituciones y organizaciones de la sociedad civil, para mencionar las más relevantes.

Visto desde el punto de vista de su elaboración, el diagnóstico constituye un proceso continuo, de aproximaciones sucesivas, aunque se realicen "cortes temporales". Por ende, todo diagnóstico de situación es tentativo y abierto a enriquecimiento y revisiones posteriores a medida que avanza el ciclo de la gestión. Sin duda alguna durante el proceso de aplicación de una política o programa, se estará en condiciones de realizar ajustes al diagnóstico realizado al inicio, como punto de partida o línea basal. Vale decir que aun en la etapa de intervención se sigue profundizando en el conocimiento de la realidad en la que se interviene. De modo que puede agregarse

---

[132] Lo dicho es aplicable a todo programa complejo que cuente con un nodo central e implementación en diversas localizaciones, o cluster de proyectos. Para mayor información ver Nirenberg *et al.*, (2003, capítulo 3).

[133] Como se verá luego, no son esos los únicos productos emergentes de un diagnóstico que fundamentan en forma completa su significado y utilidad, ya que la generación –o el fortalecimiento– de espacios de interacción de actores diversos, que podrá asumir roles diferentes a lo largo del ciclo de la gestión, así como el comienzo de la colocación del tema en la agenda pública son resultados estratégicos y relevantes del proceso diagnóstico.

[134] Se hace referencia a diagnósticos geo-referenciados.

que además de los recortes espacial/territorial, poblacional y temático, un diagnóstico de situación es también un recorte temporal.

3.3 La evaluación concurrente o con foco en los procesos de la implementación

La evaluación de políticas y programas también debe llevarse a cabo durante el proceso de implementación, atravesando todas las etapas o momentos del ciclo de la gestión. A ese tipo de evaluación suele denominársela de diversas formas: seguimiento, monitoreo, evaluación de procesos, de medio término (cuando se realiza en el punto medio del período de implementación), entre otras denominaciones.

En tal sentido son relevantes los sistemas de registros e información que alimentan el monitoreo o seguimiento, que permiten análisis continuos de la gestión de políticas y programas y su orientación según la direccionalidad deseable, para poder corregir rumbos y eventualmente introducir los ajustes que surjan como necesarios.

La evaluación que se realiza durante la implementación o ejecución de las políticas y programas pone su foco en los procesos, en el modo en que se desarrollan las líneas de acción previstas. Eso no significa que no se analicen también los resultados que se van obteniendo a medida que la gestión se desarrolla. Es sólo una cuestión de énfasis.

En general, para la implementación de políticas y programas se requiere desarrollar normativas y pautas de procedimientos, integrar equipos de trabajo y capacitar recursos humanos, adquirir equipamientos, organizar la provisión oportuna y suficiente de insumos, a veces hasta construir plantas físicas apropiadas. La evaluación con foco en la implementación analizará por ende todos esos aspectos.

Interesa saber en esta instancia, por un lado, si las estructuras (físicas, de normativas y de recursos humanos), los equipos, materiales e insumos previstos está resultando adecuados y suficientes, y también si las metodologías de trabajo y actividades propuestas funcionan según lo esperado. Como se anticipó, no se dejan de lado los resultados que se van obteniendo durante la implementación; la apreciación de los mismos permitirá precisar las conclusiones que se formulen acerca de lo anterior. Se trata, por ende, de contrastar la teoría que guió la formulación con las evidencias que surgen en el transcurso de la aplicación, con el propósito de introducir correcciones, si fueran necesarias, para alcanzar mayores niveles de eficacia.

En los escenarios actuales de alta incertidumbre y de acelerados cambios, es probable que, entre el momento de la formulación y el de la implementación, ocurran acontecimientos que introduzcan modificaciones importantes en ciertas condiciones intrínsecas o contextuales de las políticas y programas. Ello puede requerir agregar, eliminar o corregir líneas de acción, destinatarios, tiempos y/o insumos. De allí la importancia que revisten las evaluaciones realizadas durante los procesos, ya que permiten tomar decisiones oportunas y fundamentadas para redireccionar o reprogramar las acciones, así como para realizar programaciones operativas apropiadas.

La evaluación debería brindar los criterios para decisiones acertadas en materia de transferencia de fondos para la ejecución en las jurisdicciones (estados/provincias o municipios) de las políticas y los programas que son formulados centralmente. Las transferencias deberían correlacionarse con los éxitos obtenidos en la aplicación de las políticas o, en otras palabras, acorde con el grado de cumplimiento de las metas comprometidas.

Para la evaluación concurrente o el seguimiento de las políticas y programas del nivel nacional se requiere contar con un modelo de evaluación compartido que incorpore un grado aceptable de homogeneidad y que permita comparaciones entre las jurisdicciones.[135]

Diseñar un modelo evaluativo implica definir las dimensiones o ejes de análisis, las variables e indicadores que se adoptarán para cada una de esas dimensiones, las técnicas que se utilizarán para recopilar o recoger la información necesaria, las fuentes donde se acudirá para obtener la información, los actores que se deben involucrar durante el proceso, entre las cuestiones de mayor relevancia que deberán ser tomadas en cuenta.

Acciones de transferencia y de capacitación deberán realizarse para facilitar adecuadas aplicaciones evaluativas y con la finalidad de dejar capacidades instaladas en las diversas localizaciones.

Las diferentes aplicaciones evaluativas que se realizarán durante el ciclo de la gestión pondrán el foco en diferentes dimensiones acorde con el grado de avance alcanzado.

En general, el ciclo de la implementación de una política o programa puede subdividirse en tres amplios momentos:[136] el primero es el de instalación o puesta en marcha, el segundo de desarrollo a pleno de las actividades o procesos previstos en relación con la población destinataria y el tercero de institucionalización y afianzamiento de los procesos desarrollados en las instituciones y organizaciones respectivas.[137] Lo dicho no implica que la duración de esos momentos sea la misma, si bien ello dependerá de los particulares contextos, el más prolongado suele ser el segundo.

---

[135] Al igual que se aclaró para el caso del diagnóstico, eso se puede aplicar a todo programa complejo con ejecución descentralizada en varias localizaciones.

[136] No se incluyó acá el momento inicial del diagnóstico o de determinación de las necesidades (*needs assessment*), puesto que a eso se le ha dedicado un ítem específico; pero vale aclarar que en la mayor parte de la literatura sobre estos temas ese momento se incluye también como el inicio del ciclo de los programas.

[137] La distinción de los momentos del ciclo de ejecución de los proyectos sirve sólo a fines didácticos, aunque tiene bastante correlato con lo que suele suceder.

Tabla 1. Aspectos a considerar en la evaluación según los momentos del ciclo de políticas

Momento 1: Instalación y puesta en marcha
−Adecuación de las instalaciones de infraestructura física.
−Adecuación y suficiencia de los equipos según los destinos de uso previstos.
−Conformación de los equipos técnicos y capacitación efectuada a sus miembros.
−Identificación y convocatoria de los beneficiarios.
−Iniciación y grado de avance en el desarrollo de las actividades previstas.
−Sistemas de registros (de ejecución de actividades, de beneficiarios cubiertos, de ejecución presupuestaria, etc.).
−Se revisará que se hayan tomado en cuenta las recomendaciones planteadas por la evaluación *ex ante* y en qué medida se superaron las situaciones a las que aludían.
Momento 2: Desarrollo a pleno de las actividades o procesos previstos en relación a la población destinataria
−Metodologías de trabajo o formas en que se están desarrollando las acciones.
−Formas de superación de las dificultades encontradas; cambios que se han debido incorporar.
−Modos de gerenciamiento: articulación entre las diferentes actividades, desempeño de los miembros de los equipos técnicos, trabajo multidisciplinar, modalidades de toma de decisiones, estilos de liderazgos, entre otros.
−Condiciones de mantenimiento y utilización de las instalaciones y equipos existentes y adquiridos.
−Grado e índole de la participación de la población destinataria y de otros actores sociales en la gestión.
−Articulaciones / coordinaciones entre organizaciones (gestión asociativa y trabajo en red).
−Ejecución presupuestaria y costos por actividad.
−Estrategias desplegadas para la institucionalización y sustentabilidad futura de los procesos.
−Poblaciones cubiertas con las respectivas actividades y con el proyecto como un todo.
−Resultados que se van obteniendo (en relación con la población y con las organizaciones).

<table>
<tr><td colspan="1" align="center">Momento 3: Institucionalización y afianzamiento</td></tr>
<tr><td>

–Avances en la institucionalización o sustentabilidad (económica y social) de las actividades y procesos.

–Ejecución presupuestaria.

–Diversificación de las fuentes de financiamiento.

–Avances en la sistematización de la experiencia

–Avances en el análisis de los costos de las acciones desplegadas.

–Cambios en las situaciones, concepciones y conductas de la población destinataria de las acciones y en las estructuras y desempeños de las organizaciones involucradas en la gestión.

</td></tr>
</table>

Cabe aclarar que como resultante de cada aplicación evaluativa emergerán recomendaciones que serán consideradas en cada aplicación posterior.

En los tres momentos mencionados será relevante conocer las expectativas, opiniones y percepciones de la población destinataria acerca de la forma en que se desarrollan las acciones, y sobre los resultados que se van obteniendo.

La distinción de los tres momentos del ciclo no implica que corresponda hacer sólo tres aplicaciones evaluativas. En efecto, pueden requerirse más evaluaciones, para profundizar en algunos de los temas planteados. Eso ocurrirá sobre todo en el segundo y en el tercer momento; en el segundo suelen hacerse evaluaciones específicas acerca de la participación de los actores y sobre las modalidades asociativas y en el tercer momento se suelen realizar estudios específicos para la sistematización de la experiencia y la estrategia de sustentabilidad.

3.4 La evaluación con foco en resultados

Esta evaluación se lleva a cabo cuando el período de acción bajo consideración está terminando o ya ha terminado. El énfasis se coloca en apreciar si se produjeron los cambios en las situaciones que se pretendían cambiar mediante la intervención.

Como fue anticipado, esto puede hacerse comparando la situación final de un grupo poblacional, con la del inicio; para ello suele apelarse a la memoria de los actores y/o a la información existente sobre la situación inicial, si se construyó una línea de base; también pueden establecerse comparaciones entre la situación del grupo que se involucró en la intervención con otro grupo similar en casi todas las características (económicas, sociales, culturales y demográficas) pero con la única diferencia que la intervención no fue allí realizada.[138]

---

[138] Esa última técnica se denomina de "grupo control", pero no es tan utilizada ni recomendable en intervenciones sociales, por razones éticas y metodológicas.

Dada la polisemia existente en la literatura orientada a la planificación y la evaluación social en torno al término "resultados", se distinguen a continuación diferentes tipos de resultados: productos, efectos, logros e impactos.

Tabla 2. Tipos de resultados esperables de una intervención social

Resultado	Descripción
Productos	Son los que se obtienen de las actividades desarrolladas en el marco de una intervención; en la formulación suelen llamarse también "metas de producción". Por ejemplo: talleres realizados, materiales producidos, servicios brindados, bienes entregados, cantidad y tipo de asistentes a actividades, recursos humanos capacitados, etc.
Efectos esperados	Son los cambios buscados, previstos o programados para el ciclo de ejecución de una política o intervención; se corresponden con los objetivos planteados. Son cambios positivos en la situación inicial, como consecuencia de la intervención. Por ejemplo: incremento en la retención escolar, incremento en el uso adecuado de preservativos, etc.
Efectos no previstos o no programados	Son los cambios, positivos o negativos, que no fueron contemplados en la formulación. Por ejemplo: mejoramiento de los lazos familiares atribuibles a la inserción de los adolescentes en actividades.
Logros	Aluden a cualquier tipo o nivel de resultados positivos alcanzados en relación a lo programado; se asocian al concepto de efectividad o en otras palabras, a la medida en que se dio cumplimiento a los objetivos.
Impactos	Son los cambios verificables en plazos mayores que el de los efectos programados; o bien, repercusiones más amplias, en otras poblaciones más allá de los destinatarios directos, en otras localizaciones, en otras organizaciones, en otros programas, en las políticas públicas, en los medios, en la agenda de los actores de la sociedad civil.[150]

Las técnicas y fuentes para obtener la información requerida por la evaluación acerca de esos tipos de resultados también diferirán: la información relativa a los

---

[139] Según el Diccionario de la Real Academia Española (2001), impacto significa "huella o señal que deja el choque de un proyectil o de otro objeto contra algo".

productos se conseguirá en su mayor parte a través de los registros regulares de las organizaciones o establecimientos involucrados; de allí también podrá obtenerse, en parte, información relativa a los efectos programados, aunque es posible que también deban realizarse estudios especiales; en el caso de los efectos no esperados y de los impactos se requerirá, sin duda, de estudios específicos.

La evaluación de impacto es un tipo particular de evaluación con foco en resultados y se la suele confundir con la de efectos o resultados identificables apenas finaliza un proyecto; esta última es la que más frecuentemente se lleva a cabo; son excepciones las verdaderas evaluaciones de impacto, que por su índole, requieren de estudios más costosos y de metodologías de seguimientos de cohortes, más complejas.

Para ponerlo metafóricamente en un lenguaje "matemático", puede decirse que sumando los logros de todo tipo y restando los efectos e impactos negativos (no esperados ni deseados) se obtiene el grado de efectividad[140] alcanzado por la intervención. En forma esquemática:

Gráfico 1. Efectividad de las intervenciones sociales

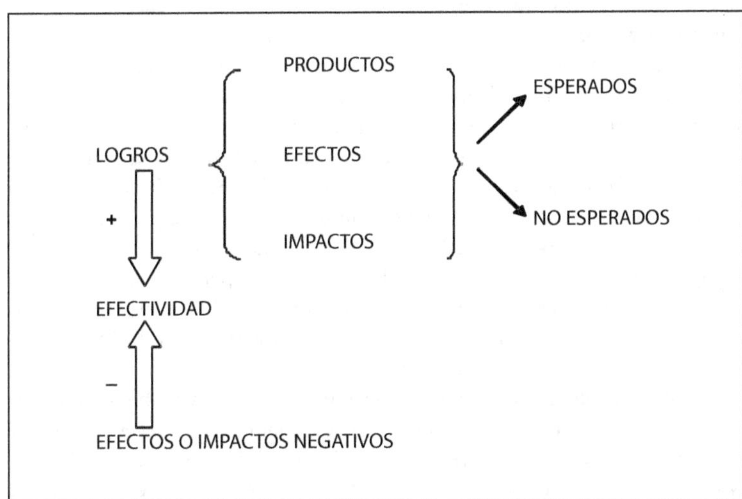

---

[140] Se entiende por efectividad la medida en que se logran los objetivos deseables en términos de cambios positivos o mejoras en las situaciones problemáticas que se procuran resolver mediante las políticas.

4. Los abordajes y el rigor metodológico

En torno a la evaluación aún persisten intensos debates referentes al uso de los métodos cuantitativos o cualitativos.

Esquemáticamente, suele asociarse la evaluación o investigación cuantitativa al paradigma positivista de la ciencia y se la identifica con el enfoque hipotético-deductivo. Utiliza una lógica experimental mediante diseños experimentales o cuasi-experimentales. Enfatiza la estandarización, la precisión, la objetividad y la confiabilidad de la medición así como la replicabilidad y la generalización de los resultados. Predomina el uso de los métodos de análisis estadístico.

Por su parte, la evaluación o investigación cualitativa intenta recuperar el contexto y las dimensiones humanas de las situaciones consideradas. Generalmente esa evaluación se realiza en medios "naturales" (investigación naturalista) tales como establecimientos escolares, de salud, centros comunitarios o vecindarios. El evaluador es el principal "instrumento" de recolección y quien analiza los datos. Se enfatiza la descripción sobre los patrones cotidianos de conducta y su significado desde la perspectiva de quienes se estudian. Considera relevantes los procesos sociales en lugar de concentrarse sólo en los resultados. Se utilizan diversas técnicas de recolección de datos, algunas más, otras menos estructuradas y fundamentalmente se utiliza el lenguaje de las palabras (por encima del numérico) y un enfoque más inductivo en el análisis de datos.

La investigación cualitativa brinda valiosa información sobre las experiencias de las personas y las circunstancias del entorno y su organización que fortalecen, apoyan u obstaculizan el éxito de una intervención. Eso es importante para la evaluación, a la hora de explicar el éxito o fracaso de un programa, siendo importante para las acciones de sistematización, transferencia y replicación de la experiencia en otros contextos (con los ajustes que sean pertinentes). Los métodos cualitativos comparten el compromiso de comprender mejor la "realidad" desde diferentes perspectivas y entender los comportamientos en sus respectivos contextos y cotidianeidades, investigando cómo interpretan las personas la información y el asesoramiento, y cómo interactúan las personas y los profesionales en sus relaciones específicas.

El rigor en la investigación cualitativa es tan importante y viable como en la de carácter cuantitativo. También en la investigación cualitativa es necesario identificar en forma clara y adecuada los objetivos, seleccionar el muestreo de los sujetos y definir y describir el método de investigación y el modo en que se realizará el análisis de los datos.

En verdad hoy día no se trata de contraponer uno con otro método, sino de complementarlos. La combinación de ambos métodos permite la consecución de objetivos múltiples atendiendo tanto a los procesos como a los resultados del programa, enriquece los hallazgos evaluativos profundizando en los motivos de las asociaciones que pueden encontrarse entre variables cuantitativas y sugiriendo hipótesis para explicar la variabilidad entre individuos o grupos, permite abordar la cuestión de las creencias, motivaciones o actitudes de la población, difíciles de ser reflejadas cuantitativamente, dando vida a los datos. También facilita la triangulación y acrecienta la comunicabilidad de los resultados.

El arte de la evaluación implica crear un diseño y relevar la información que es apropiada en una determinada situación y en el marco de una política determinada (Patton, 1987). No hay normas acerca de qué abordajes o métodos se deben usar, por el contrario, ante cada evaluación se deberán tener en cuenta: las demandas de quienes solicitan la evaluación, las necesidades de los decisores, las de quienes financian el programa o proyecto, las de los técnicos que lo llevan adelante y las de los beneficiarios, así como la propia visión del evaluador acerca del problema y su experiencia o preferencia en el uso de determinadas técnicas, y por último, pero no menos importante, el dinero de que se dispone para realizar la evaluación. Así es posible construir diseños evaluativos que den respuestas apropiadas a cada contexto específico.

Como fue dicho, la evaluación fundamenta sus juicios en el análisis de un conjunto sistemático de datos. Para recoger evidencia válida y confiable, es muy importante la decisión de cuáles técnicas e instrumentos se utilizarán en función de las respectivas variables e indicadores seleccionados. No sólo se requiere utilizar técnicas e instrumentos adecuados sino también poner sumo cuidado en los procesos de aplicación, de modo que la información tenga validez, o sea, que se refiera a las dimensiones y variables que interesan y no a otras, que mida aquello que procuran medir, en el caso de cuantificaciones y que permita apreciar y emitir juicios fundamentados sobre aquello que se procura comprender o explicar, en el caso de calificaciones.

Se requiere precisión en los instrumentos, o sea, que pueda asegurarse que se refieran a lo que importa que se refieran, dejando de lado lo que no sea relevante. Se requiere asimismo que el instrumento sea suficientemente confiable, que tenga la capacidad de ofrecer resultados similares o comparables al ser aplicado reiteradas veces y por diferentes evaluadores. Sin duda que para asegurar eso, deben pautarse procedimientos ajustados en los diseños (incluyendo pruebas piloto y ajustes), así como en las aplicaciones. Surge de allí la necesidad de capacitar a quienes intervendrán en las etapas de diseño y que aplicarán los procedimientos e instrumentos evaluativos.

Pero el rigor no sólo tiene que ver con la pertinencia del uso de determinada técnica para apreciar o medir determinado fenómeno, con la calidad de los instrumentos o con el grado de confiabilidad y precisión de los datos obtenidos. Como se anticipó, el rigor metodológico en la evaluación va más allá de la decisión acerca de las técnicas e instrumentos a usar: importa la correcta identificación del problema que se abordará, la adecuada determinación de los principales ejes o dimensiones que lo componen y explican, la selección de las variables relevantes en el marco de cada dimensión y de los indicadores apropiados para reflejar las variables elegidas.

Ese rigor deberá luego ser reforzado durante la aplicación, con procedimientos apropiados y lo más estandarizados que sea posible, lo cual supone actividades concretas de instrucción, nivelación y homogeneización de los equipos evaluativos, sobre todo de los que intervienen en el trabajo de campo. Además, deberá mantenerse el rigor al momento de procesar, sistematizar y analizar la información obtenida, así como en la preparación de los informes para la devolución de los resultados.

Uno de los aspectos positivos que introdujo la discusión entre métodos cuantitativos y cualitativos ha sido la resignificación de las cuestiones de la validez y confiabilidad, asociando éstas a los instrumentos utilizados y agregando la consideración de otros aspectos vinculados a los valores de los investigadores o evaluadores y de los "investigados" o "evaluados", incluyendo así el contexto de producción del conocimiento y las cuestiones relacionadas con la ética. Lo cual indica que se han sometido a revisión los criterios tradicionales de rigor y se están incorporando otros.

Los métodos cualitativos pueden asegurar el rigor, aunque de modo diferente al de los métodos cuantitativos. La explicitación de los criterios de selección de participantes e informantes (más que la búsqueda de representatividad estadística), la aclaración de los valores e intereses del evaluador y del modo en que el contexto incide en ellos, la socialización del proceso de análisis e interpretación, constituyen formas de considerar el rigor. El consentimiento informado (la aceptación de la gente a responder o participar de una investigación o evaluación) y la transparencia en cuanto a los procedimientos y los derechos y deberes de todos los que se involucran en el proceso, el anonimato[141] y el cuidado en reducir las asimetrías en la relación entre evaluador y otros actores (máxime cuando existen distancias etáreas), son formas de introducir la ética en los procesos de producción de información.

Es muy relevante la capacidad, sensibilidad e integridad del/los evaluador/es, lo cual trae a colación la cuestión de la subjetividad en el proceso evaluativo.

Como fue anticipado, la corrección de la subjetividad individual –que produce distintas apreciaciones de diferentes personas sobre los mismos eventos– se encuentra en la "intersubjetividad" mediante la incorporación de los diferentes actores en distintos momentos del proceso evaluativo –multiactoralidad– generando espacios de confrontación y reflexión conjunta, para permitir acuerdos –no siempre consensos– sobre distintos aspectos y en particular sobre los juicios valorativos fundamentados.

Habermas contrapone la modalidad colectiva de generación de conocimiento con la que se realiza en forma aislada o individual y que corre el riesgo de la subjetividad individual, no sometida a crítica; denomina a esas formas o procedimientos como una "creación de campos epistemológicos de intersubjetividad". Sostiene que la ciencia, aun en el enfoque positivista, carece de objetividad absoluta, lo cual no impide procurar el rigor (Habermas, 1982).

---

[141] Aunque por lo general se alude a la confidencialidad, se prefiere usar el término anonimato, pues aclara más el hecho de que los contenidos de los testimonios se difunden pero sin identificar a quienes los emitieron.

Una estrategia para asegurar el rigor y corregir la subjetividad es la triangulación.[142] Ello supone la utilización de diferentes técnicas y fuentes para evaluar los mismos fenómenos o aspectos de la realidad a través de operaciones convergentes, en el sentido de síntesis y complementación metodológica. También se habla de triangulación cuando la evaluación es realizada por un grupo en el que "se cruzan" los criterios y puntos de vista de cada uno de los evaluadores. Con ello se procura mayor confiabilidad de la información obtenida, mayor entendimiento de los fenómenos bajo estudio, reducción de sesgos propios de cada técnica, de cada fuente y cada profesional, así como la validación de las apreciaciones evaluativas.

En síntesis, el rigor no se limita a la elección de las técnicas o de los indicadores o a determinar los pesos relativos de los métodos cualitativos y cuantitativos, sino que depende más de la calidad de las decisiones que los evaluadores adoptan a lo largo de los diferentes momentos por los que se atraviesa en el proceso de evaluar. Importan entonces las decisiones y el rigor que se aplique durante todo ese proceso, en los momentos de:

- Definición y recorte del problema a investigar o evaluar.
- Elección y explicitación del marco conceptual explicativo a aplicar (incluye la hipótesis de trabajo).
- Determinación de las dimensiones, variables e indicadores.
- Selección de técnicas.
- Diseño de instrumentos.
- Trabajo de campo para recoger información (incluye la capacitación de quiénes lo realizarán)
- Procesamiento, análisis e interpretación de los datos y resultados obtenidos.

5. Participación y evaluación de políticas

A lo largo del texto precedente se aludió en varias ocasiones a la participación de los destinatarios en la evaluación de las políticas.[143] En este último ítem se darán algunas referencias más puntuales al respecto.

El desarrollo de esos procesos participativos supone descentralizar los núcleos de poder existentes en las instituciones, incorporando la mirada y la voz de los destinata-

---

[142] La metáfora de la triangulación se deriva del uso –con fines militares o de navegación– de múltiples puntos de referencia para identificar con mayor precisión la posición de un objeto alejado. En las ciencias sociales se intenta algo similar: mejorar la exactitud o precisión de los juicios y aumentar la confiabilidad de los resultados a través de la recolección de datos sobre el mismo fenómeno, desde diferentes perspectivas o técnicas (Nirenberg *et al.*, 2000)

[143] Se ha denominado también a ese tipo de evaluación con participación ciudadana: "auditoría social", "veeduría ciudadana" o similares.

rios, generando así nuevas formas de vinculación entre los actores institucionales –el personal de los establecimientos de servicios y de las estructuras gubernamentales– y los actores sociales/comunitarios.

Ésas no son cuestiones sencillas, ya que nadie cede poder en forma espontánea y ello no sucederá sólo por legislarlo, decretarlo o normatizarlo en forma vertical, sino que se requieren arduos y persistentes procesos de sensibilización, negociaciones y acuerdos (Nirenberg, 2003).

Es desde esa perspectiva que en la literatura y en la práctica de las políticas sociales se alude al *empowerment*, como un proceso de construcción de poder y de ciudadanía, que entraña una asignación, atribución o toma de responsabilidades por parte de la demanda (población beneficiaria / usuaria / demandante), y que a la vez revierte sobre la adaptación y ajuste de la oferta (establecimientos) y de sus desempeños.

La participación social se relaciona con las capacidades –y voluntades– de ejercer ciudadanía por parte de los actores comunitarios, lo que entraña que estos asuman paulatinamente sus derechos y responsabilidades en tanto usuarios (reales o potenciales) de servicios. No es frecuente encontrar esas capacidades –ni voluntades– en las poblaciones que se encuentran en mayor precariedad social, que son las que debieran constituir la población objetivo prioritaria de las políticas públicas. Por lo tanto, para viabilizar esos procesos participatorios resulta necesario desarrollar acciones de fortalecimiento de esas capacidades en los actores comunitarios, a la vez que realizar en paralelo actividades orientadas a promover los cambios de actitudes y prácticas en los actores institucionales para que adhieran a esos procesos y faciliten la apertura de espacios en las instituciones de modo de incidir en mejoramientos de la prestación de bienes y servicios y facilitando la sustentabilidad de los procesos participativos.

Al respecto, debe tenerse en cuenta que los sectores sociales "clásicos" (educación y salud) se han estructurado bajo una fuerte impronta estatal y han generado jerarquías de saberes y poder (personificados en el/la médico/a o el/la maestro/a), que han vuelto discursivas y poco operativas las concepciones sobre participación comunitaria. Éstas se han manifestado usualmente con la incorporación de promotores o agentes comunitarios en los sistemas de salud y con los alfabetizadores y educadores populares en educación; en algunos casos con la creación de consejos de salud, dependiendo su existencia y funcionamiento de las mentalidades más o menos abiertas de las autoridades de los establecimientos. En pocas ocasiones los establecimientos escolares se abren a la participación comunitaria, y muy escasamente a las cooperadoras escolares, salvo en determinados asuntos.

La participación y representación de los beneficiarios a través de espacios que posibiliten su incidencia sobre las modalidades de gestión de la oferta, no es sólo un requerimiento o un imperativo moral o ético ligado a la formación y consolidación de ciudadanía. Hay por lo menos tres clases de motivos que fundamentan la participación social (Nirenberg *et al.*, 2000):

– Éticos o axiológicos: porque todos aquellos que tienen intereses o se involucran en un particular campo de acción, tienen derecho a opinar sobre el mismo, sobre todo porque pueden haber aspectos que los afecten en forma personal.

– Epistemológicos: porque cada tipo de actor, de acuerdo adónde esté ubicado, tiene una particular mirada, un especial conocimiento acerca de cuáles son los factores relevantes que inciden en los resultados de la acción y de la realidad donde se procura intervenir, conocer o evaluar, de modo que reunir todos esos saberes implicará un más amplio y profundo conocimiento para una acción más apropiada.

– Pragmáticos o de eficacia: porque si los actores se involucran desde la misma construcción del modelo de acción, es posible pensar que estarán más motivados y comprometidos luego, en el momento de la concreción o aplicación, contribuyendo así a su viabilidad.

Abundando en lo dicho, las capacidades y actitudes de los beneficiarios para ejercer ciudadanía –para reclamar y contribuir a bienes y servicios de calidad, o sea, que estén acordes con el estado del arte y con sus expectativas y necesidades– y las actitudes del personal tendientes a mejorar sus desempeños con orientación a resultados en función de la gente, se constituyen en requisitos centrales de los procesos participativos. Por ello es crucial desarrollar acciones que permitan la optimización de esos requisitos o condiciones básicas para la participación social.

En el sentido apuntado, la participación ciudadana incorpora el rol y la mirada de los actores sociales cuyas concepciones e intereses pueden presumirse diferentes de las de los actores institucionales. Puede entenderse entonces que la participación ciudadana constituye un espacio de oportunidad para la articulación entre actores de la sociedad y de las instituciones sectoriales. Esa articulación es necesaria, pues los reclamos y propuestas de la gente deben tener un correlato en la capacidad de respuesta institucional para satisfacerlos, o al menos para explicar los límites existentes para tal satisfacción en un momento dado.

En función de lo expresado, la participación no se resuelve ni puede entenderse exclusivamente como una encuesta o estudio puntual para conocer las opiniones o el grado de conformidad de la población sobre los bienes y servicios brindados. Los resultados de los estudios de opinión y encuestas de satisfacción, encarados como un corte en un momento dado del tiempo, son muy útiles a efectos de la mejor programación de actividades en las instituciones. Pero si bien manifestar la opinión (conformidad, satisfacción, aceptabilidad, adherencia) constituye un estadio del proceso de intervención –y por ende los estudios al respecto son necesarios– no son sin embargo suficientes para conseguir el protagonismo de los beneficiarios, sino que ello supone la instalación de procesos de participación social en el control y la evaluación y en el mejoramiento continuo de la calidad de los bienes y servicios que brindan las organizaciones.

Por ello, las instituciones deben ofrecer además otros mecanismos y canales permanentes (no sólo puntuales, ni siquiera periódicos) para que las opiniones o sugerencias de la población destinataria puedan manifestarse y ser escuchadas en los momentos en que existe un problema concreto o surge alguna inquietud, sin tener que esperar determinados momentos de corte que implican las encuestas o estudios de satisfacción. La participación en la gestión y la evaluación requiere entonces de un complejo proceso de construcción donde los aspectos técnicos son sin duda relevantes, pero donde también lo son los acuerdos entre actores sociales diferentes.

Lo anterior puede especificarse más si se hace hincapié en el hecho de que la participación ciudadana no sólo implica la apertura de canales de expresión de la gente respecto de los bienes y servicios de los cuales son destinatarios, sino que además es un proceso que incluye las respuestas que dichas expresiones puedan generar por parte de la oferta institucional. La ágil y adecuada capacidad de respuesta de las instituciones de la oferta a las opiniones, las propuestas y los reclamos de la gente, es de crucial importancia para legitimar y hacer perdurables los procesos participativos.

Si bien no se darán acá sugerencias acerca de modalidades organizativas para la participación ciudadana, puede pensarse que habría como mínimo dos modalidades: mediante representaciones, en espacios restringidos (ej.: comités, consejos, foros, grupos de decisión, etc.), o bien directa, en espacios ampliados (ej.: asambleas comunitarias, foros, etc.). El desafío es imaginar formas para hacer posibles ambas modalidades de participación y también para combinarlas.

Bibliografía

Carrol, Lewis (1986); *Alicia en el País de las Maravillas.* Editorial Alianza. .Madrid.

Grassi, Estela.(2005); *Política y cultura en la sociedad neoliberal, la otra década infame (II).* Editorial Espacio. Buenos Aires.

Habermas, Jürgen,(1999); *La inclusión del otro. Estudios de teoría política.* Editorial Paidós. Buenos Aires.

——————————— (1982); *Conocimiento e interés.* Editorial Taurus. Buenos Aires.

Nirenberg, Olga. (2006); *Participación de adolescentes en proyectos sociales: aportes conceptuales y para su evaluación.* Colección Tramas Sociales, volumen 39. Editorial Paidós. Buenos Aires.

Nirenberg, Olga; Brawerman, Josette y Ruiz, Violeta (2003); *Programación y evaluación de proyectos sociales: aportes para la racionalidad y transparencia.* Colección Tramas Sociales, vol. 19. Editorial Paidós. Buenos Aires.

——————————————————————————— (2000); *Evaluar para la Transformación: innovaciones en la evaluación de proyectos y programas sociales.* Colección Tramas Sociales, vol. 8. Editorial Paidós. Buenos Aires.

Nirenberg, Olga (2003); "El rol del Estado para la participación social en la evaluación: el caso del sector salud". Presentado al *VIII Congreso del Centro Latinoamericano de Administración para el Desarrollo* (CLAD), Panamá.

Patton, Michael (1987); *How to Use Qualitative Methods in Evaluation*, Sage Publications. Thousand Oaks, California.

Pizzorno, Alejandro (1976); *Introducción al estudio de la participación política*. SIAP. Editorial Planteos. Buenos Aires.

Tocqueville, Alexis de [1835] (1994); *La democracia en América*. Editorial del Fondo de Cultura Económica. México, DF.

PARTE 4

La investigación para la gestión: problemas y herramientas

El verdadero ejercicio intelectual no consiste en seguir modas, sino en encararse con las dificultades de la propia época.

Francisco Ayala (nacido en 1906)

Capítulo XI

La información y el conocimiento en la gestión social:
entre expectativas incumplidas y usos estratégicos

*Javier Moro**

La relación entre saber y política constituye un tema clásico del pensamiento político que suele suscitar polémicas y posiciones divergentes en las disciplinas sociales y humanísticas. Mientras para algunos los ámbitos académicos debiesen permanecer neutrales e iluminar, a modo de faro racionalista, los temas prioritarios (diagnóstico) y los modos de proceder al respecto (diseño); para otros, son los ámbitos de políticas los que marcan las prioridades y los investigadores debiesen actuar supeditados a la demanda político-institucional; mientras que, por su parte, también están quienes ubican el conocimiento científico (en un plano de equivalencia) dentro de un conjunto de saberes y creencias que se pone en juego durante los procesos de políticas públicas. Cualquiera sea la perspectiva adoptada, la función específica de quienes ejercen este papel de nexo o puente entre la producción de conocimiento y las políticas ha sido reconocida de diferentes maneras en las sociedades modernas y, desde Maquiavelo para acá, suele haber consenso sobre la importancia estratégica que revisten estos "consejeros del Príncipe" como portadores de saber.

Sin embargo y paradójicamente, igualmente de clásico suele ser el cuestionamiento al escaso uso e impacto de la producción de información y conocimiento en la gestión pública. Técnicos y profesionales, pertenecientes o no a los ámbitos de gestión, y burócratas en general, suelen manifestar un marcado escepticismo con respecto a la incidencia del conocimiento en las políticas. Incluso este "reclamo" emerge con fuerza respecto de aquellos casos donde la producción de conocimiento se realiza bajo la modalidad de evaluación de políticas y/o programas sociales que suelen plantearse de manera explícita como un insumo directo para mejorar la gestión y generar aprendizaje

---

* Instituto del Conurbano – UNGS.

organizacional. ¿Por qué esta escasa incidencia? Podría ser una pregunta disparadora, pero esto implicaría dar por descontado que efectivamente es así y partir de algunos presupuestos respecto de la relación entre conocimiento y políticas. Al respecto, un lugar común desde donde suele plantearse este cuestionamiento da por descontado que este déficit de articulación entre las áreas de producción de conocimiento y las políticas es patrimonio de América Latina, de su escaso desarrollo y particularmente, de una clase política autoreferenciada con escasa formación y poco proclive a incorporar estudios e investigaciones que vayan más allá de sus propios intereses. No obstante, más allá del juicio de valor o de una caracterización de la dirigencia política en la región, la bibliografía especializada indica que los problemas de articulación entre los ámbitos académicos y políticos son bastante comunes y recurrentes en sociedades muy distintas, y aun en naciones consideradas desarrolladas (Wagner, Weiss, Wittrock y Wollman,1999).

En este capítulo, más que asumir como punto de partida aquella pregunta sobre el por qué de la (presunta) escasa incidencia, la intención (y la pregunta básica) es más bien analizar cómo se produce la articulación entre conocimiento/información y políticas, un "cómo" que, para su análisis, requiere de un rodeo conceptual que seguirá el siguiente recorrido: implicará primero recostarnos sobre algunas características centrales de los procesos de políticas y, desde allí, revisar algunas consideraciones básicas de la producción y de la función social del conocimiento, para luego introducir una mirada de los propios ámbitos de políticas como generadores de marcos conceptuales para la acción, escenarios donde finalmente podremos desagregar analíticamente algunas características acerca de los usos de la información y el conocimiento en la gestión social.

1. Sobre los procesos de políticas públicas

La concepción misma acerca del proceso de políticas será fundamental para considerar el papel de la información y del conocimiento en la gestión social. Al respecto, es pertinente recuperar los diversos aportes del análisis de políticas públicas y sus progresivas revisiones de modelos. Así, si se adopta un modelo racionalista del proceso de políticas, seguramente la expectativa del uso de la información sería la de insumo básico y brújula para la toma de decisiones. Esta concepción racionalista que pretende un funcionamiento lógico y lineal de los procesos de políticas, si bien ha sufrido muchas críticas y ha caído en desuso en los ámbitos de investigación, sigue siendo un presupuesto bastante común para muchos técnicos y profesionales, funcionarios y burócratas de los ámbitos de gestión. En forma contrapuesta, si se otorga prioridad a los procesos de interacción entre actores con diferentes capacidades y recursos de poder, la característica distintiva serán los intereses y las visiones de los actores dominantes y, en todo caso, el conocimiento y la información aparecen en un plano secundario.

El auge y desarrollo de los estudios de políticas en la segunda mitad del siglo XX marca en parte este derrotero. Desde unos inicios enfocados en la toma de decisión que procuraban realizar aportes para discernir la solución más eficiente, en base a un modelo (analítico y normativo) racionalista (Laswell,1951) y una expectativa de contribuir a escoger la mejor opción, optimizar recursos y obtener mejores resultados; cuestión que en los hechos no se cumplió. De allí que los enfoques analíticos posteriores comenzaran a considerar diferentes factores y el peso de los actores que entraban en juego en estos procesos. Así pueden mencionarse desde los tempranos aportes de la corriente llamada pluralista (Lindblom,1991) que fijaba la atención en la interacción entre actores; como también las diferentes vertientes del neoinstitucionalismo que centraban el análisis en el peso de las reglas formales e informales, en la cultura organizacional y/o en los llamados mapas cognitivos como marcos de orientación y de restricción para la acción de los actores.[144] Finalmente, vale destacar el auge del análisis de las redes de políticas para explicar la complejidad del proceso de políticas a través de la conformación de entramados de actores que desbordan las arenas sectoriales y los límites institucionales tradicionales (Jordana,1995), y dan cuenta de intercambios y circulación de información a través de vínculos en muchos casos transversales a las filiaciones organizacionales, partidarias y corporativas. Este amplio abanico de perspectivas sobre las políticas marca una evolución hacia modelos cada vez más complejos, donde más que suponer y/o pretender una secuencia lógico-técnica, apunta a ponderar los factores inesperados, el conflicto entre los actores, las relaciones de poder, y donde las capacidades de negociación, de persuasión (Majone, 1989) y de articulación[145] se presentan como recursos claves y estratégicos. En tal sentido, la articulación entre conocimiento y políticas se dirime en escenarios complejos y dinámicos, a través de procesos abiertos y entrelazados, donde recobran particular importancia los diversos actores que ejercen funciones de gestión en los distintos momentos e instancias del proceso de una política. Aquí la referencia vale tanto para quienes ejercen funciones del más alto nivel político, como para aquellos técnicos, profesionales y burócratas en general que se ubican en el nivel de implementación, los llamados burócratas a nivel de calle (enfermeras, médicos, docentes, trabajadoras sociales, etc.).

En la tabla 1 se presenta una matriz que da cuenta, de manera un tanto esquemática y sucinta, de cómo la concepción acerca del proceso de las políticas incide en la comprensión del papel de la información y del conocimiento en la gestión.

---

[144] Para una versión sintética sobre las diferentes corrientes en el neoinstitucionalismo ver Vergara (1993).

[145] Kingdon (1984) plantean el peso de las coaliciones que operan en base al cruce entre tres ámbitos que tienen su propia lógica y de cuyo cruce se generan "ventanas de oportunidad": el ámbito político, el ámbito de los técnicos y el ámbito de los problemas.

Tabla 1. Caracterización "rápida" del proceso de políticas públicas y su efecto sobre el uso de la información

	Caracterización del proceso	Caracterización de la investigación	Contribuciones de la investigación a la política	Problemas/desafíos en la interfaz investigación-política
Modelo racionalista	El proceso define el problema. Identifica soluciones. Las implementa y las revisa.	"Torre de marfil". Separación de la investigación y la política. Son "dos culturas". El conocimiento es acumulativo.	Instrumental: la provisión de la información es responsabilidad de las agendas políticas.	Comunicación y lenguaje. Falta de interés mutuo. Insuficientes recursos para la investigación o baja capacidad para absorber ideas.
Modelo de poder	Usa el poder para controlar la política. Se basa en el conflicto. El cambio político es principalmente incremental, ocasionalmente "dramático".	"El conocimiento es poder". La investigación representa perspectivas normativas y puede ser frecuentemente "irrelevante". La investigación puede ser una "espina en el costado" o bien debe ser controlada.	Oportunista: las ideas y la información pueden ser utilizadas por "combatientes" para apoyar sus intereses. La investigación puede ser usada como una táctica dilatoria para posponer decisiones difíciles.	Límites de tiempo para el análisis. La contribución de la investigación raramente se acomoda a los tiempos políticos. Los investigadores son cándidos acerca de los procesos de políticas. Compromisos normativos impiden el acuerdo.

	Caracterización del proceso	Caracterización de la investigación	Contribuciones de la investigación a la política	Problemas/desafíos en la interfaz investigación-política
Modelo de redes de política	Difuso: muchos actores, incluyendo al investigador. Cooperación entre las redes. Intereses comunes alcanzados a través de la negociación. Cambios políticos mediante cambios "culturales".	La investigación contribuye a los paradigmas de políticas y, en consecuencia, a la inercia. Otras investigaciones desafían estos paradigmas. Las investigaciones contribuyen pero también necesitan recursos. El proceso es no acumulativo, principalmente en lo que tiene que ver con el conocimiento social.	Las contribuciones más significativas son conceptuales: la investigación provee ideas, lenguaje y discurso. Al igual que la "infraestructura de red", por ejemplo, boletines, reuniones. La influencia mayor se da en tiempos largos.	La interacción es vital para construir un intercambio fructífero entre investigación y política pero consume tiempo. La interacción puede realizar legitimidad de la investigación, pero puede reducir la 'imparcialidad'.

Fuente: Scott (2003) tomado de Vera (2006: 171).

2. Una delimitación conceptual acerca del conocimiento y la información

Sin pretensiones de elaborar un tratado de epistemología es conveniente antes de entrar en el tema de interés, repasar algunas cuestiones básicas respecto del concepto de conocimiento y del lugar de éste en nuestras sociedades. El conocimiento es una actividad típicamente humana, esto implica que todas las sociedades humanas producen y se apropian de conocimientos, tanto de aquellos legados de generación en generación, como de innovaciones propias y de incorporaciones a partir del contacto con otros grupos. Este lugar estructural y estructurante del conocimiento se vincula con la naturaleza misma del ser humano, donde el acceso a la realidad está mediado por el signo (lenguaje y cultura). Esto implica que la conformación de cada sujeto como tal se da a través de su inscripción en un entramado de relaciones sociales que lo anteceden y lo sitúan en un mundo lingüístico y cultural que funciona como un sistema de relaciones entre imágenes percibidas y conceptos asociados a las mismas. Uno de los grandes aportes de la lingüística estructural de Saussure fue establecer la arbitrariedad de esta relación entre significado y significante, entre concepto e imagen, a la vez que enfatizar su funcionamiento como sistema de relaciones donde el signo se inscribe en una red de significación que le da sentido. Como afirma Geertz (1997) estamos inmersos en un universo de significación y no es posible pasarlo por alto; podemos disentir, cuestionar y/o rebelarnos de múltiples maneras, pero, salvo transitar por alguna forma de locura, nos reconocemos a nosotros mismos y reconocemos a los otros a través de un lenguaje, una cultura y de un determinado ordenamiento simbólico. La cultura, como el lenguaje, nos antecede y crea las condiciones de posibilidad para nuestra constitución como sujetos. Esto implica interpretar el mundo de determinada manera y poner en juego esas cosmovisiones a través de procesos comunicativos, inherentemente, complejos y polémicos; esto, dado por la diversidad de las percepciones y de los valores de cada sujeto (individual o colectivo) y por la propia arbitrariedad estructural de la comunicación social que plantea recurrentes ecos polisémicos, sólo develados en función de cada contexto social e histórico particular.

En tal sentido, la construcción de acervos de saber funciona como una dimensión vital e inherente de las sociedades humanas que, como tal, se pone de manifiesto en el espacio público y aparece imbricada en el ejercicio de gobierno. En el terreno político, esto se vincula con la construcción de legitimidad, con la articulación de demandas y necesidades de diferentes colectivos sociales en torno a situaciones percibidas que se entrelazan con símbolos y valores que desbordan sus propios significados. Este exceso de sentido en el entrelazamiento de imágenes y conceptos explica, en parte, las funciones de diferentes personajes a lo largo de la historia y de la geografía. Así, intelectuales, sacerdotes, chamanes, escribas, consejeros, etc., se han desempeñado como intérpretes de símbolos, señales, acontecimientos, etc., y, a su vez, funcionaban como forjadores de un orden moral.

Ahora bien, una característica central de las sociedades modernas es que los ámbitos de producción de saber han transitado un proceso de secularización a través del cual se fueron desligando de los espacios religiosos y construyeron sus propios estatutos que se inscriben como requisito del conocimiento científico. Este proceso implicó por un lado, una ruptura con un espacio de saber sagrado e intocable y, a su vez (de manera no mecánica, por cierto) llevó a un reconocimiento del sujeto cognoscente; lo que devino en la reflexión en torno a la relación de ese sujeto con el objeto de conocimiento, como así también sobre el propio sujeto, su posicionamiento y su incidencia en la gestación del saber.

Así, este largo proceso de secularización del conocimiento[146] fue dejando de lado los presupuestos acerca de un saber trascendente (más allá del sujeto) propio de las doctrinas sagradas, pero que, en buena medida, continuaba sosteniéndose con las perspectivas empirista y lógico-racionalista, donde sólo se requería observar, descubrir y/o explicar sin ninguna (auto)referencia al sujeto que llevaba a cabo esa

---

[146] Ver Lamo de Espinosa (1994); particularmente capítulo 2.

operatoria. Un nuevo giro se produce cuando la producción de conocimiento dejó de ser considerada más allá del sujeto que la generaba, el conocimiento dejó de ser algo externo a la interacción entre sujeto-objeto y entre sujetos entre sí. De allí que una de las características centrales del conocimiento científico, tal como lo se define actualmente, es su capacidad auto-reflexiva, sus posibilidades de explicitar y vigilar sus propias condiciones de producción.[147]

Este proceso de consolidación de un tipo de conocimiento científico, caracterizado por el reconocimiento de un sujeto cognoscente situado y por su capacidad de reflexión sobre sí mismo, también implica el reconocimiento de un lugar no neutral de la producción misma de conocimiento. Al respecto, es Foucault retomando a Nietzsche en la primera conferencia de "La verdad y las formas jurídicas", quien enfatiza esta condición de sujeto situado y da cuenta de una doble ruptura respecto de la tradición más racionalista:[148] el conocimiento no está en la naturaleza humana y tampoco en la naturaleza de las cosas. Esto es, la producción de conocimiento no es un acto de inmersión en sí mismo por parte del sujeto, ni tampoco es un acto de asimilación al y de continuidad con el (supuesto) orden natural o la esencia de las cosas. Más bien, implica y tiene como germen una relación de distanciamiento, de apropiación, aun de cierta violencia y de dominio respecto del objeto y de la realidad a conocer.

En la línea de pensamiento propuesta por estos filósofos, la raíz misma de la producción de conocimiento implica una relación de poder, "una voluntad oscura". El conocimiento se inscribe entonces como una actividad humana para nada ingenua, ni aséptica, ni neutral, antes bien, implica algún tipo de confrontación y de tensión que inherentemente conlleva un componente especulativo y político. El conocimiento emerge como una actividad esencialmente estratégica, polémica y arbitraria:

> El conocimiento es siempre una relación en la que el hombre está situado. Es precisamente esa relación estratégica la que definirá el efecto del conocimiento y, por esa razón, sería totalmente contradictorio imaginar un conocimiento que no fuese en su naturaleza obligatoriamente parcial, oblicuo, perspectivo. El carácter perspectivo no deriva de la naturaleza humana sino siempre del carácter polémico y estratégico del conocimiento (Foucault, 1984).

Este planteo tiene fuertes implicancias para (re)pensar los usos del conocimiento en la gestión. Así como las consideraciones preliminares ubican esta reflexión en una perspectiva constructivista e interactiva para analizar los procesos de políticas, lejana de cualquier asimilación a una secuencia meramente lógica y cronológica (Moro, 2000); aquí, se establece una distancia fundamental respecto de ciertos presupuestos

---

[147] Como se verá más adelante son justamente estas condiciones de "vigilancia epistemológica" (Bachelard, 1982) las que frecuentemente aparecen puestas en tensión en los procesos de gestión de políticas, donde los tiempos y los intereses no siempre convergen con los de la investigación.

[148] Que en cierto sentido de continuidad con respecto al lugar del saber sagrado mantenía una noción de conocimiento sin (o más allá del) sujeto, lo que implicaba cierta idea de razón trascendente o preexistente.

que adjudican un pretendido lugar de neutralidad a los ámbitos de producción de conocimiento e información. Ambos espacios, el de políticas y el académico, están compuestos por actores implicados en relaciones de poder, con intereses y visiones que frecuentemente entran en conflicto.[149] Despojados entonces de cualquier presupuesto que nos posicione desde un lugar que se pretenda "puramente técnico" y "no político", interesa indagar aquí acerca de las formas en que la producción y distribución del conocimiento (sin resignar su rigurosidad y sus condiciones de validación) se pone en juego en los ámbitos de políticas; esto, dentro de un contexto general donde los procesos de globalización reubican la información y el conocimiento en un lugar de renovada centralidad en la conformación social.

3. Las políticas como marcos para la acción

Los diferentes ámbitos de políticas se despliegan en torno a cierta (re)creación de sentido, más o menos dinámica, que articula un determinado entramado de creencias, prácticas y normas; las cuales orientan y restringen las acciones de los sujetos, a la vez que pueden constituirse en objeto de disputa para éstos. En ese espacio de significación se inscriben los mandatos organizacionales, los temas o asuntos a resolver, sus respectivos modos de definirlos, la forma de acotar e interpelar a la población objetivo y a los involucrados, las competencias y la modalidad de intervención, etc.

---

[149] Wittrock (1999) desarrolla una tipología que intenta superar la frecuente lógica dicotómica a la que suele apelarse para considerar la articulación de los campos académico y político. Se aparta tanto de aquellos que consideran una sola lógica al interior de ambos ámbitos (en sus dos variantes: modelo tecnocrático e ingenieril, el primero con primacía en la investigación y el segundo en lo político), como de aquellos otros que ponderan la existencia de dos lógicas diversas (modelo de la ilustración o modelo burocrático; el primero con primacía en la investigación –más adelante esta modalidad será analizada como "idea"– y el segundo en el político). Este autor entiende que se trata de una lógica de interacción análoga entre ambos ámbitos, el de investigación y el de políticas, cuyo vínculo puede ser caracterizado en función del grado en que se pondere esa pauta de funcionamiento relativamente análoga (esto es más fuerte o más débil) y por la primacía que en este proceso se otorgue a la investigación o a la política. Así, bajo el supuesto de una fuerte analogía entre ambos ámbitos, es posible ubicar dos modelos: el *orientado a la resolución de problemas* (con obvia primacía de la política, concretamente de la interacción, tal como aparece en las referencias a Lindblom) y aquel que pone énfasis en el *aprendizaje* (con primacía en la investigación, donde las políticas son analizadas en función de las hipótesis sobre las que operan y se ponen en juego en la implementación, tal como se verá a continuación en las referencias a la propuesta de Majone). En forma contrapuesta, ante una débil pauta de interacción entre ambos ámbitos –como suele manifestarse es la tónica en diferentes contextos-, las modalidades podrán ser o bien *adversativa*, donde los actores subsumen los aportes del conocimiento en función de su contribución a posicionamientos e intereses –esta forma aparecerá mencionada más adelante bajo la forma de "argumento"-; o bien *disposicional*, donde sin renunciar al aporte riguroso de la investigación social, existen márgenes de interacción eminentemente política, particularmente con aquellos considerados actores claves para su uso. Resta decir (a riesgo de adelantar "quién es el asesino") que esta última es la que promueve el autor de esta tipología y la que aquí se sustenta.

Hay diferentes aproximaciones conceptuales que permiten poner énfasis y desentrañar (al menos parcialmente) este complejo ensamblado. Como ya fue señalado anteriormente, el neoinstitucionalismo, como su nombre lo indica, resalta el marco institucional y, según la vertiente que se considere, entiende éste como las reglas formales e informales, la estructura de incentivos en juegos estratégicos entrelazados, las rutinas organizacionales y/o los mapas cognitivos que, en todos los casos, apuntalan y regulan los modos de proceder de los sujetos. Por su parte, una aproximación sociológica de corte más estructuralista como la noción de campo acuñada por Bourdieu (1995) permite hacer foco, a modo de campo de fuerza gravitatorio, en la red de relaciones entre posiciones que anteceden, trascienden y condicionan la acción de los agentes. Esta estructura se pone en juego a través de una lógica al interior de cada campo que se valida en la circulación de un discurso y cobra cuerpo a través de cierto *habitus* (sistema de disposiciones durables y transferibles que funciona como estructura estructurante de la acción y orientadora de las percepciones de los sujetos).

En sintonía con el sociólogo francés citado, interesa aquí resaltar la disputa de discursos que operan como "visiones marco" y que funcionan a modo de núcleos duros en la sostenibilidad de las políticas y de los campos sectoriales. Los autores M. Rein y D. Schon han llamado la atención sobre lo que denominan el efecto "enmarque": "es una manera de seleccionar, organizar, interpretar y dar sentido a una realidad compleja en tal forma que nos ofrezca puntos de guía para conocer, analizar, convencer y actuar" (1999: 329). Esto se vincula directamente con el sesgo (inevitable) que generan las creencias, los valores y, particularmente, los prismas conceptuales (disciplinarios) para la delimitación (y construcción) de realidad.[150]

Ahora bien, para que efectivamente funcione el 'efecto enmarque' deben cumplirse, según estos autores, dos requisitos: tener cierta correspondencia con la realidad y ser lo suficientemente compartido y aceptado. Así, la primera condición otorga encarnadura y un vínculo intrínseco con el plano fáctico, lo que evita caer en una perspectiva absolutamente fenomenológica, donde la significación puede explicar en sí misma toda la trama y suplir, de este modo, la realidad social. En tanto, la segunda condición, parcialmente en tensión con la primera, nos vuelve al plano de la construcción de sentido donde la articulación de imágenes, símbolos, conceptos, valores y hechos está

---

[150] Al respecto, basta recordar el muy didáctico ejemplo desarrollado por Allison (1969) para explicar el proceso de toma de decisiones en torno a la instalación de misiles en Cuba durante la llamada "guerra fría" entre la ex URSS y la USA. Allí puede contrastarse una misma situación bajo la lupa de diferentes matrices conceptuales que permiten iluminar de manera muy distinta el proceso: una sitúa el conflicto entre dos contrincantes que hacen movimientos estratégicos en función del otro, al modo de un juego de ajedrez; la otra focaliza en los aspectos organizacionales, lo que pone en tela de juicio la lectura racionalista, ya que enfatiza la ambigüedad, la información incompleta, el tiempo limitado, e incluso el azar como factores a considerar en el proceso; finalmente, la tercera hace una lectura más política y plural del proceso, dando cuenta de la multiplicidad de actores, de la manipulación de la información y de los tiempos, y de las capacidades de negociación puestas en juego.

condicionada a la legitimación y validación por parte de los sujetos involucrados directa o indirectamente en el proceso en cuestión. Este efecto de un discurso marco que se plasma y se consolida como verdad al interior de un campo, presenta cierta analogía con los llamados paradigmas, a través de los cuales Kuhn explicaba el desarrollo del conocimiento científico. Así, en ocasiones es posible encontrar ciertos enmarques en los ámbitos de políticas sociales sectoriales que se conforman y perpetúan con un fuerte sesgo endógeno, esto es con escasa o nula capacidad de diálogo[151] hacia otro marco conceptual (recuérdese la característica de incomensurabilidad entre paradigmas kuhnianos). La consolidación de un discurso de enmarque suele ir entrelazado a la conformación de redes de expertos y/o de "comunidades de políticas" que, en analogía con las comunidades científicas que sustentan los paradigmas científicos, cumplen funciones de consolidar y mantener la vigencia de los núcleos fundantes de las políticas y sus respectivos programas de acción.[152] Finalmente, puede establecerse otra similitud en la forma en que se producen las transformaciones entre un discurso marco y otro. Así, en analogía con la secuencia planteada por Kuhn (los llamados períodos de ciencia normal, el ingreso en cierta crisis y decadencia del paradigma que desembocaba en una revolución paradigmática) estos discursos marco, por sus propias características de rigidez y hermetismo, suelen presentar señales de mucha vitalidad durante un período más o menos extenso, al cabo del cual, comienzan a cobrar fuerza los cuestionamientos y emerge, cada vez con más resonancia, un marco contrario que tiende a desplazarlo y a marcar determinadas rupturas que se presentan insalvables.

En el terreno de las políticas sociales, por citar un ejemplo, el caso de las políticas de minoridad presenta algunas características asimilables a este esquema. Así, es posible analizar el surgimiento de una concepción de la infancia en términos cuasi jurídicos, marcando la minoría de edad como característica central a partir de la cual algunos actores estatales (de los tres poderes) a comienzos del siglo XX asumían roles tutelares en virtud de una supuesta protección ante situaciones asistenciales y/o punibles. Estas situaciones que daban origen a la intervención estatal eran definidas de manera sumamente ambigua bajo el marco de legislaciones de corte tutelaristas[153] que generaban márgenes muy amplios de discrecionalidad. En la práctica, confundía y homologaban

---

[151] Sin diálogo en el sentido estricto del término, en tanto proceso de intercambio que supone reconocimiento y retroalimentación entre dos o más partes involucradas. Lo que sí suelen presentar estos discursos marco es una característica de oposición y contraste (en algunos casos de manera casi especular) respecto de otros discursos de sentido contrario.

[152] "Los miembros de una comunidad de políticas representan diferentes intereses, sostienen distintos valores y pueden estar dedicados a diversos programas de investigación, pero todos ellos contribuyen al desarrollo de las políticas, al introducir y discutir nuevas ideas y propuestas de políticas" (Majone, 1999: 371).

[153] La primera ley de este tipo en Latinoamérica fue la Ley de Patronato del año 1919 en Argentina (derogada recién en el 2005).

intervenciones asistenciales y punitivas, con una implementación selectiva en términos de control social aplicada a los sectores infanto-juveniles de las familias más pobres, muchos de los cuales habían quedado al margen del sistema de escolaridad formal. En los años '70 comienzan los primeros cuestionamientos a las instituciones de internación,[154] emblemáticas para el "paradigma minoril", luego en los '80 diferentes actores vinculados a redes locales e internacionales, entre los que destaca UNICEF, promueven una nueva perspectiva que, bajo el reconocimiento de niñas y niños como sujetos plenos de derechos, se plantea como contraria y superadora. El momento culminante lo constituye la aprobación por parte de la ONU de la Convención Internacional de los Derechos del Niño, en el año 1989, que origina un movimiento de reformas legislativas y administrativas en la región. El "nuevo paradigma"[155] logra rápidamente una amplia legitimidad discursiva en base a un contrapunto constante con la concepción tutelar de la minoridad, donde ese contraste (para nada exento de un uso político-estratégico) se plantea en términos dicotómicos entre un marco que considera a la niñez como objeto (de protección, caridad, asistencia, control, etc.) *versus* otro que reconoce e interpela a niños y niñas como sujetos de derechos (con derechos fundamentales en tanto tales y con otros derechos especiales de acuerdo a su edad).

Ahora bien, no siempre se producen estos giros tan marcados en el marco conceptual que orienta una política o la desvalorización abrupta de un enfoque. Antes bien, suelen plantearse modificaciones marginales, transformaciones que dan cuenta de rupturas pero también de continuidades y cambios de orientación que no llegan a desmantelar del todo un marco conceptual y, menos aun, un dispositivo político institucional arraigado durante décadas de funcionamiento. Al respecto, Majone (1999) propone utilizar el esquema dispuesto por Lakatos para analizar el desarrollo científico, donde cada programa de investigación posee un "núcleo duro" circunscrito a la tesis central e irrefutable de la (macro) teoría que opera como motor de las diferentes líneas de investigación; las cuales, por su parte, se despliegan a modo de cinturón protector de aquel núcleo, ya que en ese espacio sí existe la posibilidad de refutar y modificar las hipótesis en juego.

En esta perspectiva las distintas áreas sectoriales de políticas públicas pueden analizarse en analogía a los "programas de investigación" que ponen en acto ciertas hipótesis y/o ciertos supuestos (explícitos y/o implícitos) en base a los cuales intentan modificar situaciones problemáticas (así definidas según determinados actores). No

---

[154] Vease la crítica de Goffman (1989) a las instituciones totales por sus efectos de estigmatización y etiquetamiento.

[155] Entre otros, García Méndez (1994) lo plantea como una contradicción entre el "Paradigma de la situación irregular" *versus* el "Paradigma de la Protección Integral"; por su parte, Azaola (1995) entiende que se trata de una contradicción entre "tutelaristas" y "garantistas".

obstante, las políticas (y las hipótesis que conllevan) no operan en el vacío, se inscriben al interior de un campo de políticas donde funciona cierta amalgama de saberes y conocimientos que opera a modo de "núcleo duro" en un doble sentido: por un lado, las hipótesis y/o supuestos centrales, el "corazón" o la razón de ser y del hacer del campo, tienden a tomar el estatus de verdad, a aceptarse como certezas que no se cuestionan y se asumen como algo dado. "Normas, estándares, ideologías y creencias son parte de lo que podemos llamar el núcleo de las políticas" (Majone, 1999: 361). A su vez, estos "núcleos duros" de las políticas, en forma similar a lo que Lákatos denominaba la heurística positiva y negativa de las estrategias de investigación, delimitan las formas legítimas de enunciación respecto de cuáles y cómo se definen las prioridades de la agenda institucional, a la vez que orientan las acciones efectivas y/o potenciales que son posibles y aceptables (excluyendo las acciones consideradas inaceptables que ni siquiera son consideradas).

Así, por ejemplo, en el área educativa operan ciertos conocimientos, saberes y creencias acerca del acto educativo, del proceso de enseñanza-aprendizaje, de su encuadre institucional, de los problemas y dificultades respecto de este proceso, así como de las acciones posibles en los diferentes niveles de intervención (político, administrativo, pedagógico, normativo, curricular, etc.). Constantemente las acciones desarrolladas tienden a poner en tensión los supuestos de la teoría que los avala. Sin embargo, estas tensiones frecuentemente resultan en modificaciones específicas en los distintos niveles de intervención, que muchas veces ni siquiera constan de articulación entre sí y mucho menos implican un cambio global al estilo de un cambio de paradigma conceptual que involucre toda la arquitectura institucional de la política educativa. En tal sentido, la escena del momento de aula escolar, la disposición del maestro y de los alumnos, a veces incluso los elementos didácticos utilizados, suelen poner de manifiesto una continuidad (casi) inalterable de un núcleo duro conceptual respecto del proceso de aprendizaje que trasciende los cambios curriculares, organizacionales y políticos.

Esto plantea la cuestión de ciertos lazos de continuidad, a veces lábiles y sutiles, entre núcleos duros que van mutando al interior de un campo sectorial de políticas. De modo que, tal como sugiere el mismo Majone, es posible analíticamente hallar "retazos" de núcleos duros con sus correspondientes programas de acción que perduran como actividades dispersas, inscriptas bajo alguna modalidad del aparato administrativo estatal pero que perdieron vigencia y actualidad (tanto en la caracterización de los problemas sociales a considerar, como en la efectividad de sus opciones de intervención). Mientras esta situación se corresponde con lo que Lákatos planteaba en términos de programas de investigación degenerativos, también es posible vislumbrar aquellos que se encuentran en un estado incipiente pero que aún no cristalizaron su arraigo político-institucional y nada garantiza que estos "gérmenes de cambio" tengan éxito en su empresa de instituirse como nuevos programas de acción política.

Ya sea que se adopte la analogía de paradigmas a la Kuhn, o la de los núcleos duros a la Lákatos (como propone Majone), en cualquier caso habrá que considerar que las políticas, con sus transformaciones y continuidades, no se explican de manera exclusivamente endógena, ni mucho menos como la mera acumulación de saber en función de éxitos, fracasos y/o de retroalimentación con los ámbitos de investigación. Antes bien, las políticas en mayor o menor medida plantean algún tipo de articulación con otros ámbitos (como ser el económico, el familiar, el laboral, el comunitario, etc.), por ende, cualquier modificación en las condiciones contextuales, afectará el funcionamiento y la efectividad del dispositivo institucional. Esto muy posiblemente implique alguna incidencia ya sea en términos de paradigmas o de "cinturón protector" de los núcleos duros de las políticas, mediado siempre por el tamiz de los actores implicados. Al respecto, esta incidencia en términos de información y conocimiento puede ser desagregada analíticamente para su mayor comprensión y, por ende, para su uso estratégico en la gestión.

4. Modalidades y funciones de la información y el conocimiento en los ámbitos de formación de políticas sociales

Los análisis acerca de la producción y circulación de información y conocimiento en los ámbitos de políticas públicas suelen plantearse de modo un tanto genérico y, por ende, poco preciso. Para evitar esta referencia tan general que promueve una conclusión simplista o bien taxativa que no da cuenta de los matices, podemos valernos de la distinción analítica propuesta por Weiss (1999) entre tres modalidades o funciones básicas que adopta la circulación de la información y el conocimiento en los ámbitos de gestión: datos, ideas y argumentos. Donde los "datos" aparecen como los productos más típicos de la investigación y/o de las instancias de sistematización y registro. Las formas más frecuentes son las estadísticas descriptivas básicas, ya sea desde el lado de la oferta de los servicios públicos, como referidas al estado de situación social, económico, demográfico, etc. A su vez, bajo esta modalidad la autora incluye aquellas formas más elaboradas tales como relaciones entre variables, hallazgos y conclusiones de investigaciones puntuales. Igualmente, conviene marcar una diferencia entre ambos tipos de productos. Así, los datos descriptivos (ya sean del lado de la oferta o de la demanda) en contraste con aquellos provenientes de investigaciones y/o evaluaciones específicas, suelen contar con una legitimidad mayor, vinculada ya sea al prestigio de las agencias[156] específicas encargadas de su producción, donde existe una suerte de sistema y de convenciones de carácter internacional en torno a la producción de indicadores; o bien, a la forma emblemática con que el dato numérico se inscribe

---

[156] El caso contrario se suscita si la agencia en cuestión se encuentra atravesando una situación de desprestigio y de cuestionamiento respecto de la aplicación de sus procedimientos técnicos convencionales (tal el caso del INDEC en Argentina durante el año 2007).

en los procesos de políticas, donde la información cuantitativa tiende a aceptarse sin demasiadas reservas sobre sus fundamentos teóricos, metodológicos y técnicos en cuanto a su construcción como tal.[157] De este modo, el dato se inviste en calidad de nexo directo y neutro con la situación social en cuestión (sin cuestionamientos respecto del sesgo y el recorte del objeto que producen).

La emergencia de estas agencias de producción de datos y el auge de la evaluación de políticas, que impulsan a su modo cierta "cultura del indicador", se corresponde muchas veces con una alta expectativa en cuanto a la incidencia directa y bastante lineal de los datos y hallazgos de las investigaciones en la orientación de las políticas. Nada más lejano a este esperado efecto que, más que cuestionar en sí misma esa escasa incidencia, da cuenta de una concepción "ingenieril" o "tecnocrática" de los procesos de políticas, donde se pretende que los datos se acoplen como insumos a un proceso de planificación racional(ista). Esto no quita que algunos datos puedan generar un fuerte impacto en decisiones de políticas pero difícilmente sea por el peso que éstos adquieren por sí mismos, más bien estarán supeditados a (y cobrarán fuerza en función de) los intereses y valores de los actores claves involucrados. Esto último implica que el desafío de las evaluaciones, investigaciones y de las áreas de producción de información y de conocimiento aplicado a las políticas es, además de la pertinencia y la calidad del dato, el de establecer vinculaciones directas con las opciones de políticas; lo que implica tener sentido de la oportunidad en relación con las prioridades de la agenda institucional y con las concepciones que sustentan los actores.

Justamente, la segunda modalidad analítica en la que puede considerarse el uso del conocimiento siguiendo el esquema de Weiss, es la de "ideas y críticas" que avanzan en forma un tanto desligada de sus matrices conceptuales y/o de sus investigaciones originarias. Esto porque, más allá de los alcances precisos de la investigación o de la evaluación en cuestión, lo que persiste son algunas conclusiones y generalizaciones que con el tiempo van asimilándose y permeando las perspectivas y percepciones de los actores. A modo de un efecto goteo, gradual y a mediano o largo plazo, muchas concepciones en torno a los problemas, o respecto sus formas de abordajes, etc., reciben influencias más o menos directas desde ámbitos de discusión y debate académico. Esta modalidad (conceptual) de uso del conocimiento en la gestión social es convergente con la pauta de funcionamiento de las redes de políticas, tal como pudo verse en la tabla 1.

Una característica de esta transición de ideas que circulan en estos foros y redes interconectados es que al entrar a jugar en el espacio estratégico de los procesos de políticas suelen tomar una forma sintética y "marketinera", casi "folletinesca", al modo

---

[157] "La organización internacional de sistemas de indicadores omite la discusión crítica de enfoques teóricos y metodológicos y se constituye en recetas de planificación y evaluación de proyectos y programas sociales. Esta paradigmática postura ha llevado a la primacía de la producción masiva de datos" (Escolar, 2002).

de lemas o consignas, aseveraciones que en el algún momento se aceptan como verdad y se repiten sin cuestionamiento alguno. En este sentido, y como ya fue señalado en el apartado anterior, crean marcos conceptuales, climas o ambientes de opinión que moldean las definiciones de problemas y los programas de acción de las políticas. Allí cobran especial relevancia los foros temáticos, los llamados "tanques de pensamiento" y las redes de expertos, en tanto espacios de producción y de enlace entre conocimiento y políticas donde destacan una amplia gama de intermediarios o promotores de ideas: investigadores, periodistas, asesores, "lobystas" o cabilderos, así como también aquellos más "clásicos" como actores políticos y/o burócratas comprometidos con una idea, e incluso las propias disciplinas científicas y sus correspondientes agrupamientos corporativos (por ejemplo, colegios o asociaciones de graduados).

Ahora bien, la mayor incidencia del conocimiento en los procesos de políticas se produce cuando éste aparece subordinado a la orientación política, ésa es justamente la tercera modalidad analítica que propone Weiss, en forma de argumento. Esto es, con una toma de posición que antecede a la producción misma de conocimiento y donde, en consecuencia, se lleva a cabo un uso estratégico y selectivo de la información. Esta primacía del uso político (valores e ideología dados por el ámbito político) implica y tiene la ventaja, en cuanto a capacidad de incidencia, de dar forma a un tipo de conocimiento ya acotado y enfocado en relación directa con los objetivos de la política. Ésta suele ser la operatoria ideal para legitimar orientaciones de políticas ya decididas, o bien para producir aportes al interior de un paradigma o un núcleo duro incuestionable. Bajo esta modalidad aparece de manera más explícita la tensión en torno al papel del investigador, a su autonomía relativa en función de generar un producto con rigurosidad metodológica y con cierta capacidad reflexiva crítica respecto de su objeto de análisis.

Se trata, como quedó esbozado, de una distinción analítica de modalidades que el conocimiento y la información pueden adoptar en los procesos de políticas. Ahora bien, así como puede operar en algunas de las tres modalidades, también pueden presentarse en los tres formatos de manera simultánea. Una advertencia adicional es que cada una de estas modalidades puede jugar de manera diferencial en cada caso específico de política, de acuerdo a las características del campo en cuestión y a los diferentes momentos del proceso de formación de políticas. Al respecto vale la advertencia de Bruner (1996) sobre un uso cada vez más especulativo ("más táctico") de la información a medida que se eleva el nivel de toma de decisiones. Esto en el esquema de Weiss indicaría un uso mayor de "argumentos" en las instancias de decisiones superiores o más generales, mientras se daría una mayor ingerencia de las "ideas" a través de cuadros medios y de actores políticos involucrados en redes de asuntos y, por su parte, daría cuenta de un uso fluctuante de los "datos" en la medida que tengan o no convergencia con la idea o el argumento en cuestión.

Datos, ideas y argumentos en la interrelación entre crecimiento, desigualdad y pobreza

La relación entre crecimiento, (des)igualdad y pobreza es un tema clásico en la disciplina económica y en las últimas décadas ha estado en el centro del debate. En términos estrictamente estadísticos, esto es bajo la modalidad de "dato", para los economistas se trata de estimar la relación o más precisamente la elasticidad reducción de pobreza-crecimiento, y el vínculo entre éste y la (des)igualdad. Respecto de esta última relación, una de las explicaciones más aceptada en la disciplina es a partir de la curva de Kuznets (en forma de "u" invertida) que muestra en una línea de tiempo cómo un cierto nivel de desigualdad es funcional al crecimiento (para generar ahorro e inversión) pero que luego se invierte la relación. A su vez, diversos estudios empíricos están dedicados al seguimiento de la incidencia del crecimiento económico (PBI) en diferentes contextos y su incidencia en las mediciones de la pobreza. De allí podrían establecer los alcances del crecimiento económico en "promedio" para toda la población (haciendo abstracción de la heterogeneidad que el modelo simple de elasticidad no contempla y que los datos basados en promedio tienden a ocultar). Ahora bien, cuando de allí se deduce, por ejemplo y tal como han venido pregonando distintos organismos financieros internacionales, que "el crecimiento es bueno para los pobres", esto implica el pasaje hacia una "idea" que va más allá de los alcances estrictamente metodológicos planteados por el modelo. Lo cual no quiere decir que esté errado, sí que la idea hace una aseveración que se desliga en cierta medida del anclaje metodológico y cobra vuelo propio en una construcción conceptual que opera en dos dimensiones complementarias: como prisma para analizar/ moldear la realidad y como pauta normativa para promover lo que se debe hacer. Ahora bien, esta idea no resulta unilineal en su aplicación en la arena política y es posible encontrar al menos dos usos contrapuestos en términos de "argumento". El "argumento" clásico del neoliberalismo en la región durante los '90 fue el llamado "efecto derrame", a partir del cual en algún momento la mejora del crecimiento ostensible en el sector más rico, llegaría a modo de goteo a los más pobres. En contraposición, el otro "argumento" que en años recientes ha cobrado impulso es que importa el tipo de crecimiento que se genera, su vínculo con la distribución del ingreso y por ende, con la desigualdad y la equidad; mucho más y tal como recuerdan quienes promocionan este posicionamiento, en una región que contempla los niveles de desigualdad social más grandes del planeta.

Vera (2006)

Datos, ideas y argumentos en la evaluación de un programa social

La evaluación también provee datos, ideas y argumentos. Un caso ilustrativo lo provee el análisis del programa de transferencias condicionales en efectivo para reducir la pobreza en México (Progresa) ilustrado en el Informe de Desarrollo Mundial 2004 del Banco Mundial. El documento reporta que la matrícula de niñas se incrementó del 67% al 75% y que aquella de los niños pasó del 73% al 78% luego de la intervención. El informe deja implícito el hecho de que estos incrementos pueden haberse debido a una mayor retención, sobre todo, durante el paso de la escuela primaria a la escuela secundaria. En efecto, al comparar las tasas de terminación esperadas antes y después de la implementación del programa, se aprecia un diferencial que va desde 5 hasta 15 puntos porcentuales dependiendo del grado de educación en el cual se midan las brechas. En este caso, la evaluación toma la forma de datos. Luego de revisar el comportamiento de indicadores observados y simulados de nutrición, salud y pobreza, el informe sugiere la siguiente idea: "un programa de transferencias de efectivo puede ser una poderosa forma de promover resultados en salud, educación y nutrición a escala masiva". Este enunciado no se deduce directamente de los datos pero permite a los autores plantear directamente una posible solución. Finalmente, al hacer referencia a la evaluación de impacto que se aplicó al Progresa, el informe menciona: "la evaluación fue importante para el respaldo político y económico internacional". Esta ilustración pone en relieve el carácter estratégico que cumplió la evaluación de este programa. Probablemente, los aspectos positivos más sobresalientes hayan sido los más destacados en la argumentación a favor del Progresa.

Fuente: Banco Mundial (2003, p. 30-31).

Citado por Vera (2006)

5. Comentarios finales

Considerando la complejidad de estos escenarios de interrelación entre los ámbitos de producción de conocimiento y los ámbitos de políticas, quienes promuevan el uso estratégico de la información y el conocimiento en la gestión deben posicionarse desde un lugar bisagra[158] donde, sin abandonar la rigurosidad metodológica y sustentados en ciertas condiciones de pertinencia, confiabilidad y accesibilidad, decodifiquen las condiciones de contexto para introducirlas con sentido de oportunidad y, a la vez, tener cierta permeabilidad en términos de retroalimentación bidireccional entre ambos ámbitos.

Para ello, una primera y fundamental reflexión se refiere a la necesidad de replantear el papel tradicional que, en algunos casos todavía asumen o pretenden asumir, los analistas y diseñadores de políticas. Lejos de un lugar de neutralidad, la mayor

---

[158] Una modalidad "disposicional" en palabras de Wittrock (1999), un lugar de articulación que en cierto sentido constituye en sí mismo el puente imaginario para su aplicación (Moro, 2005).

incidencia del conocimiento y la información amerita un involucramiento activo, al modo de lo que algunos llaman los "tecnopolíticos". Donde además de la responsabilidad sobre el producto en sí mismo, los investigadores consideren con especial cuidado la dimensión comunicativa de la investigación en relación con el proceso de política. Esto es, toman en cuenta el mapa de actores implicados en la gestión, con sus perspectivas, intereses y valores, así como también los conflictos en juego y la incidencia que la información puede tener al respecto. Así, además de lograr un producto técnicamente apropiado, el desafío de gestión para el uso del conocimiento se plantea en términos de capacidad de convencer, generar adhesiones e incidir en el proceso de política. Esta función activa de los técnicos, profesionales y expertos está claramente puesta de manifiesto a través de las redes de asuntos o redes de políticas que promueven marcos conceptuales con vistas a impulsar determinadas orientaciones de políticas. De este modo, el conocimiento y la información, o más bien sus portadores en un rol pro-activo, juegan desde el lugar de permanente tensión entre racionalidad, legitimidad y poder que caracteriza los procesos de gestión social.

Ahora bien, asumir la prioridad política en la definición de la orientación del proceso no implica quedar supeditado absolutamente a la demanda institucional en cuestión donde esto se traduzca, y he aquí un punto de tensión permanente, como un abandono de la rigurosidad y el sentido crítico. Antes bien, una de las funciones básicas de un investigador en procesos de gestión es sostener posiciones rigurosas en el uso de la información, fundada en un conocimiento pertinente y confiable. Esto se complementa con una actitud de vigilancia autorreflexiva que implica muchas veces una toma de distancia necesaria para no perder el sentido crítico y ser "capturado" por el "discurso de enmarque". Para ello se requiere hacer explícitos los marcos conceptuales de los discursos de políticas, esto es, desnaturalizar lo arraigado con fuerza de verdad al interior de un campo; por ejemplo, a través del análisis de la conformación histórica del problema como tal: cuándo y cómo determinada condición/situación deviene problema público, quiénes y cómo lo definen, cuáles son las concepciones en disputa, a qué intereses y valores responden, qué aspectos "ilumina" y cuáles "oscurece" la definición adoptada, qué actores salen fortalecidos, etc. (Moro 1997 y 2000).

Igualmente, se debe tener siempre presente que el conocimiento constituye un elemento más, y no el fundamental, en los procesos de políticas; donde entran a jugar otros saberes, algunos anclados en oficios ligados directamente a la gestión, a la implementación y a las prácticas organizacionales. Al respecto, más que introducir un debate en torno a la jerarquía de los distintos saberes, interesa destacar que sin reflexión crítica no hay conocimiento y que éste es fundamental para generar capacidades y aprendizaje organizacional; lo que es (o debiese ser) un aporte sustantivo de cualquier investigación que se pretenda rigurosa e intente impactar en las áreas de políticas. Ahora bien, para generar esa reflexión no basta con declamarla o producirla al interior de un informe, el mismo debe tener capacidad de llegada a los diferentes actores implicados en el proceso de la política en cuestión, por ende, debe tocar temas sensibles, pertinentes a la agenda institucional, a través de lenguajes accesibles que provoquen relecturas críticas y promuevan aprendizajes sobre las prácticas, las creencias y las concepciones que las sustentan.

Junto a este sentido crítico no negociable en el posicionamiento del investigador, y esta consideración de la pluralidad de sentidos que se ponen en juego, conviene también mantener presente que se trata de procesos públicos, por ende, con mandatos de apertura y transparencia en el proceso, y con objetivos de generar valor social para toda la comunidad, lo que permite establecer un horizonte normativo común entre quienes producen el conocimiento y quienes asumen responsabilidades de gestión.

Bibliografía

Allison, Graham (1969); "Modelos conceptuales y la crisis de los misiles cubanos". En Aguilar Villanueva, Luis F. (1996); *La hechura de las políticas*. Editorial Porrúa. México DF.

Azaola, Elena (1995); "Posibilidades y límites de dos modelos de justicia para menores". Coloquio Multidisciplinario sobre Menores, Instituto de Investigaciones jurídicas de la UNAM. México DF.

Banco Mundial (2003); *Informe sobre el desarrollo mundial 2004*. Washington DC.

Bachelard, Gastón (1984); *La formación del espíritu científico*. Siglo XXI. México DF.

Bourdieu, Pierre y Wacquant, Loïc (1995); *Respuestas para una antropología reflexiva*. Grijalbo. México DF.

Brunner, José J., (1996); "Investigación social y ciencias políticas. El mercado del conocimiento". En *Nueva Sociedad*, n° 146. Caracas.

Camou, Antonio; (1997); "Los consejeros del príncipe. Saber técnico y política en los procesos de reforma económica en América Latina". En *Nueva Sociedad*, n° 152. Caracas.

Escolar, Cora (2002); "El proceso de "gestión de datos'. Construcción, medición y evaluación de los datos". En *Revista electrónica Cinta de Moebio*, n° 14. Universidad de Chile.

Foucault, Michel (1984); *La verdad y las formas jurídicas*. Editorial Gedisa. 1° conferencia. México.

García Méndez, Emilio (1994); *Derecho de la infancia-adolescencia en América Latina: de la situación irregular a la protección integral*. Forum. Bogotá.

Geertz, Clifford (1997); *La interpretación de las culturas*. Editorial Gedisa. Barcelona.

Jordana, Jacint (mayo-agosto 1995); "El análisis de los *policy networks*: ¿una nueva perspectiva sobre la relación entre políticas públicas y Estado?". En *Gestión y Análisis de Políticas Públicas*, N° 3.

Goffman, Irving (1989); *Internados*. Amorrortu. Buenos Aires.

Kingdon, John (1984); *Agendas, Alternatives and Publics Policies*, Harper Collins Publishers. USA.

Lamo de Espinosa, Emilio; González García, José María; Torres Albero, Cristóbal (1994); *Sociología del conocimiento y de la ciencia*. Editorial Alianza. Madrid.

Lasswell, Harold [1951] (1994); "La orientación hacia las políticas". En Aguilar Villanueva, Luis (comp.); *El estudio de las políticas públicas*. Editorial Miguel Angel Porrúa. México.

Lindblom, Charles (1991); *El proceso de elaboración de políticas pública*. Editorial MAP y Porrúa. Madrid.

Lindblom, Charles (1994); "La investigación social para la elaboración de políticas: quién la necesita y para qué". En *Gestión y Política Pública*, Vol. III, N° 2, segundo semestre.

Majone, Giandomenico [1989] (1987); *Evidencia, argumentación y persuasión en la formulación de políticas*. Fondo de Cultura Económica. México.

——————————— (1999; "Programas de investigación y programas de acción, o ¿puede la investigación de políticas aprender de la filosofía de la ciencia?". En Wagner, Peter; Weiss, Carol; Wittrock, Bjorn y Wollman, Hellmut (oOrg.); *Ciencias sociales y Estado moderno Experiencias nacionales e incidencias teóricas*. Fondo de Cultura Económica. México.

Moro, Javier (enero-junio1997); "La definición del problema en la elaboración de las políticas: los 'menores' en la agenda de gobierno". En *Perfiles Latinoamericanos*, año 6, n° 10. FLACSO México.

————— (2000); "Problemas de agenda y problemas de investigación". En Escolar, Cora (comp.); *Topografías de la investigación. Espacios, métodos y prácticas profesionales*. Editorial Eudeba. Buenos Aires.

————— (2005); "La dimensión cultural en la gestión social. El papel de la gerencia social y la construcción de ciudadanía en América Latina". En Repetto, Fabián (Editor); *La gerencia social ante los nuevos retos del desarrollo social en América Latina*. INDES-INAP-Magna Terra Editorial. Guatemala.

Rein, Martin y Schon, Donald (1999); "Un discurso de políticas que refleja su marco". En Wagner, Meter; Weiss, Carol; Wittrock, Bjorn y Wollman, Hellmut (Org.); *Ciencias sociales y Estado moderno. Experiencias nacionales e incidencias teóricas*. Fondo de Cultura Económica. México.

Scott, Alister (2003); *A Review of the Links Between Research and Policy*, University of Sussex, Reino Unido. http://www.sussex.ac.uk/spru/documents/post_longer_e-report_on_science_in_policy.pdf

Vera, Miguel (2006); "Uso de la información generada por la evaluación de programas sociales". En Vera, Miguel (ed.); *Evaluación para el desarrollo social. Aportes para un debate abierto en América latina*. INDES-INAP-Magna Terra. Guatemala.

Vergara, Rodolfo (1993); "Decisiones, organizaciones y nuevo institucionalismo". En *Revista Perfiles Latinoamericanos*, año 2, n° 3. FLACSO-México.

Wagner, Meter; Weiss, Carol; Wittrock, Bjorn y Wollman, Hellmut (1999); *Ciencias sociales y Estado moderno. Experiencias nacionales e incidencias teóricas*. Fondo de Cultura Económica. México.

Weber, Max. [1919] (1967); *El político y el científico*. Editorial Alianza. Madrid.

Weiss, Carol H. (1999); "La investigación de políticas: ¿datos, ideas o argumentos?". En Wagner, Meter; Weiss, Carol; Wittrock, Bjorn y Wollman, Hellmut (org.); *Ciencias sociales y Estado moderno. Experiencias nacionales e incidencias teóricas*. Fondo de Cultura Económica. México.

Wittrock, Björn (1999); "Conocimiento social y política pública: ocho modelos de interacción". En Wagner, Peter; Weiss, Carol; Wittrock, Bjorn y Wollman, Hellmut (org.) *Ciencias sociales y Estado moderno. Experiencias nacionales e incidencias teóricas*. Fondo de Cultura Económica. México.

CAPÍTULO XII

Los actores en el entramado de la gestión social:
una aproximación operacional y elementos para el análisis

María Mercedes Di Virgilio y Daniel Galizzi ***

El objetivo de este capítulo es presentar una aproximación operacional al concepto de *entramado de intereses*.[159] Se propone el concepto de *entramado* como herramienta que da cuenta de los actores que participan en los procesos de gestión de programas y/o políticas sociales, evitando su descripción en forma aislada, permitiendo reconstruir las relaciones existentes entre ellos y asociando los atributos del entramado a las redes de gestión desarrolladas en la implementación.

1. Recapitulando las coordenadas conceptuales

Este análisis recupera las coordenadas conceptuales que aportan Chiara y Di Virgilio (véase capítulo II). Desde esa perspectiva, las políticas son el resultado de complejos procesos de interacción, negociación y compromiso que involucran a una diversidad de actores, que definen el entramado de intereses y que concentran desiguales capacidades de control, diferentes tipos y cantidades de recursos y habilidades también disímiles (Subirats, 1989). De este modo, el destino final de las políticas dependerá de los grupos de interés en conflicto alrededor del problema sobre el que se intenta intervenir, es decir, de la composición del *entramado de intereses*. Este *entramado* comprende a "todos los sujetos públicos y privados que toman decisiones sobre el uso de

---

* CONICET, Instituto Gino Germani, UBA.

** Consultor en políticas de tierra, vivienda y hábitat.

[159] Este artículo recupera para la aplicación del concepto de entramado, los resultados de una investigación llevada adelante por Daniel Galizzi en el marco de la maestría en Administración Pública (FCE-UBA), que analiza, desde una perspectiva comparada, el proceso de implementación del Programa Mejoramiento de Barrios (PROMEBA) en el nivel local.

los recursos comunes con respecto a un determinado problema [...]. Cada política pública genera su propio entramado de organizaciones e intereses, conectados entre sí por dependencias financieras o administrativas, y distinguibles entre sí por los cortes en la estructura presupuestaria general de que dependen" (Subirats, 1989).

Las características del entramado

El entramado varía según cómo esté constituido:
- Cuál sea el *número de actores.*
- Las *características que tenga la estructura de relaciones* entre los actores.
- La *estabilidad de las relaciones* entre los actores.
- El *grado de institucionalización* de la red.
- Las *reglas de juego* que regulan el comportamiento de los actores.
- La *distribución de los recursos de poder* entre los distintos actores.
- Las *estrategias* de los actores.

Asimismo, los procesos de gestión serán diferentes según que el entramado esté dominado:
- principalmente por *actores estatales,*
- un *grupo social predominante* muy asociado a los niveles ejecutivos,
- *grupos sociales en conflicto,*
- un *gran número de representantes sociales,* o
- *legislativos fuertes* y con fuerte relación con las organizaciones sociales.

Fuente: Chiara y Di Virgilio (2006a)

En cada *red de gestión* o *entramado,* los actores del proceso de gestión toman decisiones en el marco de ciertas *estructuras de opciones* que condicionan sus elecciones (Pzeworsky, 1982).[160] En ese marco, los actores se movilizan "según sus preferencias e intereses. Y [...] pretenden influir, condicionar, bloquear o activar las decisiones públicas utilizando todo tipo de recursos. En algunos casos usan medios económicos (campañas de publicidad, financiación más o menos oculta, "amenazas" de no invertir o de deslocalizar), en otros casos recursos políticos (movilizaciones, campañas, manifestaciones, boicots), y en otros, recursos cognitivos (informes, dictámenes, artículos de expertos) [...]. Los poderes o actores públicos usan también los mismos recursos, pero además disponen de un tipo de instrumentos que los distingue de los demás actores. En efecto, tienen la capacidad de obligar a los demás desde su posición

---

[160] Según la posición que éstos tienen en los sistemas de producción y reproducción (material, social e ideológica).

soberana y representativa, ya que disponen de los recursos normativos. Sus decisiones son interpretadas como decisiones de todos y se puede argumentar que responden a los intereses generales, aunque lo cierto es que son casi siempre fruto de la interacción y negociación entre actores, y de compromisos" (Subirats, sin fecha).

Tal como señala Fleury (2002), en los últimos veinte años en América Latina proliferan las denominadas *redes gestoras* de políticas públicas, especialmente en el campo de las políticas sociales, en el que tienen profundas repercusiones. Estas redes se han desarrollado en torno a la gestión de programas y políticas en los que existe una intensa interacción de agentes públicos, privados, centrales y locales y una creciente demanda de beneficios y de participación ciudadana. La multiplicidad de actores sociales que influyen en el proceso político, en la decisión, la ejecución o el control de actividades públicas, complejiza el proceso de gestión que se ve interpelado por la existencia de estructuras multicéntricas que dan cuenta del desplazamiento del nivel central de gobierno al local y de la esfera del Estado a la sociedad.

Las políticas sociales no han sido ajenas a este proceso, las transformaciones de las políticas sociales –a través de la descentralización, el ajuste fiscal, el resposicionamiento del papel del Estado, los programas con financiamiento externo, etc.– han producido formas de gestión compartidas de las políticas públicas (Chiara y Di Virgilio, 2005 y 2006b). En este proceso, el poder local asume protagonismo y los municipios se posicionan como *espacios locales de gestión* actuando autónomamente (Fleury, 2002; Cabrero Mendoza, 2004; Chiara y Di Virgilio, 2006c). De este modo, la acción de los gobiernos locales en el territorio se ha diversificado adaptando los lineamientos generales de programas y políticas –que emanan desde los niveles centrales del Estado nacional y provincial– a las características y a los requerimientos de la gestión social local (Chiara y Di Virgilio, 2005). Sin embargo, la capacidad para aprovechar los espacios de indefinición que dejan los programas y las políticas que *bajan* desde el nivel central varía en función de las características del *entramado local* y de las *capacidades de gestión* que los actores ponen en juego, contribuyendo a una *heterogeneización del nivel local*.[161]

Ahora bien, ¿cómo avanzar hacia una descripción del *entramado*? El proceso de implementación del Programa Mejoramiento de Barrios (en adelante PROMEBA) en el Gran Buenos Aires resulta un analizador privilegiado para dar cuenta de los procesos aquí descriptos. Asimismo, permite rastrear en ellos la centralidad del *entramado* como herramienta crítica para comprender las diferencias en los estilos de gestión y

---

[161] La transformación de las políticas sociales trajo aparejada una inserción más amplia de los intereses de los actores participantes en la arena política, al tiempo que acentuó la diferenciación concomitante del aparato estatal. En este procesos, aumenta la autonomía relativa de los niveles subnacionales del gobierno y se acentúan las diferencias en los estilos de gestión de la cuestión social entre los gobiernos locales generando niveles muy disímiles de bienestar en un conjunto de poblaciones teóricamente equiparables (Chiara, Di Virgilio y Miraglia, 2007).

en los resultados del proceso de gestión. A tal fin, en la tabla 2 se identifican aspectos relevantes a tener en cuenta en una definición operativa del concepto.

Hacia una definición operativa del entramado de actores

Momento 1

Un aspecto crítico en el análisis del *entramado* es identificar a los actores vinculados al problema sobre el cual se propone intervenir el programa o política en cuestión. La identificación de los actores comprende tanto a aquellos que históricamente se han vinculado o han intervenido en el sector como, también, a aquellos que se constituyen como tales en el proceso mismo de gestión del programa y/o política a implementar.

Momento 2

Acto seguido, la tarea es caracterizar a cada uno de estos actores (véase capítulo II, en este volumen).

En el caso particular del análisis del proceso de implementación del PROMEBA, los actores han sido caracterizados según: (1) rol que desempeñan, (2) la frecuencia de la relación, (3) sus intereses y (4) los recursos que movilizan.

Momento 3

Una vez caracterizados los actores, es necesario dar cuenta de las relaciones que guardan los actores entre sí. El vínculo que los une debe expresarse en término de los intereses que se ponen en juego en la relación.

Momento 4

Posteriormente, con base en el análisis de las relaciones existentes entre los actores, es posible identificar un *nodo decisional* del proceso de gestión, actor con capacidad de decisión y acción a partir de la cual se organiza el entramado.

Momento 5

Se procede entonces a graficar el entramado de relaciones existentes antes de la intervención analizada y aquel que se constituye en su implementación.

Fuente: Chiara y Di Virgilio (2006a)

2. Las características del PROMEBA: coordenadas para comprender el análisis

En la segunda mitad de la década de 1990, en las ciudades latinoamericanas, comienza a implementarse un importante número de programas de mejoramiento de barrios. Dichos programas se enmarcan en las acciones tendientes a mitigar la pobreza a través de la intervención urbana en los asentamientos irregulares, precarios, subnormales o marginales. Para ello prevén garantizar la integralidad con otros programas, integrar los asentamientos a la ciudad formal (reorganización del espacio publico), recalificar los asentamientos social y espacialmente, y mejorar y sanear ambientalmente los barrios. En los países de América del Sur es posible identificar experiencias impulsadas por los gobiernos nacionales, como por ejemplo Programa Habitar-Brasil, Programa Chile-Barrio, el Programa Nacional de Mejoramiento de Barrios (Chile), el Programa de Integración de Asentamientos Irregulares (Uruguay), el Subprograma de Mejoramiento de Barrios (Bolivia) y PROMEBA (Argentina). A nivel local se destacan los programas de Río de Janeiro, el Favela-Bairro y el Nova Baixada, y el programa de Bogotá, denominado Programa Desmarginalización (Fernández Wagner, s/f).

La puesta en marcha del PROMEBA se inscribe en ese escenario. Tal como se señalara anteriormente, desde esta iniciativa se presenta una propuesta operativa para el análisis del *entramado* atendiendo a las características de la redes involucradas en su implementación.

Las intervenciones del programa se orientan a transformar el hábitat popular a partir de la provisión de infraestructura social básica, el acceso a la propiedad de la tierra y el fortalecimiento de la organización comunitaria. Su financiación corresponde en un 40% al gobierno nacional y en un 60% al Banco Interamericano de Desarrollo (BID). De los fondos solicitados al banco, el 50% está a cargo de los gobiernos provinciales. Los gobiernos provinciales, de este modo, se comprometen en el financiamiento del programa suscribiendo un Contrato de Préstamo Subsidiario que requiere de la sanción de una Ley de Endeudamiento Provincial (instancia en la que se involucra no sólo a los ejecutivos provinciales sino también a los legislativos).[162] De este modo, la ejecución opera en forma descentralizada/ desconcentrada a través de provincias y municipios.[163] La implementación es coordinada por la Unidad de Coordinación Nacional (UCN) en el ámbito del Ministerio de Planificación Federal, Inversión Pública y Servicios y la ejecución por Unidades Ejecutoras Provinciales (UEPs). En forma complementaria los municipios constituyen Unidades Ejecutoras Municipales (UEMs) o equipos municipales vinculados directamente a cada proyecto.

La etapa de diseño del programa comenzó en 1995 y la de implementación en 1997. Los primeros proyectos ejecutados se remontan a 1999. En el año 2002, el gobierno nacional, en el contexto de la crisis económica y social, le propuso al BID cambiar la dirección de la cartera de préstamos y orientarla a la emergencia. Comenzó a discutirse, entonces, la incorporación del PROMEBA al Plan de Emergencia Social, lo que ocurrió ese mismo año. Los funcionarios a cargo de la gestión central del programa aprovecharon esta situación como una oportunidad para ampliar el financiamiento

---

[162] Esta cuestión introduce importantes complejidades en la organización de la gestión del Programa –originalmente organizada de forma desconcentrada–, ya que al comprometerse con el financiamiento las Provincias adquieren potestad relativa en el destino de los recursos del programa.

[163] Cabe destacar que Argentina adopta para su gobierno la forma federal.

del programa y la cobertura territorial hacia el Gran Buenos Aires. Paralelamente, en las reuniones anuales que el equipo central de gestión mantenía con los representantes del BID se inició un proceso de revisión de las rutinas operativas del programa. La experiencia acumulada en la gestión y la revisión realizada de cara a la incorporación del PROMEBA al Plan de Emergencia Social impulsaron un proceso de modificaciones que se plasmó en los cambios incorporados al Reglamento Operativo en el año 2002. Dichos cambios se pusieron a prueba y terminaron de definirse en el 2003.

La implementación de los nuevos lineamientos de intervención se materializó en la elaboración de los proyectos para el Gran Buenos Aires. Este proceso, que comprometió fuertemente a los diversos organismos gubernamentales, en los tres niveles jurisdiccionales –nacional, provincial y municipal-, generó una diversidad de problemas operativos que tensionaron las relaciones entre los involucrados en la gestión del programa. Estos conflictos se expresaron especialmente en el nivel local, en particular en los barrios hacia los que se orientaban las intervenciones. A fines de 2003, los seis proyectos seleccionados para su ejecución en el Gran Buenos Aires ya habían finalizado su etapa de diseño y licitación e iniciaban lentamente las obras en el territorio; entre ellos se encontraban los proyectos de Florencio Varela, La Matanza y Moreno.

Tal como se mencionara anteriormente, el PROMEBA es un programa que involucra en su gestión a las tres jurisdicciones del gobierno: nacional, provincial y municipal. Si bien existen otros programas sociales con estas características, ellos tienen una modalidad de gestión desconcentrada. PROMEBA, en cambio, interpela esa forma de organización de la gestión en la medida en que impone como condición para su implementación que las instancias subnacionales se involucren fuertemente con su financiamiento. Por último, cada proyecto PROMEBA requiere la acción coordinada de diversos organismos y entidades sectoriales a escala local; de este modo, en cada municipio el PROMEBA adquiere características diferenciales condicionadas por las características de lo que se denomina el régimen de implementación[164] y por las capacidades de los municipios, para flexibilizar y modificar competencias establecidas en la letra del programa, dando lugar a la definición de estrategias locales de intervención con cierto nivel de autonomía.

3. Los actores antes y durante el PROMEBA

Tal como se mencionara anteriormente, el análisis del *entramado* de actores supone tener en cuenta el factor tiempo; las redes de gestión no son las mismas antes, durante ni después de la puesta en marcha de una iniciativa pública. Tampoco resultan equivalentes las redes que se imaginan en el diseño de programas y políticas, de aquellas

---

[164] Una definición del concepto de régimen de implementación puede leerse en el capítulo II, en este volumen.

que efectivamente resultan en su implementación. Dar cuenta de las modificaciones en la conformación del entramado y, por ende, en las estrategias de los actores resulta crítico si se quiere asegurar el éxito de una intervención. Todos los agentes que participan de alguna manera en el diseño y/o implementación de una política, sean funcionarios del gobierno, políticos, técnicos, proveedores, beneficiarios, usuarios, etc., despliegan intereses diversos que seguramente se ven diferencialmente afectados en la puesta en marcha de la política. En este marco, resulta imprescindible cuando se está poniendo en práctica una intervención analizar los actores y sus intereses. En este sentido, es necesario repetir el análisis todas las veces que sea necesario, porque el mapa de actores puede cambiar a lo largo de la implementación política.

A fin de dar cuenta de las transformaciones que sufre el entramado de actores vinculados a la puesta en marcha del PROMEBA, se analiza el mapa de intervenciones que en materia de hábitat se desarrollaron en el Gran Buenos Aires. Asimismo, se da cuenta de los actores que en ese marco resultaban relevantes.

En los años inmediatamente anteriores al inicio del PROMEBA en el Gran Buenos Aires, el gobierno de la provincia tenía en vigencia distintos programas de tierras y regularización dominial, dos de los cuales eran considerados prioritarios en su implementación:[165] el de regularización de tierras –a través de la titularización legal de parcelas ocupadas –y el de desarrollo de nuevas urbanizaciones– mediante la creación de nuevos asentamientos–. Ambos tenían escalas de ejecución diferentes: mientras el primero alcanzaba a casi la totalidad de los municipios de la provincia –principalmente en el Gran Buenos Aires–, el segundo se ejecutaba en emprendimientos focalizados en pocos municipios de esa región.[166] Ambos programas involucraban principalmente a actores gubernamentales[167] (organismos del gobierno provincial y los municipios), especialmente a aquellos que se abocaban al cumplimiento de la normativa que organizaba el proceso de titularización de inmuebles. De este modo, el rol central en estos programas era desempeñado por la Dirección Provincial de Tierras de la Provincia (DPT).[168] La DPT tenía amplia competencias para la gestión del hábitat[169]

---

[165] Estos programas eran los que mayor atención recibían por parte de las autoridades provinciales, en términos de recursos y prioridad en la agenda de los organismos estatales. Pero no eran los únicos vigentes.

[166] El Programa Asentamientos Planificados tenía una escala de ejecución menor y por ende menor era su incidencia en la articulación de actores. Los proyectos más relevantes se implementaron en Florencio Varela, Quilmes, La Matanza y Moreno.

[167] Las políticas provinciales en los '90 se desarrollaban a partir del accionar de pocos organismos estatales, que tenían como función administrar procedimientos que garantizaran la transferencia de la propiedad a familias ocupantes de parcelas.

[168] La DPT es una dependencia de Subsecretaría de Asuntos Municipales (SAM) del Ministerio de Gobierno.

[169] Decreto 1814 del 2 de agosto de 2002. Entre ellas le correspondía "intervenir en los procedimientos de regularización y acceso a la titularidad dominial, en coordinación con otras autoridades

y sus funciones le permitían asistir en la formulación de proyectos particulares de desarrollo urbano, así como programar y ejecutar urbanizaciones de interés social. En el marco del programa de titularización de tierras intervenían también actores de nivel provincial[170] y un actor no gubernamental: el Colegio de Escribanos de la Provincia (CEP).[171]

El gobierno provincial tercerizaba servicios en el Colegio de Escribanos –que articulaba con el área provincial de tierras–, o con empresas que se encargaban de la construcción de viviendas sociales. En ambas situaciones escribanos o empresarios asumían responsabilidades que en su momento habían estado a cargo del gobierno, que prescindía inclusive de la intermediación con la población beneficiaria.

Si bien la política provincial priorizaba el programa de titularización de parcelas, la problemática de la tierra, la vivienda y el hábitat social abarcaba muchas otras cuestiones que involucraban a otros actores –en ese momento– en forma muy secundaria. Estos comenzarían a tomar mayor protagonismo una vez iniciada la implementación del PROMEBA.[172]

Entre ellos cabe una consideración particular al Instituto Provincial de la Vivienda (en adelante IPV), creado en un momento de auge de las políticas tradicionales de vivienda,[173] con el objetivo de promover nuevas urbanizaciones, seleccionar la demanda, adjudicar y transferir las viviendas. En el año 2002, el IPV se encontraba desfinanciado y no impulsaba acciones de regularización de urbanizaciones informales en forma individual ni articulada con otros organismos. Su fortaleza radicaba en que contaba con recursos técnicos que lo ubicaban como alternativa para realizar aportes a tareas específicas de los programas. Sin embargo, no constituía un actor clave en los lugares de decisión y, por tanto, tenía posibilidades muy limitadas de incidir en la

---

de aplicación de las normas respectivas y organismo especiales".

[170] Como el Registro de la Propiedad (RP) y la Dirección Provincial de Catastro (RC).

[171] Este actor asumía un rol principal en la administración de los procedimientos, recibiendo una parte importante del financiamiento del sistema y controlando el trabajo de sus colegiados que eran responsables de la confección de los títulos de transferencia. Para la ejecución de la ley 24.374 se creó un fondo con recursos del presupuesto provincial y con los aportes de los beneficiarios del programa. Parte de esos recursos los recibía el Colegio de Escribanos.

[172] Entre ellos cabe mencionar a la Dirección de Geodesia (DG) del Ministerio de Economía y Obras Públicas, con incumbencia en la delimitación parcelaria, la Dirección Provincial de Saneamiento hidráulico y Recursos Hídricos (DPSHyRH) con competencia para definir y aprobar las características de los proyectos de saneamiento de un inmueble, la Autoridad del Agua (ADA) que tiene por función principal aprobar los proyectos de fraccionamiento de inmuebles en parcelas individuales y a la Subsecretaría de Asuntos Municipales (SAM) la cual dictamina sobre la correspondencia de las ordenanzas municipales de cambio de uso del suelo. La gobernación provincial, por su parte, participa de estos procesos como órgano político responsable máximo de la aplicación de la normativa, de la reglamentación de las actividades, de la definición de nuevos programas y de la asignación de recursos.

[173] Se alude a las operatorias de construcción de vivienda nueva mediante la contratación de empresas constructoras. Su creación data del año 1976.

ejecución de las políticas. Aspecto éste que resulta crítico si se tiene en cuenta que el IPV se verá fuertemente interpelado por el proceso de implementación del PROMEBA. Una de las causa de esta posición secundaria responde en parte a que las intervenciones del programa de titularización de tierras vigente no se realizaban en urbanizaciones informales (villas y asentamientos). Algo similar ocurría con el programa de nuevas urbanizaciones, donde la escala de las intervenciones era tan acotada que la participación de estos actores estaba focalizada a situaciones muy específicas.[174]

En este marco, la oferta de programas de los organismos gubernamentales no lograba satisfacer las demandas de las organizaciones sociales y población. Además, éstos cumplían muy escasamente con las metas de los programas de transferencia de tierras, y en los casos en que lo lograban, el trámite insumía un tiempo extremadamente largo que impactaba negativamente en su legitimación social. Los escasos resultados alcanzados también afectaban a las organizaciones sociales y técnicas que en su articulación, intermediación y representación social se desgastaban y deslegitimaban frente a la población.

A pesar de ello, el entramado mantuvo cierta cohesión a través del tiempo ya que muchos de los actores, técnicos y representantes sociales que habían iniciado procesos en la década del '80 seguían participando de la temática. Uno de los motivos de esta continuidad se presume en el *interés* compartido por consolidar y finalizar estos procesos. Si bien con motivaciones diferentes –políticas, de reconocimiento de derechos, de cumplimiento de metas de gestión, etc.– el eje común estaba dado por la necesidad de llevar a buen término los programas iniciados. En este sentido pueden identificarse intereses comunes entre las áreas del gobierno destinadas a la regularización y transferencia del dominio a los beneficiarios de los planes (Plan Arraigo, Dirección de Tierras Provincial o Municipios), que perseguían el cumplimiento de metas y la captación de recursos para la resolución de cuestiones puntuales de cada intervención barrial. Entre las organizaciones sociales se perseguía garantizar la institucionalización de instrumentos –leyes de expropiación, actos administrativos de adjudicación de tierras, etc.– y el reconocimiento de los derechos de la población, objetivos muchas veces compartidos por los equipos técnicos de los organismos de gobierno. Sin embargo otros actores gubernamentales no tan vinculados a la temática tenían otras prioridades, como eran el cumplimiento de la normativa, aplicación de leyes y procedimientos, o la defensa de sus incumbencias profesionales. Ejemplo de ello son las intervenciones de aprobación de factibilidades, proyectos de mitigación

---

[174] En este caso las organizaciones sociales y comunitarias de alcance provincial que en décadas anteriores habían desarrollado acciones de importancia en la definición y ejecución de las políticas de tierras centraban sus esfuerzos en canalizar la demanda habitacional muchas veces a través de la ocupación masiva de tierras, problematizando una cuestión no abordada por la política provincial en la escala de la demanda, marcando a su vez otro rasgo de este entramado.

ambiental, de redes viales, etc., a cargo de organismos técnicos que desde un abordaje burocrático difícilmente arribaban a acuerdos con los anteriores.

Interesa resaltar que, además de las relaciones entabladas entre los actores por vías formales y en torno a la cuestión de la tierra, la vivienda y el hábitat, se desarrollaron vías alternativas de *relación* no formales. Éstas se habían consolidado en espacios de acuerdos y cooperación, pero fueron abandonadas por el tipo de diseño de los programas de titularización vigentes. Operativamente se traducían en formas de vinculación más frecuentes desarrolladas en espacios de discusión y gestión compartida –promovidas por algunos municipios o algunos organismos provinciales –, Consejos Comunitarios, mesas de trabajo o unidades de gestión, asambleas vecinales, que en ciertas ocasiones se constituyeron en espacios de articulación interjurisdiccional e interáreas de los propios organismos gubernamentales.

En relación a la población, cabe resaltar que la crisis social del año 2001 –que paulatinamente empujaba a una mayor cantidad de población a la pobreza– derivó en un desplazamiento en las prioridades de la demanda por la tierra y la vivienda, hacia otros reclamos vinculados al trabajo, la alimentación y a la provisión de elementos básicos para la vida, debilitando la participación de la población en estas cuestiones.

Asimismo otro conjunto de actores, poco tenidos en cuenta cuando se analizan las redes de gestión vinculadas a programas orientados al hábitat, son los agentes del mercado inmobiliario, que si bien no estaban directamente vinculados a los procesos de regularización dominial, en forma indirecta especulaban con los resultados positivos que los programas ejecutados e inversiones realizadas por el Estado, producían en el mercado inmobiliario, especialmente con el mayor valor que adquirían las propiedades ubicadas en las áreas intervenidas.

Tabla 1. Principales actores de la implementación de las políticas de tierras, vivienda y hábitat en la Provincia de Buenos Aires. Año 2000/ 2001.

Ámbito de actuación	Actores	Interés	Rol	Relaciones entabladas con otros actores
Provincial Principal	Dirección Provincial de Regularización Urbana y Dominial	Regularizar y consolidar los asentamientos. Aplicar la normativa sobre uso del suelo. Colaborar en la accesibilidad al suelo urbano para los sectores imposibilitados y/o la regularización de asentamientos informales o loteos sin titularizar. Incidir en criterios de urbanización y planeamiento.	Intervenir en los procesos de regularización y acceso a la titularidad dominial. Órgano de aplicación de la Ley 24.374 de regularización dominial. Asiste técnicamente a municipios u organizaciones civiles. Coordina las relaciones con otros organismos vinculados a la temática.	Frecuentes. Institucionalizadas. Formalizadas.
Provincial Principal	Colegio de Escribanos	Promover y beneficiar a sus colegiados y captar financiamiento.	Administrar recursos del fondo Lley 24.374. Confeccionar actas. Supervisar actividades.	Frecuentes. Institucionalizadas. Formalizadas.
Provincial Principal	Registro de la Propiedad Inmueble.	Intervenir en los actos escriturarios de interés social.	Recepcionar demandas municipales y aplicar ley 10830 de escrituración social.	Eventuales, formalizadas e institucionalizadas.

Ámbito de actuación	Actores	Interés	Rol	Relaciones entabladas con otros actores
Provincial Principal	Dirección Provincial de Geodesia	Fijar criterios sobre la interpretación de la normativa sobre mensura y fraccionamiento de inmuebles. Proponer modificaciones legislativas.	Aprobar fraccionamientos de inmuebles. Aplicación de normativa de excepción.	Eventuales. Institucionalizadas en su especificidad Formalizadas.
Local Principal	Municipio	Promover el crecimiento planificado de la urbanización. Evitar asentamientos informales. Resolver situaciones de conflicto.	Regular y planificar el uso del suelo en el distrito.	Frecuentes. Institucionalizadas parcialmente. Formalizadas.
Provincial Secundario	Órgano Ejecutivo de la Prov. de Bs. As. Gobernación	Fijar los lineamientos políticos sobre urbanización y uso del suelo. Destinar los recursos presupuestarios. Fijar criterios de intervención urbana con los municipios. Realizar acciones para resolver la problemática de acceso a la tierra urbana.	Aplicar normativa en la materia. Reglamentar las actividades. Define nuevos programas y asigna los recursos disponibles.	Eventuales. Institucionalizadas. Formalizadas.

Ámbito de actuación	Actores	Interés	Rol	Relaciones entabladas con otros actores
Provincial Secundario	Dirección Provincial de Saneamiento hidráulico y Recursos Hídricos	Aplicar la normativa sobre aguas. Fijar criterios de saneamiento. Prevenir desastres hídricos.	Aprobación de proyectos saneamiento hidráulico.	Eventuales. No institucionalizadas. Formalizadas.
	Autoridad del Agua	Fijar criterios técnicos sobre el uso y disposición de efluentes.	Resolver situaciones de disposición de agua. Visado de proyectos de fraccionamiento de inmuebles. Responsable de la aplicación de las leyes 6253 y 6254.	Eventuales. No institucionalizadas. Formalizadas.
	Instituto de la Vivienda Prov. Bs. As.	Financiar y ejecutar vivienda nuevas de interés social por empresas o cooperativas.	Diseña, aprueba y financia, proyectos habitacionales y adjudica y transfiere las viviendas.	Frecuentes. Institucionalizadas. Formalizadas.
	Organizaciones civiles (ONG, universidades, organizaciones barriales o regionales).	Obtener suelo urbano para vivienda o usos comunitarios. Incidir en las políticas públicas. Controlar la gestión pública.	Intermediar y articular entre la demanda de la población y el Estado en sus tres niveles. Colaborar, asistir y demandar al gobierno local y a la provincia.	Frecuentes. Institucionalizadas parcialmente. Formalizadas parcialmente.

Ámbito de actuación	Actores	Interés	Rol	Relaciones entabladas con otros actores
Local Secundario	Agentes del mercado: Inmobiliarias y cámaras inmobiliarias, concentradores de tierras, vendedores clandestinos, empresas constructoras, cámaras empresariales, etc.	Obtener rentabilidad económica mediante la comercialización de tierras o la construcción de viviendas.	Intermediar en la venta de tierras y en la construcción de viviendas.	Frecuentes. Institucionalizadas. No formalizadas.
	Población de bajos recursos	Acceder a una parcela para vivienda.	Adjudicatario, ocupante, intruso, comprador, inquilino, desalojado, demandante registrado.	Frecuente. Institucionalizada parcialmente. Formalizada parcialmente.

Fuente: Galizzi, (2007), en base a documentos del Curso de Mercado de Suelo, Lincoln Institute of Land Policy y de la Universidad de General Sarmiento (abril-octubre 2004).

Gráfico 1. Provincia de Buenos Aires: entramado y sistemas de relaciones para la gestión de las políticas de tierra y hábitat. Previo a la implementación de PROMEBA, año 2001

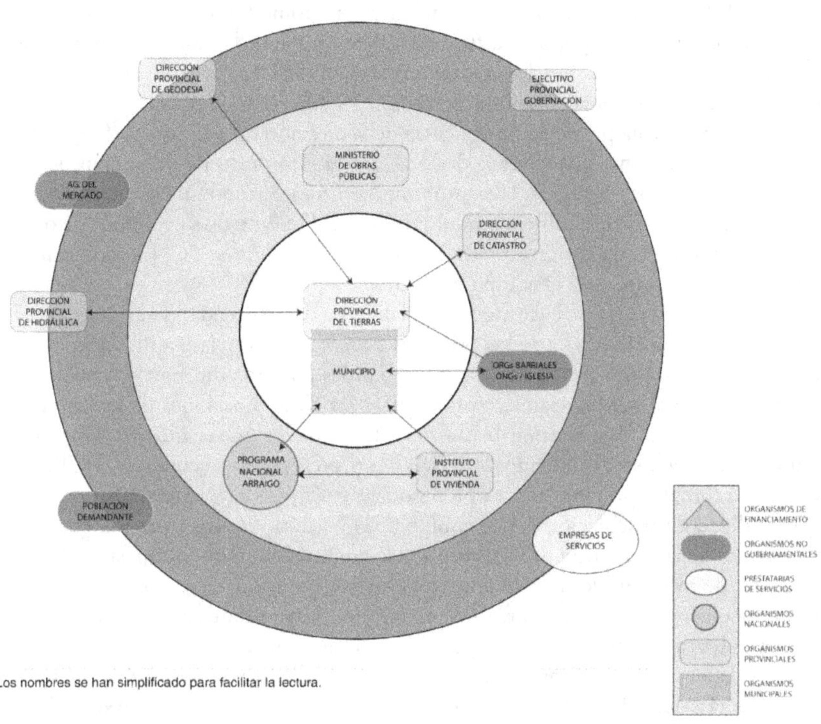

Fuente: Galizzi (2007) con base en entrevistas.

La llegada del PROMEBA introduce modificaciones en el entramado provincial de las políticas de tierras y vivienda vigentes hasta entonces en el Gran Buenos Aires. La etapa de formulación de los proyectos reposicionó a los actores existentes y puso en escena nuevos que impulsaron otra dinámica en torno a las tareas y compromisos a desarrollarse. Con el propósito de observar como se configuró el entramado con la implementación del PROMEBA en cada municipio, se focaliza el análisis en el entramado local haciendo referencia previamente a los cambios producidos a nivel provincial.

Como el programa estaba ejecutándose en el interior de la provincia desde el año 1998, la Unidad de Coordinación Nacional (UCN) y la Unidad Ejecutora Provincial

(UEP) ya habían experimentado un proceso de trabajo con otros proyectos. Estas unidades, ahora participarían del entramado de gestión de los proyectos del Gran Buenos Aires. Tenían funciones específicas organizadas en una suerte de "división de tareas", donde la UCN realizaba la supervisión de los proyectos que formulaba y ejecutaba la UEP. Sin embargo, ambas unidades se reacomodaron al nuevo escenario. La UCN conformó un equipo específico para el desarrollo de la muestra de proyectos Gran Buenos Aires, con la función de verificar la viabilidad de ejecución del programa en un área donde se concentraba un porcentaje significativo de población en situación de pobreza. Una primera consecuencia de la creación de este equipo fue que se produjo un mayor involucramiento de la UCN en el proceso de definición de las características de los proyectos, con un monitoreo más cercano de las acciones que se llevaban a cabo. Este cambio introdujo un matiz diferente de su rol que entró en contradicción con el que originalmente se había previsto para la UCN, modificando a su vez la articulación con el equipo de la UEP.

La UEP, por su parte, se encontraba parcialmente desarticulada,[175] sus actividades se centraban en la ejecución de los primeros proyectos, con relativa independencia de la UCN. Asimismo mantenía funciones acordes a lo previsto por la modalidad de gerenciamiento del programa: monitoreo de las obras y acciones de los componentes de proyecto. Al aumentar la cantidad de proyectos que se incorporaban con la muestra,[176] para ser formulados con tiempos y presupuestos acotados, la UEP se reorganizó completando su planta de profesionales y técnicos y replanteando, también, su modalidad de articulación con el equipo de la Nación. El rasgo más evidente fue el aumento de la frecuencia de la relación, y la conformación de instancias casi permanentes de intercambio no sólo entre los equipos mencionados sino también con los municipios y profesionales de otros organismos. Esas instancias se constituyeron en una práctica consolidada a lo largo de la formulación, y en la que se generaron oportunidades para desarrollar procedimientos nuevos y formas de organizar la gestión, diferentes a las que existían anteriormente. De este modo no se seguían procedimientos estandarizados, se promovieron vinculaciones informales en espacios de articulación y formas matriciales de tomas de decisión,[177] que resultaron en cambios significativos en relación al entramado anterior.

Paralelamente se produce la reubicación de la UEP y el PROMEBA dentro del eje de las políticas de la provincia. Por decisión del interventor del IPV, el PROME-

---

[175] Entre otros cambios institucionales, en la provincia se produjo la renuncia de la coordinadora institucional de la UEP que había coordinado los proyectos anteriores.

[176] Inicialmente se realizó una convocatoria a municipios de los cuáles diez presentaron propuestas de barrios para ser evaluados. Posteriormente se seleccionaron seis casos que conformaron la totalidad de la muestra. Las tareas de proyectos supone realizar los mismos con especificaciones técnicas detalladas para el llamado a licitación.

[177] La experiencia más significativa fue la conformación de una Unidad de Gestión Asociada integrada por representantes de los distintos organismos que realizarían aportes al proyecto.

BA pasaba a integrar el conjunto de políticas principales del organismo, asociado a una estrategia de integración de sus áreas técnicas a las tareas de los proyectos PROMEBA. Si bien desde su origen la UEP estaba facultada para disponer de todos los recursos del IPV necesarios para el cumplimiento de su misión, nunca antes los había integrado efectivamente al desarrollo del programa. Para la formulación de la muestra ya no se realizarían aportes esporádicos sino que las Direcciones y Departamentos técnicos del IPV pasarían a estar a disposición del Interventor –a la vez coordinador institucional de la UEP.[178] Esta estrategia lógica frente a la subocupación de los recursos humanos del IPV –como consecuencia del desfinanciamiento de los planes de vivienda tradicionales– produjo tensiones y no resultó sencilla, no sólo por la superposición de funciones entre ambas estructuras –UEP e IPV–, sino también por el abordaje fragmentado que realizaba el IPV dado que sus técnicos no tenían tradición de ejecución de políticas de hábitat asimilables conceptualmente a la perspectiva que proponía el PROMEBA. Por otra parte estas tensiones marcaban diferencias respecto a la modalidad de gerenciamiento del PROMEBA, ya que las operaciones estaban diseñadas de forma tal que la UEP pudiera abordar la formulación de un proyecto con sus propios recursos. Sin embargo, en los hechos, no sólo debía confrontar sus decisiones con la normativa provincial, sino que se veía atravesada por lógicas de poder en la relación con el IPV. La resolución de esas tensiones, en muchos casos, se dirimía a favor de los técnicos del IPV que hacían prevalecer su posición de poder respecto de la UEP, influyendo en aspectos puntuales de los proyectos.

Otra característica del entramado vinculada al diseño institucional del programa estuvo dada por la intervención de los organismos provinciales de control de rango constitucional. Como el gobierno provincial se endeudaba para la ejecución del PROMEBA, la administración y disposición de los recursos del programa requerían de la intervención de los organismos de control y asesoramiento que debían autorizar parte de los procedimientos que implicaran la afectación de fondos o la realización de desembolsos. Este procedimiento de rango constitucional es generalizado a las operaciones de la provincia, alcanzando también a las que tenían como marco el contrato de préstamo subsidiario, base del financiamiento del PROMEBA. En definitiva los procedimientos del programa debían coordinarse con los procedimientos provinciales. El conjunto de relaciones que surgieron en el marco de estas articulaciones estuvieron sujetas a la normativa de los Organismos de Asesoramiento y Control de rango constitucional.[179]

---

[178] Esta actitud era coherente con la crisis institucional de la que estaba saliendo la provincia (renuncia del gobernador) circunstancia que hizo que la formulación de los proyectos del PROMEBA fuera una prioridad y se transformara en la política del IPV en esa época.

[179] Estos organismos tuvieron participación directa en la aprobación del pliego licitatorio, demorando su aprobación y retrasando el avance de los proyectos por aproximadamente ocho meses.

En este escenario el rol de la UEP se vio superado por estas tensiones, desdibujando su participación frente a los municipios y la UCN, así como poniendo en evidencia sus debilidades institucionales frente al resto del IPV y otros organismos provinciales. La UEP reconfiguró su rol. Se retrajo a un papel casi meramente administrativo, aislándose de las decisiones de los proyecto y de la selección de los barrios, diluyendo el rol de conducción del proceso y dejando al nivel local la resolución de cuestiones que muchas veces estaban por encima de las posibilidades de los municipios. En ese escenario, la articulación con UCN fue propicia para que la UEP se reforzara con profesionales que ampliaron la planta y articulara los aportes de otros organismos, obtenidos muchas veces luego de arduas negociaciones. Asimismo permitió a los técnicos de la UCN conocer las particularidades del Gran Buenos Aires como ámbito de intervención, reflexionar sobre nuevas estrategias para el programa, así como para proponer modificaciones a los procedimientos y criterios que quedaran plasmadas en un nuevo Reglamento Operativo. En esa articulación se comprometieron los intereses de actores (políticos) con las soluciones técnicas propuestas a los problemas, donde la UCN además de su rol de monitoreo agregó el de coordinación de actividades, evaluación de procedimientos y verificación de las estrategias más adecuadas para cada situación.

4. Entramados locales para la gestión del mejoramiento del hábitat

Las transformaciones en el *entramado provincial* desencadenaron cambios en el rol de los municipios. Éstos pasaron de tener un rol pasivo (articular demandas sociales como intermediarios del gobierno provincial) a desempeñarse como responsables principales de los insumos del proyecto. Si bien esto obedeció a la necesidad de ubicarlos como protagonistas, para ser coherentes con la concepción desconcentrada del programa y en reconocimiento a su autoridad sobre el territorio, al poco tiempo de iniciadas las actividades se pusieron en evidencia las limitaciones que éstos tenían para cumplir los requisitos que la complejidad de los proyectos requerían.

Se analizan a continuación los *entramados locales* que resultan de la implementación del PROMEBA en diferentes escenarios municipales: Florencio Varela, La Matanza y Moreno.

En Florencio Varela, el *entramado* se estructuró, en parte, a fin de dar respuesta a las desfavorables condiciones de partida. Se trata de un municipio de pobreza extendida, con escasos recursos presupuestarios que, a pesar de haber pasado por experiencias en la temática, no contaba con unidades municipales afectadas a las políticas de hábitat. Al inicio del programa estas condiciones hacían poco probable que pudiera asumir el rol de gestor y líder del proyecto. En este contexto una de sus primeras estrategias apuntaba a captar recursos e intentar articularlos en torno al proyecto. El objetivo era reorganizarse generando una estructura acorde a los requerimientos del PROMEBA. En esta estructura se acentuaron las formas organizativas no formalizadas. Con la intención de alcanzar las metas que exigía la formulación de los proyectos, se articularon aportes de distintas áreas del municipio, a través de una red de profesionales especializados en la temática que participaron en ese esquema. La complejidad del proceso y las limitaciones municipales para aportar recursos contribuyó con la conformación de esta estructura informal, muy diferente a la que preveía el PROMEBA. Los esfuerzos estuvieron puestos en promover nuevas relaciones entre los organismos de gobierno que dieron un sesgo particular al entramado. Sin embargo, algunos temas exigían aportes específicos que sólo pudieron ser cubiertos por nuevos actores que contaban con los recursos de poder para incidir en definiciones del proyecto, que fueron estratégicas en el nivel local. Tal es el caso de la empresa de servicios públicos, que encontró una posibilidad para obtener recursos para expandir sus inversiones. Por su parte, la población y sus organizaciones vecinales tuvieron una baja vinculación con el resto de los actores, en especial con el municipio. La desconfianza que existía en el gobierno local y provincial, sumada a la sensación de abandono por parte de los organismos estatales no ayudó que estos participaran en forma más activa.

Tabla 2. Entramado de actores de la implementación del PROMEBA en Florencio Varela. Año 2002.

Ambito de actuación	Actores	Interés	Rol	Relaciones entabladas
Nacional	Unidad de Coordinación Nacional Promeba (UCN).	Ejecutar la muestra del Gran Buenos Aires, afectar su presupuesto y garantizar los proyectos.	Coordinar y supervisar las actividades coordinando con la UEP y municipio.	Frecuentes. Institucionalizadas. No formalizadas.
	Programa Arraigo.	Intervención directa en el barrio. Lograr que el barrio se organice en cooperativas u otra organización vecinal.	Transferir la tierra a los ocupantes a través de la organización barrial.	Permanentes. Institucionalizadas. Formalizadas.

Ambito de actuación	Actores	Interés	Rol	Relaciones entabladas
Provincial	Dirección Provincial de Regularización Urbana y Dominial.	Incorporar o integrar a la DPT en la gestión del Promeba. Cumplir con los compromisos asumidos anteriormente.	Intervenir en la regularización por Convenio suscripto con el Programa Arraigo y el Municipio. Formular proyecto urbano y realizar el plano de subdivisión.	Frecuentes. Institucionalizadas. Formalizadas.
	Unidad Ejecutora Provincial (UEP).	Poder ejecutar el presupuesto asignado a la provincia por el programa Articular y aprovechar los recursos de las áreas del IPV.	Administrar procedimientos para la gestión del proyecto. Coordinar con UCN y municipios.	Frecuentes. Institucionalizadas. Formalizadas.
Municipal	Municipio.	Proponer barrios para el financiamiento. Obtener financiamiento para el barrio Don José.	Formular el Proyecto ejecutivo Integral, con asistencia de la UEP.	Frecuentes. Institucionalizadas. Formalizadas.
	Empresa de servicios.	Aprovechar inversión pública en sectores de su interés.	Suministrar servicios. Diseñar proyecto y aprobar el proyecto en conjunto con el ADA.	Eventuales No institucionalizadas No formalizadas
	Organizaciones barriales. (Entidades integradas en la Unidad de Gestión Local).	Participar de la formulación del proyecto. Atender la demanda de la población.	Intermediar entre la demanda de la población y el municipio para la formulación de los proyectos.	Poco frecuentes. Institucionalizadas parcialmente. No formalizadas.
	Población de bajos recursos.	Acceder a los beneficios del programa.	Beneficiarios receptores de las mejoras y servicios.	Poco frecuentes. No Institucionalizada. No Formalizada.

Fuente: Galizzi,(2007), en base a entrevistas realizadas en los meses de enero, febrero y marzo de 2005.

En La Matanza, los rasgos característicos del *entramado* estuvieron dados por la forma que adquirió la red de gestión liderada por la cooperativa barrial, y con la oposición de una entidad vecinal opositora que participó durante el desarrollo. La cooperativa, con base en un acuerdo político institucional con el municipio, concentró parte importante de las relaciones, que aumentaban a medida que se avanzaba con las etapas de la formulación. Los actores que integraron el entramado se nuclearon alrededor de los intereses de la cooperativa, incluso en lo que respecta a las relaciones con la organización barrial opositora. El municipio, por su parte, también aprovechó la oportunidad para reconstruir las estructuras administrativas abocadas a la temática, para paulatinamente fortalecerse en la relación y articulación con las organizaciones vecinales. Este aspecto es fundamental a la hora de reconstruir espacios de autonomía donde el fortalecimiento de los organismos de gobierno y unidades administrativas tiene su correlato con el desarrollo de las organizaciones sociales involucradas en el área temática. Algo de esto puede observarse durante el proceso de gestión del proyecto en relación a la estrategia municipal de fortalecimiento de la organización vecinal o parcialmente al momento de entablar negociaciones con la empresa de servicios, donde involucra al organismo regulador, configurando un entramado más favorable a los intereses del gobierno.

Tabla 3. Entramado de actores de la implementación del PROMEBA en La Matanza. Año 2002.

Ámbito de Actuación	Actores	Interés	Rol	Relaciones entabladas
Nacional	Unidad de Coordinación Nacional PROMEBA (UCN).	Ejecutar la muestra del Gran Buenos Aires, afectar su presupuesto y garantizar los proyectos. Adaptar los criterios de intervención al proyecto Almafuerte.	Coordinar, supervisar las tareas de la Unidad Ejecutora Provincial. Colaborar en la resolución de problemas. Aprobar los proyectos.	Frecuentes. Institucionalizadas. Formalizadas.
	Programa Arraigo.	Intervención directa en el barrio. Lograr que el barrio se organice en cooperativas u otra organización vecinal.	Transferir la tierra a los ocupantes a través de la organización barrial.	Permanentes. Institucionalizadas. Formalizadas.

Ámbito de Actuación	Actores	Interés	Rol	Relaciones entabladas
Provincial Principal	Dirección Provincial de Regulariza-ción Urbana y Dominial.	Incorporar o integrar a la DPT en la gestión del Promeba.	Formular proyecto urbano. Realizar mensura y subdivisión.	Frecuentes. Institucionalizadas. Formalizadas.
	Unidad Ejecu-tora Provincial (UEP).	Articular y aprove-char los recursos de las áreas del IPV. Asistir al municipio para la formulación del proyecto.	Coordinar con los Organismo provin-ciales involucrados. Asistir técnicamen-te al municipio. Realizar el proyecto de infraestructura y núcleos.	Frecuentes. Institucionalizadas. Formalizadas.
Municipal	Municipio-IDUAR.	Lograr el financia-miento del proyecto.	Formular el Proyec-to Ejecutivo Inte-gral, con asistencia de la UEP.	Frecuentes. Institucionalizadas. Formalizadas.
	Empresas de servicios.	Aprovechar inver-sión pública en sec-tores de su interés.	Suministrar servicios Diseñar proyecto.	Eventuales. No institucionalizadas. No formalizadas.
	Cooperativa del Barrio Almafuerte.	Participar de la formulación del proyecto. Incidir en los crite-rios técnicos. Atender la demanda de la población	Intermediar entre la demanda de la población y el municipio para la formulación de los proyectos.	Poco frecuentes. Institucionalizadas parcialmente. No formalizadas.
	Club Peribebuy Vecinos Villa Constructora.	Impedir la urbaniza-ción de la villa y la conexión vial.	Oposición al avance del proyecto.	Poco frecuentes. No institucionalizadas.
	Población de bajos recursos.	Acceder a los benefi-cios del programa.	Beneficiarios receptar las obras y servicios.	Poco frecuentes. No Institucionalizada. No Formalizada.

Fuente: Galizzi, 2007 en base a entrevistas realizadas en los meses de enero, febrero y marzo de 2005.

Gráfico 2: Municipalidad de La Matanza. Entramado de Actores. Formulación PROMEBA

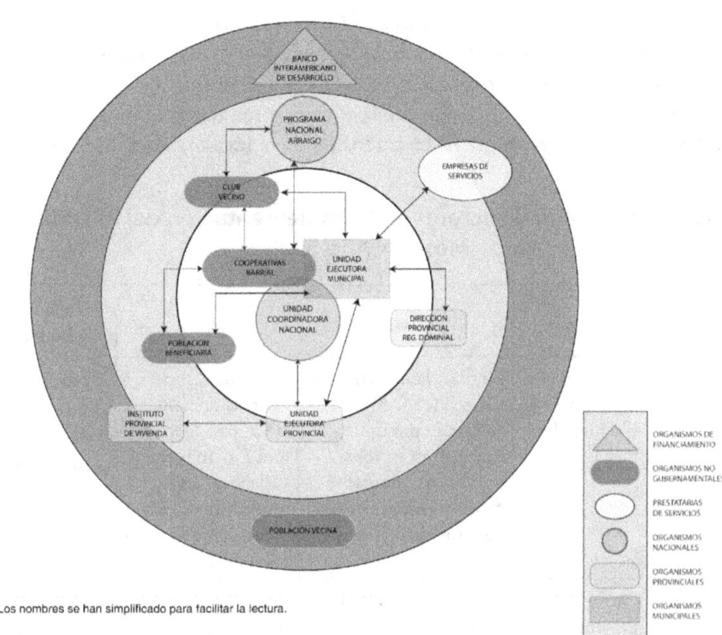

Los nombres se han simplificado para facilitar la lectura.

Fuente: Galizzi (2007) con base en entrevistas.

El proyecto de la Municipalidad de Moreno comprometió los mismos actores que los proyectos anteriores. La diferencia en este caso fue el rol del municipio que resultó preponderante al momento de fijar los criterios de la intervención. A diferencia de los casos anteriores el *entramado* se configuró alrededor de la fortaleza y estrategia municipal desarrolladas a través del IDUAR (Instituto de Desarrollo Urbano, Ambiental y Regional). Este organismo contaba con una estructura funcional que cumplía con los requerimientos del PROMEBA y sus técnicos y responsables tenían una visión compartida con los equipos de Nación y Provincia –en particular respecto del primero– sobre la problemática, que abrió relaciones más próximas entre los participantes. La característica fue la existencia de una estrategia y política clara de desarrollo urbano que fortaleció al municipio dentro del entramado, y facilitó los acuerdos y vías de relación que captaran

341

recursos para ese fin. Asimismo, y como parte de la estrategia municipal, al entramado de actores se integraron las organizaciones vecinales de los barrios y organizaciones no gubernamentales que participaron en diferentes momentos del proceso. Esta forma de articulación social, a través de entidades intermedias o grupos técnicos de apoyo, también repercutió en la naturaleza de las relaciones con los organismos públicos y con las empresas de servicios. En particular respecto de estas últimas el IDUAR y la ONG conformaron un espacio de discusión con la empresa prestataria sobre la forma de aprovechar las inversiones del programa en extensión de redes a otros sectores del partido.

Tabla 4. Entramado de actores de la implementación del PROMEBA en Moreno. Año 2002.

Ámbito de Actuación	Actores	Interés	Rol	Relaciones entabladas
Nacional	Unidad de Coordinación Nacional Promeba (UCN).	Ejecutar la muestra del Gran Buenos Aires, afectar su presupuesto y garantizar los proyectos. Adoptar el proyecto a los criterios del programa y su R.O.	Coordinar, supervisar las tareas de la Unidad Ejecutora Provincial. Colaborar en la resolución de problemas. Aprobar los proyectos.	Frecuentes. Institucionalizadas. Formalizadas.
Provincial	Dirección Provincial de Saneamiento y Obras Hidráulicas.	Aplicar la normativa sobre aguas. Fijar criterios de saneamiento Extender inversiones a barrios linderos.	Aprobación de proyecto de saneamiento hidráulico del barrio.	Eventuales. Institucionalizadas en su especificidad. Formalizadas.
	Dirección Provincial de Regularización Urbana y Dominial.	Incorporar o integrar a la DPT en la gestión del Promeba. Regularizar el barrio.	Formular proyecto urbano. Realizar mensura y subdivisión.	Frecuentes. Institucionalizadas. Formalizadas.
	Unidad Ejecutora Provincial (UEP).	Articular y aprovechar los recursos de las áreas del IPV. Asistir al municipio para la formulación del proyecto.	Coordinar con los Organismo provinciales involucrados. Asistir técnicamente al municipio.	Frecuentes. Institucionalizadas. Formalizadas.

Ámbito de Actuación	Actores	Interés	Rol	Relaciones entabladas
Municipal	IDUAR	Lograr el financiamiento del proyecto. Extender las obras e inversiones a un área ampliada.	Formular el Proyecto Ejecutivo Integral, con asistencia de la UEP.	Frecuentes. Institucionalizadas. Formalizadas.
	Empresas de servicios.	Aprovechar inversión pública en sectores de su interés. Evitar sistemas autónomos de saneamiento.	Suministrar servicios. Diseñar proyecto.	Eventuales. No institucionalizadas. No formalizadas.
	Organizaciones No Gubernamentales. (Asoc. Civil Madre Tierra e Instituto Internacional para el Desarrollo)	Realizar acciones de mejoramiento de la calidad de vida de la comunidad. Realizar experiencia en torno a la gestión del Agua.	Acompañar a la comunidad en la formulación del proyecto. Asistir al municipio en el tema aguas.	Eventuales. Institucionalizadas. Formalizadas parcialmente.
	Organizaciones barriales. (Cooperativa del Barrio)	Participar de la formulación del proyecto. Incidir en los criterios técnicos. Atender la demanda de la población.	Intermediar entre la demanda de la población y el municipio para la formulación de los proyectos.	Poco frecuentes. Institucionalizadas parcialmente. No formalizadas
	Población de bajos recursos	Acceder a los beneficios del programa.	Beneficiario de las obras y servicios.	Poco frecuentes. No Institucionalizada. No Formalizada.

Fuente: Galizzi, (2007) en base a entrevistas realizadas en los meses de enero, febrero y marzo de 2005.

Los tres *entramados* presentados adoptaron las características de una red de gestión de los proyectos; en ese contexto se abordaron cuestiones que incidieron en los lineamentos de las políticas de hábitat de la provincia. En este sentido los mismos reconfiguraron una red de políticas en torno al hábitat, incorporando nuevos criterios de intervención y nuevos actores sociales y gubernamentales.

Asimismo pueden destacarse particularidades en cada uno de los casos. En Florencio Varela, el municipio aprovecha la oportunidad para reorganizar su estructura interna y fortalecerse captando recursos externos. La vía principal es la articulación con otros organismos públicos, dejando en una instancia muy menor la vinculación con población y organizaciones vecinales. A su vez en las tratativas con la empresa de servicios, eéta aprovechó la debilidad del municipio y organismos públicos para sostener propuestas alternativas a la presentada. En La Matanza, en cambio, el entramado se organiza en torno a la organización vecinal y a la municipalidad, donde ambas organizaciones se fortalecen generando espacios de tomas de decisión más sustentables. En este sentido la fuerte vinculación entre ambas fortaleció la posición municipal a la hora de discutir con la empresa de servicios. Finalmente, en Moreno el entramado se organizó en torno a la centralidad del municipio e IDUAR los que tensaron las decisiones a favor de los intereses de desarrollo urbano locales, adoptando una estrategia de articulación y negociación con los organismos gubernamentales, organizaciones no gubernamentales, organizaciones barriales y empresas de servicios con ese horizonte.

Cada uno de estos entramados configuró proyectos que en el marco de un único programa definió estrategias de intervención diferentes, dando cuenta de su capacidad para (re)orientar la política en el territorio. En ese marco, el *entramado de actores* como herramienta analítica ha mostrado ser eficaz para dar cuenta de los diferentes estilos de gestión, de decisión y negociación políticas y de cómo se mueven los actores en sus correspondientes arenas políticas. Conocer las características de las diferentes redes de gestión permite operar sobre ellas y donde fuera necesario y posible, intentar introducir cambios en la dinámica de sus actores. Asimismo, entender el entramado y las lógicas de actuación de los actores facilita la coordinación de interacciones entre varios actores involucrados en procesos políticos complejos, tal como lo son los procesos de gestión.

Bibliografía

Cabrero Mendoza, Enrique (2004); *Acción pública y desarrollo local.* Fondo de Cultura Económica. México.

Chiara, Magdalena y Di Virgilio, María Mercedes (2005); *Gestión social y municipios: desde los escritorios del Banco Mundial a las calles del Gran Buenos Aires.* Universidad Nacional de General Sarmiento/ Prometeo Libros. Buenos Aires.

Chiara, Magdalena y Di Virgilio, María Mercedes (2006a); "Ficha de clases". Asignatura Planificación y Gestión de las Políticas Sociales II. Licenciatura en Políticas Sociales, Instituto del Conurbano. UNG. Mímeo.

Chiara, Magdalena y Di Virgilio, María Mercedes (2006b); "Políticas sociales orientadas hacia el desarrollo y debates acerca de su institucionalidad". En *Revista Perfiles Latinoamericanos*, n° 28. FLACSO. México.

Chiara, Magdalena y Di Virgilio, María Mercedes (2006c); "La política social en el ámbito municipal: análisis de las condiciones para la producción de políticas locales en el Gran Buenos Aires (Argentina)". En Andrenacci, Luciano (Comp.); *Problemas de política social en la Argentina contemporánea*. UNGS/ Prometeo. Buenos Aires.

Chiara, Magdalena, Di Virgilio, María Mercedes y Miraglia, Marina, con la colaboración de Jiménez, Carlos y Canel, María (2007); "La Gestión Local en Salud en el GBA: condiciones y tensiones que la constituyen". En *Gestión local en salud: conceptos y experiencias en los municipios de la Provincia de Buenos Aires*. UNGS. Los Polvorines. (En proceso).

Fleury, Sonia (2002); "El desafío de la gestión de las redes de políticas". En *Instituciones y Desarrollo*. Instituto Internacional de Gobernabilidad de Cataluña. <http://www.iigov.org>.

Fernández Wagner, R. (s/f); "Los programas de mejoramiento barrial en América Latina". <www.urbared.ungs.edu.ar>.

Galizzi, Daniel (2007); "Capacidades del Estado para la gestión del hábitat en el Gran Buenos Aires". Tesis de maestría en Administración Pública. Facultad de Ciencias Económicas. Universidad de Buenos Aires.

Subirats, Joan (1989); "La puesta en práctica de las políticas públicas". En *Análisis de políticas públicas y eficacia en la administración*. MAP. Madrid. España.

———————(s/f); "El análisis de las políticas públicas". Departament de Ciéncia Política i Dret Públic, Universitat Autónoma de Barcelona.

Casos para el estudio de la gestión

Los profesionales que reciben en tiempo real entrenamiento y aliento para pensar cuidadosamente sobre lo que hacen mientras lo hacen, aprenden de una manera más profunda

Donald Schön (1987)

Los estudios de caso como estrategia de formación en gestión social

*María Mercedes Di Virgilio**

Este libro incorpora cuatro estudios de caso desarrollados con vistas a profundizar en la aplicación de las estrategias teórico-metodológicas que, en los diferentes capítulos, se presentan para el análisis de los procesos de gestión. A través de ambos insumos –herramientas teórico metodológicas y casos –, el libro pretende abonar a la formación en el campo de la gestión de las políticas sociales.

A tal fin, se presentan experiencias intencionalmente estructuradas para abordar los problemas propios de los procesos de gestión: la conformación del entramado de actores, los procesos de participación, la matriz institucional, las capacidades estatales, las formas de organización de la gestión, etc. A fin de colaborar con la tarea de desempacar dichas cuestiones, las experiencias en su desarrollo echan luz sobre las actividades, rutinas y decisiones que articuladas entre sí (no siempre de manera armónica ni poco conflictiva) constituyen a definir los procesos de gestión. En este contexto, el caso se constituye en un dispositivo que interpela contenidos en pos de resolver problemas, tomar decisiones y construir significados. Asimismo, proveen un escenario para un aprendizaje autónomo, crítico y creativo.

En esa dirección, los casos se plantean como experiencias con final abierto, susceptibles de ser indagadas a través de las consignas que los propios dispositivos prevén u otras que el formador dispuesto a su uso quiera/ pueda diseñar. Las consignas no tienen respuestas correctas, sino que constituyen un medio para proporcionar la reflexión dirigida a la resolución de los conflictos generados en y por los procesos de gestión.

En función de estas consideraciones, los estudios de caso se nos presentan como alternativas altamente propicias para introducir la problemática de la gestión en el espacio de formación profesional, al mismo tiempo que se revelan como una herramienta de intervención válida para la promoción de los aprendizajes que deberían promoverse en los ámbitos universitarios.

Cabe aclarar que las experiencias que aquí se presentan interesan no tanto por su valor intrínseco, sino porque permiten comprender aspectos generales del proceso de gestión de las políticas y programas sociales. De este modo, las intervenciones relatadas

---

* CONICET, Instituto Gino Germani, UBA.

operan como excusa para dar cuenta de prácticas de gestión. En este sentido, analizar experiencias singulares es un medio o instrumento para contribuir a la reflexión general en el campo de la gestión social.

En términos generales, los estudios aquí presentados se focalizan en el desarrollo y la operación de prácticas de gestión fácilmente identificables en el marco de organizaciones y programas sociales implementados bajo diferentes denominaciones y modalidades en distintos países de América Latina. Cabe destacar que los casos que aquí se presentan están formulados en función de la enseñanza y que, si bien sus atributos y datos han sido pensados y escogidos tomando en consideración situaciones reales de distintos programas sociales, refieren a un conjunto de intervenciones ficticias. Dados los usos propuestos, el lector no encontrará aquí consistencias plenas con las intervenciones puntuales desarrolladas en la región. En su desarrollo se recuperan los aciertos pero también los espacios de conflicto y distorsiones del diseño para problematizarlos luego desde la gestión y en el diálogo con los contenidos y las herramientas que aportan los capítulos del libro.

Las prácticas de gestión reflejadas en el marco de los estudios de caso constituyen prácticas de referencia de la gestión social; es decir, situaciones (Perreneaud, 1994) con las cuales los gestores sociales se involucran a diario y en el marco de las cuales movilizan (o deben movilizar) competencias, conocimientos y saberes específicos. Es posible pensar que en el contexto de las prácticas de referencia, que se presentan en los estudios de caso, los gestores sociales ensayen métodos específicos para dar respuesta a situaciones problemáticas y/o para generar resultados valiosos. Estas prácticas de referencia permiten, también, comprender y reflexionar sobre los cursos de acción y de decisión seguidos por los actores involucrados en su desarrollo (entre ellos los propios gerentes), entender sus fracasos, anticipar otros cursos de acción posibles, etc. Es decir, permiten vincular esquemas de acción y decisión, competencias que se ponen en juego y problemas que se intentan resolver (se resuelvan efectivamente o no).

La identificación y el análisis de las situaciones o prácticas sociales de referencia de la gestión de las políticas sociales resultan un aspecto crítico de la formación de los gestores en la medida en que "ellas mismas son constitutivas del proceso de generación de las competencias. Es en relación a ellas, con sus contenidos, contextos y desafíos determinados, que se constituyen las competencias" (Chiara y Di Virgilio, 2005).

En este marco, los estudios de caso sobre prácticas de gestión proveen un repertorio de:
- Esquemas de pensamiento, de acción, vinculados al diseño y al desarrollo de procesos de gestión, al contexto con el cual interactúan y a las formas en las que se resuelven las interacciones entre los actores.
- Estructuras que permiten a los gestores tratar con una familia de situaciones –prácticas gerenciales de referencia– y de problemas, y confrontar/ adaptar sus propios esquemas y estructuras.

Dichos esquemas de pensamiento y acción movilizan los contenidos y herramientas provistas por el libro, los conocimientos previos de los propios gestores, así como sus puestas en relación, inferencias, ajustes a una situación singular, en fin, "todas las operaciones de contextualización y de razonamientos sin las cuales un conocimiento no sería guía para la acción" (Perrenoud, 1994: 8).[180]

Este tipo de recursos pedagógicos constituye una herramienta que cumple funciones de disparadores y de promotores de la reflexión desde la acción (Braslavsky y Acosta, 2004) recuperando problemas auténticos y situaciones reales vinculadas al ejercicio profesional ¿Qué características tienen los casos que pueden emplearse en la enseñanza? Wassermann (1994: 3) define los casos como "instrumentos educativos complejos que aparecen en la forma de narrativas. Un caso incluye información y datos (psicológicos, sociológicos, antropológicos, históricos, observacionales) así como material técnico. Los buenos casos se construyen en torno a problema [...]. Las narrativas se estructuran usualmente a partir de problemas y personas de la vida real".[181] Desde esta perspectiva, las experiencias (re)construidas por Chiara y Di Virgilio, Cravino y Potenza Dal Masetto constituyen herramientas que pueden emplearse en la enseñanza.

Cada uno de los casos se articula con las diferentes secciones y ejes de análisis que estructuran la elaboración del manual. De este modo, el caso desarrollado con base en la gestión del Programa para el Desarrollo Infantil Integral permite explorar cuestiones vinculadas a las condiciones que regulan los procesos de gestión, con especial énfasis en el régimen de implementación en el nivel local; las relaciones entre gestión y territorio, gestión y características del entramado de actores, etc. La reconstrucción del proceso de gestión del Plan Incluir recorta especialmente los aspectos institucionales de dicho proceso; para ello interroga sobre cuáles fueron los actores asociados al proceso y sus principales recursos de poder, sus intereses e ideologías; las reglas formales e informales que operaron como marco institucional del Plan Incluir; los efctos de la institucionalidad sobre los procesos de gestión; patrones de intersectorialidad, etc. Por último, el Programa Mi Barrio constituye un analizador de las cuestiones vinculadas a los procesos de participación; en ese marco, permite revisar los problemas en torno a los cuales se está proponiendo un escenario de participación; los actores en ese escenario y las representaciones que construyen acerca de los problemas y sus causas; los niveles de representatividad de quienes participan; las contribuciones a la activación del

---

[180] Interesa destacar que la propuesta que aquí se desarrolla no contempla la posibilidad de estandarizar operaciones y cursos de acción y/o decisión a poner en acto a la hora de intervenir. Antes bien, dicha imposibilidad constituye un atributo de la gestión social en la medida en que refiere al estilo que el propio gerente imprime a los procesos de gestión y/ o evaluación (Chiara y Di Virgilio, 2005).

[181] La elaboración del caso de enseñanza supone seleccionar aquellos elementos que se consideran relevantes para presentar una situación problemática controlada que facilite la situación de enseñanza y aprendizaje. En este sentido, un caso de docencia supone siempre realizar un recorte de los elementos y rasgos de la realidad que de manera articulada permita identificar conflictos, actores relevantes, soluciones posibles, cursos de acción alternativos, etc.

capital social de la propuesta de participación del programa; los procesos y las formas de participación alentadas (o no) desde la puesta en marcha del programa, etc.

Tal como es posible observar, los casos se encuadran en diferentes sectores de políticas –desarrollo infantil, asistencia a la pobreza y hábitat– y si bien, como lo señalamos anteriormente, su objetivo es facilitar la aplicación de las herramientas de análisis que se ofrecen en el desarrollo de las diferentes secciones del manual, sus potencialidades y posibilidades desbordan ampliamente las temáticas específicas, ofreciéndose como recursos que permiten entradas no previstas por los autores y diálogos transversales con los artículos que componen este manual.

Asimismo, vale la pena destacar, que las experiencias aquí presentadas recuperan rasgos y características de programas que se han desarrollado en diveresos países de la Región, por ello constituyen un valioso material con capacidad de convocar a lectores y analistas de muy diversas latitudes.

Bibliografía

Braslavky, Cecilia (1994); "Una función para la escuela: formar sujetos activos en la construcción de su identidad y de la identidad nacional". En Filmus, D. (comp.), *¿Para qué sirve la escuela?* Tesis Norma. Buenos Aires.

Chiara, Magdalena y Di Virgilio, María Mercedes (2005); "Enseñando un 'saber' para un 'hacer reflexivo o ¿cómo desarrollar competencias profesionales complejas para la gestión local de las políticas sociales?". Paper presentado en el *X Congreso Internacional del CLAD sobre la reforma del estado y de la administración pública*, Santiago de Chile. 18 al 20 de octubre.

Perrenoud, Philippe. (1994); *Saberes de referencia, saberes prácticos en la formación de los enseñantes: una opción discutible.* Faculté de Psychologie e de Sciences de l'Education & Service de la recherche sociologique. Mimeo. Genève. Traducción de Gabriela Diker.

Wassermann, Selma (1994); *Introduction to Case Method Teaching.* New York. Teachers College Press. Columbia University.

Estudio
de Caso

LA GESTIÓN SOCIAL: CONCEPTOS Y PROBLEMAS

EL ProDell (Programa para el Desarrollo Infantil Integral)

Magdalena Chiara y Mercedes Di Virgilio***

El Programa para el Desarrollo Infantil Integral (PRODEII), fue puesto en marcha en La República de Cabo Verde hacia mediados de 2001. La iniciativa correspondió al gobierno nacional a través de su área social, el Ministerio de Desarrollo Social y contó con el apoyo técnico inicial de UNICEF. La finalidad del programa fue fortalecer la acción pública (gubernamental y de la sociedad) para la mejora de la salud de los niños que están fuera de la escolaridad obligatoria.

En el país, tanto a nivel nacional como desde los estados provinciales (se trata de un país federal) existían otros programas orientados a atender distintos aspectos de la educación y salud de los niños (ver tabla C1.1 en este documento). Dichas intervenciones se caracterizaban por la fragmentación, desarticulación y superposición de acciones.

A la vez, distintos actores de la sociedad (organizaciones sociales comunitarias –OSC–, organizaciones no gubernamentales –ONG–, organizaciones filantrópicas) han desarrollado distintas iniciativas (algunas de ellas en vinculación con los programas antes mencionados) orientadas a mejorar las condiciones de atención y cuidado de la salud, de la nutrición y el desarrollo socio afectivo de los niños menores a 5 años (apertura de comedores comunitarios e infantiles, creación de jardines de infantes comunitarios; programas nutricionales, entrega de alimentos por parte de ONG, centrando el apoyo en las familias con niños que están fuera de la educación obligatoria; actividades de comunicación, capacitación, entre otras).

A pesar de estos esfuerzos, se han detectado deficiencias de los efectores públicos y de las organizaciones de la sociedad para dar respuesta eficaz e integral a la atención y acompañamiento nutricional, de salud y de apoyo al desarrollo en los niños en los años previos al ingreso al nivel de escolarización obligatoria (6 años); en muchos casos, se trata de comedores infantiles que no establecen restricciones de edad en la atención. A la vez, distintos estudios han mostrado, por una parte, el deterioro de la situación de salud de los niños de entre 2 y 5 años en algunas localidades; y por la otra, una

---

* Instituto del Conurbano – UNGS.

** CONICET, Instituto Gino Germani, UBA.

353

limitada capacidad de captación temprana de niños de parte del sistema de salud y una baja cobertura de los efectores (jardines de infantes) del sistema educativo.

Los recursos del programa provinieron en parte del Estado (nacional, estadual y municipal) y en parte de un préstamo suscripto entre el gobierno nacional y el Banco Mundial.

Se previó una vigencia de 5 años, por lo cual el programa finalizó en el 2007.

<table>
<tr><td>Sección 1</td><td>Aspectos generales del ProDeII</td></tr>
</table>

El ProDeII se orienta a contribuir con el desarrollo integral de los niños de 2 a 5 años en localidades de alta vulnerabilidad social. Según sus postulados programáticos más generales, está destinado a "compensar" los efectos de las crisis en los sectores más vulnerables que han sido marginados por las políticas sanitarias tradicionales. Entre sus objetivos específicos se plantea mejorar las condiciones de salud y promover el desarrollo psico-social de los niños de entre 2 y 5 años.

Dada la trama de efectores en (y desde) la cual se propone actuar, se plantea como objetivos intermedios fortalecer las capacidades institucionales de los municipios y de otros actores sociales para la gestión de políticas orientadas a la infancia, y promover los cambios en las instituciones existentes vinculadas a la atención de la salud de esa población –centros de salud municipales, comedores infantiles de organizaciones no gubernamentales, jardines de infantes (municipales y comunitarios) y guarderías.

En su diseño se asigna un rol estratégico tanto al primer nivel de atención (centros de salud), aumentando su calidad y cobertura respecto de la población objetivo, como a los distintos establecimientos (dependientes de programas gubernamentales o gestionados por organizaciones de la sociedad).

En este sentido, el programa es concebido como de fortalecimiento y reorganización de efectores y sistemas preexistentes. Es por ello que las articulaciones entre los aspectos específicos del programa con las características de las instituciones locales y con otros programas son aspectos críticos para sus resultados finales.

El ProDeII se organiza en base a una estrategia de doble focalización: por grupo etáreo (niños de 2 a 5 años) y territorial (aquellos efectores cuyas áreas de influencia tengan predominio de población en condiciones de pobreza estructural). Las áreas en foco se constituyen, entonces, por aquellos radios censales con valores mayores al 40% de hogares en condiciones de pobreza estructural. Esto significa que no se seleccionan directamente individuos u hogares sino áreas, ampliando la población objetivo a todos los hogares que allí residen.

El programa interviene desde distintas líneas de acción, a saber:

- Readecuación de la infraestructura y equipamiento de los efectores (jardines de infantes, centros de salud, comedores infantiles y guarderías comunitarias).

- Capacitación de recursos humanos existentes para llevar adelante los procesos organizacionales del Programa, involucrándolos en sus objetivos y optimizando su funcionamiento en términos de calidad y productividad. Las acciones de capacitación se desarrollan a través de talleres, dirigidos al recurso humano de los efectores de salud y de desarrollo infantil.

- Distintas acciones de comunicación social apoyan los procesos de cambio así como la legitimación en los distintos niveles del programa. Las mismas están dirigidas a la población beneficiaria, a los funcionarios y técnicos involucrados en la ejecución del ProDeII y a los decisores políticos.

- Asistencia técnica orientada a la constitución y/o fortalecimiento de equipos técnicos de los estados y de los municipios responsables de la planificación, ejecución y evaluación permanente de las actividades del ProDeII en cada una de las jurisdicciones. En el nivel municipal, el equipo técnico se encargará de realizar los contactos políticos y el vínculo permanente con la sociedad local, para garantizar la continuidad y sustentabilidad de cada proyecto.

- Recursos humanos: Incorporación de pediatras y trabajador@s sociales en los centros de salud, trabajador@s sociales en las áreas sociales de los municipios, incentivos para las OSC y ONG para las mujeres cuidadoras, maestras jardineras. El financiamiento corresponde a los salarios de docentes para los comedores y jardines de infantes y trabajador@s sociales. En la etapa inicial de implementación, la incorporación de recurso humano es financiada y sostenida por el programa. A partir del cuarto año, los municipios deben absorber paulatinamente el financiamiento de los gastos en personal.

- Apoyo nutricional: entrega de alimentos a los comedores infantiles comunitarios y jardines; entrega de apoyo alimentario al grupo familiar para los niños desnutridos desde el centro de salud.

En su diseño, la ejecución del programa es federal y desconcentrada.[182] El gobierno nacional coordina y establece los lineamientos generales de funcionamiento y gestión; los estados son los encargados de ejecutar los proyectos, a través de efectores pertenecientes al nivel estadual y/o municipal u organismos no gubernamentales. Se organiza

---

[182] Interesa destacar que la organización federal refiere a la forma de organización del gobierno, mientras que la característica desconcentrado remite a la forma de organización de la gestión. Es posible que un programa resuelva de la misma forma la organización de su gestión más allá de que la forma de organización del gobierno sea unitaria o federal. Las formas de organización del gobierno introducen particularidades (cada una de ellas por cuestiones diferentes) a las distintas formas de organización de la gestión. En este caso, se trata de descifrar a lo largo del caso, cuáles son las particularidades y las tensiones que introduce el federalismo en la gestión de programas.

a través de unidades ejecutoras radicadas en distintas áreas de gobierno, de los distintos niveles jurisdiccionales, que se constituyen a iniciativa del programa, en actores de los procesos de planificación y gestión con una clara distribución del trabajo.

- Unidad Coordinadora del Programa (UCP - nacional). Coordina y supervisa la ejecución de todos los proyectos, estableciendo las normas generales de funcionamiento y gestión. Es la responsable de aprobar todas las actuaciones (confección de pliegos de licitaciones, especificaciones técnicas, adjudicaciones, contrataciones, entre otras) otorgando lo que se denomina en estos programas "no objeción". Está radicada en el Ministerio de Desarrollo Social de la Nación.

- Unidad Ejecutora Provincial (UEP). Tiene por funciones la identificación, evaluación, selección de los proyectos y el asesoramiento técnico a los municipios para la elaboración de los mismos, así como la administración de los fondos de inversión. En el caso del estado de Columbres, está radicada en el Ministerio de Acción Social.

- Unidad Ejecutora Municipal (UEM).Tiene por funciones la ejecución de las acciones en el nivel de los efectores, en particular en lo relativo a la implementación de las acciones de capacitación, elaboración de requerimientos de equipamiento e insumos recurrentes. También la promoción y seguimiento de los cambios en el modelo de prestación y organización del sistema en su conjunto. La UEM está formada por representantes de las áreas municipales involucradas (Salud, Promoción Social, Educación). Su campo de intervención supone la articulación de las acciones de los sectores Salud, Acción Social y Educación en las diferentes jurisdicciones, a fin de garantizar la eficacia y la eficiencia del Programa. Esto compromete una activa articulación con otros programas estaduales y municipales.

Los fondos del programa provienen de un préstamo del Banco Mundial (BM), con aportes de las contrapartes: nacional, de los estados y los municipios. Los fondos se destinan a financiar infraestructura; capacitación; comunicación social; equipamiento informático, médico y no médico; insumos; y recursos humanos. Los gastos en inversión (infraestructura, equipamiento, inversión en capital humano a través de la capacitación y comunicación social) son financiados en su totalidad por el BM a lo largo de la duración del proyecto. Estos gastos son administrados por la UEP.

El financiamiento de los gastos corrientes (insumos, mantenimiento del equipamiento y la infraestructura y recurso humano adicional) son financiados de manera decreciente por el BM: 100% de los gastos durante el primer año de ejecución del Programa, 70% durante el segundo y 30% durante el tercero. A partir del cuarto año, los municipios deben absorber paulatinamente el porcentaje restante. Sin embargo, como veremos, en ninguno de los dos casos analizados, los municipios pudieron comenzar a afrontar este compromiso asumido en los inicios de cada proyecto.

La unidad de intervención es el proyecto. En el caso que estudiamos, los dos proyectos se desarrollan en dos municipios de una misma provincia, la provincia de

Columbres, Pueblo Viejo y San Jorge, que presentan atributos claramente diferenciados. Uno pertenece al segundo cordón o anillo de la región metropolitana (se trata del municipio de Pueblo Viejo) y el otro forma parte del primer cordón o anillo de Gran Columbres (San Jorge).

<table>
<tr><td>Sección 2</td><td>Áreas y contextos de intervención del ProDell</td></tr>
</table>

El Gran Columbres es el conjunto de los 25 municipios que constituyen la conurbación de la Ciudad de Columbres. Este agregado de municipios presenta a su vez características muy diferentes desde un punto de vista sociodemográfico, socioeconómico y sociosanitario. Con una población total de diez millones de habitantes, en el último periodo intercensal ha presentado un incremento relativo de población del 10%. Algo menos del 20% de su población tenía en 2001 necesidades básicas insatisfechas.

El crecimiento de los municipios del Gran Columbres respondió a distintos procesos de urbanización y se fueron conformando dos cordones o anillos concéntricos alrededor de la ciudad de Columbres. El primer cordón o anillo está conformado por los municipios lindantes a la ciudad y presentan la mayor densidad poblacional y tasas de crecimiento menor, mejor provisión de servicios urbanos y sociales y mejores indicadores de salud. Éstos se caracterizan por tener una población con menor proporción de niños y jóvenes, un aumento proporcional de personas mayores de 65 años, bajas tasas de natalidad y un saldo migratorio negativo.

El segundo cordón o anillo está constituido por los municipios que presentan características muy distintas de los del primero y del interior de la provincia. En términos de su estructura demográfica, se caracterizan por tener poblaciones más jóvenes, con una tasa de natalidad aún alta o estable y mayores niveles de población con necesidades básicas insatisfechas.

El programa comienza a desarrollarse en un contexto de relativa estabilidad económica aunque caracterizado en términos sociales por un profundo deterioro de las condiciones de vida de la población (desempleo y subempleo crecientes, aceleración del incremento de la pobreza por ingresos especialmente en la población objetivo del programa).

A partir de mediados de la década del noventa las tasas de desempleo a nivel nacional y en la región metropolitana de la que forman parte los municipios de Pueblo Viejo y San Jorge sufrieron un brusco ascenso. En el Gran Columbres la tasa de actividad general aumentó notablemente, se incrementó la participación de las mujeres de todas las edades en el mercado de trabajo y se registró un aumento inédito de la desocupación que alcanzó los dos dígitos.

El incremento de la desocupación tuvo consecuencias críticas en la presión de la demanda hacia el subsector público de salud, que debió asumir la atención de quienes perdieron su cobertura. Según datos del censo 2001, el 52% de los habitantes del Gran Columbres carecían de cobertura médica por obra social o plan médico o mutual.

Paralelamente al aumento del desempleo y el deterioro de las condiciones de vida de la población, en la segunda mitad de la década del noventa, se ponen en marcha un conjunto de reformas muy centradas en el saneamiento fiscal de los municipios, orientadas a ajustar sus cuentas bajo la premisa de que se atengan a la restricción presupuestaria. El ajuste en las estructuras de personal es otro aspecto destacado de las reformas municipales y ha dado origen a distintos conflictos. Estas reformas se aplicaron uniformemente en todos los municipios aunque con resultados desiguales, dependiendo de sus características socioeconómicas, la envergadura de las funciones transferidas, los programas nacionales y estaduales captados, y la capacidad para movilizar recursos propios por la vía de las tasas municipales y otras contribuciones.

Estas condiciones ponen en cuestión la capacidad de los municipios para hacer frente a la necesidad progresiva de aporte de contraparte −en insumos, aporte financiero o recursos humanos para su gestión− que presentan los programas en su fase de consolidación de la gestión local, aspecto al que se aludió en la sección anterior y a la restricción para aumentar el presupuesto sin la previsión de gastos, y las normas orientadas a la reducción de las estructuras de personal.

A. MUNICIPIO PUEBLO VIEJO

Atributos principales

El Municipio de Pueblo Viejo está ubicado al oeste del Gran Columbres, a 40 km de distancia de la ciudad central, ocupando una superficie de 180 km.

Desde la década del 70, Pueblo Viejo ha experimentado importantes incrementos de población. Según el último censo (2001), la población de Pueblo Viejo superaba los 400.000 habitantes. Si analizamos la estructura por edad de los partidos en 2001 advertimos que Pueblo Viejo se diferencia del Gran Columbres en su conjunto. La estructura etárea de su población refleja un menor peso de población envejecida y una mayor presencia de niños y adolescentes (un tercio) , aproximadamente un 6% más que el promedio regional.

Sobre la pobreza y el empleo

En 2001, el 26% de la población del partido era pobre estructural; esto pone en evidencia amplias situaciones de hacinamiento habitacional, calidad deficitaria de la vivienda, precariedad en las condiciones sanitarias de éstas y/o baja cobertura en escolarización primaria. El cuadro se torna aún más crítico cuando observamos que la proporción de población en condiciones de pobreza estructural es significativamente más alta que en el Gran Columbres, en donde la pobreza estructural alcanza a un 17,6% de la población. La situación de Pueblo Vieio resalta el hecho de que la región en su conjunto comprende situaciones sumamente heterogéneas entre partidos y dentro de cada uno de ellos.

La información sobre pobreza por ingresos presenta limitaciones en su representatividad estadística. En octubre de 2000, en los partidos del Gran Columbres un 25,9% de los hogares se encontraba en el primer quintil de más bajos ingresos. La información disponible para el área homogénea, que incluye el partido de Pueblo Viejo, refiere un porcentaje bastante superior de población en ese bajo nivel de ingresos, con un 36,3% de los hogares. En los últimos años, el crecimiento de este porcentaje ha sido mayor para Pueblo Viejo que para el total del Gran Columbres.

Como se presenta en la primera sección del caso, en los últimos años se produjeron importantes transformaciones en el mercado de trabajo urbano. En este sentido, en el Gran Columbres la tasa de actividad general aumentó notablemente, se incrementó la participación de las mujeres de todas las edades en el mercado de trabajo y se registró un aumento inédito de la desocupación que alcanzó los dos dígitos. El municipio de Pueblo Viejo no es ajeno a estos cambios.

Es posible pensar que el deterioro de la situación laboral de los otros miembros del hogar es lo que impulsa, en parte, a estas mujeres a incorporarse a la fuerza de trabajo; en la mayoría de los casos se trata de mujeres con niños pequeños y escasas posibilidades de garantizar cuidado institucional para los pequeños, por fuera del limitado sistema público (jardines de infantes, comedores y guarderías) y de ONG (Organizaciones No Gubernamentales) de guarderías y jardines maternales.

Los problemas de desempleo presentados en la primera sección del caso y la situación en términos del incremento de la pobreza permiten suponer que la situación socioeconómica de la población del Pueblo Viejo se deterioró significativamente. Asimismo, cabe destacar que los incrementos de los niveles de desocupación en el Gran Columbres tuvieron efectos muy particulares respecto del deterioro de los ingresos y de la pérdida de la cobertura social asociada al empleo.

Sobre la salud

Los distintos territorios que componen el Gran Columbres presentan características diferentes en su perfil epidemiológico. Las diferencias más marcadas se dan entre los diferentes cordones o anillos. Las características del perfil epidemiológico del segundo cordón de Gran Columbres se asocian a atributos ya descriptos, como una mayor tasa de crecimiento, mayores porcentajes de población joven en relación con el primer cordón y el resto de la provincia, muy deficitarias condiciones de vida y una menor concentración de recursos de salud. La tasa de mortalidad infantil viene disminuyendo lenta pero sostenidamente a lo largo de los años. El Gran Columbres concentró el 65% de las defunciones infantiles (menores de 1 año) ocurridas en la provincia. El segundo cordón del Gran Columbres concentró las peores tasas promedio con un 16,6%o.

En el partido de Pueblo Viejo ese mismo año la tasa de mortalidad infantil se situó en el 17,2 %o, con 122 defunciones de menores de 1 año.

En el año 2001, el municipio de Pueblo Viejo contaba con 36 establecimientos de salud: 1 hospital provincial y 35 centros de salud. Los centros de salud el Municipio Pueblo Viejo reconocen la misma génesis que en el resto del Gran Columbres; un desarrollo tardío a través de la creación de centros de salud y salitas de primeros auxilios promovidas por las sociedades de fomento y las uniones vecinales.

Existen experiencias bastante extendidas de acciones preventivas desde los centros de salud basadas en el trabajo de las parteras (obstétricas o matronas) y de l@s trabajador@s sociales de los centros de salud.

Desarrollo social y educación

Existen en Pueblo Viejo 50 jardines maternales y comedores infantiles, muchos de ellos asociados a la Red de Guarderías "Por los niños". Comedores infantiles y guarderías que surgieron en Pueblo Viejo por iniciativa de grupos de vecinos, organizaciones de base y organizaciones vinculadas a la Iglesia Católica. Cada uno de estos centros atiende, en promedio, unos 25 niños y niñas de entre 45 días y 9 años.

Los comedores brindan apoyo nutricional (almuerzo y/o merienda), organizan actividades recreativas de manera asistemática, algunos de ellos organizan actividades de control de salud en coordinación con las postas sanitarias o centros de salud y/o actividades de apoyo escolar. Estas instituciones están atendidas fundamentalmente por equipos de voluntarias (en general, mujeres de los barrios) que se organizan para asegurar el desarrollo de las tareas básicas del comedor: cocina y limpieza. Sólo los que forman parte del red han sido objeto de acciones de capacitación y cuentan con algún tipo de recurso humano profesionalizado que los asiste en la elaboración de dietas y desarrollo de actividades de promoción alimentaria.

Los jardines maternales, además de asistencia alimentaria, desarrollan actividades recreativas. Al igual que en los comedores, el recurso humano a cargo de las actividades está escasamente calificado; en general, se trata de madres cuidadoras que no han sido objeto de acciones de capacitación específicas. Las instituciones que forman parte de la red han logrado que la labor de estas mujeres se remunere a través de programas de asistencia al empleo (de extensa cobertura en el Gran Columbres). Sólo los que forman parte de la red, reciben apoyo de cuadros técnicos para el desarrollo de las actividades. Las actividades de los que no pertenecen a la red, son supervisadas por trabajadoras sociales de Acción Social del municipio.

Asimismo, el municipio de Pueblo Viejo cuenta con 35 jardines de infantes provinciales y municipales que atienden a la población de entre 3 y 5 años. De los 35 jardines de infantes, sólo un tercio ofrece el servicio de jornada completa.

El Proyecto ProDeII Pueblo Viejo

El ProDeII se desarrolla en el municipio desde el año 2002.

Si bien en el marco de los objetivos generales del programa las metas que se propuso el proyecto para el municipio se orientaron a sistematizar el complejo de salud y asistencia social local. La apuesta del gobierno local estuvo fuertemente orientada a aprovechar las estrategias, los recursos y los instrumentos del programa en función de articularlos con política local de salud y desarrollo infantil y por institucionalizar los aportes del programa en el sentido de fortalecer las relaciones intersectoriales. El municipio utilizó además la estructura de los centros de salud y de los comedores y guarderías para acciones de planificación familiar y trabajo con las madres adolescentes. Alcanza 26 de los 36 centros de salud municipales y a 30 comedores y jardines maternales comunitarios y 10 jardines de infantes públicos (provinciales y municipales). Doce (12) de las instituciones comunitarias financiadas por el ProDeII forman parte de la Red "Por los Niños". La población objetivo se estimó en 24.900 niños de 0 a 5 años.

La selección de los centros de salud y jardines maternales que finalmente ingresaron al programa se constituyó en un punto crítico. El criterio de focalización territorial utilizado por el programa no era del todo compartido por los técnicos municipales. Las cuestiones resaltadas por el equipo técnico local aludían a: (1) la movilidad que hay entre y dentro de los barrios, situación que hace que la población en situación de pobreza no necesariamente demande siempre en los mismos efectores o incluso en lo que, en su área programática, comprenden a los distintos barrios; (2) los elevados índices de pobreza y desempleo configuran un cuadro crítico en relación a las demandas al sistema de salud y a las condiciones de salud de la población.

La organización de la gestión prevista para el nivel local en Pueblo Viejo fue algo diferente a lo establecido en el diseño original del programa. Se definió que la UEP (Unidad Ejecutora del Proyecto) estaría conformada por un responsable de cada una de las áreas del municipio comprometidas en la gestión del programa y designaba un coordinador municipal y un coordinador técnico a efectos de garantizar una adecuada coordinación de las autoridades, tanto institucionales como técnicas, entre las distintas instancias municipales. La estrategia adoptada por el municipio fue la de incorporar a la estructura municipal la organización prevista para la gestión del programa (UEP), bajo la coordinación de una persona con relación personal y de confianza con el intendente municipal. Capacidad de diálogo en instancias supralocales y manejo técnico de las cuestiones comprometidas en el programa eran algunos de los atributos de su perfil.

El coordinador de la UEP dependía del secretario de Salud y Acción Social. Los esfuerzos del equipo de coordinación municipal se orientaron hacia la integración del programa al Plan de Atención Integral del Niño. En parte por esa razón no se designó personal *ad hoc* para el programa sino que las actividades estuvieron a cargo del personal regular del municipio.

Las acciones del programa en el partido implicaron una inversión de 700 mil dólares para 2002, 800 mil dólares para 2003 y 100 mil dólares para el año siguiente. Los recursos invertidos se orientaron hacia infraestructura, capacitación, comunicación social, equipamiento, insumos, vehículos y recursos humanos.

B. MUNICIPIO SAN JORGE

Atributos principales

El Municipio de San Jorge está ubicado al norte del Gran Columbres, a unos 20km de la ciudad central, ocupa una superficie de 50 km². San Jorge forma parte de los municipios de la primera corona o anillo que rodea la ciudad central y, al igual que el resto de los municipios de ese aglomerado, su población ha ido en descenso. En 2001 tenía aproximadamente 290.000 habitantes.

Si analizamos la estructura por edad de los partidos en 2001 del Gran Columbres, advertimos que la estructura etárea de San Jorge refleja un mayor peso de población envejecida y una mayor presencia de adultos mayores de 65 años (14%), aproximadamente un 5% más que el promedio regional.

Sobre la pobreza y el desempleo

En 2001, el 8,3% de la población del partido era pobre estructural. Estos datos expresan un rasgo característico de este municipio que refiere a la concentración de las situaciones de pobreza en enclaves de pobreza urbana. Las situaciones de pobreza se encuentran concentradas en territorios bien delimitados y claramente identificables: dos grandes asentamientos irregulares (La Olla y Villa Trinidad). El cuadro se complejiza cuando advertimos que San Jorge se ubica en lo que algunos autores denominan cono de renta del Área Metropolitana de Columbres, ámbito en el que se concentra la población de mayor poder adquisitivo de la región. Esta situación tensiona la estructura social en la medida en que pone en evidencia situaciones de extrema polaridad social. La información sobre pobreza por ingresos permite dar cuenta de que el partido de San Jorge concentra un porcentaje de hogares bastante inferior en el primer quintil más bajo de ingresos que el resto de la región (6,6%).

Si nos detenemos en el comportamiento de los indicadores que dan cuenta de la dinámica del mercado de trabajo, se observa que, al igual que en resto de los aglomerados, en San Jorge la tasa de desempleo evolucionó negativamente, pasando del 3,5% al 15,1% a lo largo de la década. En el aglomerado, la desocupación parece haber afectado fuertemente a los jefes de hogar; situación que parece haber propiciado el ingreso de las mujeres al mercado de trabajo. Sin embargo, esta incorporación, parece haberse realizado en gran proporción de manera precaria (merced al aumento en el porcentaje de asalariados sin jubilación).

Sobre la salud

El Municipio de San Jorge registra tasas de natalidad inferiores al promedio del Gran Columbres, pero levemente superiores al conjunto de los municipios que integran la primera corona del Gran Columbres.

En el Gran Columbres la tasa de mortalidad infantil ascendía, en el año 2000, al 15.6%o. El primer cordón o anillo del Gran Columbres concentró una tasa promedio de 12.9%o. En el partido de San Jorge ese mismo año la tasa de mortalidad infantil se situó en el 9.1%o.

El sistema público de salud de San Jorge es enteramente municipal. En el año 2001, el municipio contaba con 1 hospital materno infantil, 1 hospital general de agudos y 25 centros de salud. La población asiste a las guardias médicas con mayor regularidad que a la consulta externa. Aun cuando los profesionales tratan de despertar en la población cierto criterio preventivo y de control, resulta dificultosa la captación de individuos para consultorio externo.

En los centros de salud localizados en los asentamientos irregulares (La Olla y Villa Trinidad), se observan graves situaciones sociales, familiares, económicas, que el sistema sanitario no logra contener. En general, no se dan turnos programados. Los centros de salud se manejan con un modelo fuertemente asistencialista y no situado en la prevención primaria. No realizan tareas de captación de la población, ni de educación para la salud. En el municipio no existe articulación entre los programas sociales y los de salud a nivel de los centros. No existen relaciones institucionales desde los centros hacia los comedores. Está un poco más desarrollada con las escuelas. Desde lo nutricional, no hay articulación con los comedores en general, ni se registran acciones de educación para la salud en ese aspecto.

En este contexto, el municipio ha conveniado con una importante ONG que pertenece a la Iglesia Católica (CORPUS) algunas prestaciones de salud. Este convenio procura ayudar a personas con carencias económicas y afectivas, brindándoles asistencia médica, medicación y contención solidaria.

Desarrollo social y educación

Existen en el municipio un total de 40 comedores infantiles que tienen más de quince años de antigüedad. Aproximadamente la mitad de estos comedores funcionan en dependencias de CORPUS (una importante ONG que pertenece a la Iglesia Católica). Esta ONG convenia con el gobierno nacional, provincial y también municipal para el sostenimiento de los comedores.

Cada comedor brinda apoyo nutricional (almuerzo y/o merienda), actividades recreativas y de estimulación además del control del peso y la talla. Estas instituciones están atendidas por equipos de madres colaboradoras y voluntarias (en particular en los que gestiona CORPUS) de otros barrios. En general cuentan con un responsable pago por el municipio o por CORPUS. Las madres colaboradoras se distribuyen las tareas del comedor, cocina, limpieza y atención de los niños y niñas. Cada comedor recibe un promedio de 15 niños y niñas de 0 a 10 años de edad. Aproximadamente 20 de ellos están localizados en los asentamientos o villas (La Olla y Villa Trinidad). Asimismo, cuenta con 25 jardines de infantes y maternales (municipales y provinciales) que funcionan en dos turnos (mañana y tarde) y cubren a los niños y niñas de entre 3 y 5 años.

La articulación entre el sistema educativo y la Secretaría de Acción Social del Municipio desde las escuelas maternales y los comedores infantiles que de esta última dependen, es muy deficitaria.

El Proyecto ProDeII San Jorge

El Proyecto ProDeII se implementa en el partido de San Jorge desde 2002. En particular, a través de la intervención del programa, se intentó hacer frente a los déficits en lo relativo a la atención de la población infantil, a la inexistencia de una estrategia de atención primaria orientada a la captación de la población objetivo y a la deficiente articulación con otros programas sociales y con el sistema educativo. Asimismo, se pretendió hacer frente a los problemas relativos a la disposición de información tanto para la planificación como para la gestión. Estos déficits constituyeron en este proyecto los núcleos de intervención en función de los cuales se proponen actividades de capacitación, asistencia técnica y fortalecimiento a nivel de los efectores, del sistema y de las redes interinstitucionales a nivel barrial. Alcanza 8 de los 25 centros de salud municipales; 20 comedores y 4 jardines maternales y de infantes. La mitad de los comedores seleccionados tienen relación con CORPUS. La población objetivo se estimó en 11.200 niños de 0 a 5 años.

En la selección de los centros de salud y jardines maternales que ingresaron al programa se ajustó a los criterios de focalización territorial promovidos por el propio programa. El objetivo era, a través de la intervención del ProDeII, dar respuesta en parte a las fuertes disparidades que caracterizan al municipio (tanto en términos territoriales como sociales).

A los efectos de la ejecución del proyecto, se generó una estructura de gestión paralela a la estructura municipal. Se constituyó un equipo técnico local (designado a tal efecto) encargado de la gestión del ProDeII que era responsable de la planificación, ejecución y evaluación permanente de las actividades desarrolladas en ese marco.

Esta Unidad Ejecutora del proyecto (UEP) también se encargó de realizar los contactos políticos a nivel local y el vínculo permanente con la comunidad, para garantizar la continuidad y sustentabilidad del proyecto. Entre sus tareas, eran responsables de la convocatoria a los funcionarios y técnicos del nivel central y local, representantes de ONG y miembros de la comunidad, la programación y realización de las actividades de capacitación, dictado de talleres y cursos, elaboración de los informes, la coordinación de Jornadas, Talleres y Reuniones según planificación, la elaboración de perfiles, términos de referencia, selección y contratación de docentes, el vínculo con la institución administradora del Proyecto y la compra y administración de los insumos necesarios para el desarrollo de las actividades.

La UEP estaba compuesta por un coordinador técnico, un experto en salud con experiencia en programas orientados a materno infancia, un experto en desarrollo infantil, un experto en participación y desarrollo comunitario, un experto en educación formal y no formal y un experto en sistemas de información. El mismo dependía directamente del intendente municipal.

Las acciones del programa en el partido implicaron una inversión de 320 mil dólares para 2002, 410 mil dólares para 2003 y 600 mil dólares para el año siguiente. Los recursos invertidos se orientaron hacia infraestructura y equipamiento, capacitación, comunicación social y recursos humanos.

<table>
<tr><td>Sección 3</td><td>La gestión del ProDell en el Gran Columbres</td></tr>
</table>

El estado de Columbres es uno de los 24 estados que constituyen la República Cabo Verde. La nación de Cabo Verde adopta para su gobierno la forma federal. Esta forma de organización y reparto de las facultades de gobierno establece que los estados conservan todo el poder no delegado por la Constitución Nacional al gobierno federal, tienen facultad para darse sus propias instituciones locales y regirse por ellas. El principio que organiza a los estados bajo esta forma de gobierno es pues el de la autonomía de los estados, conservando las mismas todo el poder no delegado, con facultad de darse sus propias instituciones. Cada constitución estadual regula el carácter de la autoridad municipal, en el caso del estado de Columbres los municipios constituyen entes autárquicos, cuyas competencias están formalmente definidas en la Constitución del estado.

La Constitución de Columbres le atribuye al municipio el carácter de administrador de los intereses y servicios locales cuya especificación es competencia de la Legislatura del estado a través de la sanción de la Ley de las Municipalidades. El funcionamiento de los municipios está regulado por esta ley que define la composición y las atribuciones de los departamentos (legislativo y ejecutivo), su forma de funcionamiento, los recursos y la forma de organización de la gestión. Las competencias en el campo de las políticas sociales se refieren al funcionamiento de establecimientos sanitarios y asistenciales, la difusión cultural y los servicios públicos; estas competencias están condicionadas por la existencia de normativa dictada por el Estado. Los municipios de Columbres resultan instancias de carácter básicamente administrativo con un escaso campo de acción autónomo y con importantes mecanismos de control del nivel estadual. Los municipios dependen fuertemente de los recursos de origen supramunicipal. Sólo están facultados para el cobro de tasas por prestar algunos servicios urbanos básicos como, por ejemplo, alumbrado, barrido y limpieza.

A comienzos de 2002 se iniciaron las gestiones del ProDeII en el Gran Columbres. En este proceso se incorporaron a la escena dos actores claves: la Unidad Ejecutora Provincial (UEP) y los equipos técnicos municipales (como Unidades Ejecutoras Municipales). La primera cuestión que los convocó fue la selección de los efectores y de los barrios que finalmente se incorporaron al proyecto municipal. La puesta en marcha del ProDeII constituyó en sí misma una oportunidad para aquellos municipios que venían implementando en su territorio políticas capaces de articularse con la propuesta de programa. La otra instancia que propició continuas interacciones entre la UCP, la UEP y los equipos técnicos municipales fue el diseño de las acciones a nivel de cada uno de los efectores, en cada uno de los barrios seleccionados. Esta instancia introdujo fuertes tensiones en las relaciones entre las diferentes jurisdicciones, en particular entre los equipos municipales y el estado de Columbres.

El proceso de selección de los municipios en los que se inició la gestión del ProDeII no fue sencillo. La selección de los municipios que ingresaron a la primera etapa del Programa estuvo a cargo de la UEP, de manera que en esta etapa del proceso ni el banco ni la UCP tuvieron injerencia directa. Sin embargo, la UCP hizo el seguimiento del proceso. Esta selección se realizó a través de una convocatoria a algunos municipios del Gran Columbres. El carácter piloto de la primera etapa hizo necesario limitar la convocatoria a algunos distritos del Gran Columbres. Esa decisión respondió a la necesidad de contar con experiencias que dieran cuenta de las heterogeneidades existentes en las características de los territorios (municipios del primer y segundo anillo del Gran Columbres).

De los quince municipios convocados para la primera etapa del programa, sólo quedaron seis (entre ellos Pueblo Viejo y San Jorge). Según los funcionarios municipales, lo que explicó semejante reducción fue el hecho de que resultaba muy difícil que por sí solos los municipios pudieran transitar con éxito el proceso de diseño de los proyectos locales. Esta situación introdujo múltiples tensiones entre los equipos técnicos de la UEP y los de las UEM que demandaban un trabajo más intenso y colaborativo con el equipo técnico estadual. La situación llegó a un punto tal de tensión que exigió que a nivel de la UCP se conformara un equipo *ad hoc* para colaborar en el desarrollo de los proyectos del Gran Columbres.

Asimismo, otros los programas nacionales y estaduales intervienen sobre la misma población y/o efectores definidos por el ProDeII.

Tabla C1.1. Programas nacionales y estaduales vinculados al ProDeII. Año 2002.

Programas nacionales – Republica de Cabo Verde	
Ministerio de Desarrollo Social	Convenio con ONG para apoyo a comedores (entre las que se encuentra CORPUS).
	Programa de fortalecimiento institucional de ONG.
	Programa de Infraestructura Comunitaria.
Programas del estado de Columbres	
Ministerio de Acción Social	Entrega de alimentos a comedores.
	Programa de becas para comedores infantiles.
	Programa de subsidios a ONG (entre las que se encuentra Corpus).
Ministerio de Educación	Programa de mejoramiento de infraestructura de jardines de infantes (adecuación, construcción de comedores y cocinas).
	Programa de fortalecimiento de jardines en zonas vulnerables.
Ministerio de Salud	Programa de entrega de leche fortificada a niños menores de 6 años.

La gestión del ProDeII en Pueblo Viejo

La gestión del ProDeII en el municipio de Pueblo Viejo depende de la Secretaría de Salud y Acción Social que tiene a su cargo el desarrollo del Plan de Atención Integral del Niño. Este Plan es priorizado por el municipio en su plan de gobierno e integra una multiplicidad de acciones y proyectos –entre ellos el ProDeII– orientados a ese área.

Los efectores involucrados en el ProDeII, dependen de distintas subáreas de la secretaría: los jardines de infantes municipales dependen de la Dirección de Educación, los centros de salud forman parte de la estructura de la Dirección de Atención Primaria, mientras que comedores infantiles, guarderías y jardines comunitarios reciben recursos –básicamente alimentos frescos– y son controlados por la Dirección de Acción Social.

Tabla C1.2. Dependencia de efectores del Proyecto ProDeII. Municipio Pueblo Viejo. Año 2002.

Jurisdicción y área de dependencia	Programas vinculados
Municipalidad - Dirección de Educación	Jardines de infantes municipales.
Municipalidad - Dirección de Atención Primaria	Centros de salud.
Municipalidad - Dirección de Acción Social	Comedores infantiles. Guarderías. Jardines comunitarios.
Ministerio de Educación de del estado de Columbres	Jardines de infantes.

Cada una de estas subáreas desarrolla una multiplicidad de acciones que se orientan hacia la población infantil. Estas acciones han sido diseñadas bajo la forma de Programa pero su implementación está a cargo de las estructuras municipales de línea.

Tabla C1.3. Programas vinculados al ProDeII. Municipio Pueblo Viejo. Año 2002.

Sub Area municipal	*Programas Vinculados*
Dirección de Educación	Programa de formación docente para maestras de jardines municipales.
Dirección de Atención Primaria	Programa Materno Infantil: - Componente a: programas de captación temprana de embarazadas (parteras y trabajadoras sociales). - Componente b: programa de Atención del Niño (pediatras y trabajadoras sociales) - Componente c: programa de salud sexual y reproductiva. - Componente d: control de niños de jardines, guarderías y comedores.

Dirección de Acción Social	Entrega de alimentos.
	Capacitación en manipulación de alimentos y nutrición.
	Capacitación en desarrollo infantil (para mujeres cuidadoras de los jardines).

Los Programas gestionados por las diferentes subáreas del municipio reciben recursos y/o se financian con fondos de los programas nacionales y estaduales vinculados.

Para lograr la articulación del ProDeII con cada uno de esos Programas, el Secretario de Salud y Acción Social propició la conformación del Comité de Atención Integral del Niño, integrado por la coordinación del ProDeII y los titulares de la Dirección de Educación, la de Materno Infancia y la de Acción Social.

En este contexto, resolver la integración de la UEM fue una cuestión relativamente sencilla. La misma se organizó en espejo del comité. La conformación de la UEM constituyó una oportunidad para formalizar y fortalecer la actividad del Comité en la medida en que lo dotó de institucionalidad y le estableció una agenda crítica a la cual dar respuesta. El coordinador del ProDeII era el encargado de informar en el espacio del comité la marcha del programa y de solicitar a cada una de las direcciones la colaboración de sus equipos técnicos, dependiendo de la acciones a desarrollar. Esta forma de organización del programa tensionó fuertemente la disponibilidad y características del recurso humano en cada una de las direcciones. Las subáreas y sus técnicos no estaban acostumbrados a desarrollar acciones de manera coordinada, que exigían en su desarrollo contar con equipos polivalentes con capacidad para diseñar acciones, monitorearlas y desarrollarlas en el territorio.

Una de las dificultades que tuvo el municipio en el proceso de elaboración del proyecto fue establecer los puntos de corte de la focalización territorial; demarcar el área de intervención generó muchos reclamos entre las organizaciones sociales, los vecinos de los barrios y los propios profesionales de los centros de salud y jardines no incorporados al programa. El reclamo era que no todos iban a ser beneficiados con los cambios aunque tuvieran las mismas problemáticas. A respecto el coordinador de la UEM señala: "A nosotros nos hubiera gustado que el ProDeII tuviera un impacto no tan focalizado sino un poquito más ampliado, por una calle hay gente que recibe millones y otra que no recibe nada".

En este contexto, la elaboración y suscripción del convenio para la puesta en marcha del Proyecto local resultó una instancia especialmente conflictiva en Pueblo Viejo las discrepancias que existían entre los equipos técnicos en torno a la aplicación de los criterios de focalización definidos en el programa pusieron en cuestión la suscripción del convenio y, por ende, el desarrollo del ProDeII en el municipio. El equipo de la UCP jugó un papel central en el proceso, facilitando algunas propuestas técnicas que permitieron cumplir la normativa al tiempo de dar respuesta a algunas expectativas locales.

La puesta en marcha del ProDeII en Pueblo Viejo puso en el centro de la escena la cuestión del recurso humano, no sólo a nivel de los efectores sino también en el marco de las estructuras de gestión del programa. Su puesta en marcha implicó un proceso de reestructuración organizativa y administrativa que dio lugar a la redefinición de las acciones de capacitación previstas en el marco del Programa.

Las reuniones anuales de revisión de proyecto fueron el escenario en el cual se desarrolló parte de las reflexiones que dieron lugar a la transformación de la estrategia. Se avanzó así en el diseño de acciones de capacitación y fortalecimiento institucional orientadas a la reorganización de las estructuras de gestión –entre ellas los servicios– y de los roles y funciones del personal (tanto a nivel de los efectores como de los equipos técnicos involucrados en la gestión del ProDeII).

En este contexto, se avanzó en la formalización de mecanismos de articulación y monitoreo de las acciones y en el establecimiento de reglas de juego claras con las organizaciones sociales en materia de distribución de recursos –en particular, con aquellas involucradas en el programa –, cuestión que se plasmó en convenios firmados entre el municipio y las organizaciones.

La gestión del ProDeII en el municipio de San Jorge

La gestión del ProDeII en el Municipio de San Jorge depende de la máxima autoridad política local– Intendente. En este contexto, se pensó que lo más conveniente era insertar la estructura de la UEM en el marco de la Secretaría de Privada y designar un equipo técnico local *ad hoc* que cumpliera con los perfiles definidos en el marco del programa marco. Dada la presencia de CORPUS en la gestión de los recursos destinados al área social, se decidió convocar a uno de sus cuadros técnicos para que formara parte de la UEM. Sin embargo, los efectores involucrados en el ProDeII, dependen de otras áreas municipales escasamente vinculadas con la secretaría privada.

Tabla C1.4. Dependencia de los efectores ProDeII. Municipio San Jorge. Año 2002.

Jurisdicción y área de dependencia	Efectores ProDeII
Municipio - Secretaria de Salud (Dirección de Atención Primaria)	Centros de Salud.
Municipio - Dirección de Cultura	Jardines municipales

Jurisdicción y área de dependencia	Efectores ProDeII
Municipio - Subsecretaría de Promoción Social	Comedores infantiles. Guarderías.
Ministerio de Educación del estado de Columbres	Jardines de infantes.

Cada una de estas áreas desarrolla acciones que se orientan hacia la población infantil; pero lo hace de manera aislada. La Secretaría de Salud y la Subsecretaría de Promoción Social realizan gran parte de sus acciones a través de CORPUS. CORPUS ha propiciado instancias de articulación entre las diferentes áreas del municipio pero sus iniciativas fueron escasamente acogidas. Las experiencias de articulación se desarrollan a nivel de los efectores, en particular, en aquellos a cargo de la ONG.

Tabla C1.5. Programas vinculados al ProDeII. Municipio San Jorge. Año 2002.

Sub Área municipal	Programas Vinculados
Dirección de Cultura	Programa de entrega de materiales didácticos y equipamiento.
Secretaría de Salud	Convenio con ONG CORPUS para seguimiento de casos de riesgo.
Subsecretaría de Promoción Social	Entrega de alimentos. Convenio con ONG CORPUS para apoyo a comedores y controles de salud.

En este marco, el municipio tiene baja incidencia en la especificación de criterios de distribución de recursos y de selección de beneficiarios. La gestión de los recursos se desarrollaba fundamentalmente a través de instancias de negociación bilateral entre el municipio y CORPUS, que gestiona, también, gran parte de los fondos de los programas nacionales y estaduales vinculados. Esta situación generó fuertes conflictos con la Dirección de Cultura, que pretendía fijar algunos criterios que le permitieran dar respuestas más claras a la población de menores ingresos del distrito.

En este contexto, la puesta en marcha del ProDeII en San Jorge demandó una fuerte presencia de los equipos técnicos de la UEP, que colaboraron activamente en la elaboración del proyecto y, también, en las negociaciones entre las diferentes áreas de gobierno involucradas. El intendente se involucró fuertemente en la generación de espacios de diálogo, pero la tradición de relaciones bilaterales no era fácilmente desmontable. Esta situación llevó a que existieran algunos conflictos en el Ejecutivo Municipal, en particular, entre el intendente y sus secretarios y/o directores.

El reclutamiento y la incorporación del coordinador de la UEM no fue una tarea sencilla, la situación de conflicto institucional desalentó a muchos candidatos pero finalmente el intendente logró que la Dra. Cano aceptara ese desafío. La Dra. Cano era una pediatra con amplia trayectoria en el municipio y con ideas innovadoras en relación a la Atención primaria de la Salud. Su convocatoria fue bien recibida por el gabinete municipal. Ante esta situación y dadas las características del territorio, la propuesta del equipo de la UEP fue centralizar las intervenciones en los barrios en los que se concentra la población de menores ingresos. Así, las necesidades de articulación se redujeron a las acciones desarrolladas en esos territorios.

En este contexto, la elaboración y suscripción del convenio para la puesta en marcha del proyecto local se demoró el tiempo que llevó lograr una propuesta consensuada, la que aportó el equipo técnico de la UEP.

La puesta en marcha del ProDeII en San Jorge puso en el centro de la escena la cuestión de la organización del sistema de salud y acción social. Su puesta en marcha implicó un proceso de redefinición de lógicas de gestión muy centradas en la figura del Intendente. Las reuniones anuales de revisión de proyecto sirvieron para proponer algunas transformaciones de las lógicas de gestión. A iniciativa de los técnicos de la UEP se generaron espacios de trabajo conjunto que involucraron a los responsables de las distintas áreas del gobierno de las cuales dependían los efectores del ProDeII. En ese contexto, se logró generar iniciativas de capacitación y asistencia técnica por fuera de la órbita de CORPUS.

Consignas de trabajo

- Considerando la situación planteada en torno a la gestión del ProDeII y considerando su contexto de puesta en marcha, ¿cuáles son los grandes desafíos con que se enfrentará la gestión del programa en los municipios del Gran Columbres?

- ¿Cuáles son las condiciones que regulan la implementación del ProDeII en los municipios del Gran Columbres?

- ¿Cómo impactan las condiciones del régimen de implementación en el nivel local en la gestión del programa en los municipios del Gran Columbres?

- Teniendo en cuenta cómo se organiza la gestión del programa en los municipios del Gran Columbres, ¿cuáles son los problemas y tensiones con que podemos suponer se está enfrentando el programa en su implementación?

*Fernanda Potenza Dal Masetto**

| Sección 1 | **El entramado institucional** |

A comienzos del año 2003, la situación social en la República de Cabo Verde resultaba apremiante. Ya hacía casi un lustro que los índices de desempleo y de pobreza –medida por ingresos– venían subiendo. A esto se sumaba un escenario crecientemente conflictivo que se ponía de manifiesto en sucesivas huelgas y otras manifestaciones de protesta. Un dato por demás alarmante era que aproximadamente el 85% de los hogares en situación de pobreza extrema (indigencia) tenían entre sus miembros a al menos un niño o adolescente. Otros problemas asociados eran la falta de escolarización –principalmente en los últimos tramos de la educación básica– y la incidencia de la desnutrición, en particular, entre los niños menores de 6 años.

Fue por ello que, para el gobierno recientemente electo a nivel nacional, la "cuestión social" encabezara la agenda de cuestiones ante las cuales debían mostrar alguna respuesta a la población en el corto plazo. El nuevo gobierno era el resultado de una coalición de partidos que había ganado las elecciones presidenciales pero no había podido imponerse en los comicios de la mayoría de los estados que conforman la república[183].

En sintonía con estas demandas, al frente del Ministerio de Desarrollo Social fue designado un funcionario que gozaba de fuerte popularidad aunque representaba al partido más débil dentro de la coalición (tanto por su menor trayectoria en la política nacional como por su más acotada presencia territorial). Por entonces, tres Secretarías conformaban la estructura de esta cartera, las cuales fueron asignadas entre las dos fuerzas

---

* Especialista y consultora en política social.

[183] La República de Cabo Verde tiene un tipo de gobierno federal, lo cual implica que los estados conservan todo el poder no delegado por la Constitución al gobierno federal; tienen autonomía para darse sus propias instituciones y regirse por ellas. Los niveles de gobierno en Cabo Verde son tres: el gobierno nacional, los gobiernos estaduales y los gobiernos municipales.

políticas de la coalición. En función de este reparto, la Secretaría de Ayudas Sociales, que sería de vital importancia para el desarrollo del Plan Incluir, quedó en manos de una funcionaria del mismo partido que el ministro, pero de una línea política diferente. Desde el comienzo se hicieron evidentes los conflictos entre ambos. A lo largo del año, el estilo personalista del ministro no haría más que acentuar este tipo de problemas.

En este escenario de crítica situación social, pero también de grandes expectativas por parte de la población y de tempranas confrontaciones al interior del nuevo gobierno, fue que surgió el Plan Incluir. Esta iniciativa estaba dirigida a familias urbanas, en situación de extrema pobreza, con al menos un menor de 19 años a cargo. Su propósito consistía en abordar la deficiencia de ingresos de estos hogares pero, también, facilitarles el acceso a una serie de servicios y bienes que –se suponía– contribuirían a mejorar su situación. El diagnóstico acerca de la pobreza como un problema "multidimensional" derivaba, en el caso del plan, en la necesidad de acciones intersectoriales para hacerle frente de manera efectiva. Operativamente, esto implicaba la coordinación de algunos programas del gobierno nacional ya vigentes –en la órbita de los Ministerios de Desarrollo Social, Educación y Salud– como así también la puesta en marcha de otras nuevas acciones.

El Plan ofrecía beneficios vinculados con los ejes "alimentación" (cajas de alimentos y subsidio monetario destinado a la compra de alimentos frescos), "educación" (becas, útiles y guardapolvos) y "salud" (medicamentos, leche maternizada, vacunación). Las familias beneficiarias, por su parte, se hacían responsables de cumplir con ciertos compromisos vinculados con el bienestar de sus niños y adolescentes, tales como mantenerlos en la escuela, vacunarlos o llevarlos a los centros de salud para que les realicen los controles de salud correspondientes.

La idea sobre la cual se basaba el Plan Incluir ya había inspirado otros programas similares en la región, aunque era la primera vez que una iniciativa como ésta se implementaba en Cabo Verde. En concreto, el plan denominado "Solidario", desarrollado por un país vecino, había logrado un fuerte apoyo por parte de los organismos multilaterales de crédito y era, en ese momento, promovido en la región como parte de las "buenas prácticas" en materia de lucha contra la pobreza. Este respaldo internacional, sumado a la posibilidad de que de ese aval se derivaran recursos que ayudaran a solventar el plan, fue uno de los motivos que impulsó al ministro de Desarrollo Social a promoverlo en Cabo Verde. Sin embargo, el contexto en que se había desarrollado el Plan Solidario difería en algunos aspectos: este programa se dirigía exclusivamente a familias indigentes pero del ámbito rural y, además, se había implementado en un país con forma de gobierno unitaria.

Si bien el Plan Incluir buscaba articular esfuerzos de diferentes áreas del gobierno nacional y de éste con los estados y los municipios, su diseño inicial estuvo reservado al ministro de Desarrollo Social y su círculo más allegado. En un segundo momento, se dio participación a algunos técnicos políticamente afines, que se desempeñaban en diferentes áreas del ministerio. A pesar de que en este organismo existían reparticiones vinculadas específicamente a la planificación, se privilegió la reunión de técnicos de diferente extracción –pero en todos los casos, considerados "de confianza"– los cuales se reunían de manera informal para elaborar la iniciativa. Poca intervención tuvieron, en cambio, los funcionarios a cargo de las secretarías del Ministerio de Desarrollo Social, incluyendo a la Secretaría de Ayudas Sociales, bajo cuya responsabilidad estaban algunos de los programas que serían "coordinados" en el marco del plan.

Una de las principales dificultades con las que se encontraron los diseñadores de Incluir fue la disponibilidad de fondos. En parte, debido a que la nueva iniciativa no había sido prevista en el presupuesto anual, elaborado durante el período anterior. Por ello, se resolvió que durante el 2003 se realizaría una prueba piloto, solventada mayormente con los recursos provenientes de reasignaciones de partidas del Ministerio de Desarrollo Social. De este modo, el presupuesto para el primer año provino de "recortes" a otros programas de esta cartera, lo cual suscitó un gran descontento no sólo entre los secretarios afectados sino también entre los coordinadores de programas y sus equipos de trabajo. No obstante, los recursos logrados por esta vía no parecían ser aún suficientes: el plan, que en un principio estaba pensado para todas las familias urbanas en situación de indigencia, se acotó finalmente a aquellas que tenían menores a cargo. La falta de recursos presupuestarios también incidió sobre la magnitud de la "prueba piloto" es decir, sobre la cantidad de municipios que podrían ser incorporados durante el primer año. Para los años siguientes, se especulaba no sólo con un aumento de los presupuestos destinados a las áreas sociales –para lo cual comenzaron a realizarse reuniones y contactos con funcionarios del Ministerio de Hacienda que podían tener influencia sobre esa decisión– sino también con lograr cierta "flexibilización" por parte de los organismos internacionales respecto de la asignación de algunas de las partidas destinadas a programas con financiamiento externo.

El Plan Incluir era considerado el "plan del ministro" –y no una política de gobierno– no sólo hacia el interior de su propia cartera sino que también era percibido de esa forma por los otros ministerios que estarían formalmente implicados en su puesta en marcha. Esto se hizo evidente a medida que se intensificaron los contactos con las áreas de Educación y Salud para especificar aspectos vinculados con la operatoria. Durante la etapa de diseño final del plan, las personas que participaron –en representación de estos ministerios– no llegaron a conformar un equipo, sino que eran referentes asignados informalmente para ocuparse del tema. La falta de compromiso por parte de los funcionarios a cargo de las áreas de Educación y Salud podría deberse a una combinación de factores. En un principio, el ministro de Desarrollo Social les había dado poca participación en el diseño. El propio desconocimiento de la iniciativa conspiraba contra un compromiso pleno con el plan. Pero más allá de esto, se conjugaban otros elementos: la diferente afiliación partidaria, las particularidades de la cultura organizacional de sus ministerios (considerados "tradicionales", con un ámbito de incumbencias definidas claramente) y, asociado a ello, la poca experiencia de sus cuadros burocráticos en trabajar de manera conjunta con otras áreas sociales.

Como se ha mencionado, el plan se basaba, en su mayor parte, en la orientación hacia las familias beneficiarias de los bienes o servicios ofertados por programas ya existentes aunque también suponía el desarrollo de algunos nuevos componentes. En relación con el eje "alimentación", lo lógico hubiera sido que las familias beneficiarias recibieran las cajas de alimento que eran distribuidas por el ya vigente programa Alimentos Para Todos, ejecutado desde la Secretaría de Ayudas Sociales. No obstante, como el ministro desconfiaba de la lealtad de la funcionaria a cargo de este área, se dispuso la creación de un nuevo programa, con dependencia directa del ministro, para complementar la distribución de cajas de alimentos a los beneficiarios del plan Incluir. Sin embargo, por falta de recursos presupuestarios, esta nueva iniciativa nunca pudo concretarse y el éxito del componente "alimentación" quedó casi exclusivamente en manos de la funcionara enfrentada al ministro, aún más enemistada luego de esta estrategia fallida dirigida a menguar su poder.

En materia de "educación" y de "salud", se decidió que los ministerios nacionales de estas áreas contribuyeran al desarrollo del plan a través de programas específicos que ya estaban siendo desarrollados en cada uno de sus ámbitos. En concreto, se trataba de acciones vinculadas con asignación de becas, distribución de útiles escolares y guardapolvos (en el caso del Ministerio de Educación) y reparto de leche maternizada, medicamentos y vacunas (en el caso del Ministerio de Salud). En relación con estas cuestiones, una de las dificultades halladas fue que los criterios de focalización que estaban siendo utilizados por cada uno de los programas no coincidían entre sí. Por esta razón, en algunos casos, podía llegar a resultar difícil que una misma familia accediera a todos los beneficios que le hubiera correspondido, de acuerdo con la filosofía original del plan.

Una dificultad adicional surgía en relación con las "corresponsabilidades", que en la mayoría de los casos involucraban la disponibilidad de servicios a nivel municipal. Desde hace ya más de dos décadas, la gestión de los servicios sociales de la República de Cabo Verde (en este caso, escuelas, hospitales, centros sanitarios de atención primaria) depende de los gobiernos estaduales. En materia educativa y sanitaria, el gobierno nacional cumple algunas funciones vinculadas con el diseño de directivas y de monitoreo y evaluación, pero no tiene facultades para reforzar, reorganizar o modificar la oferta de servicios. Esto generó una fuerte tensión con los gobiernos estaduales, la mayoría de los cuales estaban en manos de un partido de oposición al gobierno nacional. Si bien la responsabilidad principal de los estados residía en materializar una responsabilidad que ya tenían a su cargo (esto es, garantizar el acceso a la educación y a la salud en sus respectivos territorios), encontraban pocos incentivos para sumarse a la propuesta. En parte, debido a que provenía de un partido de diferente color político, pero también porque se derivaba de una decisión tomada por el poder central sobre recursos, prestaciones y servicios que no estaban bajo su órbita.

Para la operatoria del plan se previó la creación de una serie de organismos y la firma de diferentes tipos de convenios para formalizar los compromisos de las partes.

En primer lugar, se dispuso la conformación de la Unidad Coordinadora Nacional, presidida por los tres ministros de las áreas involucradas en la gestión del plan y conformada por un equipo técnico a cargo de la operatoria del mismo. Entre sus funciones estaba asegurar la coordinación de acciones vinculadas con el plan, hacer un relevamiento de potenciales beneficiarios, discutir y diseñar sus lineamientos generales, realizar el seguimiento de las acciones desarrolladas y evaluarlas. Si bien esta estructura fue creada, sólo el ministro de Desarrollo Social tuvo un rol destacado en la misma. La participación de sus pares de Educación y Salud fue marginal. Influyó sobre esto la debilitada imagen que ya para ese entonces tenía el ministro de Desarrollo Social, tanto en la opinión pública como dentro del gabinete de gobierno. Diariamente se sumaban las acusaciones de ineficiencia en la gestión de su área. De ahí el poco interés demostrado por los funcionarios de Educación y Salud en participar de manera compartida en la gestión del plan e involucrarse en una iniciativa que aquel ministro reivindicaba en términos personales.

Para la aplicación del programa, a su vez, se debían suscribir convenios con los gobiernos estaduales y municipales a los fines de delimitar las responsabilidades de cada uno de ellos. En el ámbito municipal, en concreto, se debía conformar una comisión Local, presidida por el intendente o alcalde e integrada por representantes de diferentes organizaciones sociales. Sus funciones principales consistían en dar a conocer el plan y contribuir en la selección de los potenciales beneficiarios sobre la base de un relevamiento técnico realizado por la Unidad Coordinadora Nacional. En los casos de municipios que tenían antecedentes en "gestión asociada" entre el sector público gubernamental y las organizaciones sociales, la conformación de estas comisiones no resultó conflictiva. En cambio, en los casos restantes, la constitución de estos organismos derivó en múltiples enfrentamientos que obstaculizaron el desarrollo del plan.

A pesar de contar con los instrumentos normativos (decretos, resoluciones) que respaldaban la creación del plan y disponían la conformación de su Unidad Coordinadora Nacional desde mediados de año, el lanzamiento de la prueba piloto se fue postergando hasta fines de 2003. Para ese entonces, había crecido aún más la resistencia hacia esta iniciativa por parte de los secretarios que no respondían al ministro y de los coordinadores de programas que habían visto recortados sus presupuestos.

El avance en la implementación de la prueba piloto se dio en un contexto incierto y hostil. El clima de conflictividad social se hacía sentir de manera creciente. Dentro del ministerio, la confrontación entre el ministro y la secretaria de Ayudas Sociales llegó a su punto máximo y desencadenó la renuncia de esta última. No obstante, también a nivel global y más allá de las cuestiones personales, las diferencias entre los partidos miembros de la coalición de gobierno fueron crecientemente notorias.

A comienzos del año 2004, cuando aún no había finalizado el período de prueba piloto, el ministro de Desarrollo Social se encontró sin respaldo político y debió abandonar su puesto.

Consignas de trabajo

- ¿Cuáles fueron los actores asociados (por su involucramiento o su exclusión) al proceso de diseño y puesta en marcha del Plan Incluir? ¿Cuáles fueron los principales recursos de poder que detentaba cada uno de estos actores? (tomar como referencia la tabla1, cap. V) ¿Qué coincidencias o diferencias se pueden observar en cuanto a sus intereses e ideologías?

- ¿Qué reglas formales e informales operaron como marco institucional del Plan Incluir? ¿De qué nivel son esas reglas (R1, R2, R3)?

- ¿De qué manera la institucionalidad social del Plan Incluir puede llegar a afectar su gestión? ¿Qué tipo de efectos (indirectos, transversales, directos) se pueden identificar como posibles?

- ¿Cuál de los tres patrones desarrollados por Veiga y Bonzo para pensar la intersectorialidad (presentados en cap. VI) le parece que mejor refleja la experiencia de diseño e implementación del Plan Incluir? ¿Por qué?

- ¿Qué alcance considera que tiene la intersectorialidad en el ejemplo del Plan Incluir? (tomar como referencia el diagrama 1 – cap. VI).

- En el caso concreto analizado, ¿qué tipo de presencia tiene la intersectorialidad en el gobierno y gestión de lo social? (tomar como referencia la tipología presentada en la tabla 2 – cap. VI). ¿Cuáles de los postulados desarrollados por Cunill Grau considera que pueden aplicarse al caso del Plan Incluir?

- ¿Qué escenarios de conflicto podrían llegar a desplegarse una vez que el Plan Incluir comenzara a ser ejecutado de manera completa? (tomar como referencia la tabla 3 – cap. V) ¿Qué potenciales problemas aparecen asociados a cada uno de estos escenarios, principalmente de cara a la gestión del Plan?

- ¿Qué imagina que sucedió con el Plan Incluir luego de la dimisión del ministro de Desarrollo Social? ¿Habrá surgido algún actor interesado y/o con recursos suficientes como para llevarlo adelante?

Sección 2	**Las relaciones intergubernamentales**

En la República de Cabo Verde, es habitual la conformación –en las diferentes áreas de las políticas públicas– de espacios orientados a la articulación de las iniciativas sectoriales entre los responsables de ministerios o secretarías a nivel nacional y sus pares del ámbito estadual. Para ello se crean los denominados "comités coordinadores". Se presenta, a continuación, la experiencia de dos de ellos: el de Educación y el de Desarrollo Social.

Comité Coordinador de Educación

El Comité Coordinador de Educación fue creado a mediados de los años ochenta. En sus inicios, su desempeño fue poco destacado. No obstante, la situación se modificó a partir de 1995, cuando las escuelas de nivel básico que dependían del Ministerio de Educación de la Nación fueron transferidas a la órbita estadual. Estos establecimientos, que representaban aproximadamente el 23% de la oferta en este nivel, quedaron desde entonces bajo la responsabilidad de cada uno de los estados en todo aquello vinculado con su gestión. El gobierno nacional, desligado de la administración directa de unidades escolares, quedó a cargo de funciones relacionadas con el establecimiento y monitoreo del cumplimiento de directrices que aseguraran que el sistema educativo en su conjunto funcionara de forma homogénea. Entre esas funciones se destacan la definición de criterios comunes a todos los estados, el desarrollo de proyectos orientados a compensar desigualdades y la evaluación.

Estas nuevas atribuciones, que se dieron de hecho luego de la "descentralización" de las escuelas básicas hacia los estados, quedaron formalmente plasmadas en la nueva Ley de Educación, sancionada en 1997. Uno de sus más importantes aciertos fue motorizar la discusión y el logro de un acuerdo respecto de las responsabilidades que le cabrían ya no sólo al ministerio nacional sino también a cada uno de los actores dentro del sistema educativo, incluyendo también a las áreas estaduales y al Comité Coordinador. En el caso de este último, el énfasis estuvo puesto en atribuirle facultades en relación con el debate y consenso sobre algunas cuestiones puntuales (por ejemplo, contenidos de la currícula escolar, criterios para la evaluación o para priorizar la asignación de recursos presupuestarios), que garantizaran cierta homogeneidad para el sistema educativo, evitando incongruencias entre las diferentes situaciones estaduales.

Fue así como, más allá de haber sido creado por una resolución ministerial (norma interna al Ministerio de Educación) y tener su propio reglamento de funcionamiento, la existencia y funciones de este Comité Coordinador quedaron avaladas en una ley nacional, discutida, aprobada y sancionada por el Poder Legislativo de la República. En el reglamento, por su parte, se especifican cuestiones como cuáles son los miembros que lo conforman, la periodicidad de sus reuniones, el procedimiento para elaborar la agenda, las reglas para la votación. A pesar de que el reglamento data de mediados de los ochenta, sus disposiciones continúan vigentes y son cumplidas, en la mayoría de los casos.

Al igual que los organismos similares de otras áreas, el Comité Coordinador de Educación está presidido por el ministro nacional del sector e integrado por los máximos representantes de Educación de cada uno de los estados. Tradicionalmente, los ministros nacionales han otorgado relevancia a este comité en tanto arena apropiada para la discusión de políticas, canalizando por este ámbito el debate de cuestiones sustantivas. Por su parte, los ministros estaduales también lo han considerado un ámbito legítimo de interacción lo cual se pone de manifiesto, por ejemplo, en el alto grado de presentismo a las reuniones.

Respecto de la relación nación-estados, cabe mencionar que a pesar de que muchos de los estados han tenido durante los últimos años gobernadores de un partido político opositor al gobierno nacional, han sido muy pocas las oportunidades en que esta situación derivó en conflictos de gravedad. La mayor parte de las discusiones, en cambio, se vinculan con cuestiones técnicas ante las cuales los estados se alían según su posición coyuntural ante los diversos temas, sin que sea el color político partidario el único criterio en base al cual se forman coaliciones al interior del comité.

A nivel de estructura, el comité está incluido en el organigrama del Ministerio de Educación de la Nación, como una dependencia más. En la práctica, esto implica que cuenta con una planta permanente de personal y recursos presupuestarios asignados específicamente para el desarrollo de sus funciones. El equipo técnico del Comité está encabezado por un Secretario Ejecutivo, que es elegido por los miembros del Comité (autoridades políticas nacionales y estaduales). Duran dos años en funciones, con posibilidad de ser reelectos, aunque también se puede revocar el mandato por causas que lo ameriten. Los sucesivos secretarios ejecutivos de este comité se han caracterizado por la estabilidad en sus cargos, aún ante cambios de gestiones al frente del Ministerio nacional e, incluso, ante cambios de gobierno.

Para el desarrollo de las funciones tanto administrativas como técnicas vinculadas con el funcionamiento del organismo, el secretario ejecutivo dispone de un equipo, propio del comité, integrado por profesionales de diferentes formaciones y especialidades. Entre sus funciones se encuentran la de guiar la discusión que se da en el seno del comité a partir de la elaboración de "agendas" y primeros borradores de los documentos que son sometidos a debate. Tanto los sueldos de los integrantes de este equipo como los gastos adicionales por estudios y otros de funcionamiento (viáticos, reuniones) son solventados por el Ministerio de Educación de la Nación.

La existencia de un equipo técnico-administrativo propio del comité genera opiniones dispares. Para aquellos estados con escasos fondos asignados al rubro educación y con débiles capacidades técnicas instaladas (la mayor parte de las veces, ambas situaciones son coincidentes), resulta muy valorada la posibilidad de contar con referentes claros a nivel nacional con quienes consultar la aplicación de los lineamientos definidos políticamente en el comité. Diferente es la situación de aquellos estados que tienen una mayor disponibilidad de recursos (y, por lo tanto, también una menor dependencia de los fondos enviados desde el ministerio nacional) y equipos técnicos sólidos y con trayectoria. En estos casos, se han planteado muchas veces situaciones de confrontación desde lo técnico, abonadas por la percepción de que el equipo del Comité Coordinador "responde" a las necesidades políticas del ministerio nacional y que acatar tales directivas de manera acrítica sería una manifestación de subordinación.

Para canalizar la participación en este ámbito de otros actores no gubernamentales vinculados a las políticas educativas, al interior del Comité Coordinador de Educación se ha creado la Comisión Consultiva. Pueden participar de esta instancia representantes de la educación privada, sindicatos docentes, ONG que desarrollan proyectos educativos, académicos con experiencia en el tema. Sus funciones consisten en asesorar –con carácter no vinculante– sobre las cuestiones que se estén debatiendo en el marco del comité. El funcionamiento de este organismo ha sido variable según las épocas, pero es evidente que ha permitido canalizar algunos de los conflictos que se fueron suscitando con actores externos al ámbito gubernamental. Tal fue el caso, por ejemplo, de las acciones encaradas desde esta comisión por los representantes de la educación privada en momentos en que en el comité se estaban discutiendo lineamientos orientados a una más estricta regulación de los establecimientos de este tipo.

Durante los últimos años, en el marco del Comité Coordinador de Educación se han logrado importantes acuerdos orientados, principalmente, a homogeneizar ciertas condiciones de enseñanza para todos los alumnos del país. En efecto, se hizo evidente que, producto de sucesivas etapas de "reforma", coexistían en los estados estructuras disímiles para sus sistemas educativos en cuanto a duración, requisitos de promoción, criterios de evaluación, etc. En vista de esto, y ante la imposibilidad del ministerio nacional de operar por sí mismo un cambio radical sobre las estructuras –producto de la división de funciones entre Nación y estados– se decidió que en el ámbito del Comité Coordinador se acordarían ciertos "conocimientos mínimos" que deberían acreditar todos los alumnos del país, con independencia de la escuela y del estado en el que estuvieran matriculados. La discusión estuvo fuertemente "guiada" por el equipo técnico del Comité Coordinador a partir de la elaboración de borradores que se ponían a discusión y se reelaboraban sucesivamente. Se lograron consensuar, por este mecanismo, contenidos mínimos curriculares para la educación básica y media.

Otro tema respecto del cual el Comité Coordinador ha tenido incidencia ha sido la discusión en torno a los criterios para aplicar la ayuda social motorizada desde el área de Educación. En este sentido, los criterios de focalización de los programas de entrega de becas, útiles y guardapolvos (que pasarían a ser articulados en el marco del Plan Incluir) fueron objeto de discusión y acuerdo en este ámbito.

Comité Coordinador de Desarrollo Social

El Comité Coordinador de Desarrollo Social fue creado en el año 1999 con el propósito explícito de articular las intervenciones del gobierno nacional y de los gobiernos estaduales en materia de lucha contra la pobreza. Su creación se dio como resultado de una resolución ministerial (normativa interna del Ministerio de Desarrollo Social) pero su conformación no estuvo respaldada por ninguna norma de mayor jerarquía (como, por ejemplo, una ley nacional).

Cabe mencionar que en el sector de Desarrollo Social no existe una clara división de funciones entre lo que hace el nivel nacional (en este caso, el Ministerio de Desarrollo Social) y las responsabilidades asignadas a las áreas estaduales y municipales (ministerios o secretarías de Desarrollo Social, Acción Social o sus equivalentes). Es por ello que, desde estas diferentes instancias, se diseñan y desarrollan programas que generalmente tienen por destinatarios a los mismos grupos de la población, llegando con similares bienes o servicios y guiados por objetivos semejantes. Como resultado, se observa una situación de multiplicación de iniciativas con cierto grado de superposición. Cabe mencionar que tampoco existe una delimitación de funciones que se dé de manera informal o implícita.

El funcionamiento del Comité Coordinador de Desarrollo Social está reglado por su norma de creación y por su reglamento. No obstante, éste ha resultado demasiado vago en cuanto a sus especificaciones sobre las cuestiones que deben ser tratadas en ese ámbito, la frecuencia de reuniones o la manera en que se elabora la agenda. Es por ello que desde el año pasado se especula con la posibilidad –aún no concretada– de elaborar un nuevo reglamento que sea más útil a los efectos operativos.

Al igual que su par de Educación, el Comité Coordinador de Desarrollo Social está presidido por el ministro nacional del ramo e integrado por los máximos representantes de las áreas estaduales de Desarrollo / Acción Social o sus equivalentes. En el caso de Desarrollo Social, el Comité Coordinador no ha sido un área valorada por los funcionarios políticos como un ámbito para lograr acuerdos que resulten funcionales al sector. Ello se manifiesta, por ejemplo, en el alto grado de ausentismo de los ministros a las reuniones del comité. Es habitual, en cambio, la presencia de "segundas líneas" como representantes de cada estado. En algunos casos se trata de referentes que, al interior de las áreas sociales estaduales no ocupan cargos formalmente relevantes pero resultan referentes claves en el entramado de relaciones de poder. Un problema adicional detectado en relación con los actores que participan en estas reuniones es su elevado grado de rotación, lo cual trae aparejado no sólo una alta inestabilidad en los elencos que participan de las discusiones sino también una notable pérdida de "memoria institucional".

Merece ser destacado que el ministro nacional tampoco encontró en este ámbito un espacio con legitimidad para encauzar negociaciones y compromisos colectivos: fue habitual, en cambio, que propiciara las relaciones bilaterales con cada uno de los funcionarios a cargo de las áreas sociales en los estados para concretar acuerdos, de contenido variable según el caso.

En la experiencia de este Comité, las diferencias de signo político entre los funcionarios del ministerio nacional y sus pares estaduales generaron importantes tensiones. En efecto, durante un período bastante prolongado de tiempo, los ministros de Desarrollo Social de los estados políticamente opuestos al gobierno nacional se organizaron para conformar un "Comité paralelo" que se encontraba con anterioridad a cada una de las reuniones del Comité de Coordinación con el propósito de acordar la mejor manera de hacer llegar sus demandas y pedidos de manera conjunta.

Para el desarrollo de sus funciones administrativas y técnicas, el comité es liderado por un Secretario Ejecutivo. No existen disposiciones formales respecto a la manera en que debe ser elegido ni sobre la duración en su cargo. No obstante, producto de ciertas convenciones y prácticas habituales en el sector, oficia como Secretario Ejecutivo el funcionario que está a cargo de la Secretaría de Asuntos Sociales (una de las tres Secretarías al interior del Ministerio de Desarrollo Social). La única excepción a esta regla informal se dio durante la gestión del Ministro que quiso implementar el Plan Incluir quien, por estar enemistado con la persona designada al frente de la Secretaría de Asuntos Sociales, decidió que el Comité Coordinador fuera dirigido por un Secretario diferente. Debido a que se trata de cargos de designación política, los Secretarios Ejecutivos del Comité Coordinador muestran una alta rotación en sus cargos, asociada estrechamente a los cambios en los funcionarios del ministerio nacional.

A nivel de estructura, este Comité depende directamente de la Unidad Ministro. A pesar de esta ubicación, no posee recursos presupuestarios ni de personal que sean propios. El presupuesto de que dispone proviene de la Unidad Ministro y se trata de pequeñas partidas para ser destinadas a viáticos y gastos de funcionamiento. En cambio, no dispone de fondos que puedan asignarse, por ejemplo, a la realización de estudios. Para el desarrollo de tareas operativas, el comité utiliza el personal administrativo asignado a la Unidad Ministro mientras que para la elaboración de propuestas técnicas, se apoya en los equipos de diferentes áreas –según la temática en cuestión– del ministerio nacional. Esta modalidad de trabajo se ha mostrado fructífera en términos de generar vínculos entre "líneas técnicas" de nivel nacional y estadual, lo cual resultó sumamente funcional para la gestión local de los programas. Sin embargo, en algunas ocasiones, el hecho de no contar con un equipo técnico propio del Comité con capacidad y recursos para avanzar de manera independiente en el estudio de temas de interés y la elaboración de propuestas, ha producido algunas demoras en el proceso de discusiones que se dan en este ámbito.

En cuanto a los actores no gubernamentales vinculados al sector (organizaciones sociales de base, iglesias, ONG), el Comité Coordinador de Desarrollo Social no cuenta con ningún tipo de comisiones que sirvan como vehículos –desde la institucionalidad formal– para canalizar su participación. No obstante, sin estar incluido en la estructura formal, se registra una importante participación de los equipos técnicos de los estados, que acompañan a los funcionarios políticos a las reuniones del comité. Una práctica habitual es, por ejemplo, la realización de reuniones simultáneas entre los funcionarios políticos, por un lado, y sus equipos técnicos, por otro.

En vista de la multiplicidad de iniciativas provenientes de los diferentes niveles de gobierno que caracteriza al sector, la coordinación de políticas en el marco de este Comité ha estado vinculada principalmente con lograr eficientizar el gasto y evitar duplicidades. En ese sentido, las reuniones se vieron reducidas, en la mayoría de los casos, a una presentación de los diferentes programas que desarrollan tanto desde el ministerio nacional y desde las áreas de Desarrollo Social de cada uno de los estados. Los acuerdos logrados en este ámbito fueron más bien puntuales y han contribuido en poca medida a la coordinación de aspectos sustantivos. Cuando desde el Ministerio de Desarrollo Social de la nación se buscó impulsar el Plan Incluir, por ejemplo, el Comité de Coordinación fue el ámbito donde la nueva iniciativa fue dada a conocer a los funcionarios estaduales. En esa oportunidad, desde la perspectiva del gobierno nacional, el Comité Coordinador resultó una instancia funcional tanto para "promover" la aceptación del plan por parte de los estados como para identificar a aquellos ministros de este nivel que podrían llegar a mostrar mayor grado de compromiso con la iniciativa y, en función de eso, colaborar en la prueba piloto. No fueron discutidos en este ámbito, no obstante, especificaciones operativas respecto de la manera en que se haría la coordinación entre Nación y estados.

Consignas de trabajo

- ¿Cuáles son los actores involucrados en el funcionamiento de los Comités Coordinadores? ¿Cuáles considera que pueden ser recursos de poder disponibles por cada uno de ellos? (tomar como referencia la tabla 1 (cap. V) ¿Qué coincidencias o diferencias pueden surgir en cuanto a sus intereses e ideologías?

- ¿Qué reglas formales e informales operan como marco institucional del funcionamiento de los comités? ¿De qué nivel son esas reglas (R1, R2, R3)?

- ¿Cuáles de los diseños institucionales identificados por Jordana para analizar las relaciones interjurisdiccionales pueden utilizarse para caracterizar el reparto de funciones entre Nación y estados en los sectores de Educación y Desarrollo Social? ¿Qué funciones son atribuidas a la Nación y a los estados, en cada uno de estos sectores?

- ¿Cuáles de los escenarios posibles en la práctica intergubernamental descriptos por Cabrero Mendoza (tabla 1 – Cap. VI) considera que refleja mejor la situación en cada uno de los sectores de la política social aquí desarrollados? ¿Por qué? ¿Qué problemas y/o ventajas aparecen asociados a esos escenarios y podrían aplicarse en nuestro ejemplo?

- ¿Cuáles son las capacidades institucionales de cada uno de los Comités Coordinadores (en términos de capacidad técnico-administrativa y capacidad política)? ¿De qué manera se combinan en cada experiencia?

- ¿Qué factores se conjugaron, en el caso de cada uno de los comités coordinadores analizados, para fomentar u obstaculizar la articulación entre niveles de gobierno de un mismo sector de la política social?
- ¿En qué medida la coordinación lograda en cada uno de los sectores presenta elementos de "coordinación jerárquica" o "coordinación transversal"? Argumente su respuesta.
- ¿Qué alcance tiene la coordinación que se logró en el marco de cada uno de los comités coordinadores?

<table><tr><td>Estudio
de Caso</td><td>**LA ARTICULACIÓN DE ACTORES
COMO MODELO DE GESTIÓN DE LA POLÍTICA SOCIAL**

Programa Mi Barrio</td></tr></table>

*María Cristina Cravino**

Antecedentes

El Programa Mi Barrio fue puesto en marcha en la República de Cabo Verde, a comienzos del año 2001. Su propósito era contribuir a la superación de la pobreza de los habitantes de asentamientos precarios a través del mejoramiento de su situación residencial, de la calidad de su hábitat y de sus oportunidades de inserción social y laboral. Para ello se propuso desarrollar un dispositivo de intervención que integraba diferentes ámbitos de actuación: el del espacio público a través de la provisión de infraestructura; el de la sociedad civil a partir del fortalecimiento de la organización comunitaria; el de la inserción social de las familias residentes a través de facilitar el acceso al mercado de trabajo y, por último, el de la vivienda a través de acciones orientadas al mejoramiento de la situación residencial. De este modo, se pretendía que merced al conjunto de intervenciones, los pobladores tuvieran una mejor calidad de vida, una mejor inserción en el mercado de trabajo y se integraran a una sociedad civil fortalecida.

En el año 2001, la República de Cabo Verde atravesaba una difícil situación político-institucional y, en ese marco, los programas financiados por organismos multilaterales de crédito representaban una ayuda importante para la cartera de políticas sociales del país. Mi Barrio no era una excepción. Sin embargo, y a pesar de la experiencia acumulada en la República de Cabo Verde en la gestión de este tipo de iniciativas, las negociaciones con la agencia de crédito internacional que lo financiaba habían sido muy arduas. El Banco de la Cooperación Internacional (en adelante BCI) había puesto condiciones vinculadas a los criterios de focalización de las iniciativas y al involucramiento de los gobiernos locales y de la población en la formulación e implementación de los proyectos.

El programa preveía la intervención en asentamientos urbanos precarios y en las familias residentes. Para ser elegibles, los asentamientos debían concentrar un 61%

---

* Instituto del Conurbano – UNGS.

de la población en situación de pobreza estructural, medida a través del criterio de necesidades básicas insatisfechas. Asimismo, los barrios debían contar con alguna organización social, de base territorial, que en el marco del programa actuara como contraparte del gobierno local.

La formulación de los proyectos –uno por barrio– estaba a cargo de los gobiernos municipales, los que debían lograr –para su desarrollo– el consentimiento de la organización barrial y el aval del gobierno estadual.[184] La selección definitiva de los mismos se realizaba en el nivel central: a partir de la elaboración de un *ranking* de la totalidad de proyectos presentados por los municipios, el equipo técnico del programa a nivel central (nacional) procedía a la selección. La cantidad de proyectos a ser seleccionados por municipio variaba según la proporción de población que concentraba.

En este marco, los municipios presentaban sus proyectos a la Unidad Ejecutora Nacional y éstos eran evaluados en función de la elegibilidad de los barrios. Los componentes que debía presentar cada proyecto eran cuatro: 1) espacio público; 2) participación; 3) empleo y 4) vivienda. El objetivo era, a partir del desarrollo de dichos componentes, contribuir a la sostenibilidad del hábitat de los barrios de forma integrada con una mejor inserción, en particular de los jóvenes, en el mercado laboral. La participación de los vecinos aportaba también a las pretensiones de sostenibilidad.

Mi Barrio en el barrio Doña María

El barrio Doña María es uno de los barrios del municipio de Pueblo Viejo, en el estado de Columbres. Pueblo Viejo es un de los 25 municipios que integran el Gran Columbres –la conurbación de la ciudad de Columbres. El barrio tiene una extensión de 15 manzanas, 14 ocupadas por viviendas y una correspondiente a una plaza, que al inicio del proyecto se encontraba en total deterioro y cubierta por un pastizal. En el barrio habitan 344 familias, con un total de 1.548 personas, en su mayoría menores de edad. Muchas de las familias son numerosas. Otro grupo importante lo constituyen ancianos que fueron traídos al barrio por sus hijos. Cabe destacar que el subsidio federal a familias desocupadas es recibido por el 21% de los jefes de hogar del barrio (2001).

El barrio surgió en 1996 a partir de una inundación que afectó a un asentamiento aledaño. Se constituyó como una ocupación de hecho, cuando el Concejal Del Pino, afín al gobierno local, decidió acompañar un proceso de formación de un asentamiento en tierra fiscal vacante, adonde se mudaron las familias afectadas. Cuando se iba conformando se acercaron muchas familias sin vivienda, en particular con hijos pequeños y afectados fundamentalmente por la desocupación creciente. El concejal prometió iniciar los trámites para la regularización dominial. Sin embargo, este trá-

---

[184] Originalmente, el programa preveía organizar su gestión a través de Unidades Ejecutoras Estaduales, pero el BCI impuso el criterio de la descentralización, reduciendo el rol de los gobiernos estaduales al de supervisor de las acciones municipales y generando instancias de gestión a nivel municipal.

mite no presentaba avances significativos hasta que la llegada del programa, coloca la cuestión nuevamente en la agenda del barrio y del municipio. Como se trata de tierra fiscal provincial, los vecinos no tenían temor a ser desalojados (otros barrios asentados en tierra privada y en suelo del gobierno nacional, en el mismo municipio, recibieron cédulas de desalojo). El concejal siempre les dio como mensaje que no serían desalojados porque él tenía contactos con el gobierno local y provincial. Por esta razón, los vecinos del barrio nunca habían hecho reclamos o presiones para apurar las gestiones por la regularización dominial.

Antes del proyecto, las calles del barrio Doña María eran de tierra, las veredas prácticamente no existían (sólo algunos vecinos colocaron baldosas o una carpeta de cemento). La iluminación era precaria, realizada por sus propios vecinos a partir de un "enganche" (conexión clandestina) de la iluminación de un barrio (formal) aledaño. El agua en las viviendas era –y es– provista por medio de perforaciones al acuífero, y las aguas negras eran destinadas a pozos sépticos o directamente a la calle. La electricidad estaba a cargo de una empresa privada que medía el consumo a través de un medidor común. El servicio era pagado por el gobierno provincial. Las casas, por lo general, eran de mampostería, con techo de chapa, algunas con aislamiento térmico y revoques, otras no. Algunas eran de materiales muy precarios. Todas eran muy pequeñas en relación a las personas que las habitaban, es decir, existían importantes niveles de hacinamiento. Las más precarias solían estar habitadas por familias con jefatura femenina, jubilados/pensionados y/o ancianos sin ingresos.

En el barrio convive un grupo de familias dedicadas al reciclado de residuos sólidos domiciliarios ("cirujeo" o "cartoneo"). Éstas se ubican cerca del Río las Pircas que corre contiguo al barrio, allí depositan los materiales descartados. Por estas prácticas son rechazados por muchos de los otros vecinos, que los califican de "cartoneros" y los culpan de la suciedad del barrio y de taponar el curso de agua. Sin embargo, esta última situación se debe a que, en realidad, todos los vecinos vierten sus residuos en el río, en particular, cuando no circula el camión de recolección de residuos. Esto se agrava los días de lluvia y los subsiguientes ya que las calles permanecen anegadas.

Cabe destacar que el período de la implementación del programa en el barrio, es decir, desde el inicio de las obras, fue de 24 meses. En él intervino un equipo compuesto por: una trabajadora social, dos arquitectos y un empleado, todos dependientes de la Secretaría de Planeamiento. Durante 6 meses se sumó un abogado abocado a la regularización dominial y a la formalización de las organizaciones barriales.

Componente participación

Una vez constituido el equipo interdisciplinario comenzó el trabajo de preparación del proyecto, que debía ser articulando con la organización social barrial (OSB). Un primer obstáculo con el que se encontró el equipo es que en el barrio existían dos organizaciones barriales: una surgida inicialmente durante el proceso de conformación del asentamiento y vinculada, desde ese momento, a un concejal del partido gobernante en el municipio. Esta es la Sociedad de Fomento Barrio Doña María. Esta organización es histórica en el barrio y en su local (construido con la ayuda económica del concejal) funciona un comedor en el que se entregan las bolsas de alimentos que el municipio destina a familias con necesidades alimentarias insatisfechas. Su local es una edificación precaria, con paredes revocadas, pero sin pintar y su techo es de chapa sin aislamiento térmico. En el lote no se encuentra ninguna vivienda. Estanislao es el dirigente de la organización desde su origen, pero está secundado por Eugenia, Gladis, Silvia y Esteban. El municipio presentó a esta organización como contraparte del proyecto.

Sin embargo, en 1998, surgió otra organización barrial: el Movimiento de Desocupados Tierra y Trabajo. Esta organización tiene vínculos, pero no estrictamente orgánicos, con un movimiento de desocupados del nivel nacional. En la Provincia de Columbres, existe una corriente propia de ese movimiento, donde tienen fuerte peso los trabajadores rurales y campesinos despojados de su tierra ante el avance del cultivo de soja. Esta organización de desocupados también conformó un comedor en la vivienda de su principal dirigente, Eusebio y su mujer Estela. Ellos gestionan programas de subsidio a desempleados, que cubren a algunos de sus miembros y también un programa que subsidia la autoconstrucción. Por esta razón se fueron involucrando desde hace tres años en la cuestión del hábitat y comenzaron a demandar al municipio el acceso a suelo urbano para las nuevas generaciones, que viven con sus parejas en las viviendas de los padres y que esperan tener vivienda propia. Como no obtuvieron respuesta ocuparon una manzana contigua al asentamiento y de esta forma se ganaron la enemistad del municipio y de la sociedad de fomento del barrio, que consideró que la nueva ocupación significaba "una villa", ya que el barrio luego de 15 años se había ido consolidando lentamente.

Cuando el equipo a cargo de la puesta en marcha del programa llega al barrio, la primera dificultad que tuvo fue la desconfianza de la población. Cuando convocaron a una primera reunión, a ésta sólo acudieron los dirigentes de la sociedad de fomento y algunos vecinos allegados a la misma. Los vecinos no conocían el programa y ante los rumores de que se iba a asfaltar las calles y mejorar el espacio público consideraron que se trataba de una promesa política más. Desde la constitución del barrio, el concejal Del Pino, había anunciado que él se ocuparía de que se les otorgara el título de propiedad. Sin embargo, el único documento escrito que podía significar un aval a la ocupación era el reconocimiento del municipio en la Secretaría de Acción Comunitaria de la Sociedad de Fomento.

Cuando el equipo decidió repartir volantes y acudir a una radio local[185] anunciando el inicio del programa, convocó a otra reunión, en la escuela del barrio, ya que el

---

[185] La difusión en la radio en realidad provocó que todo Pueblo Viejo supiera del programa y la movilización de otros asentamientos (ver comentarios finales).

comedor de la sociedad de fomento era muy pequeño, entonces algunos miembros del Movimiento de Desocupados decidieron acudir a ver de qué se trataba. De esta forma el equipo se encontró con que en lugar de articular con una única organización barrial, debía hacerlo con dos. En esa reunión quedó en evidencia, por un lado, que se trataba de organizaciones que no tenían experiencia de trabajo conjunto y, por el otro, que la sociedad de fomento no era representativa de todo el barrio.

Ninguna de las dos organizaciones contaba con personería jurídica. Por un lado, el reconocimiento de la sociedad de fomento sólo implicaba estar en una lista de organizaciones barriales reconocidas por el municipio. Por el otro, las familias nucledas en el Movimiento de Desocupados Tierra y Trabajo recibían, a través de la organización, el subsidio a la autoconstrucción y el crédito por los materiales; sin embargo, la organización en sí no contaba con ninguna documentación que acreditara su existencia como tal. Como el programa contemplaba el traspaso del salón de usos múltiples a una organización barrial se planteó la necesidad de que alguna de las organizaciones contara con personería jurídica.

El municipio debía presentar para la consideración de la organización barrial la definición de las prioridades de intervención en el espacio público, la lista de viviendas a construirse en los casos en que las viviendas fuesen irrecuperables, la lista de personas del barrio que serían incorporadas como mano de obra por parte de la empresa privada constructora. Las reglas del juego para la participación ya venían estipuladas por el programa mismo. Éste establecía la elección de un delegado por manzana y una reunión semanal (preferentemente realizada un día sábado o domingo) donde estuvieran presentes la mayoría simple de los delegados y la organización representativa.

El escenario de conflicto quedó planteado en la segunda reunión convocada por el equipo municipal. Allí se explicó la necesidad de establecer un delegado por manzana elegido por los vecinos. Ambas organizaciones comprendieron la relevancia que tenía la elección de delegados, figura desconocida en el barrio, ya que la forma organizativa originaria en el barrio se vinculaba a punteros relacionados con el concejal Del Pino.

La sociedad de fomento propuso como delegados a vecinos vinculados a la organización en todas las manzanas. El movimiento de desocupados propuso delegados en algo más de la mitad de las manzanas. El resultado de la elección arrojó como resultado que en 8 manzanas los delegados respondieran a la sociedad de fomento y en 6 al movimiento de desocupados. Dentro de este último grupo se encontraba el delegado de la manzana de los "cartoneros".

De esta forma el equipo técnico decidió trabajar con las dos organizaciones conjuntamente, ya que la que originalmente constaba en el proyecto representaba a buena parte del barrio, pero no a todo. En un comienzo la reuniones expresaban los enfrentamientos entre ambos grupos, pero a medida que avanzaban las discusiones sobre aspectos materiales del proyecto se lograron acuerdos, mientras que luego de la elección de delegados los vecinos comenzaron a creer que lo que se decía se iba a ser en el barrio podría ser cierto. Sin embargo, los posicionamientos diferentes se evidenciaron en cuanto había que decidir sobre los otros tres componentes del programa.

Durante los 24 meses que duró el proyecto la participación de los vecinos mostró un ciclo. En la primera reunión sólo acudió gente de la sociedad de fomento, luego se sumó el movimiento de desocupados y muchos vecinos que no se sentían plenamente identificados por ninguna de las dos organizaciones. Sin embargo, como se verá a medida que se susciten algunos conflictos la participación fue decayendo y en el final del proyecto era mucho menor el número de vecinos que acudía a las reuniones semanales. A mitad del proyecto un grupo de personas vinculadas a una capilla de la Iglesia Católica de un barrio vecino y al que acudían algunos vecinos del barrio Doña María se quiso sumar, pero el equipo técnico no los reconoció como tales porque no pertenecían al barrio.

El componente empleabilidad

El programa se propuso intervenir sobre la baja calificación de los habitantes del Barrio Doña María. Para esto se impulsó, luego de las primeras reuniones, el desarrollo de los dos emprendimientos productivos que proponían las dos organizaciones barriales: el taller de costura para mujeres y el de producción de dulces artesanales donde participaban tanto mujeres como hombres (en su mayoría jóvenes).[186] Se acordó que las máquinas de coser quedarían en el salón de usos múltiples, una vez construido éste y que, también, se podrían usar las cocinas del local comunitario para la fabricación de dulces caseros hasta que se lograra un mejor espacio para este fin. En ambos casos, el programa aportó la capacitación.

Un proceso interesante fue que al taller de costura acudieron mujeres que no tenían vínculos con la Sociedad de Fomento y viceversa, es decir a los cursos de fabricación de dulces artesanales acudieron mujeres que no estaban relacionadas con el movimiento de desocupados. Los únicos hombres que participaron eran jóvenes de entre 16 (edad mínima) y 25 años en el taller de preparación de dulces artesanales.

Sin embargo, era a partir de la incorporación de los habitantes como empleados de las empresas constructoras de sus viviendas que se esperaba aumentar más intensamente la empleabilidad. Sin embargo, la empresa en un principio se negó a tomar a personal del mismo barrio aduciendo que podían quedarse con material y llevárselo a sus casas. Como en el pliego de las licitaciones se establecía que el 50% de la mano

---

[186] La sociedad de fomento tenía en carpeta un proyecto de taller de costura para un grupo de mujeres del barrio, vinculadas a la organización. Preveían presentar el proyecto para su financiamiento a un programa nacional de fomento del autoempleo-microemprendimiento. La organización de desocupados tenía un proyecto para desarrollar dulces artesanales junto a huertas comunitarias y/o domiciliarias a partir de un vínculo con una ONG, pero no contaba con un lugar apropiado para ello ni tampoco para el desarrollo de la capacitación.

de obra decía ser local, el programa pudo presionar a la empresa para que cumpliera con lo pactado, aunque esto no fue fácil y se produjo lentamente.

El problema que se puso en evidencia apenas comenzó a trabajar la empresa era que la mano de obra no estaba calificada y la empresa no estaba dispuesta a capacitarla previamente. De este modo, los habitantes empleados aprendieron el oficio mientras construían las viviendas en el barrio. Esto trajo como obvia consecuencia que la calidad de la construcción no era la óptima, lo que provocó los reclamos de los vecinos. En algunos casos los reclamos fueron escuchados y se realizaron las modificaciones del caso, en otros no. Esto provocó entonces un enfrentamiento entre los vecinos, ya que casi todos se conocían. En los pasillos se escuchaban cosas como: "Tu hijo no sabe nada, construyó mi casa toda mal" y la consiguiente respuesta de la vecina: "La culpa es de la empresa".

Este tema fue tratado en las reuniones semanales de seguimiento del programa donde participaban las dos organizaciones. En ese marco, el movimiento de desocupados manifestaba que sus integrantes no eran tenidos en cuenta como mano de obra por su identificación política, a pesar de que tenían una experiencia en el oficio de la construcción mayor que otros de los vecinos que efectivamente habían sido incorporados a la tarea constructiva. Más allá de las quejas vertidas en el marco de la reunión, ninguna de las organizaciones tenía experiencia en realizar reclamos ante empresas contratistas. Tampoco el municipio los defendía en sus reclamos ante las empresas prestadoras de servicios públicos urbanos: cuando los vecinos se quejaban de que el camión de la recolección de residuos no pasaba, muchas veces en el municipio les decían que en lugar de quejarse debía agradecer, que ellos no pagan impuestos y que tenían que sacar la basura en los horarios convenidos y no en cualquier momento. Lo mismo cuando había baja tensión y se les arruinaban los electrodomésticos. Por esta razón y a pesar de que en las capacitaciones realizadas en el marco del programa, el equipo técnico les explicaba la forma en la que debían registrar sus reclamos en el libro de falencias de la obra, los vecinos no sabían cómo reclamar.[187] Inclusive algunos vecinos eran analfabetos y sentían vergüenza de decirlo para que otros escribieran sus reclamos. En ese marco, aun cuando el equipo técnico refería las fallas en el desarrollo de las obras a lo establecido en las responsabilidades contractuales de la empresa, los vecinos no dejaban de personalizar y de endilgar a otros pobladores dichas falencias.

A pesar de ello, ante el descontento creciente de los vecinos y las demandas concretas del equipo técnico, la empresa decidió mantener sólo a los obreros que tenían experiencia o que rápidamente habían aprendido el oficio de la construcción. De este modo, la capacitación y mejora en la empleabilidad fue más limitada que lo originalmente se esperaba. Asimismo, a la mano de obra local, sólo fueron incorporadas dos mujeres, en tareas administrativas. Finalmente, las posibilidades de participación de

---

[187] La empresa debía contestar formalmente los reclamos registrados en el libro.

las mujeres en las iniciativas orientadas a mejorar su empleabilidad se redujeron a su participación en los microemprendimientos.

En síntesis, la empleabilidad en el mercado de trabajo fue muy limitada. Sin embargo los talleres de costura involucraron a muchas más mujeres que las que inicialmente se pensaron y algunas de ellas se contactaron con conocidos para poder vender lo producido en una ciudad cercana, capital de la Provincia de Columbres. Alguna de las mujeres (del movimiento de desocupados) propuso conformar una cooperativa, pero esto fue rechazado y se mantuvo la idea original de producción individual. El problema surgió cuando una máquina se rompió e implicaba que para su arreglo debía ser trasladada a la capital de la provincia. Se debatió, entonces, cómo debían repartirse los gastos. Se intentó apelar a los contactos con el concejal, pero no tuvieron resultados. Finalmente, se organizaron aportando cada una algo de dinero y conformaron un fondo común para reparaciones o compra de insumos. El otro proyecto, de dulces artesanales funcionó desde el inicio con un carácter más colectivo, ya que la producción no podía individualizarse. Los conocimientos necesarios para el desarrollo de esta producción eran muy simples, con lo cual tampoco implicaba una mejor empleabilidad en el mercado de trabajo. Se acordó que el taller de costura funcionaría los martes y jueves y el taller de dulces los lunes y miércoles. Los viernes el salón de usos múltiples sería utilizado para las reuniones de seguimiento del programa y luego para la reunión de la sociedad de fomento o para charlas del municipio, etc.

Por último, respecto de los "cartoneros" se buscó que se incorporaran a algunos de estos dos proyectos. En su mayoría se sumaron a la producción de dulces, algunos jóvenes trabajaron un tiempo en la empresa constructora pero luego fueron despedidos. Sin embargo, estas actividades no impidieron que continuaran con la recolección. Los ingresos de la producción de dulces las familias no eran suficientes como para reemplazar a los provenientes de la actividad de reciclado que continuó sucediendo. En este marco, el municipio terminó acordando la instalación de un *container* en donde los vecinos podían colocar sus bolsas y lo cartoneros dejar el material imposible de ser reciclado. Las acciones realizadas y los acuerdos mejoraron la situación de las familias cartoneras en el barrio. Si bien la situación de rechazo hacia este grupo no mermó significativamente, sí disminuyó entre quienes participaban de los talleres de dulces.

Finalmente, los dos proyectos que parecían antagónicos en un comienzo, en cuanto al uso del lugar comunitario, lograron ser complementarios. Sin embargo, el proyecto de mejora de la empleabilidad a través de la incorporación de mano de obra a la empresa constructora fue el que generó mayor conflicto entre los vecinos.

Componente espacio público

En el marco del programa se propuso para el barrio la provisión del asfalto y la construcción de veredas. Si bien el proyecto fue elaborado sin la participación de las organizaciones barriales o los vecinos, estos últimos concordaron cuando se les explicó las intervenciones que se preveían. De hecho, ya en varias oportunidades habían solicitado el cambio de recorrido de un colectivo local para que llegara hasta la escuela y la empresa se habría negado porque no existían calles asfaltadas. Conocían los problemas que implicaba su situación cuando las ambulancias se quedaban encalladas en el barro los días de mucha lluvia o los bomberos no podían entrar por la misma razón. A su vez, los remises se negaban a entrar al barrio, quedando las personas con dificultades motoras en problemas cuando debían trasladarse. Tal y como planteaba uno de los pobladores "estamos aislados, no entran los colectivos, las ambulancias, los camiones de basura". El estado de las calles empeoraba por las huellas de los carros de los "cartoneros", lo que agregaba un motivo más de conflicto con el resto de los vecinos de Doña María.

La falta de veredas implicaba que los chicos llegaran con los calzados embarrados cuando iban a la escuela, las madres no pudieran utilizar cochecitos para sus bebes y los adultos tuvieran que llevar zapatos para cambiarse cuando se dirigían hacia sus trabajos. Los días de mayor cantidad de lluvia era una tarea riesgosa caminar por el barrio para muchas personas porque el barro era particularmente resbaladizo. Los vecinos solían relatar accidentes por estas razones. Incluso en algunos casos los chicos no iban a al escuela porque tenían un sólo para de zapatillas.

Otra cuestión que preocupaba a los vecinos era el de la recolección de residuos domiciliaria. La empresa pasaba dos veces por semana, los martes y jueves. La concesión no involucraba formalmente al barrio. A pesar de ello, el municipio decidió negociar con la empresa que de hecho se hizo cargo de Doña María y de otro asentamiento cercano. Los camiones no entraban al barrio los días de lluvia ni los días subsiguientes. El barrio se encontraba particularmente sucio los días lunes, ya que algunos vecinos colgaban las bolsitas en los postes o en los árboles. Ante la ausencia del camión, y por una pequeña suma de dinero, los cartoneros recogían las bolsitas en sus carros y las arrojaban en el río. Con la llegada del proyecto, se sumó entonces la necesidad de limpiar el río, que cuando la lluvia era copiosa, se desbordaba por los taponamientos, que incluía además de residuos domiciliarios: lavarropas rotos, heladeras y demás electrodomésticos, que el agua no puede arrastrar. El equipo técnico distribuyó cartillas y realizó una capacitación. Sin embargo, la práctica de arrojar residuos continuó y derivó en acusaciones mutuas entre vecinos. Sólo cuando el municipio realizó una limpieza del curso de agua, y las calles estuvieron asfaltadas esta situación mejoró. Los "cartoneros" decidieron dejar sus deshechos en un descampado contiguo al barrio, un lugar no visible fácilmente.

Los vecinos en las reuniones propusieron reiteradamente incluir la mejora del alumbrado público, pero el equipo explicó que el municipio no había incluido este rubro en el proyecto y por lo tanto no se podía hacer intervenciones en el mismo. Se hicieron contactos con el municipio pero éste adujo que no tenían recursos para estos fines.

En cuanto al salón de usos múltiples, el programa en sus capacitaciones les pidió a las organizaciones sociales que adquirieran forma jurídica como "asociación civil". Sin embargo, ambas tuvieron serias dificultades para cumplir con todos los requisitos que esto implicaba y ambas compartían el uso del salón comunitario gracias a la intervención del equipo técnico. Sin embargo, la sociedad de fomento y el movimiento de desocupados comenzaron a utilizarlo en algunas ocasiones para actividades de tipo político y esto generó nuevamente enfrentamientos. Asimismo, en algunos casos algunos dirigentes de la sociedad de fomento utilizaban el salón para fiestas de cumpleaños o bautismos y esto también generó enfrentamientos con la otra organización y con el resto de los vecinos, que presionaban para que el local fuera habilitado para estos usos, lo mismo que para velatorios. El equipo técnico intentó en vano que fuese utilizado sólo para los proyectos productivos o de discusiones comunitarias o capacitaciones, tales como charlas de médicos sobre desnutrición infantil, prevención de violencia familiar, etc.

Componente vivienda

En relación a la regularización dominial del barrio, con la puesta en marcha del programa, el municipio decidió iniciar los trámites en la provincia. Sin embargo, el trámite no fue fácil porque los terrenos ocupados por el asentamiento debían destinarse a tierra pública (parque). Este trámite por tanto fue más largo de lo esperado y al momento de finalizar la intervención del programa en el barrio, se encontraba avanzado pero no finalizado. Un obstáculo adicional fue que la Dirección de Hidráulica consideraba que parte del barrio no era apto para la urbanización por encontrarse bajo cota. Sin embargo, el relevamiento en campo demostró que dicha área había sido rellenada por los propios pobladores y que sólo con la limpieza del arroyo se podía impedir que se produjeran inundaciones. Este proceso estuvo demorado durante varios meses porque el municipio no contaba con dinero para realizar estudio técnicos respaldatorios y el programa no contemplaba recursos para este fin.

Adicionalmente, cuando comenzó el censo en el barrio, el equipo técnico advirtió una serie de problemas: personas que no contaban con documentos de identidad, otros que eran extranjeros y no tenían la residencia en el país, parejas sin unión legal, parejas en las que uno de los miembros se encontraba casada/o con otra persona, mujeres sin pareja (su esposo estaba ausente) y finalmente en un mismo lote convivían diversos núcleos familiares. Respecto a la primera situación, el municipio realizó una campaña de documentación, que incluía a muchos menores sin documentos. En relación a los extranjeros se hicieron contactos con los consultados respectivos a fin de regularizar su situación, y en los casos en que alguno de los hijos de los cónyuges fuera mayor de edad, la propiedad se entregaría a ellos. Respecto de las diversas situaciones conyugales que debían resolverse, la trabajadora social, junto con un abogado, se abocó a resolver uno a uno los casos. Finalmente, ante las situaciones de convivencia de varias familias se decidió adoptar la forma de propiedad horizontal. El municipio se vio obligado, entonces, a disponer de mayor cantidad de recursos humanos que los previstos.

El movimiento de desocupados, y en particular Eusebio, que tenía dos hijos en el nuevo asentamiento, reclamó que esta ampliación fuera considerada para la regularización dominial, sin embargo, el municipio respondió que el proyecto no lo incluía y que no iba a cambiar el criterio de focalización. Tampoco estas familias recibieron vivienda y el espacio público no fue mejorado.

Respecto a la construcción de viviendas, de acuerdo a los recursos disponibles y el relevamiento realizado se decidió que sólo el 25% de las viviendas serían reemplazadas por nuevas –construidas por el programa. Esto suscitó fuertes enfrentamientos ya que muchas familias deseaban ser "beneficiarias" de nuevas viviendas. Esto provocó que muchos vecinos decidieran no participar más de las reuniones semanales, ni de las capacitaciones, incluyendo a Alicia, una mujer que era dirigente activa de la sociedad de fomento. Otro problema se suscitó cuando fueron excluidas familias allegadas al movimiento de desocupados y beneficiarias del Programa de Autoconstrucción dependiente del Gobierno Nacional. Es decir, había tres situaciones: un grupo que recibía una vivienda totalmente subsidiada, otro que recibía asesoramiento técnico para la autoconstrucción, pero debía pagar los materiales de sus nuevas viviendas, materiales que a su vez, llegaba siempre con retraso (si bien el programa era nacional, los materiales los proveía la provincia) y un tercer grupo que no recibía ninguna vivienda. Esto sucedía aún cuando las diferencias entre las situaciones residenciales de cada uno de los grupos eran casi imperceptibles. Ante la presión del grupo que no recibía nada, el municipio se comprometió a implementar en sus viviendas otro programa nacional de mejoramiento de viviendas, que finalmente nunca llegó. El movimiento de desocupados decidió discutir a nivel federal que los materiales recibidos en el marco del Programa de Autoconstrucción fueran subsidiados.

La empresa se quejó formalmente en varias oportunidades ante el municipio por el robo de materiales y herramientas e incluso las de vallas protectoras. El equipo lo planteó en sucesivas reuniones y un grupo de vecinos se ofreció para que los materiales fueran depositados en sus viviendas y ellos los custodiaban. En particular, se ofrecieron aquellos que trabajaban como empleados para la empresa o más aún aquellos que fueron seleccionados para la construcción de viviendas. Esto llevó a sucesivos retrasos en las obras.

Los miembros del equipo técnico tenían una opinión desfavorable acerca de las tipologías de vivienda previstas en el marco del programa. La comparaban con las tipologías diseñadas por el movimiento de desocupados, que tenía mejor calidad, terminación y mayor cantidad de metros cuadrados. Sin embargo, esa información corría como rumor pero el equipo no quería que fuera incluida como tema en las reuniones semanales, porque ellos no podían hacer nada al respecto. Las tipologías habían sido definidas por el Instituto Provincial de la Vivienda. En esto las casas se asemejaban a otras de conjuntos habitacionales de otros programas de viviendas de interés social.

Finalmente, las viviendas fueron terminadas y el barrio evidenciaba gran heterogeneidad edilicia.

Comentarios finales

A pesar de las deficiencias urbanas descriptas del barrio, Doña María era conocido en la ciudad por sus estrechos vínculos políticos con el partido del gobierno local, en el poder desde hace 15 años. Por esta razón, cuando iniciaron las acciones del programa en el barrio y los demás asentamientos de la ciudad se enteraron de su existencia, decidieron hacer una marcha frente al Concejo Deliberante pidiendo un trato similar. La respuesta fue que en el futuro serían incluidos, pero que por ahora el cupo era un sólo barrio, el ya elegido. Esto no satisfizo a las organizaciones barriales que decidieron conformar un Consejo de Asentamientos, en el que no participó la sociedad de fomento del barrio Doña María. Ante las reiteradas movilizaciones que se continuaron durante muchos meses, el municipio decidió crear una Secretaría de Tierras, dependencia que antes tenía el estatus de departamento en la Secretaría de Planeamiento. Dicha dependencia decidió buscar recursos en el nivel provincial y nacional. Mientras tanto contempló realizar una serie de mejoras en los barrios como enripiado de las calles principales de los asentamientos y un plan de veredas con cuadrillas de un programa de empleo. Muchos de los barrios que reclamaban las intervenciones no contaban previamente con organizaciones propias y a partir de la movilización, se conformaron.

Consignas de trabajo

- ¿Cuáles son las cuestiones a atender al momento de pensar la participación en la gestión del programa en el barrio?

- ¿Cuál/es es/son el/los problema/s en torno al cual/es se está proponiendo un escenario de participación?

- ¿Cuáles son los actores en ese escenario? ¿Qué características tienen? ¿Cómo se vinculan entre sí? ¿Han existido experiencias de participación anteriores?

- ¿Cuáles son las representaciones que los actores tienen acerca del/los problema/s y sus causas? ¿En qué difieren?

- ¿En qué difieren los actores respecto de las alternativas de solución que se están proponiendo? ¿Cómo afecta diferencialmente sus intereses?

- ¿Cuál es la jerarquía relativa que tiene para cada uno de ellos la resolución del problema? ¿Cuáles son las capacidades (técnico administrativas y políticas)?

- ¿Cuál es la representatividad de quienes participan y quiénes están ausentes porque no están organizados para participar? ¿Cuál es el alcance de las demandas de los individuos y grupos?
- Identifique las contribuciones a la activación del capital social de la propuesta de participación del programa. Intente rescatar las particularidades de modalidad adoptada en el barrio.
- ¿Cómo afecta las condiciones para la participación que dejó la implementación del Programa Mi Barrio?

Autores

Irma Arriagada

Oficial de Asuntos Sociales de la Comisión Económica para América Latina, (CEPAL)

Socióloga chilena, con estudios de postgrado en L.S.E. Universidad de Londres y en la Universidad de Santiago, Chile. Funcionaria de la CEPAL (Naciones Unidas). Escribe en el *Panorama Social de América Latina* sobre políticas de familia, capital social, género y temas sociales. Ha publicado en revistas académicas y editado tres libros: *Capital social y reducción de la pobreza en América Latina y el Caribe: en busca de un nuevo paradigma* (coeditado), *Aprender de la experiencia: el capital social en la superación de la pobreza* y *Familias y políticas públicas en América Latina: una historia de desencuentros.* Ha dictado cursos a estudiantes de posgrado en América Latina y España.

Andrea C. Catenazzi

Investigadora-docente del Instituto del Conurbano, Universidad Nacional de General Sarmiento

Arquitecta argentina, especialista en planificación y gestión de políticas sociales, graduada en la Universidad de Buenos Aires (UBA). Investigadora y profesora asociada regular del Instituto del Conurbano (ICO) de la Universidad Nacional de General Sarmiento (UNGS). Ha coordinado equipos técnicos municipales para la formulación de planes urbanos y fue consejera del Consejo de Planificación Urbana del Gobierno de la Ciudad de Buenos Aires. Ha participado en diferentes ámbitos académicos internacionales en el área de formación e investigación urbana. Es autora de varios artículos de libros y revistas especializadas sobre temas urbanos.

Magdalena Chiara

Investigadora-docente del Instituto del Conurbano, Universidad Nacional de General Sarmiento

Antropóloga argentina, con estudios de posgrado en sociología económica y desarrollo regional y urbano (CEPAL, INAP/España). Desde mediados de la década del 80 viene trabajando en planificación y gestión de la política social en distintos campos para organismos gubernamentales (locales, provinciales y nacionales) y para organismos internacionales (OIT, UNICEF, PNUD). Desde 1995 es investigadora y profesora adjunta regular del Instituto del Conurbano de la UNGS. Entre 2002 y 2006 se ha desempeñado como Directora del Instituto del Conurbano de la UNGS. Ha publicado en co-autoría *Condiciones de vida y control de embarazo* (2007) y *Municipios y Gestión Social. De los escritorios de Banco Mundial a las calles del Gran Buenos Aires* (2005). Asimismo publicó artículos en revistas y capítulos de libros referidos a las políticas sociales urbanas.

María Cristina Cravino

Investigadora-docente del Instituto del Conurbano, Universidad Nacional de General Sarmiento

Antropóloga argentina (UBA), Magíster en Administración Pública y Doctora en Antropología (UBA). Investigadora y profesora adjunta regular de la Universidad Nacional de General Sarmiento. Docente de la maestrías de Economía Social (UNGS), Hábitat y Vivienda (UNMdlP) y Generación y Análisis de Informaciones Estadísticas (UNTREF). Participó de diversos proyectos de investigación en la UBA y la UNGS. Actualmente dirige uno sobre política habitacional. Realizó consultorías para organismos públicos y ONG. Publicó artículos en revistas especializadas y en libros sobre la temática de la política social, urbanismo y la antropología social.

Claudia Danani

Investigadora-docente del Instituto del Conurbano, Universidad Nacional de General Sarmiento, Facultad de Ciencias Sociales, Universidad de Buenos Aires

Trabajadora social y politóloga argentina. Especialista en planificación y gestión de política social y Doctora en Ciencias Sociales (UBA). Investigadora y profesora titular regular del Instituto del Conurbano (UNGS) y de la Facultad de Ciencias Sociales (UBA), y de distintas carreras de posgrado. Se especializa en temas de política social, seguridad social, sindicalismo y economía social, con particular referencia a estudios comparados, sobre los que ha publicado libros, capítulos de libros y artículos en revistas. Consultora de organismos públicos e internacionales y de organizaciones sociales en temas de capacitación para el empleo, educación y seguridad social.

Natalia Da Representaçao

Investigadora-docente del Instituto del Conurbano, Universidad Nacional de General Sarmiento

Licenciada en Sociología de la Universidad de Buenos Aires. Ha realizado la maestría en Sociología de la Cultura y Análisis Cultural de la UNSAM. Se desempeña como investigadora-docente en el área de Urbanismo del Instituto del Conurbano de la

UNGS. Es docente de Metodología de la Investigación de la carrera de Sociología de la UBA y de la carrera de Trabajo Social de la UMSA. A nivel del posgrado, se desempeña como docente de la carrera de Especialización en Desarrollo Local en Áreas Metropolitanas de la UNGS. Ha integrado equipos de investigación sobre temáticas de desarrollo urbano; la articulación entre territorialidad y acción pública; la dimensión cultural de los procesos territoriales.

Maria Mercedes Di Virgilio

Investigadora del CONICET - Instituto de Investigaciones Gino Germani, UBA

Socióloga argentina. Master en Investigación en Ciencias Sociales y Doctora en Ciencias Sociales (UBA). Investigadora del CONICET (con sede en el Instituto Gino Germani). Entre 2004 y 2008 coordinó el Área de Estudios Urbanos del Instituto Gino Germani de la UBA. Es profesora adjunta regular de la Facultad de Ciencias Sociales de esa universidad. Entre 1997 y 2007 se desempeñó como investigadora docente de la carrera de Políticas Sociales en el Instituto del Conurbano, Universidad Nacional de General Sarmiento. Ha publicado diversos artículos en revistas especializadas y capítulos de libros referidos a políticas sociales en la ciudad, pobreza y hábitat popular. Ha sido consultora de organismos públicos e internacionales de crédito en temas de gestión de políticas sociales.

Daniel Ángel Galizzi

Especialista en políticas de tierra, vivienda y hábitat, y consultor

Abogado argentino, graduado en la Facultad de Derecho y Ciencias Sociales (UBA). Master en Administración Pública de la Facultad de Ciencias Económicas (UBA). Es experto en políticas de suelo y hábitat. Actualmente se desempeña como consultor del Programa Mejoramiento de Barrios (BID). Trabaja desde el año 1988 en políticas de tierra, vivienda y hábitat social. Ha sido docente universitario en la UBA. Es autor de distintos trabajos vinculados con la problemática de la gestión y el hábitat. Ha sido funcionario público en distintos niveles de gobierno y participado como consultor a nivel municipal en derecho urbano local. Fue becario del Lincoln Institute of Land Policy (LILP), Boston Massachussets, EE.UU.

Jorge Hintze

Director de TOP, Centro de Desarrollo y Asistencia Técnica en Tecnología para la Organización Pública (asociación civil argentina)

Sociólogo argentino y experto en gestión pública. Profesor de maestrías y doctorados en administración pública, gestión de la ciencia y gestión de la educación superior en las universidades de Buenos Aires, Litoral, Patagonia, Misiones, Jujuy, Tucumán, Rosario y General Sarmiento en Argentina y en diversas instituciones de posgrado en Latinoamérica. Es autor de numerosas publicaciones sobre gestión pública y ha dirigido proyectos institucionales públicos en casi todos los países de Latinoamérica.

Javier Moro

Investigadora-docente del Instituto del Conurbano, Universidad Nacional de General Sarmiento

Argentino. Master en Gobierno y Asuntos Públicos, FLACSO-México; Antropólogo (UBA). Investigador y profesor adjunto interino de la Universidad Nacional de General Sarmiento. En la gestión pública desempeñó funciones de asesoramiento y de coordinación en áreas sociales. Ha sido consultor de organismos regionales: IIN/ OEA; UNICEF-Argentina y del BID, donde fue profesor para el Programa Nacional en Guatemala del Instituto Interamericano para el Desarrollo Social (INDES/BID). Ha realizado publicaciones en: políticas públicas y sociales, ciudadanía, género, interculturalidad, infancia y juventud; en éste último es compilador del libro *Juventudes, violencia y exclusión. Desafíos para las políticas públicas.*

Olga Nirenberg

Especialista del Centro de Apoyo al Desarrollo Local (CEADEL)

Doctora en Ciencias Sociales (UBA) agentina. Miembro fundadora de la ONG Centro de Apoyo al Desarrollo Local (CEADEL). Asesora de otras ONG y Fundaciones. Consultora de UNICEF Argentina en temas de evaluación educativa. Evaluadora del Plan de Acción de Salud de Adolescentes de América Latina y Caribe de la OPS / OMS. Coordinadora académica de la maestría de Salud Comunitaria de la Facultad de Ciencias de la Salud de la Universidad Nacional de Entre Ríos. Docente en varias maestrías y postgrados. Autora de diversos libros y artículos sobre temas de programación y evaluación social.

Javier Pereira

Director del Departamento de Ciencias Sociales de la Universidad Católica del Uruguay

Sociólogo uruguayo. Magíster y candidato a Doctor en Sociología por la Universidad de Texas en Austin. Estudios de especialización en organizaciones no lucrativas y filantrópicas en la Lyndon Johnson School of Public Affaires. Ha trabajado en diversas organizaciones sociales y proyectos vinculados a políticas de infancia y juventud. Investigador del programa IPES (Integración Pobreza y Exclusión Social) e investigador asociado del IDEL (Instituto de Estudios del Desarrollo Regional y Local). Su trabajo académico refiere al rol de la sociedad civil y la participación ciudadana en las reformas del sector público, con especialización en el campo de la salud materno-infantil. Ha sido Fulbright Fellow (2002-04), Mellon Fellowship in Latin American Sociology (2005-06) y National Science Foundation Fellow (2006-07).

María Fernanda Potenza Dal Masetto

Especialista y consultora en política social

Licenciada en Ciencia Política de la Universidad del Salvador y Magíster en Administración y Políticas Públicas de la Universidad de San Andrés. Trabajó en el Sistema de Información, Monitoreo y Evaluación de Programas Sociales (SIEMPRO). Integró equipos de investigación sobre políticas sociales para estudios financiados por el BID, el INDES, la OIT, el Global Development Network, la Secretaría de Desarrollo Social, el CEDES, la Fundación CIDOB y la Fundación PENT.

Fabián Repetto

Consultor internacional en políticas sociales

Doctor en Investigación en Ciencias Sociales (FLACSO México). Fue sub-coordinador del Sistema de Información, Monitoreo y Evaluación de Programas Sociales. Además, fue secretario académico de la maestría en Administración y Políticas Públicas (Universidad de San Andrés) y secretario de postgrado (FCS/UBA). Profesor de posgrado en diversas universidades de América Latina y Director de SOCIALIS (*Revista Latinoamericana de Política Social*). Ha publicado más de 40 artículos en revistas y libros especializados, además de ser autor y/o editor de tres libros. Ha sido también consultor de organismos multilaterales y se desempeñó durante seis años (2002-2008) como profesor del Instituto Interamericano para el Desarrollo Social (BID), en Washington DC.